LE BOE

Pubblicato in accordo con Lorem Ipsum | Agenzia Editoriale, Milano
ISBN 978-88-9388-497-6

Prima edizione Baldini+Castoldi - La nave di Teseo novembre 2022

www.baldinicastoldi.it
info@baldinicastoldi.it

BaldiniCastoldi
BaldiniCastoldi
baldinicastoldi
baldinicastoldi

Alberto e Giancarlo Mazzuca

# Silvio in rosso e nero

## La vita del Cavaliere in sella all'Italia

Baldini+Castoldi

*Ci hai lasciato da cinquanta anni*
*ma tu, babbo Giovanni,*
*sei sempre presente nei nostri cuori.*

# SOMMARIO

# PREMESSA

È stato tutto. Tycoon con pochi quattrini e con tante ambizioni all'inizio per poi trasformarsi, nell'arco di una sessantina d'anni, di volta in volta, in cantante di cabaret; showman; impresario edile di interi quartieri come Milano 2 e Milano 3; imprenditore; editore televisivo e della carta stampata, fino al punto da mettere quasi in un angolo la Rai; proprietario della Mondadori e della Rizzoli; attivo anche nella grande distribuzione (è stata sua la Standa) e nel mercato dei fondi di investimento con la nascita nel tempo di una banca (Banca Mediolanum); a lungo padrone della squadra di calcio del Milan che ha vinto tutto quel che c'era da vincere, per poi accontentarsi del Monza; *tombeur de femmes* per tutta la vita; politico per oltre un quarto di secolo, riuscendo a governare più di Giulio Andreotti; uomo di potere; membro della P2; fondatore di un partito, quattro volte primo ministro, deputato, senatore, europarlamentare; miliardario (non un miliardario qualunque, ma tra i primi quattro più ricchi in Italia e tra i primi trecento al mondo); qualche guaio giudiziario; addirittura a 86 anni ancora con la voglia del Quirinale che, del resto, è sempre stato il suo sogno oltre a quello di diventare il nuovo Gianni Agnelli, ovvero il nuovo re italiano senza corona.

«Finirà nei libri di storia», afferma l'uomo che è stato per una vita il suo amico, braccio destro e "consiliori", Fedele Confalonieri. Il suo nome c'è già, almeno nella Treccani e nell'Enciclopedia Britannica. E i libri su di lui sono decine. Alcuni lo dipingono come un grande sognatore diventato un quasi Dio, altri ne dicono peste e corna. Già, perché con le sue televisioni e il suo partito ha certamente trasformato l'Italia. Nel bene e nel male. Lui si pone al livello di Alcide De Gasperi, forse un tantino esagerato, come è il suo solito, ma è stato un grande innovatore sia nel mondo della televisione commerciale, e quindi nelle abitudini di vita degli italiani, sia in quello politico, dove ha inventato un nuovo linguaggio e ha dato vita alla politica-spettacolo in un sistema provinciale e a lungo ingessato. Ma nello stesso tempo ha avuto – lui che ha sempre annoverato tra le sue doti un grande istinto e un grande fiuto – anche grossi scivoloni, per lo più concentrati nel settore politico, dove ad ogni modo ha avuto milioni di *aficionados*, nonostante le accuse di associazione mafiosa e di corruzione che hanno colpito lui e il suo entourage.

Ha avuto una fortissima personalità, non c'è dubbio. Una personalità, sostiene Alessandro Amadori, «di tipo imperiale». Giorgio Bocca l'ha definito «un piccolo Cesare». Indro Montanelli l'ha inquadrato come «un incrocio tra De Gaulle e Churchill, il guaio è che ci crede. [...] È un piccolo Perón sceso in campo per paura, passato dalla disperazione all'ebbrezza». Giancarlo Galli afferma che sembra «ossessionato da una preoccupazione: costruire una dinastia». Umberto Bossi, il Senatùr che è stato un guastatore della politica con la sua idea della secessione del Nord e che poi è finito nel primo governo del Cavaliere facendolo cadere sette mesi più tardi, è andato giù piatto da buon leghista definendolo «dittatore» e «*Berluschkaiser*». È un duce per il trio Corrias-Gramellini-Maltese in *Colpo grosso*: «Un duce sorridente e populista che benedice da una tribuna sul vuoto. Il suo motto: "Sono io la migliore garanzia. Fidatevi di me. Non vi deluderò mai"». La definizione migliore è comunque quella che lo stesso Berlusconi si è dato nell'ottobre 1994 su «Il Sole 24 Ore»: «Nessuno al mondo ha fatto quello che ho fatto io». In seguito deve averci ripensato e allora ha fatto precedere il suo nome da quello di Napoleone: con un personaggio del genere, anche il secondo posto gli va bene.

Del resto, è certamente riuscito a fare tante cose. Tante, anche perché – osserva un politologo di fama internazionale come Giovanni Sartori, editorialista del «Corriere», docente prima alla facoltà di Scienze Politiche di Firenze e poi alla Columbia University di New York – «Berlusconi le azzecca in quanto le dice tutte, perciò a volte ci prende». E comunque, ha fatto tanti quattrini. Tanti. In *Il Cavaliere incantatore*, Felice Froio racconta che in uno dei suoi vari processi Berlusconi arrivò persino a quantificare in quanto tempo guadagnava qualche milioncino: «"Lo sapete cosa sono per me 100 milioni?" Alza il braccio. Fa uno schiocco con le dita e guarda l'orologio. Trenta secondi e poi un altro grande schiocco. "Ecco, per me 100 milioni sono questo: trenta secondi. Questo è il tempo che la mia azienda impiega per fatturare 100 milioni. Figuratevi se io posso occuparmi di una questione di trenta secondi"». Indubbiamente un grande teatrante.

Come quando, nel maggio 2001, cinque giorni prima delle elezioni, firmò nella trasmissione televisiva *Porta a Porta* di Bruno Vespa il «contratto con gli italiani», un documento in cui si impegnava a realizzare in caso di vittoria un serie di riforme, tra cui la riduzione delle tasse. E vinse con quell'idea che sembrava inventata da lui e che invece era stata già realizzata nel 1994 dai repubblicani negli Stati Uniti. O come quando, nel gennaio 2013, nella trasmissione televisiva di Michele Santoro, *Servizio pubblico*, si mise a sedere sulla sedia occupata sino a poco prima da Marco Travaglio, un giornalista a lui molto indigesto, solo dopo averla spolverata, avanti e indietro, in un primo tempo con alcuni fogli ripiegati che teneva in mano e poi con un fazzoletto estratto dalla tasca. Un gesto rituale di purificazione, osserva Marco Belpoliti in *Il corpo del Capo*, accompagnato «da uno dei suoi tradizionali sorrisi a denti scoperti, manifestazione di soddisfazione ma anche gesto di sfida».

Grande teatrante ma anche divertente. Ecco come Montanelli ricordava Berlusconi nei primi anni Ottanta: «I suoi non erano sorrisi, ma risate: belle, aperte, squillanti, a gola spiegata. A provocarle ci voleva poco: un aneddoto, una battuta, una barzelletta anche da fureria, anzi specialmente se da fureria. Ma soprattutto lo esilaravano le proteste di noi amici quando lo coglievamo con le mani nel sacco di qualche bugia. Perché bugiardo Silvio era anche allora. Mentiva senz'accorgersene, come io e voi respiriamo, e disinteressatamente: per il piacere infantile d'inventare e senza nessuna pretesa che noi gli credessimo». In *Buoni e cattivi* (scritto con Stefano Lorenzetto), Vittorio Feltri sostiene che «Berlusconi è sincero solo quando mente. Se non si capisce questo, non si capisce niente di lui. È talmente convinto di quel che dice, anche se sa che non è vero, che finisce per convincere non soltanto gli altri ma persino se stesso. Poi si dimentica, poi rimanda, poi si perde per strada. Ma intanto ti ha persuaso». Anche Bettino Craxi, fino all'ultimo suo amico e il suo miglior sponsor politico, parlò nel 1999 delle bugie di Silvio con Francesco Cossiga ma – ricorda Gianni Barbacetto in *B. Tutte le carte del Presidente* – facendo una sottile distinzione: «Silvio non è un bugiardo, è uno che dice molte bugie. Come deve fare un venditore».

Ha sempre avuto una forte dose di narcisismo. Bruno Vespa, abituato ad avere in televisione personaggi di tutti i tipi, racconta in *Nel segno del Cavaliere* un curioso episodio che non gli era mai accaduto in tanti anni di carriera. Nel marzo 1994, pochi secondi prima di andare in onda, Vespa ne approfittò per osservare il sorriso di Berlusconi: «Ambiguo? No, direi di no. Accattivante? Abbastanza, ma senza esagerare. Cordiale, contenuto, educato? Sì, qualcosa del genere. Va bene, sorrido anch'io». E mentre era in attesa che partisse la sigla della trasmissione, si accorse che Berlusconi stava guardando da un'altra parte. Ma non era affatto così: «Il Cavaliere non sta guardando nessuno. Pensa al suo pubblico, ai milioni di persone che lo vedranno tra poco, e prova il sorriso. Sì, prova il sorriso. [...] Uno che ha studiato l'intervista al punto di provare il sorriso di apertura, be' no, giuro che è la prima volta».

È sempre stato perfezionista. Carlo Freccero, che per tredici anni, dal 1979 al 1992, ha lavorato nelle televisioni di Berlusconi prima di diventare direttore di Rai2, ha fornito questo ritratto nel marzo 2002 su «L'Espresso»: «La sua ossessione è la vittoria, a cui dedicava un'attenzione maniacale. Doveva pianificare tutto nei minimi dettagli. Ricordo notti bianche negli studi di Arcore, ipnotizzati dal rullo della programmazione televisiva che scorreva senza sosta; lui voleva analizzare anche i secondi. "Non dovete accontentarvi. Non dovete mai dire mai", ripeteva continuamente». Dario Rivolta, esperto di politica estera che nel 1984 diventò alla Fininvest capo della segreteria di presidenza del Cavaliere, ricorda in *Il vero Berlusconi* di aver partecipato una volta a una riunione in via Rovani, presentandosi con un paio di scarpe bianche traforate; alla fine Berlusconi gli fece capire che doveva cambiarle: «Quando gli chiesi cosa non andava (oltretutto a me piacevano) mi spiegò che le scarpe non dovevano mai essere più chiare del vestito, sempre più scure. È attento a queste cose». Tanto è vero che a un certo punto ha cominciato a utilizzare scarpe con i tacchi un tantino rialzati, in modo da sembrare più alto. E Rivolta: «Lui ha sempre ritenuto importante l'eleganza classica. Agnelli era più casual. Berlusconi non avrebbe mai usato jeans sdruciti».

Del resto è ambiziosissimo. All'inizio degli anni Sessanta ha affrontato con decisione un forte impegno industriale, finanziario e organizzativo: la costruzione a Brugherio, nella zona nord di Milano, di un intero quartiere residenziale per quattromila abitanti. Quello era, ricordano Giovanni Ruggeri e Mario Guarino in *Berlusconi. Inchiesta sul signor tv*, il momento propizio: «Nell'Italia dei primi anni Sessanta, la "febbre del mattone" determina una specie di Far West, con legioni di improvvisati capomastri folgorati dalla vocazione del costruttore». E i prezzi si gonfiavano mese dopo mese grazie all'inflazione. Berlusconi ha partecipato a quel Far West edilizio, ma con una innovazione che non è da poco: lui non edificava, appaltava. Nel settembre 1984 Giuseppe Turani, uno dei migliori giornalisti economici, scrisse che il Cavaliere non costruiva proprio niente: «Compra le aree, ottiene i permessi, fa la pubblicità e vende. Ma il mestiere del muratore lo lascia ad altri, a imprese specializzate». Acquistava le aree a Brugherio con qualche finanziamento della Banca Rasini, la banca dove aveva fatto carriera il padre, e da una misteriosa finanziaria svizzera con sede a Lugano. E dal momento che in quel quartiere non aveva fatto costruire scuole, negozi e cinema, Berlusconi riuscì a evitare un grande scivolone economico vendendo gran parte degli appartamenti al Fondo previdenza dei dirigenti commerciali. Ne terrà presente nella costruzione di Milano 2, il quartiere-città dove le bici hanno il sopravvento sulle auto. E terrà presente che c'era anche bisogno di oliare la pubblica amministrazione per le licenze e le concessioni. Lo raccontò lui stesso, riporta una penna molto precisa come Barbacetto, nel maggio 2003 davanti a una platea di imprenditori: «Giravo gli uffici comunali con l'assegno in bocca». Frase che il Cavaliere, negazionista per principio, poi smentì dicendo di essere stato frainteso.

Ha sempre avuto grande stima di sé. Piace e sa piacere. Una volta ha detto ai suoi uomini di Publitalia: «È importantissimo la mattina guardarsi allo specchio e piacersi, piacersi, piacersi». Ed è sempre stato un grandissimo venditore. Di se stesso, delle sue idee, dei suoi prodotti. In *Colpo grosso* è definito «un genio del marketing, un Napoleone del marketing», perché quando ha visto che si doveva andare a votare «in tre mesi si è preso l'Italia» con il suo nuovo partito. Così ha sempre fatto il Cavaliere: dove c'era un vuoto, lui s'infilava e lo colmava. Raccontano Corrias-Gramellini-Maltese: «Manca un quartiere nel verde di Milano? Ecco Milano 2. Nessuno raccoglie la piccola e media pubblicità? *Et voilà*, Publitalia. Non c'è la tivù commerciale? Ti creo Canale 5. E così via. Fino a Forza Italia», il partito che molti definiranno il partito-azienda. Facendo venire il mal di fegato al Cavaliere e ai suoi.

È sempre stato un grande ottimista, anche nei momenti difficili. E pensando sempre in rosa e in grande, è riuscito a realizzare anche i suoi sogni. Lo conferma Montanelli: «La sua primaverile freschezza, il suo calore umano, la forza trascinante e contagiosa dei suoi entusiasmi, la disarmante sincerità delle sue menzogne. Le diceva perché non distingueva tra sogno e realtà. E forse è per questo che è riuscito a tradurre in realtà tanti sogni». Facendo finta di non accorgersi dei tanti conflitti di interesse prodotti di pari passo con il suo aumento di potere. E tacendo. Anzi, ricorda Antonio Padellaro in *Il libro nero della democrazia*, scritto insieme a Furio Colombo, «il tacere è una tecnica collaudata del potere. Non rispondere, non replicare, lasciare cadere nel vuoto tutte le accuse, anche le più infamanti». Conclusione: silenzio di tomba da parte di Berlusconi sugli interventi contro il conflitto di interessi da parte di Giovanni Sartori. E quando è il caso, applicare il principio che la migliore difesa è l'attacco.

Silvio è stato abile anche in questo. Condanne? Colpa dei giudici "comunisti". Accuse di associazione mafiosa? Un complotto. Le origini misteriose delle sue ricchezze? Un linciaggio. Finendo per dipingersi come un «perseguitato». E riuscendo a spaccare l'Italia in due: da una parte gli amici, dall'altra i nemici.

Una vita tutta all'attacco, la sua. Così, quando nel luglio 2003 il capogruppo socialdemocratico tedesco, Martin Schulz, gli chiese polemicamente a Strasburgo notizie sulle sue vicende giudiziarie e sul conflitto di interessi, Berlusconi, che proprio quel giorno si insediava come presidente di turno del Consiglio dell'Unione europea, dapprima gli sorrise ironicamente e poi gli rispose furente che lo avrebbe raccomandato per fare il kapò nazista in un film sui campi di concentramento. «Lei è perfetto», aggiunse. Una perdita di stile che lo ha spesso caratterizzato da quando è entrato in politica. Meglio: prima di scendere in campo, certe cose le diceva ma lontane dalle orecchie degli interessati. Così, in una intercettazione telefonica dell'agosto 1983, riportata da Marco Travaglio e Peter Gomez in *Le mille balle blu*, Bettino Craxi, all'epoca presidente del Consiglio, lo chiamò al telefono per lamentarsi di un articolo di Montanelli su «il Giornale». E Berlusconi, che pure ci teneva ad apparire pubblicamente pappa e ciccia con il grande giornalista toscano, rispose all'amico Craxi che se Montanelli non si metteva in riga «lo mandiamo a fanculo». Quando poi Indro fu costretto a lasciare il giornale perché non voleva essere il direttore di un quotidiano di partito e cominciò a scrivere articoli anche sferzanti nel periodo della breve avventura de «la Voce», il Cavaliere se ne uscì con questa frase del marzo 2001: «È un mio ex dipendente mosso da un sentimento irrazionale, un'ingratitudine umana senza confini. Dice cose false».

Così Berlusconi, che raccontava bugie per poi crederci anche lui, finì per accusare gli altri di dirle. Scendendo a volte anche a battute da bar di periferia pur di far ridere. Ecco alcune perle raccolte da Mario Portanova in *Il partito dell'Amore*: Eugenio Scalfari? «È un bugiardo e un calunniatore» (2 febbraio 1995); Romano Prodi? «Per lui si è usata la stessa tecnica di Lenin e di Stalin, quella dell'utile idiota: si prende una persona, la si mette lì e ci si nasconde dietro» (15 aprile 1995); Walter Veltroni? «Una maschera di Stalin» (30 marzo 2008), ma anche «un coglione» (3 settembre 1995) e «un miserabile» (4 aprile 2000); Umberto Bossi? «Un balordo da bar» (28 gennaio 1999); Massimo D'Alema? «È rimasto un comunista. Il lupo perde il pelo ma non il vizio» (5 aprile 1995) e ancora «D'Alema mi ricorda Benito Mussolini» (26 gennaio 2000); Antonio Di Pietro? «È subdolo» (8 ottobre 1995) ma anche «è fuori di testa» (16 gennaio 1996) e «mi fa orrore» (10 aprile 2008); Enrico Berlinguer? «È un professore di menzogne» (7 aprile 1995). Addirittura c'è chi, nell'ottobre 1995, pose al Cavaliere la domanda sul gioco della torre. E lui: «Chi salverei tra Bertinotti, D'Alema, Veltroni e Prodi? Butterei giù la torre e mi candiderei al Nobel per la pace: sarebbe garantito».

Nel tempo ha allargato il campo d'orizzonte con le sue gaffe. Ha detto di Barack Obama, presidente degli Stati Uniti: «È bello, è giovane, è abbronzato». Ha indirizzato ad Angela Merkel, il Cancelliere tedesco che, assieme al francese Sarkozy, prese pubblicamente le distanze da lui con un sorrisetto che ha fatto il giro del mondo, una parola poco fine. Un'altra volta, al summit dei ministri degli Esteri UE, Berlusconi, all'epoca capo del Governo e ministro degli Esteri *ad interim*, si è fatto ritrarre nella foto di gruppo mentre faceva le corna al ministro spagnolo. Per poi giustificarsi: «Ma io stavo solo scherzando». E ha ritratto il neo-presidente francese Emmanuel Macron, alludendo alla moglie Brigitte pur senza mai citarla, in questa maniera: «È un ragazzo brillante che ha avuto la fortuna di avere una mamma bella che lo porta sotto braccio».

Che dire? Gianfranco Pasquino, altro grande politologo, sostiene che «quella di Berlusconi è la storia di un italiano che, senza scrupoli, senza preoccupazioni e senza limiti, ha saputo utilizzare e sfruttare a suo vantaggio tutti gli strumenti, le inadeguatezze, le complicità del sistema politico del suo Paese e dei suoi protagonisti». Antonio Martino, economista, editorialista del «Giornale», tessera numero 2 di Forza Italia ed ex ministro della Difesa, era dell'idea che «Berlusconi ha costruito un partito attorno alla sua figura e quindi il problema è che, quando la sua figura mancherà, il partito scomparirà». Sandro Bondi, prima comunista quindi fulminato dal Cavaliere sino al punto da dedicargli una poesia e prendere la tessera del partito, ex ministro della Cultura per poi alla fine pentirsi e ritirarsi dalla politica, lo definisce in questo modo: «Berlusconi è stato brillante all'opposizione, ma deludente se non fallimentare nell'arte di governare e nel portare a compimento quegli accordi politici che avrebbero cambiato in meglio il nostro Paese. Non ha saputo esercitare, quando sarebbe stata opportuna, la sua tendenza al compromesso. [...] Berlusconi potrebbe essere paragonato al Conte Ugolino che nella *Divina Commedia* divora il cranio dei suoi figli. E questo riferimento culturale è in fondo lusinghiero, perché lo sguardo di Ugolino verso i figli è di disperazione, mentre quello di Berlusconi è quasi intinto di sadismo. In realtà sono giunto alla conclusione che non vi è alcuna grandezza tragica in lui». Un chiarimento: il conte Ugolino rodeva a ogni modo il cranio dell'arcivescovo Ruggieri...

Marco Vitale, uno dei maggiori economisti d'impresa, ritiene che Berlusconi, «grandissimo comunicatore, riuscì ad apparire come un liberale quando le sue idee erano molto diverse da quelle del pensiero liberale. Un imbroglio gigantesco». Secondo lui «il male che ha distribuito [...] come un virus, produce sempre nuove varianti». Enzo Biagi – che prima fu corteggiato dal Cavaliere e poi nel 2002 venne epurato dalla televisione dallo stesso Silvio, allora presidente del Consiglio, insieme a Michele Santoro e al comico Daniele Luttazzi, in quello che sarà poi ricordato come l'«editto bulgaro», per aver fatto un «uso criminoso» della televisione pubblica – lo ha considerato «un politico un po' di accatto, un signore che ha fatto politica perché questo gli ha permesso di attraversare un momento di crisi personale. Me lo ha detto lui, mi ha detto che doveva entrare in politica perché lo facevano saltare in aria e aveva anche delle noie di tipo giudiziario». E ha aggiunto in *Era ieri*: «Berlusconi governa il Paese dalle sue centoquarantasette stanze di Arcore e parla al popolo come l'erede dei Borboni». Per Marco Pannella, il politico radicale, «la parabola di Berlusconi è questa: è sceso in campo per difendere i propri interessi, si è poi convinto di poter davvero rivoluzionare il Paese e infine si è integrato nel sistema partitocratico che invece avrebbe dovuto abbattere».

Marco Travaglio racconta con la sua penna corrosiva (a volte anche troppo ma, diciamolo pure, coraggiosa) in *B. Ora basta!* l'operazione amnesia che a un certo punto Berlusconi ha cominciato ad attuare, grazie all'establishment italiano di non eccelso livello e a una stampa molto servile. Una «Grande Rimozione-Riabilitazione» volta a «cancellare il passato, resettare gli archivi, dimenticare anche le sentenze definitive. Quelle che definiscono Berlusconi "delinquente naturale" e finanziatore di Cosa Nostra dal 1974 al 1992. Quelle che hanno accertato le sue frodi miliardarie, le sue tangenti a Craxi (23 miliardi di lire, quasi 12 milioni di euro), i suoi monumentali falsi in bilancio, le mazzette delle sue aziende, [...] le corruzioni di testimoni e di senatori, i suoi rapporti con la mafia». Invece Eugenio Scalfari, che non ha mai avuto la mano leggera nei suoi confronti, con il passare degli anni e la comparsa sulla scena politica del M5S e l'arrivo di Luigi Di Maio a ministro degli Esteri, se ne è uscito con questa sconcertante dichiarazione in tv: «Tra Berlusconi e Di Maio, scelgo Berlusconi». E il buon Silvio, bocciato da alcuni e promosso da altri, è quasi lapidario: «Possono farmi molte cose, ma non possono costringermi a dimettermi da me stesso».

Del resto ai Grandi della Terra va bene un personaggio così. Barack Obama, premio Nobel per la pace, partecipò nel novembre 2011 a Cannes ad un G8 drammatico:

Francia e Germania insistevano perché l'economia italiana (all'epoca era Berlusconi presidente del Consiglio) fosse posta sotto il controllo del Fondo Monetario Internazionale e della Troika, l'organismo di controllo pensato dal FMI e dalla UE per intervenire sui Paesi in crisi. Come era successo alla povera Grecia. Ma Obama, in qualità di numero uno degli Stati Uniti, si oppose: «*I think Silvio is right*». E la Troika non arrivò. Però il furbo Obama – scrive Luca Fazzo nel febbraio 2016 su «il Giornale» – autorizzò nello stesso tempo la sua intelligence a intercettare le conversazioni del capo del governo italiano e quelle del suo ministro dell'Economia, Giulio Tremonti. Vladimir Putin, ex KGB e presidente da quasi una vita della Russia (è al quarto mandato dopo aver modificato la Costituzione a suo vantaggio), riconobbe pubblicamente di essergli amico: «Tra noi c'è un'amicizia pluriennale». E nel luglio 2019, arrivando a Roma, lo definì così: «Silvio è un politico di statura mondiale, un vero leader che propugna fermamente gli interessi del suo Paese nell'arena internazionale». Un'amicizia che Silvio dice di aver troncato nel 2022 quando Mosca ha sferrato la guerra all'Ucraina. Federico Boni titola *Il Superleader* il suo libro con in copertina un Berlusconi sorridente che vola vestito da Superman. Luciano Malan, senatore di Forza Italia, gli dedica un ebook chiamato *Super Silvio*. Nel dicembre 2009, ricorda Luca Beatrice in *Nati sotto il Biscione*, l'edizione italiana della rivista musicale «Rolling Stone», nominò i suoi rockstar dell'anno: al terzo posto Joseph Ratzinger, il papa emerito, con il disco *Alma Mater: Music from the Vatican*; al secondo posto Barack Obama; al primo Silvio Berlusconi, all'epoca presidente del Consiglio. E il suo volto apparve sulla prima pagina della rivista, mettendo in imbarazzo i suoi lettori in buona parte di sinistra.

Comunque, alla fine, in questa storia di Berlusconi in cui a scopo storiografico viene fatta menzione di persone, protagoniste di cronaca passata, al puro fine di rievocazione storica di fatti e vicende concernenti eventi del passato, rimarrà sempre un interrogativo di fondo: il suo amore per l'Italia (come aveva annunciato nel messaggio in occasione della sua discesa in campo) ha curato davvero gli interessi del Paese o prevalentemente i suoi interessi? Dopo un quarto di secolo di "berlusconismo", c'è chi se lo chiede ancora. E lui continua a sognare.

# 1.

# Il Mandrake *chansonnier*

«Silvio è sempre stato un ragazzo molto attivo: faceva una cosa e già ne pensava un'altra. [...] Aveva un caratterino...»
Luigi Berlusconi, il padre, *Berlusconi. Inchiesta sul signor tv*

«Un ragazzo dall'intelligenza inquieta, lo chiamavamo Mandrake...»
Giulio Colombo, ex compagno di classe

«La gara a chi faceva la pipì più lontano.
Confalonieri: "Mi sono fatto la pipì sulle scarpe".
Berlusconi: "Allora hai vinto tu".»
Berlusconi su «Quinta colonna», gennaio 2018

Anno 1936, XV dell'era fascista. In maggio il generale Pietro Badoglio entrò in Addis Abeba, Benito Mussolini annunciò dal balcone di piazza Venezia che «l'Etiopia è italiana» e che dopo quindici secoli «l'impero riappare sui colli fatali di Roma», Vittorio Emanuele III assunse il titolo di Imperatore d'Etiopia. In giugno Giovanni Agnelli, il fondatore della Fiat, presentò la prima 500 Topolino, Galeazzo Ciano, il genero del duce, diventò ministro degli Esteri, fu pubblicato *Via col vento* di Margaret Mitchell. In luglio le Nazioni Unite votarono a Ginevra la fine delle sanzioni contro l'Italia, scoppiò la guerra civile in Spagna con italiani e tedeschi che appoggiarono militarmente il generale Francisco Franco, da lì a poco proclamato «Generalissimo» e capo dello Stato, mentre a fianco dell'esercito repubblicano spagnolo si schierarono le neo Brigate internazionali (con tanti italiani) e l'Unione Sovietica. In agosto si svolsero a Berlino le Olimpiadi, con Jessie Owens che vinse ben quattro ori nell'atletica leggera. In settembre, il 29 settembre, nacque a Milano, nel quartiere Isola, Silvio Berlusconi. E pochi giorni più tardi, in ottobre, fu sottoscritto il patto tra Germania e Italia, l'Asse Roma-Berlino, con Hitler che definì Mussolini «il primo uomo di Stato del mondo».

Silvio nacque in una famiglia modesta che abitava in una casa dignitosa, in via Volturno 60, quartiere Isola, all'epoca una strada alla periferia milanese e zeppa di bar, latterie, botteghe. Papà Luigi, originario di Saronno prima di trasferirsi a Milano, era allora un trentenne con gli occhiali e la fronte ampia a causa dei pochi capelli. La madre si chiamava Rosa Bossi, per tutti Rosella. Lui era un bambino vivace come tanti altri. Aveva quattro anni quando l'Italia entrò in guerra al fianco della Germania e Mussolini lo annunciò al Paese da piazza Venezia, rivolgendosi «ai combattenti di terra, di mare, dell'aria... La parola d'ordine è: vincere! E vinceremo». Poi invece le cose andarono come tutti sappiamo e la famiglia Berlusconi sfollò in un paesino di pochi casolari nella collina di Como e vicino al confine svizzero, Oltrona di San Mamette, il padre fu chiamato alle armi come soldato semplice nell'esercito (ma non si è mai saputo dove abbia combattuto), la madre trovò un impiego come segretaria alla Pirelli e continuò a farlo anche quando era in attesa del secondo figlio, una bambina, Maria

Antonietta. Sessant'anni dopo, nel 2001, sarà proprio Silvio a raccontare l'episodio con toni un po' troppo da favola in *Una storia italiana*: «Tutti i giorni doveva arrivare in ufficio molto presto, cosa che la costringeva ad alzarsi alle cinque per prendere la corriera che la portava a Lomazzo, dove trovava il treno delle Ferrovie Nord per piazzale Cadorna a Milano. Da lì a piedi fino alla Pirelli. Alla sera cammino inverso, nel buio. La sua vita era così: ogni giorno avanti e indietro su quella strada, prima con la mia sorellina nella pancia, e poi di fretta alla sera per tornare ad allattarla».

Alla caduta di Mussolini e alla nascita della Repubblica sociale, nel 1943, Silvio aveva sette anni. Papà Luigi si rifugiò in Svizzera per sfuggire ai fascisti e ai tedeschi, la mamma smise l'andirivieni con Milano, la vita si fece piuttosto grama e Silvio andò a scuola nella zona. E dal momento che era l'unico a parlare italiano e i compagni lo prendevano in giro per questo motivo, imparò in poco tempo il dialetto. Fu proprio mamma Rosa a raccontarlo: «Vedendomi allattare Maria Antonietta, affermò: "Come la vacca col vitèll". La maestra mi diceva: "L'è pussè bravo lù de mì". Sempre stato molto intelligente». Rimasero tutti e tre lì ad Oltrona in attesa di tempi migliori e di ricevere notizie del marito-padre Luigi. Berlusconi senior tenne un diario del suo periodo svizzero, dal settembre 1943 al luglio 1945. Tra gli appunti si può leggere: «Mio caro Silvio come ti penso! Come desidero sentire la tua voce strillante, come ardo di rivedere te, la tua mammina, la tua sorellina. Com'è dolorosa questa separazione!»

Poi la guerra finì, il papà rientrò dalla Svizzera e l'intera famiglia si trasferì a Milano piena di macerie. Alle prime elezioni repubblicane dopo il referendum, sembra che il giovanissimo Silvio si sia fatto coinvolgere in una scazzottata con i compagni comunisti perché sorpreso ad attaccare i manifesti per la Dc. Vero? Falso? Comunque, nel 2016, Mattia Feltri racconterà sul «Foglio» proprio questo curioso particolare che si riferisce a quel periodo: «Silvio attacca manifesti della Dc quando sente scrollare la scala: sotto ci sono cinque monelli comunisti. La storia ha due finali. Primo: Silvio, dotato di velocità da sprinter olimpico, semina la teppaglia. Secondo: i cinque monelli sono diventati sette o otto e danno una ripassata al piccolo democratico. Epilogo: Silvio le prende anche da mamma Rosa che sospetta chissà quale marachella, e non se lo perdonerà mai. Il racconto insegna che per l'anticomunismo si sopportano le più crudeli ingiustizie».

Papà Luigi, cattolico liberale, riuscì in qualche modo a entrare come semplice impiegato nella piccola Banca Rasini, fondata nel 1920 dai Rasini, una famiglia nobile, con un solo sportello in piazza dei Mercanti a Milano. E lì fece la sua carriera fino a diventarne direttore generale. Carlo Rasini, conte e titolare della banca, lo ricordò come «un collaboratore fedelissimo, di una dedizione assoluta». Luigi ha sempre creduto nell'abilità del figlio tanto da donargli, una volta andato in pensione nei primi anni Settanta, la sua intera liquidazione. Intanto Silvio era stato iscritto alle medie e al liceo dell'Istituto salesiano Sant'Ambrogio di via Copernico. Un aspetto curioso: il collegio, vicino alla stazione centrale, si trovava anche a poche centinaia di metri da casa sua. Perché – si sono chiesti in molti – una famiglia della piccola borghesia cattolica avrebbe dovuto dissanguarsi per tenere il figlio a vivere e dormire in un collegio a due passi da casa quando c'erano anche buone scuole pubbliche? Berlusconi cercò una volta di dare una risposta: perché le famiglie della piccola borghesia milanese non potevano permettersi i collegi svizzeri... Un'affermazione che ha lasciato perplesso uno psicologo come Alessandro Amadori. In *Mi consenta*, Amadori fa le pulci a quella frase: «L'umile famiglia di Berlusconi, quella che secondo lui i sociologi definirebbero di livello medio-basso, era in realtà la famiglia di un direttore generale di banca – pur piccola – nell'Italia degli anni Cinquanta...»

E infatti, in un certo momento, papà Luigi comprò l'auto. Ma che tipo di macchina? L'ha raccontata, con un pizzico di umorismo, proprio Silvio a Paolo Guzzanti in *Guzzanti vs Berlusconi*: «Un nostro vicino aveva una vecchia Augusta e decise di prendere una 1100 Fiat e convinse mio padre a prendere l'Augusta. [...] Alla fine comprò la macchina e partimmo per il lago di Como perché mia madre aveva il vanto di far vedere che avevamo la macchina ai nostri parenti, i quali ci accolsero come quelli che hanno fatto fortuna. Mentre stavamo andando via, mia madre sbatté la portiera e la portiera cadde a terra. Quando si rompevano le freccette per la svolta a destra o sinistra, io ero addetto a tirare fuori la mano. Eravamo sull'autostrada da Milano a Como e le macchine ci facevano segnali con il clacson, c'era fumo per una incrinatura nel radiatore. Vennero a trainarla con un cavallo e noi prendemmo il treno e poi il mio primo taxi che ci accompagnò a casa. Mio padre disse: "Be', Rosa te vedet, sem partì in macchina e sem turnà in macchina", ti ho fatto partire in macchina, ti ho fatto tornare in macchina».

Nel periodo dai Salesiani uno dei suoi compagni di classe (lo sarà dal 1947 al 1955) fu Guido Possa, che poi lavorerà a fianco di Silvio pur avendo una laurea in Ingegneria nucleare, e sarà parlamentare e viceministro. Tanti anni dopo, nel 2016, Possa lo descriverà così sulla «Gazzetta dello Sport»: «Andava molto bene in italiano perché aveva una grande capacità espositiva, sia scritta che orale, e una sensibilità emozionale che ho sempre ammirato. Scherzi non ne faceva, ma gliene facevano a lui: un giorno gli misero un pipistrello nel cappuccio del montgomery, si arrabbiò moltissimo». E ancora: «Non era il leader indiscusso della classe, non lo è mai stato. I compagni li aiutava e non mi risulta che si facesse pagare. Non eccelleva a calcio, in realtà gli piaceva la corsa, soprattutto i 100 metri, era già milanista sfegatato. E si dava da fare con le ragazze, una lo fece piangere». Sembra che sia stata una fanciulla di un grande magazzino. Possa è stato un fiume in piena sul suo amico: «Spesso si offriva volontario nelle interrogazioni. Ma aveva anche altre attività. Cantava spesso, in classe c'era anche Gianni Marzocchi, che andò a Sanremo con la bellissima *Musetto*. E con le ragazze aveva molta iniziativa. Era un giovanotto ricco di sentimenti, capace di innamorarsi spesso, che teneva molto alla sua immagine e si vestiva elegantemente. [...] A maggio i preti dell'istituto Sant'Ambrogio ci obbligavano a propagandare il mensile "Gioventù Missionaria". Silvio era capace da solo di far sottoscrivere centinaia di abbonamenti, noi al massimo una decina». Insomma, già allora emergevano una sana attrazione per le ragazze e in particolare una buona capacità di saper vendere. Era già una specie di Mandrake dei venditori.

E proprio «Mandrake» era il soprannome che gli avevano dato i compagni di liceo. Lo ha ricordato molti anni dopo al duo Ruggeri-Guarino un altro ex compagno di scuola, Giulio Colombo, diventato titolare di un'industria meccanica a Novate Milanese. Ecco la sua testimonianza: «La giornata era divisa così: la sveglia alle 7, colazione, messa e poi le lezioni; nel pomeriggio, rosario e ancora lezioni. Alle 9 tutti a letto. Dormivamo in grandi camerate spoglie e austere, con dentro 50 e perfino 100 letti. Ai quattro angoli di questi enormi stanzoni c'erano le brandine dei quattro sorveglianti: non si spogliavano mai, e a turno facevano il giro tra i letti. Silvio dormiva accanto a me. Una volta mi disse: "Sai che ci stanno a fare i sorveglianti? Controllano che sotto le lenzuola non ci siano movimenti sospetti"; io non avevo afferrato e lui proseguì ammiccando malizioso: "Ma sì che hai capito... È peccato no?" Lo chiamavamo Mandrake ma non ricordo perché, tutti quanti avevamo dei soprannomi. Nelle ore di ricreazione scendevamo in palestra a giocare a calcio o pallavolo. Silvio era in squadra con me. Giocava con grinta ed era sempre pronto a far baruffa e a menar le mani. Fra tutti, era quello che prendeva i richiami più frequenti. La punizione maggiore era di venire esclusi dai film che ci proiettavano la domenica. Chi era punito doveva restarsene "in castigo" in camerata, a ripassare il latino. Mandrake non si perse mai uno spettacolo: con la scusa di aiutare l'operatore ad avvolgere le pellicole, guardava il film dalla cabina di proiezione… Ricordo che durante le preghiere si distraeva. Muoveva le labbra a vuoto, senza parole, e pensava ad altro. Era un ragazzo di un'intelligenza inquieta, uno che non indugiava sulle cose più del necessario e subito passava ad altri interessi. Dopo di allora non ho più rivisto Berlusconi».

E la storiella dei compiti a pagamento? Ecco di nuovo la testimonianza di Colombo: «Faceva i compiti in un baleno e poi aiutava i vicini di banco, ma pretendeva in cambio caramelle, oggettini, di preferenza 20 o 50 lire. Se il compito non prendeva almeno la sufficienza, restituiva il compenso… Una volta lo trovai a contare il suo "tesoro" di spiccioli dentro un portamonete che gli avevo dato per avermi risolto un problema di matematica e lui lamentò che quello era un periodo di magra. Gli "affari" migliori, disse, li aveva fatti con le recite in casa: per vederlo nella parte di protagonista, genitori, parenti, amici avevano dovuto pagare il biglietto d'ingresso…»

Padre Erminio Furlotti, per otto anni suo insegnante all'Istituto salesiano, ha raccontato altri particolari a Mario Guarino in *L'orgia del potere*: Silvio si faceva pagare dai compagni per i compiti che concedeva di copiare in classe, era un organizzatore di partite di calcetto, promotore di recite scolastiche, autore di comunicati e infine cantante solista nei cori. Ed era anche «geniale, disinvolto, padrone di sé e di facile comunicativa tanto che, in occasione di visite di autorità, gli veniva affidato il discorso ufficiale che sapeva anche improvvisare lì per lì. Aveva capito l'interazione tra attenzione e memoria e la sfruttava al meglio». Bene, gli piaceva quindi cantare, recitare, organizzare, improvvisare.

E come la mettiamo con il pagamento dei compiti in classe? Colombo e padre Furlotti dicono di sì, Possa (pur essendo in classe con lui) fa un po' lo gnorri. Ed è stata mamma Rosa a togliere ogni dubbio: «Vendeva i compiti in classe. Oltre al suo, ne compilava un paio da regalare ai compagni meno fortunati che arrancavano e un paio per gli amici ricchi disposti a pagare». Una sua pagella in prima liceo: 9 in matematica, 9 in filosofia, 7 in latino, 7 in italiano e una media dell'8 per le altre materie con 9 in condotta. Non male in una scuola famosa per la sua severità. E che fosse severa lo confermò anche Silvio: «Non furono anni facili. Si studiava molto. Il pomeriggio, la sera dopo cena, il mattino presto. Una disciplina dura. [...] Venivamo interrogati ogni giorno e non c'era scampo: alla fine verbi e declinazioni li sapevamo davvero».

In *La fantastica storia di Berlusconi!* Nando Dalla Chiesa gli farà maliziosamente un po' di pulci: «Con il trascorrere dei decenni, l'allievo diventato importante avrebbe manifestato nella sua vita pubblica di avere fatto tesoro di una formazione tanto profondamente imbevuta di sapienza classica e letteraria. Parole ricercate come "efficacitudine", figure mitologiche rarissime come quelle di "Romolo e Remolo", poetiche innovazioni lessicali come l'uso di "entrambi" per indicare tre persone insieme. [...] Anche il suo proverbiale ragionar pacato e razionale, il suo equilibrio nella "composizione", venne visto, in Italia e all'estero, come il frutto rasserenante di un così duro e impegnativo apprendistato».

Le domeniche le trascorreva spesso in famiglia. Ricorderà «la messa celebrata da don Eugenio al patronato di

Sant'Antonio, in via Sebenico. C'era anche un campetto di calcio e chi aveva il pallone si sceglieva i compagni di squadra e poi, se in vantaggio, metteva fine alla partita. Dopo la messa, andavo a ritirare le paste e poi a casa. Aiutavo mia madre ad apparecchiare la tavola con la tovaglia e le posate della festa, mamma Rosetta cucinava il brasato o la cassoeula o il risotto con la salsiccia». Dirà anche una volta: «Sono stato un donnino di casa». La famiglia era intanto aumentata di numero: nel dicembre 1949 era nato Paolo. E anche lui era stato poi mandato a scuola dai Salesiani. Qualcuno ricorderà come papà Luigi avesse qualche problema nel pagare le rette per i due figli. La cosa comunque durò poco: Silvio prese il diploma e si iscrisse alla Statale alla facoltà di Giurisprudenza. Volendosela pagare da solo. Come? Facendo vari lavoretti e iniziando così quella che Paolo Madron definisce «carriera di eclettico mestierante».

Una lista breve ma variegata: piazzista dei primi registratori a bobina marca Geloso; fotografo improvvisato di cerimonie; venditore di lucidatrici. Ma il meglio lo dette con l'orchestrina che mise in piedi: si chiamava Cinque Diavoli e si esibiva i sabati e le domeniche alle feste universitarie, nei ritrovi studenteschi, nelle sale da ballo. Poi uno dell'orchestrina lasciò e i Cinque Diavoli diventarono i Quattro Moschettieri. Berlusconi *chansonnier* con la paglietta in testa suonava il basso e si esibiva in sketch, con Fedele Confalonieri al pianoforte: il repertorio era perlopiù classico, da Frank Sinatra a Yves Montand sino a Gilbert Bécaud. Confalonieri aveva un anno meno di lui, ma in fatto di musica era il capo dell'orchestrina: suonava già allora molto bene e dall'età di dodici anni era diventato suo amico. Abitavano tutti e due nella stessa strada e Fedele aveva uno zio che diventerà famoso, Giovanni Borghi, il proprietario dell'Ignis. Poi questa passione musicale li aveva resi ancora più uniti, anche nel periodo dei Salesiani. E si divertivano pure nel gareggiare a chi faceva la pipì più lontano. L'ha raccontato lo stesso Silvio nel 2018, quando era già stato più volte premier, nella trasmissione televisiva di Rete 4, *Quinta colonna*.

Un giorno partecipò a una festa di ex alunni dell'Istituto salesiano che aveva frequentato per otto anni. Con lui c'era Fedele Confalonieri, l'inseparabile. Dopo la festa – ha ricordato Silvio – «con Fedele abbiamo fatto due passi e siamo passati davanti alla chiesa in cui suonavamo l'organo. Siamo entrati, l'organo era lo stesso e Fedele ha fatto un piccolo concerto di otto-dieci minuti. Poi siamo andati in sacrestia, era tutto uguale, anche il cassetto delle ostie e abbiamo assaggiato le ostie. Poi siamo passati davanti alla scuola e siamo entrati nel giardino. Si è ricordato che venivamo qua a fare la gara a chi faceva la pipì più lontano, "perché non la facciamo ancora?" Allora ci siamo messi a far pipì. "Mi sono fatto la pipì sulle scarpe" ha detto poco dopo lui. "Allora hai vinto tu" ho risposto». Poi qualcuno racconterà che aveva ripetuto una vecchia barzelletta, con protagonisti due anziani, già raccontata da Aldo, Giovanni e Giacomo. Una capacità, la sua, più da «affabulatore» che da comunicatore. Perché, ha osservato Amadori, «questa capacità per così dire "trasfigurativa" di Berlusconi, ai confini tra realtà e immaginazione, è una delle sue più formidabili armi personali e professionali».

Litigarono una volta perché, invece di suonare, Silvio

faceva troppo il farfallone. E si divisero. Confalonieri ebbe un ingaggio a Beirut, in Libano, e ci andò con i Quattro Moschettieri. Alla batteria suonava – ricordano Ruggeri e Guarino nel loro libro, che ebbe una nascita travagliata perché non piacque al duo Silvio-Fedele che cercò di evitarne la pubblicazione – Alberto Cicatiello, in seguito uno dei responsabili della sorveglianza interna Fininvest: «Eravamo un complesso affiatato che poi diventò un sestetto». Berlusconi invece, che si esibì anche sulla riviera romagnola, ebbe un contratto estivo come animatore di bordo su una nave da crociera della compagnia Costa, la *Franco C.*: cantava, raccontava barzellette, intratteneva gli ospiti, anche dopo cena, nelle traversate del Mediterraneo. Ricorse anche a una furbizia: temendo che il padre potesse sapere di quell'avventura, s'imbarcò con uno pseudonimo, Pier Paolo Rizzoli. In quegli anni Gianni Agnelli, che sarà poi a lungo la sua stella polare, viveva già da gran signore: aveva conquistato in Costa Azzurra il titolo di re del jet set, pensava a divertirsi in quanto aveva alle spalle Vittorio Valletta, che faceva crescere la Fiat, si era frantumato in sette punti la gamba destra in un incidente con la sua Ferrari nei pressi di Montercarlo e si era anche sposato con una principessa napoletana, Marella Caracciolo.

Berlusconi si laureò con una tesi in diritto commerciale nel 1961, l'anniversario dei cento anni dell'Unità d'Italia. Ottenne la votazione di 110 e lode discutendo con il professor Remo Franceschelli (un giurista che poi sarà per un breve periodo anche il suo avvocato) una tesi sui contratti di pubblicità per inserzione. E vinse, per la migliore tesi sull'argomento, un premio di cinquecentomila lire di un'agenzia pubblicitaria milanese, la Manzoni, di proprietà di Piero Michiara. All'epoca si trattava di una bella sommetta. Qualcuno solleverà qualche dubbio in proposito e sarà Carlo Rasini, sostiene Paolo Madron, a cercare di diradare il nuvolone: «Ha vinto con pieno merito, anche se allora, siccome Piero Michiara, il padrone della Manzoni, era un cliente della banca, tutti dicevano che gliela avevo fatto vincere io».

Comunque sia, a quel punto, a venticinque anni e con po' di soldini in tasca, Silvio cominciò a pensare a cosa fare da grande. Tanto più che riuscì a evitare di fare il servizio di leva. E per prima cosa rifiutò l'offerta di lavoro che gli fece proprio Rasini: un posto da cassiere nella banca in cui papà era il direttore.

# 2.

# «Un nuovo modo di vivere»

«Quando entra qualcuno a chiedere informazioni, tu digli che non vendiamo appartamenti, ma un nuovo modo di vivere.»
Silvio Berlusconi, *Le gesta del Cavaliere*

«La vera magia di Berlusconi come comunicatore sta nel trasformare ogni narrazione in una sorta di fiaba.»
Alessandro Amadori, *Mi consenta*

«Non ho mai pagato una tangente.»
Silvio Berlusconi ad Alan Friedman

In quei primi anni Sessanta scoppiò la crisi di Cuba con il blocco statunitense dell'isola di Fidel Castro, John Kennedy fu ucciso a Dallas, Antonio Segni fu eletto capo dello Stato al posto di Gronchi, i socialisti entrarono per la prima volta con Nenni in un governo Moro, Berlusconi s'innamorò (un colpo di fulmine) a ventotto anni di una spezzina trasferita a Milano negli anni Cinquanta, Carla Elvira Dall'Oglio: si sposarono nemmeno un anno dopo. Nel 1966 nacque Maria Elvira (Marina), tre anni più tardi Pier Silvio. Andarono a vivere in via San Gemignano, nell'hinterland milanese.

In quel periodo Berlusconi mosse i primi passi nel mondo dell'edilizia, acquistando un ampio terreno in via Alciati, alla periferia ovest di Milano. In Italia il mercato dell'edilizia era in fermento, si costruiva un po' dappertutto, si potevano fare soldi. Prima di tutto bisognava però averli per poter cominciare l'attività. E gli venne in aiuto Carlo Rasini, il banchiere che lo aveva preso a benvolere. La banca Rasini non era più interamente di proprietà della famiglia, erano entrati altri soci allorché si era trasformata in società per azioni. Tra questi Giuseppe Azzaretto, un palermitano di Misilmeri, di umili origini, democristiano e uomo di fiducia di Giulio Andreotti in Sicilia, che successivamente ne diventerà il proprietario insieme al figlio e sposerà la nipote di Papa Pacelli. Negli anni Settanta entrerà nel consiglio d'amministrazione della banca Mario Ungaro, avvocato romano amico di Michele Sindona e Andreotti.

L'appoggio di Carlo Rasini fu determinante. Fece incontrare Silvio con un cliente della banca, Piero Canali, un piccolo imprenditore edile che costruiva per conto terzi. Poi gli fornì le garanzie necessarie per l'investimento che era di 190 milioni di lire. Quindi Berlusconi andò alla Banca Nazionale del Lavoro a chiedere un prestito di 500 milioni, ma gli interessi erano troppo alti, decisamente indigesti. Tornò allora a casa e riuscì a convincere il padre a dargli 30 milioni della sua liquidazione. Nacque così la Cantieri Riuniti Milanesi, capitale di 50 milioni, proprietà divisa a metà dopo un lungo tira e molla tra Silvio e Canali; il giovane Berlusconi si fece carico anche del progetto residenziale facendo intervenire qualche amico architetto. E qui, mezzo secolo più tardi, i ricordi di Berlusconi affluiranno alla mente come un torrente in piena nel racconto che fece a Friedman: lui si trovava a torso nudo all'ingresso del cantiere di via Alciati e stava dipingendo d'azzurro una vecchia baracca che avrebbe dovuto fungere da ufficio vendite e che aveva già riempito con quale mobile portato da casa sua. E mentre era con il pennello in mano su una scala, arrivò la prima coppia di persone a chiedere informazioni per acquistare un appartamento per la figlia.

Il racconto, riportato in *My way* e in *Berlusconi. Inchiesta sul signor tv*, diventa a questo punto esilarante. Perché Silvio tirò fuori una vocina dicendo che andava a chiamare il capo, si precipitò all'interno dell'ufficio, si vestì con giacca e cravatta e ricomparve davanti alla coppia come se fosse il direttore delle vendite. Spiegò quel che doveva spiegare, rispose anche a un'osservazione del curioso potenziale acquirente sulla somiglianza che c'era con l'uomo del pennello: «Era mio cugino, sa in famiglia ci aiutiamo l'un l'altro». E vendette il suo primo appartamento. Il secondo lo fece acquistare alla mamma di Fedele Confalonieri, che non era in quel periodo con lui ma stava cercando di tenere in piedi un'aziendina tessile con problemi finanziari. E riuscì a cedere l'appartamento facendola girare nel cantiere vuoto: «Le mostrai dove sarebbero state costruite le quattro palazzine. Le indicai la posizione del giardino. Misurai tutte le distanze un passo alla volta. Fino al cortile e ai box. Lei non fece alcun commento». La signora Confalonieri finì poi per comprare tutto un piano, quattro appartamenti, con relativi box.

Dal complesso di quattro palazzine a un intero quartiere residenziale da quattromila abitanti a Brugherio, a nord di Milano, verso Monza. E con Canali, i due fratelli Enrico e Giovanni Botta che erano veri costruttori e l'iniziale garanzia finanziaria di Rasini, fu costituita nel giugno 1963 dal notaio Giuseppe Quadri di Milano la Edilnord di Silvio Berlusconi & C. Lui figurava come socio d'opera e per questo motivo, chiarisce Guarino in *L'orgia del potere*, compensato con l'1% dei ricavi; i capitali arrivarono invece da una misteriosa finanziaria di Lugano, rappresentata dall'avvocato svizzero Renzo Rezzonico. Allora nessuno ci fece caso. E avviò la costruzione proprio nel momento in cui la "febbre del mattone" subì un aumento dei costi: tassi più alti, obbligo di contribuire alla realizzazione delle infrastrutture, dalle strade alle fognature, credito più difficile. Così Berlusconi si trovò il quartiere quasi realizzato, senza servizi e senza clienti. E con i soci irritati e una grana. Già, le diciotto torri di Brugherio dovevano essere costruite sino al quinto piano ed erano invece arrivate all'ottavo. Edoardo Teruzzi, geometra quarantenne – racconta il trio Corrias-Gramellini-Maltese in *Colpo grosso* – «faccia da Anthony Quinn anche se è alto un piccone e mezzo, spalle di ferro», all'epoca capocantiere e anche assessore democristiano all'urbanistica, fedelissimo della prima ora, dichiarò: «Piani abusivi... non esageriamo, è stato un malinteso che si è risolto subito con una ammenda da 200 milioni e offrendo al Comune la costruzione gratuita di un asilo».

Carlo Rasini si mostrò pessimista su quella realizzazione: «Qui manca tutto: scuole, negozi, cinema. La gente non ci verrà». Silvio cominciò così a guardarsi attorno. Si recò dal presidente della Manzoni, quel Michiara che lo aveva premiato per la tesi di laurea, e gli chiese di fare acquistare il centro residenziale di Brugherio dal suo Fondo previdenza dei dirigenti commerciali, che di solito comprava edifici in blocco. E in questa lunga trattativa, in cui fu costretto a ricorrere a stratagemmi come quello di invitare parenti e amici a visitare il quartiere proprio nel momento in cui da Roma erano giunti gli esperti del Fondo (stratagemma che non riuscì perché una ragazza cominciò a baciare tutti quei presunti clienti che in realtà erano suoi amici e familiari), Berlusconi tirò fuori tutta la sua abilità di venditore; Alan Friedman lo dipinge come uno showman, intrattenitore, simpatico, ammaliatore. Silvio riuscì così a liberarsi del centro residenziale di Brugherio che, comunque, non fu un grande affare.

Una ventina d'anni più tardi, nel 1986, Ruggeri e Guarino intervistarono per il loro libro un ultraottantenne Giovanni Botta. Lo intervistarono quindi quando Berlusconi era già diventato il più importante editore televisivo italiano, ma non aveva ancora deciso di entrare in politica. Ecco il pensiero davvero interessante di Botta: «Era giovanissimo ma pareva nato nell'edilizia e si capiva che avrebbe fatto tanta strada. Si incaricava dei permessi, appaltava i lavori, chiamava i progettisti e diceva: "Questa casa la voglio così", e così doveva essere. Uno con le idee chiare, sempre in movimento, bravissimo nel trattare con tutti: autorità, operai, clienti. [...] Ho lavorato con lui un paio d'anni, finché abbiamo finito Brugherio, e ho continuato a vederlo anche dopo. [...] Sono convinto che prima o poi arriverà al Quirinale... Sicuro, quello diventerà Presidente della Repubblica».

Da Brugherio al piano più ambizioso di Milano 2, un quartiere residenziale per diecimila abitanti alla periferia della città, nel comune di Segrate e quindi vicino all'aeroporto di Linate, da costruire su un terreno mezzo paludoso di quasi un milione di metri quadrati, chiamato Lavanderie, su cui già sorgevano alcuni edifici, nebbioso d'inverno e infestato di insetti in estate. Era di proprietà del conte Leonardo Bonzi, imprenditore ai vertici di varie società industriali, dal Cotonificio Italiano alla Max Meyer, e con un passato di tutto rilievo anche in altre attività: sportivo e più volte campione italiano di tennis, aviatore con alle spalle una trasvolata con Manuel Lualdi in Sud America, produttore cinematografico e per un periodo marito di Clara Calamai. Alla fine degli anni Sessanta, quando il mercato dell'edilizia era ritornato euforico e gli studenti manifestavano insieme agli operai con lo slogan «Agnelli e Pirelli ladri gemelli», Berlusconi comprò i terreni per tre miliardi di lire. Trattative non proprio semplici, perché il conte non voleva svendere quei terreni, si era già fatto dare una caparra di una settantina di milioni da un ingegnere pugliese finendo in una vicenda di intimidazioni e minacce raccontate in *L'Intoccabile* da due "segugi" del giornalismo, Leo Sisti e Peter Gomez. Aveva allora restituito la caparra, le intimidazioni erano terminate, e aveva venduto a Berlusconi. La nuova avventura edilizia poteva cominciare.

Tanti anni dopo, Silvio descriverà così il suo sogno: «Avevo imparato dal primo Centro Edilnord che, se volevo realizzare una *new town*, dovevo prima di tutto pianificare e ottenere i permessi per ogni cosa, per una comunità che avesse scuole e centri commerciali, parchi e giardini, piazze, chiese e ospedali. Per raggiungere questo risultato, occorreva uno stile di progettazione urbana davvero moderno per l'epoca, che prevedesse molto verde e tre circuiti stradali differenziati: piste ciclabili, sentieri pedonali e strade per le auto. [...] La mia idea era che si potesse fare tutto a Milano 2, senza essere obbligati a uscire per trovare qualcosa». Una «città giardino» (così la definì) per ricchi, sull'esempio di altre città satellite edificate in alcuni centri del Nord Europa e quindi tutto l'opposto dei quartieri dormitorio che stavano sorgendo invece a Milano.

Del resto, in quegli anni Berlusconi ha già i tratti di una forte personalità. Giuseppe Fiori lo mette bene in evidenza in *Il venditore*: «Il talento, il coraggio, la creatività, l'intraprendenza, il fiuto per l'affare, l'ottimismo, la smania di emergere, l'ostinazione, la volubilità, l'imprevedibilità, la spregiudicatezza, l'ambiguità, il passo sicuro nel dedalo dei segreti, il senso del clan, il gusto del comando, l'attitudine ad accentrare, l'attenzione al gesto accattivante, la voglia di piacere, l'eccezionale capacità di lavoro. Sta in piedi diciotto ore, non fuma, niente superalcolici, pochi svaghi, i momenti liberi in famiglia». Fiori ricorda anche che Berlusconi ripeteva «spesso, postillandola, una frase di Dino Buzzati: "Mentre tu sei ad un cocktail e sfiori giovani schiene di donne, o balli sentendo contro il tuo petto giovani seni, in quel preciso momento, in qualche stanzetta piena di fumo, c'è un giovane che lavora e, magari imprecando, fa quel che dovresti fare tu". Ecco, il giovane nella stanzetta ero io». In quel periodo aveva i capelli lunghi fino al collo secondo la moda di quegli anni. Osserva Marco Belpoliti in *Il corpo del Capo*: «All'epoca la zazzera maschile lunga è reputata segno di forza, oltre che di anticonformismo». Poi però comincerà a perdere i capelli e per lui sarà un grosso cruccio.

Berlusconi fondò a trentotto anni una nuova società, la Edilnord di Lidia Borsani & C, una cugina quasi sua coetanea nel ruolo di socia accomandataria. Nel 1972 quella Edilnord sarà liquidata per dare vita alla Edilnord Centri Residenziali, intestata questa volta a sua zia, Maria Bossi vedova Borsani. Il capitale iniziale arrivò nuovamente da una misteriosa fiduciaria di Lugano amministrata dal solito Renzo Rezzonico. Il nome di Berlusconi non compariva da nessuna parte perché, racconterà a Friedman in *My way*, «erano gli anni dei rapimenti delle persone facoltose da parte della mafia e i miei commercialisti mi consigliarono di non apparire personalmente». Dirà anche che i finanziamenti provenivano «da investitori italiani e internazionali». Tutto qui. Già all'epoca molti si chiesero chi ci fosse finanziariamente dietro a Silvio, tanto più che quella società fece nell'arco di un paio d'anni due robusti aumenti di capitale e il nome di Berlusconi rimase (e rimarrà), annota Travaglio in *B. come Basta!*, «inabissato e schermato da una miriade di prestanome: casalinghe, notai, ragionieri, commercialisti, elettricisti, perfino un cecoslovacco di novant'anni colpito da ictus e paralizzato in carrozzella e un cugino del boss mafioso Tommaso Buscetta».

Sarà poi Michele Sindona, il bancarottiere siciliano legato alla famiglia Gambino di New York, mandante dell'assassinio di Giorgio Ambrosoli, coinvolto nella vicenda Calvi del Banco Ambrosiano e morto avvelenato nel carcere di Voghera con un caffè al cianuro, a parlare senza peli sulla lingua della Banca Rasini, definita dalla gente «la banca dei signori» e dall'establishment «la boutique del credito». Rispondendo a uno scrittore americano, Nick

Tosches, che gli aveva fatto una domanda su quali fossero le banche italiane della mafia, disse: «È una domanda pericolosa. [...] In Sicilia il Banco di Sicilia, a Milano una piccola banca di piazza dei Mercanti». Proprio il luogo dove aveva sede la Banca Rasini. Nei primi anni Ottanta un'operazione della polizia porterà alla luce i nomi di alcuni clienti importanti della banca milanese: Pippo Calò, Totò Riina, Bernardo Provenzano.

Oltre ai finanziamenti, emergerà anche una incredibile ragnatela di finanziarie che, in *Le gesta del Cavaliere*, Paolo Madron definisce «un elaboratissimo gioco di intrecci che rimanda da banca a banca, più spesso da scatola vuota a scatola vuota, che rende impossibile individuare con certezza l'origine dei capitali». Nell'inchiesta del settimanale «Avvenimenti» effettuata tanti anni dopo, nel febbraio 1994, emerse che la fiduciaria elvetica utilizzata per Milano 2 era controllata da una società di Tel Aviv da cui partivano una serie di ramificazioni che finivano ai quattro angoli della terra. Madron arriva a una sua conclusione: «Le città-giardino di Berlusconi sono servite a qualche famiglia milanese per fare rientrare le valigie di soldi depositate a suo tempo nella vicina Svizzera». Del resto, già nei primi anni Settanta erano stati sollevati sospetti che portarono a descrivere quei capitali come «maleodoranti». Nell'ottobre 1973 Leo Siegel, giornalista del settimanale di destra «Candido», diretto da Giorgio Pisanò, scrisse che la Edilnord era controllata «da una società svizzera che, secondo voci attendibili, sarebbe legata al nome di Michele Sindona». E dopo la smentita da parte della società, scrisse in seguito: «Perché la Edilnord è tanto potente? Perché nella primavera del 1972 ha finanziato la campagna elettorale della Dc, del Psi e del Pci, ottenendo in cambio agevolazioni. [...] General manager di Milano 2 è un certo Berlusconi».

C'è del vero, ma nel frattempo quel «certo Berlusconi» operava su più direttrici. Innanzitutto il progetto. Lo affidò a un team di giovani architetti: Giancarlo Ragazzi (era stato con lui anche a Brugherio), Giuseppe Marvelli ed Enrico Hoffer per la parte paesaggistica. Un team allargato non solo ad altri specialisti del settore, ma anche a Giulio Possa e a Fedele Confalonieri, entrato all'Edilnord dopo una disavventura con la sua aziendina tessile che farà apparire il suo nome nel libro dei protesti. Partecipò a numerose riunioni con loro, spiegò fino alla noia di volere qualcosa di veramente innovativo, con tanto verde, con strade per le auto, le bici e i pedoni, con abitazioni da fare invidia. Hoffer ricorderà: «Un suo pallino? Voglio che i bambini possano andare a scuola a piedi, diceva». Vennero così costruiti ventotto residenze, un centro direzionale, un centro residenziale, un albergo, un residence, uno sporting club, un centro religioso, scuole materne ed elementari, un parco giochi, un laghetto, l'ufficio postale.

Le ruspe non erano state ancora messe in funzione che Silvio – fino a quel momento chiamato «il Dottore», così come Gianni Agnelli era «l'Avvocato», e in seguito, dopo essere stato nominato nel 1977 Cavaliere del lavoro proprio per la realizzazione di Milano 2, «Cavaliere» – pensò subito alle vendite. Aprì un ufficio con vetrina su via Dante, a Milano, e a Roberto Comincioli, suo ex compagno di scuola, raccomandò: «Quando entra qualcuno a chiedere informazioni, tu digli che non vendiamo appartamenti ma un nuovo modo di vivere». Uno slogan, scrive Madron, «che fa scintille sulle signore che vogliono andare a vedere. Intanto il consorte protesta che si deve sciroppare ogni giorno un'ora di coda per arrivare al lavoro. Ma a casa ci stanno loro coi figli, mica lui. Berlusconi lo sa». Ed è un successo. Ne sarà molto orgoglioso. A Paolo Guzzanti dirà per il suo libro-intervista: «Credo che sia venuta fuori praticamente senza difetti. Tutta la gente che ha preso appartamento lì è felicissima di viverci».

Intanto però ci volevano i permessi per andare avanti nella realizzazione. Già, perché con la nascita delle Regioni, erano cambiate anche in Lombardia le regole edilizie. E Silvio si rivolse alla politica: contattò Ezio Cartotto, un trentenne democristiano di sinistra fedelissimo di Giovanni Marcora, un ex partigiano che sarà più volte ministro. All'epoca, Cartotto si occupava della formazione dei giovani del partito e degli enti locali e solo una ventina d'anni più tardi diventerà noto per avere organizzato, come consulente di Marcello Dell'Utri, la nascita del partito Forza Italia. Diventerà ancora più noto nell'agosto 2012, quando si recherà dai PM della Procura di Firenze con un baule di documenti, conservati fino ad allora in soffitta, su come fosse stato superato l'ostacolo di quei permessi che rischiavano di mandare in bancarotta la Edilnord. E raccontò a «L'Espresso» che «il problema fu risolto dai tre direttori del Pim, il Piano intercomunale milanese: oltre al nostro della Dc, presentai a Berlusconi l'architetto Silvano Larini del Psi, mentre per il Pci c'era Epifanio Li Calzi». Due nomi, quelli di Larini e Li Calzi, destinati a entrare, ricorderà il settimanale, nella storia di Tangentopoli.

Il superamento di quegli ostacoli diede nuovo slancio alla realizzazione di Milano 2 e al sogno di Berlusconi di volere anche un ospedale. Motivi vari alla base della sua scelta, ma uno sopra gli altri: dare un po' di quiete agli abitanti del quartiere, perché sopra Milano 2 passavano gli aerei che decollavano e atterravano al vicino aeroporto di Linate – mentre con l'ospedale si poteva cercare di cambiare le rotte. Fece calcolare che nelle ore di punta decollava un aereo ogni novanta secondi e, ha raccontato a Friedman, «la cosa non contribuiva certo alla valorizzazione degli appartamenti. Se solo si fosse riusciti, in qualche modo, a deviare anche di poco quelle rotte, a decollare sarebbe stato il valore delle case». Così si mise d'accordo con don Luigi Verzé, un prete noto ma anche piuttosto discusso, che aveva comprato un terreno attiguo a Milano 2 per costruirci un ospedale, il San Raffaele. Ma c'era un problema: la fognatura dell'ospedale era irregolare, poiché non era allacciata alla rete fognaria di Milano 2. A sistemare tutto ci pensò Berlusconi, nonostante, ricorda don Verzé nel suo *Pelle per pelle*, scritto con Giorgio Gandola, l'opposizione degli abitanti del quartiere e degli stessi architetti del Cavaliere. «Si fa», disse il Berlusca. E fu fatto.

Questo il ricordo del loro primo incontro raccontato dal Cavaliere su *My way*: «Lo conobbi perché ero in cerca della persona giusta per costruire un ospedale vicino a Milano 2. Ci piacemmo subito e diventammo amici». Al punto che Silvio propose a don Verzé, prima ancora di lanciare Luigi Albertini, di candidarsi per sindaco di Milano. E lui rispose: «Impossibile, la Chiesa non lo permette». Ma prima il sacerdote lo aveva comunque chiesto alla Curia romana. Il loro rapporto diventò tale che Berlusconi disse una volta: «Se c'è qualcuno da beatificare in vita, questi è don Verzé». E il sacerdote: «Berlusconi ha una fortuna caratteriale: è ottimista e libero. Per lui la politica non è uno scopo di vita, ma un'occasione di vita. È idiosincratico al comunismo. Lascerà una scia, non una struttura». In *Pelle per pelle* don Verzé ha anche ricordato di essere stato a un certo punto soprannominato per le proprie qualità manageriali "il Berlusconi di Dio".

L'Edilnord dette una mano significativa nella realizzazione dell'ospedale e i due cominciarono la trafila nei vari uffici romani per la modifica delle rotte degli aerei che sorvolavano un ospedale con una robusta operazione di lobbying. A Roma ma anche a Milano, dal presidente della Regione Lombardia ai responsabili della sanità e dell'urbanistica. E nell'agosto 1973 una direttiva della Direzione generale dell'aviazione civile, Civilavia, stabilì che gli aerei non dovevano più sorvolare l'ospedale e Milano 2, ma dovevano essere spostati un po' più in là. Sollevando le proteste degli abitanti dei Comuni vicini che, dall'oggi al domani, si videro piovere sulle loro teste quel regalino decisamente sgradito.

Pressioni? Tangenti? Possibile, in un Paese in cui è stato quasi sempre necessario "ungere le ruote" per ottenere qualcosa. Il malcostume è così diffuso ed evidente da finire addirittura nei film. Nel 1976 in *Signore e signori, buonanotte*, un film collettivo a episodi, Marcello Mastroianni interpretava Paolo T. Fiume, speaker di un immaginario TG3 (sarebbe nato solo tre anni più tardi) durante l'intervista a un ministro corrotto che – racconta Giuseppe Pesca in *Il lato B della storia* – «si produce nella spregiudicata difesa di una depravata morale politica». E a Mastroianni questo ministro corrotto diceva tranquillamente che aveva il dovere verso il suo elettorato di comportarsi così, perché «mi ha dato il voto per ottenere da me posti, licenze, permessi, appalti, perché li spalleggi in evasioni fiscali, in amministrazioni di fondi neri, crolli di dighe mal costruite, scandali, ricatti, contrabbando di valuta. [...] L'elettorato vede in me un prevaricatore. Se invece voleva scegliere un uomo probo, onesto e perbene, ma che dava i voti a me?»

Berlusconi cercò – disse – di restare fuori da tutto questo e racconterà proprio a Friedman: «Non ho mai pagato una tangente. Ho sempre lottato io personalmente per ottenere tutte le licenze di costruzione. Ho avuto infinite discussioni con l'intero consiglio comunale di Segrate. Ho fatto riunioni aperte a tutti i cittadini. Sono stato anche aggredito fisicamente da gruppi di sinistra che protestavano contro il progetto. Ma non ho mai pagato una tangente che fosse una». Marco Travaglio ricorderà comunque che, nel maggio 2003, parlando a braccio al Forum della pubblica amministrazione, Berlusconi disse tranquillamente: «Giravo gli uffici comunali con l'assegno in bocca». Il Cavaliere ha poi ammesso di aver finanziato almeno un partito: Democrazia nazionale, nato nel febbraio 1977 dalla scissione dei moderati del Msi, da Ernesto De Marzio a Gastone Nencioni sino a Mario Tedeschi, Giovanni Roberti, Raffaele Delfino e il generale Birindelli. Un partito durato appena un paio d'anni. Alberto riporta in *Penne al vetriolo* la testimonianza di Delfino: «Quasi unico finanziatore un costruttore milanese di nome Silvio Berlusconi, darà cento milioni che saranno restituiti appena il nuovo partito potrà fare ricorso al finanziamento pubblico». E riporta anche il commento del Cavaliere: «È la prima volta che degli uomini politici mi restituiscono soldi».

Nel periodo in cui venne nominato Cavaliere, Roberto Gervaso gli chiese in un'intervista riportata in *Il dito nell'occhio*: «Cavaliere del lavoro a quarant'anni. Non è troppo presto? "In Italia non c'è mai un troppo presto. Anzi, mi sembra che tutto avvenga troppo tardi. Siamo o no la patria di Quinto Fabio Massimo, il temporeggiatore, e di Aldo Moro?"». Gervaso gli domandò ancora: «È vero che gode di alte protezioni vaticane?» E Berlusconi: «Sì, effettivamente ho protezioni altissime... anche più in alto. Come lei ben sa, in Italia si attribuiscono protezioni a tutti. Se il protagonista è cattolico, la protezione viene dal Vaticano, se è laico dalla massoneria». Il Cavaliere gli rispose poi che aveva «amici nella Dc come in altri partiti», di «conoscere e stimare Craxi» e di non avere intenzione di andare a Montecitorio: «Non perché sottovaluti la funzione del Parlamento, ma credo che un deputato o un senatore, se vuole davvero incidere, debba impegnarsi totalmente e questo sarebbe incompatibile con la mia attività imprenditoriale».

E torniamo al grande nodo iniziale dei finanziamenti per realizzare Milano 2. Dopo la Edilnord Centri Residenziali, si sviluppò una ragnatela di società fondate da fiduciarie ticinesi. La Italcantieri nel 1973 con alle spalle un finanziere svizzero potente e molto discusso, Tito Tettamanti, e l'avvocato d'affari Ercole Doninelli; la società venne in seguito comprata (senza addentrarci nei tanti nomi, in cui compaiono anche due chiacchierate fiduciarie della Banca nazionale del Lavoro, Servizio Italia e la SAF, Società azionaria fiduciaria) dalla stessa Fininvest.

È la prima di tre Fininvest create, con strani passaggi tra Milano e Roma, sino al 1979 per mettere ordine in quell'intreccio societario definito da Giuseppe Fiori «una costruzione gotico-castrense». Una costruzione destinata a restare a lungo nell'ombra tanto da spingere Giuseppe Turani a scrivere, su «L'Espresso», di un Berlusconi «finanziere senza soldi». Molti anni dopo, Mario Guarino, pubblicando nel suo ben documentato *L'orgia del potere* stralci della relazione di minoranza del senatore missino Giorgio Pisanò alla Commissione della Loggia massonica P2, sosterrà che «la nascita della Fininvest è caratterizzata da un peccato originale che non si può cancellare: Sindona». Michele Sindona e i suoi tanti intrecci con l'Ambrosiano di Roberto Calvi, la Banca del Vaticano diretta da Paul Marcinkus, Cosa Nostra e un tizio sconosciuto che diventerà noto solo nei primi anni Ottanta: Licio Gelli. Nel suo *B. come Basta!* Marco Travaglio sarà ancora più documentato e dettagliato sollevando una domanda di incredulità: possibile? Possibile.

Nella terza e ultima Fininvest (capitale sociale di 52 miliardi con le quote intestate alle due fiduciarie della Bnl) comparve finalmente il nome di Silvio Berlusconi, come presidente, e del fratello Paolo e del cugino Giancarlo Foscale come membri del consiglio di amministrazione. Ma l'opacità rimase, perché, attraverso un intrico bizantino di passaggi, il controllo della Fininvest fu trasferito, scriverà Gianni Barbacetto su «Il Fatto Quotidiano», a ben «trentotto società chiamate Holding Italiana Prima, Seconda, Terza e così via». Trentotto *holding* ridotte nel tempo a una ventina. All'inizio degli anni Novanta, Franco Tatò, nominato amministratore delegato della Fininvest con rapporti burrascosi con i più stretti collaboratori di Berlusconi, spiegherà a Madron: «Si tratta chiaramente di un marchingegno per pagare meno tasse sui dividendi». Il fatto venne confermato anche da Salvatore Sciascia, dirigente dei servizi fiscali Fininvest, poi condannato per corruzione, successivamente riabilitato ed eletto senatore per Forza Italia, in *Le gesta del Cavaliere*: «Il meccanismo permetteva l'emissione di prestiti obbligazionari a un certo tasso di interesse. Essendo titoli al portatore, ciò consentiva di tramutare un reddito soggetto a Irpef piena in uno che scontava un'aliquota più bassa».

Non solo. Sarà Francesco Giuffrida, un funzionario della Banca d'Italia incaricato nel 1999 dalla procura della Repubblica di Palermo di esaminare i flussi finanziari di quelle società, a dover riconoscere le enormi difficoltà di quei passaggi finanziari perché – riporta Barbacetto in *B. Tutte le carte del Presidente* – «le operazioni cruciali avvengono in contanti oppure franco-valuta». Il che significa, chiarisce sempre Barbacetto, che sono realizzati direttamente dalle società date in gestione alle fiduciarie, senza passare dalle fiduciarie: dunque senza lasciare tracce nei libri contabili. Di conseguenza, fu impossibile ricostruire la provenienza del denaro. E non si trattava di bruscolini. Tra il 1978 e il 1985 entrarono nelle Holding più di 90 miliardi di lire. Soldi di «origine sconosciuta».

Travaglio, in *L'odore dei soldi*, insisterà su questa domanda: «Cavaliere, chi le ha dato i soldi?» Vittorio Dotti, che proprio in quel periodo diventò l'avvocato di Berlusconi, racconta nel suo *L'avvocato del diavolo* di averlo domandato anche lui: «Silvio ovviamente non me lo svelò mai. Venni a sapere, in compenso, come era stato creato quel complicato sistema di scatole cinesi a base di *holding*. Tutto faceva pensare a team di consulenti internazionali, esperti in finanza e paradisi fiscali. La realtà era ben diversa. L'idea era stata suggerita da uno dei primi professionisti che collaborarono con le aziende di Silvio: un commercialista, vecchio ragioniere dei tempi della Edilnord. Il suo nome non è mai balzato all'onore delle cronache: si chiamava, se non erro, Armando Minna». Un'altra volta, in una delle tante passeggiate notturne con Silvio in piazza Duomo e poi in galleria, dove era regolarmente riconosciuto da nottambuli e spazzini («Ohe Berlusconi! Tèll chi el Silvio!»), Dotti gli pose una domanda diretta: «Da dove vengono i soldi?» E il Cavaliere rispose, come se fosse la cosa più naturale del mondo: «Ho fatto come fanno tutti in affari. Mio padre lavorava in banca. Grazie a lui ottenni il primo finanziamento. Con quei soldi comprai un terreno. A quel punto bisognava costruire: ci voleva altro denaro, ma noi non l'avevamo. E allora mi sono detto: come si fa? Non c'era che una soluzione: vendere sul progetto!» Tutto qui.

Per molti, comunque, Berlusconi era diventato all'epoca già ricco. Giorgio Bocca, che negli anni Settanta lavorava ancora a «Il Giorno», si domandò in un articolo e lo ricordò in seguito anche in *Piccolo Cesare*: «Ma chi è questo palazzinaro sconosciuto dell'alta borghesia milanese che è riuscito a deviare gli aerei in partenza da Linate dalla loro rotta naturale diritta verso i laghi e le Prealpi?» Non proprio del tutto sconosciuto, a ogni modo. Nel 1977 Berlusconi, ricordano Ruggeri e Guarino, «era al settimo posto» nella classifica dei contribuenti milanesi, con un imponibile (dichiarato) di 304 milioni di lire, davanti ad Anna Bonomi Bolchini, i petrolieri Angelo Moratti e Attilio Monti, il banchiere Roberto Calvi, il presidente della Montedison Eugenio Cefis, Andrea Rizzoli... Nel 1977 Berlusconi fu nominato Cavaliere del lavoro insieme a Gianni Agnelli, Leopoldo Pirelli, Gaetano Caltagirone. E sempre quell'anno Roberto Gervaso ne scrisse in maniera entusiastica in *Il dito in un occhio*: «Milanese, quarant'anni, laureato in legge, Cavaliere del lavoro, Silvio Berlusconi è un *self made man*, e del *self made man* ha le astuzie, le ubbie, gli slanci, le diffidenze. Non è partito dall'ago, ma quasi. E ora progetta e costruisce città. *Caseur* icastico e sanguigno, è un lottatore nato, a suo agio in qualunque lizza. Anche la stampa di sinistra, non certo tenera con gli imprenditori, lo tratta con rispetto, lo pizzica con garbo. Molti lo considerano l'"uomo nuovo" dell'imprenditoria italiana. Un famoso banchiere ha detto di lui: "Possiede l'umanità di Borghi, la fantasia di Mattei, la grinta di Monti". Certo, è uno che non si ferma mai, e mai fa fermare chi ha la ventura, o sventura, di stargli accanto. Dove voglia arrivare, lo ignoro. E forse lo ignora anche lui. Se, comunque, la nostra industria ha ancora dei capitani, Berlusconi è fra questi. Se fosse nato nel Rinascimento, forse sarebbe divenuto un Colleoni o uno Sforza. E, invece di costruire città, le avrebbe conquistate».

Come tutti i neo-ricchi, anche il Berlusca provvide a dotarsi di un parco macchine di grossa cilindrata (Mercedes, Maserati Bora, Fiat 130), di un elicottero nel piazzale davanti casa e di uno yacht comprando, racconta Turani in *L'incubo Berlusconi*, «una specie di mostro di mare capace di attraversare gli oceani, il *Geographic Vascel First*. La nave, perché di questo si tratta, è stata fatta costruire da Pininfarina e doveva servire alla nostra Marina per ricerche scientifiche. Poi il progetto è andato a monte e la barca (un bestione da 40 metri) è finita al Cavaliere. Per qualche anno, il patron di Milano 2 si pavoneggia a bordo di questo vascello per i porti più famosi del Mediterraneo».

Nell'aprile 1977 Berlusconi fu intervistato da Camilla Cederna per «L'Espresso», una delle prime interviste se non la prima, come riporta Alberto in *Penne al vetriolo*. E la Cederna fece un gustoso ritrattino di quello che presentò come uno degli «uomini nuovi» del mondo imprenditoriale milanese: «Un uomo non tanto alto, con un faccino tondo coi baffi, nemmeno una ruga e un nasetto da bambola. Completo da gran sarto, leggero profumo maschio al limone. Mentre il suo aspetto curato, i suoi modini gentili, la sua continua esplosione di idee piacerebbero ad un organizzatore di festini e congressi, il suo nome sarebbe piaciuto molto a Carlo Emilio Gadda. [...] Allergico alle fotografie ("Anche per via dei rapimenti", spiega con un sorriso ironico solo a metà), è soddisfattissimo che nessuno lo riconosca, [...] è felice di raccontare la sua vita felice». Berlusconi andò a ruota libera. Disse di considerarsi «l'antitesi del palazzinaro», si dichiarò progressista e cattolico credente, ammise di aver votato Dc per evitare la vittoria dei comunisti alle politiche del 1976, affermò anche che «se l'urbanistica è quella che si contratta fra costruttori e forze politiche, la mia allora non è urbanistica». Alla fine la Cederna intinse la penna nel curaro, riportando quello che nella Milano bene si diceva di lui: «Lo considerano uno dei maggiori speculatori edilizi del nostro tempo che, valendosi di grosse protezioni vaticane e bancarie, vende le case e prende i soldi prima ancora di costruirle, lucrando in proprio miliardi di interessi». Non fu comunque proprio del tutto cattiva: non disse quel che di lui dicevano nei salotti radical chic di Milano: «È un *parvenu*».

L'essere snobbato in quel modo stizzì a lungo il Dottore-Cavaliere. In *Perché loro* Alberto Statera ha riportato l'incontro che Berlusconi ebbe nel 1979 a Roma, alla reception del Grand Hotel, con Giulia Maria Crespi, la "zarina" ex proprietaria del «Corriere». Lei, con sottobraccio una mazzetta di giornali, fu fermata da un ex direttore del quotidiano che le presentò Berlusconi in completo blu. La signora Crespi parlò del più e del meno con l'ex direttore, poi gli chiese: «Ma di cosa si occupa questo giovanotto che è con lei?» Momento di gelo, testimonia Gigi Moncalvo, che sostiene di avere assistito all'incontro raccontandolo in seguito a Statera, poi la signora Crespi ascoltò pazientemente cosa le rispose l'ex direttore e quindi si rivolse a Berlusconi domandandogli: «Come ha detto che si chiama?» E lui, con tono sibilante: «Ber-lu-sco-ni». Al che lei si allontanò in tutta fretta.

Quarant'anni più tardi, avallando quel che Friedman racconta in *My way* su di lui, il Dottore-Cavaliere si vedrà così in quel periodo degli anni Settanta nei panni di imprenditore edile: «Ormai Berlusconi era un magnate dell'edilizia, famoso sulla scena italiana. Milano 2 rastrellava elogi da architetti e urbanisti. Scatenava anche violente controversie. La deviazione delle rotte di Linate aveva provocato le proteste dei cittadini e degli amministratori del comune di Segrate. [...] Fu senza dubbio Milano 2 che fece di Berlusconi un uomo ricco. [...] Il grande salto venne con la conclusione nel 1973 della prima fase dell'opera. Fu quello il momento in cui Berlusconi cominciò a vivere la vita dei ricchi e famosi».

Già, tramite un avvocato romano molto discusso che sarà anche suo ministro, Cesare Previti, Berlusconi comprò la sontuosa Villa San Martino, di proprietà della giovane marchesa Anna Maria Casati Stampa, per una cifra considerata ridicola rispetto al valore dell'immobile, 750 milioni (500, secondo qualcuno), pagata tra l'altro a rate. Una residenza settecentesca (la stessa dove, nel 1970, il marchese Camillo Casati aveva ucciso la moglie e l'amante prima di suicidarsi), circondata da un parco secolare, con 327 stanze, 3500 metri quadrati, un'ampia biblioteca da fare invidia a un antiquario, quadri del Quattrocento e del Cinquecento, compresi Tiepolo e Tintoretto. E poi, puntualizza Giuseppe Fiore, caprioli al pascolo nel vasto parco, campi da tennis, una palestra, pista di tartan per correre, piscina coperta e scoperta. Sollevando una montagna di proteste, in particolare per l'enorme conflitto di interessi che emerse: Previti era infatti anche l'avvocato della giovane marchesa, l'unica erede di quella villa da sogno. Quell'acquisto procurò anche un bel po' di quattrini, perché da lì a non molto la Cariplo erogò a Berlusconi, avendo quei beni in garanzia, un finanziamento dieci volte superiore.

Silvio rimase sempre molto legato a Milano 2. Anni dopo racconterà a Paolo Guzzanti che, «quando ho delle angosce e voglio dare un senso alle cose che ho fatto, vado mani in tasca a Milano 2 e la cosa mi rincuora, perché ci sono più di diecimila persone che hanno trovato qui un teatro di vita migliore». Il giudizio di Massimo Fini fu invece molto diverso e lo raccontò con la sua penna corrosiva nel «Giorno» del gennaio 1983: «Le case a sei piani più attico sono belle e solide, almeno all'apparenza. Il verde c'è, in abbondanza. E ci sono strade differenziate per le macchine, per i ciclisti, per i pedoni. Ma il tutto ha un che di artefatto, di finto, di terribilmente anonimo. Anche gli alberi, i pini, le betulle, i salici e i prati, senza un pelo fuori posto, razionali, prevedibili, han l'aria posticcia, nessuno si meraviglierebbe se scoprisse che son di plastica (e sarebbe quasi lo stesso perché, a parte i divieti, non viene certo voglia di ruzzarci dentro). I gruppi di caseggiati, che portano i nomi graziosi di "Betulle", di "Spiga", di "Portici", di "Botteghe", son tutti uguali, squadrati, programmati, senza storia. È una città nata dal nulla e sul nulla. E questa mancanza di storia si riverbera su tutto. I negozi sono lussuosi ma freddi e hanno quell'aria provvisoria, oltre che di rapina, delle boutique dei villaggi vacanze. E sono tutti di un certo tipo, monoculturali, come il quartiere. I bar durante la settimana sono vuoti perché la gente lavora e il sabato e la domenica anche, perché fanno il weekend. [...] Ampi cartelli avvertono che è "vietato schiamazzare e produrre rumori che disturbino la quiete". Ma non ce n'è bisogno, il quartiere è silenzioso come un camposanto. [...] Sotto la maschera, Milano 2 è un ghetto. Per ricchi, ma ghetto». Decisamente una stroncatura.

Berlusconi invece fu molto soddisfatto non solo per la realizzazione di «quel nuovo modo di vivere», ma anche per avere introdotto nella sua città ideale una televisione condominiale via cavo che poi diventerà, via etere, Telemilano 58, e in seguito Canale 5. Si trovò così un nuovo business. quello delle tv e dell'editoria. E cominciò a girare, racconta Corrias in *Le banane della Repubblica*, con una Maserati Bora, due auto di scorta e si fece anche fotografare con una pistola sulla scrivania. Commentò Giorgio Bocca: «Ma di cosa ha paura questo palazzinaro?» Dei rapimenti.

# 3.

# I samurai di Arcore

«Ama cantare, ama far ridere, ama avere un sacco di gente attorno a sé. [...] Ha i suoi alti e bassi. [...] Ma il divertimento principale della sua vita è il lavoro.»
Fedele Confalonieri in *My way*

«Il nostro Silvio diventerà presidente della Repubblica.»
I genitori di Silvio in *L'avvocato del diavolo*

«La vita è un problema di comunicazione: pensa quante ragazze ci devono essere in giro che hanno voglia di venire a letto con me. Il problema è che non lo sanno.»
Berlusconi a Dell'Utri, *L'incubo Berlusconi*

Silvio ha avuto tanti amici, vip e meno vip, di fatto tutti quelli che non gli sono stati nemici. Ma ci sono amici e amici. Ci sono i fedelissimi, gli amici di una vita, quelli della prima ora che con lui hanno costruito un impero miliardario. In tutto, meno di una decina. Ci sono poi gli amici dovuti all'attività professionale, quella di costruttore immobiliare prima e di editore televisivo dopo. Amici ma con diverse tonalità di amicizia, fino ad arrivare ai quasi amici. E poi ci sono gli amici del mondo politico, possibilmente scelti tra i Grandi della Terra. E per loro ha fatto, pur con qualche tremendo scivolone di classe, anche il burlone. Del resto è più forte di lui: fa di tutto pur di riuscire simpatico, pur di conquistare chi gli sta di fronte. Confermando anche il provincialismo della nostra classe politica: in certe occasioni internazionali ed europee non è infatti proprio il caso di essere mattacchioni. Comunque, c'è un amico della prima ora che primeggia su tutti gli altri: Fedele Confalonieri, fedele di nome e di fatto. Quasi un fratello, quello dotato di buon senso. Ed è diventato il suo braccio destro. Anzi, lo «storico braccio destro di Berlusconi».

Confalonieri sa essere spiritoso quando vuole. Pieno anche di battute ironiche. E con una propria indipendenza di giudizio che lo ha portato a essere il principale "consigliere" del Cavaliere. Del resto, lo riconosce lui stesso allargando un poco questo ruolo: «Io sono fedele anche a mia moglie, al mio lavoro, al Milan e al ristorante del mio amico Domenico». Sa anche arrabbiarsi. Come quando lo chiamano «ombra *intelligens*» di Silvio. E non si capisce perché. Sa ricorrere anche alle parolacce, quando i giornalisti con tanto di telecamera lo fermano per strada e gli chiedono prima se è favorevole che i corruttori finiscano in carcere (e lui si dichiara naturalmente d'accordo, citando la fine di Al Capone) e poi gli chiedono di Berlusconi nei guai per falso in bilancio. E a quel punto s'inalbera, schierandosi dalla parte dell'amico: «Ma è giustizia questa?» Finendo per mandare l'intervistatore a quel paese.

Da ragazzo voleva fare il pianista. Suona effettivamente bene, ma è diventato uno dei maggiori esponenti dell'establishment italiano per altri motivi. Nel 2021, quando ha compiuto la bella età di ottantaquattro anni, sforna ancora una bella collezione di cariche: presidente di Mediaset, presidente della Veneranda Fabbrica del Duomo, consigliere d'amministrazione della Mondadori, consigliere d'amministrazione del quotidiano «il Giornale», membro del consiglio direttivo e della giunta della Confindustria e di Assolombarda, presidente dell'Associazione televisioni nazionali. Fa parte anche della giunta direttiva di Assonime, l'associazione tra le società italiane per azioni, è stato presidente dell'Orchestra filarmonica del Teatro alla Scala e presidente del comitato per le celebrazioni verdiane. Un uomo di potere, insomma. E dal momento che la musica e il piano sono sempre stati nel suo cuore, a cinquantadue anni si è regalato uno Steinway, il migliore, e a settant'anni, nell'ottobre 2007, ha preso il diploma di pianoforte al Conservatorio Verdi di Milano, con un programma che comprendeva una *Rapsodia* di Brahms, la *Fantasia* di Schuman, l'*Appassionata* di Beethoven, i *Quadri di un'esposizione* di Musorgskij. Nel 2019 ricorderà quell'episodio a Maria Luisa Agnese su «7», il settimanale del «Corriere della Sera»: «Mi è piaciuto molto, tornare a dare un esame in età adulta ti fa recuperare il piacere di studiare, ti fa sentire di nuovo ragazzo. E poi la musica, oltre a essere a mio parere la regina delle arti, è esercizio, disciplina, memoria. Ogni giorno impari qualcosa, ti tiene il cervello sveglio». Con Gigi Moncalvo riconoscerà anche che, per concentrarsi prima di qualche incontro difficile, suonava un po' al pianoforte: «Quando stai una mezz'ora con Bach e con Beethoven, è come passare in rassegna tutti i valori umani: la bellezza, la purezza, l'intelligenza. E allora ti senti pulito dalla paura, dall'angoscia».

Non ha comunque ricoperto un incarico di prestigio, ovvero entrare in Parlamento, come invece hanno fatto i tanti amici del Berlusconi politico. Del resto, non poteva: c'era bisogno che uno dei due rimanesse a Milano a seguire l'attività televisiva, mentre l'altro era a Roma o in giro per il mondo nel ruolo di Primo Ministro. E poi per evitare un enorme conflitto di interessi, anche se questa presa di distanza non ha avuto un grande effetto a causa dell'ingombrante presenza di Berlusconi. Diciamo comunque che Fedele ha saputo anche "sacrificarsi" per l'amico. Del resto, il loro rapporto è stato tale che il Cavaliere, quando ha voluto costruire nel giardino della sua villa un mausoleo, disegnato da Pietro Cascella, dove essere un giorno sepolto, un posto lo ha riservato anche a lui, un altro a Marcello Dell'Utri, un terzo ad Adriano Galliani.

È sempre stato, salvo un periodo, a fianco di Silvio: già alla fine del liceo avevano messo in piedi un'orchestrina, un quintetto, che si esibiva nelle serate di sabato e nei pomeriggi della domenica («Prendevamo dei bei soldi» dirà Berlusconi a Friedman) in cui Fedele suonava al piano e faceva il capo, mentre Silvio cantava e suonava il basso per poi abbandonare il palco, scendere sulla pista da ballo e fare il cascamorto con le belle fanciulle. La scenetta, gustosa, è stata raccontata da Confalonieri e riportata da Gigi Moncalvo in *Quando Berlusconi era Berlusconi*: «Suonavamo al Gardenia. Aveva un ciuffo che sembrava uno schiaffo, ma dopo aver cantato si buttava in pista a ballare con le bionde. E io lì senza contrabbasso e con un'invidia da cane. Be', lo licenziai». E si separarono. Fedele trovò un ingaggio in Libano, a Beirut, Silvio sulle navi da crociera. Poi, col tempo, Berlusconi abbellì con Friedman la vicenda ricorrendo a una spruzzatina di management: «Cercai di spiegargli che facevo semplicemente marketing, importanti e utili pubbliche relazioni; mi assicuravo che la gente venisse sempre da noi e non se ne andasse altrove». Comunque la separazione non durò a lungo. Addirittura Confalonieri raccontò a Moncalvo che «non ci siamo mai lasciati. Dopo il licenziamento, l'ho graziato». Poi nel 1973, quando Silvio aveva già deciso che non avrebbe fatto il cantante di cabaret, Confalonieri si trovò in difficoltà alla guida di un'aziendina tessile. Allora Silvio gli disse: «Perché non vieni con me?» E Fedele andò.

Gianni Brera, il famoso giornalista sportivo che conobbe Confalonieri ai tempi del Milan di proprietà berlusconiana e cominciò a chiamarlo «Fidel», ne ha dato forse il miglior ritratto: «È deliziosamente brutto, nel senso che guardandolo riempi volentieri le sue rughe antiche, stupendi contorni ai suoi occhi dolcissimamente miopi. La fronte è alta e corrugata, secondo ciò che esigono gli eventi. La calvizie incipiente nobilita la fronte. Il naso è diseguale di pinne e le labbra sono tumide. Ha sposato in Vandea una celta di antica schiatta lombarda, Madame Annick. L'amore del Capitan Berlusca e di Fidel, suo mentore, è a prova di fratello. Capitan Berlusca è suo fratello. [...] Io amo Fidel e Fidel ama il Milan. [...] E sa di bilanci e duttile diplomazia». Sa essere anche modesto ed è una cosa eccezionale in un mondo come quello televisivo dove bisogna apparire. Ed è ingordo di letture. In *Quando Berlusconi era Berlusconi*, Confalonieri ammise: «Leggo per fame, mastico in fretta e alla fine sacrifico i sapori più speciali».

Secondo Moncalvo, Fedele ci teneva ad apparire «schivo, riservato, umile: "Non c'è nulla che sfiori l'altezza dell'umiltà", dice Sartre. Mia nonna rispondeva che "non bisognava mettere il carro davanti ai buoi". Aveva proprio ragione...» In *Colpo grosso* il terzetto Corrias-Gramellini-Maltese lo definisce «colto, tollerante ma affascinato fin dalla gioventù dall'"eroica" follia di Berlusconi. Ne testimonia la forza e il limite: la capacità e il bisogno di essere amato da chi è "lontano" (e quindi teleamato)». Giorgio Bocca lo dipinge come un milanese intelligente «dalla bonarietà recitata ma lubrificante». Inframezzava l'italiano con frasi in dialetto milanese, ricorreva spesso alle citazioni, aveva anche una buona dose di furbizia. Una volta, dopo aver ascoltato i motivi delle dimissioni improvvise di un alto manager del gruppo berlusconiano, Gianni Cottardo, perché varie decisioni che prendeva venivano poi cancellate con la solita frase «il dottor Berlusconi ha deciso così», Confalonieri – riporta Donato Mutarelli in *Silvio Berlusconi e il senso dell'estate* – gli rispose: «Fai come faccio io. Ogni giorno invito i miei a riferirmi dettagliatamente quello che Silvio dice loro. E poi ci adeguiamo tutti». Aveva a ogni modo i piedi per terra. Dichiarò in un'occasione a Moncalvo: «Il mondo è pieno di uomini qualunque come me. Spesso quegli uomini se ne stanno su un loggione a guardare la vita da lontano. Io ho avuto la fortuna di incontrare qualcuno che mi ha portato in prima fila con lui. E da lì, da vicino, mi vedo passare davanti il mondo della gente importante, potente, intelligente: Craxi, Agnelli, Montanelli. Perché dovrei rinunciare a tutto questo per rimanere da solo?»

Non ci teneva a essere considerato il "consiliori" del Cavaliere. Anche se in realtà lo è sempre stato. Rispose una volta a una giornalista: «Consiliori io? Ma se non so dare consigli nemmeno a me stesso... e poi consigli al Cavaliere non gli si possono dare. Ascolta tutti ma poi fa di testa sua. E mi pare con ottimi risultati». Rifiutava anche l'immagine che ritraeva lui e Silvio giocare uno nel ruolo del poliziotto buono e l'altro in quello del poliziotto cattivo (ruoli a ogni modo intercambiabili). E a chi glielo fece notare, rispose: «Berlusconi, con tutto il rispetto per i poliziotti, è qualcosa di più. Resterà nei libri di storia». Ai tempi del suo primo periodo a «Libero», Vittorio Feltri ha ritratto Confalonieri in questo modo: «Silvio è un dittatore che sente tutti e non ascolta nessuno, tranne nel campo aziendale Fedele e in quello politico Gianni Letta. Silvio pigia sull'acceleratore, l'altro non è che frena (anche il freno ce l'ha il Berlusca, non molla niente) ma è tollerato come la zavorra che brontolando impedisce al bolide di sbandare e di uscire di strada in curva. Per questo Berlusconi non riesce a fare a meno di lui».

Comunque, nelle riunioni ad Arcore del comitato ristretto che dirigeva il gruppo, Confalonieri era sempre alla destra di Berlusconi. Erano in dodici di numero e fu proprio Fidel a metterlo in evidenza: «Siamo in dodici, come gli apostoli, e i nostri incontri sono aperti a tutto. Al mestiere, ai dati, alla risata, alla chiacchiera da bar. Niente è più creativo dell'amicizia». Ed ecco gli altri dieci del gruppetto del "volemose bene": oltre a Silvio e Fidel, Marcello Dell'Utri, Giancarlo Foscale, Adriano Galliani, Vittorio Dotti (l'avvocato che poi sarà chiamato «traditore», un termine usato con grande facilità nell'entourage berlusconiano per indicare coloro che avevano rotto il patto di amicizia), Guido Possa, Carlo Bernasconi (incaricato delle attività cinematografiche e dei diritti), Paolo Berlusconi, Cesare Previti, Gigi Vesigna (direttore di «TV Sorrisi e Canzoni»), Amedeo Massari (responsabile della gestione amministrativa). Posti intercambiabili, a volte partecipavano Romano Comincioli e Giuseppe Spinelli. Gigi Moncalvo, una delle migliori penne corrosive, ha avuto la battuta felice nel definire il gruppetto: «I samurai di Arcore».

Dell'Utri è il numero tre (almeno lo è stato a lungo in un primo tempo) dopo il Cavaliere e Confalonieri. Ed è anche quello che, dopo essere stato senatore ed europarlamentare, ha pagato più di tutti la sua lunga partecipazione all'avventura al fianco di Silvio, con una condanna definitiva a sette anni per concorso esterno in associazione mafiosa «per avere fatto da mediatore tra Cosa Nostra e Berlusconi» e qualche anno di carcere (ne ha scontati poco meno di sei dopo un periodo di latitanza in Libano ed è tornato in libertà nel dicembre 2019). Anzi, scrive Donato Mutarelli, ha soggiornato nelle carceri della Repubblica «"per" il Cavaliere se non addirittura "al posto" del Cavaliere», fornendo «una prova di amicizia e di lealtà che resta inossidabile e alla quale, per essere completa, manca solo la donazione del proprio sangue». Condannato per concorso esterno in Cosa Nostra fino al 1992 (e non anche per gli anni seguenti) per aver fatto da tramite tra la mafia siciliana e Berlusconi e per aver portato ad Arcore il boss Vittorio Mangano, garante dei patti stretti conclusi ancora nel 1974, Dell'Utri è stato poi assolto nel 2021 in Cassazione perché «il fatto non sussiste» nel processo sulla trattativa tra Stato e mafia dopo essere stato condannato in primo grado. Comunque Berlusconi non ha dimenticato i segni di grande affetto mostrati da Dell'Utri nei suoi confronti aprendo alla grande i cordoni della borsa. Col tempo invece saranno i giornali, dal «Corriere» a «Il Sole 24 Ore», a dimenticare un tantino l'intera vicenda finendo – chiarirà Marco Franchi nell'ottobre 2021 su «Il Fatto Quotidiano» – «per assolvere Dell'Utri da ogni peccato». Un'operazione di sbianchettamento che toccherà negli anni anche Berlusconi».

Palermitano, un fratello gemello, laurea in Giurisprudenza alla Statale di Milano, dove incontrò per la prima volta Silvio, Dell'Utri sembrava in gioventù un'anima in pena: lavorò in una banca siciliana (tre anni alla Sicilcassa) e nel settore sportivo, prima di approdare di nuovo a Milano da Berlusconi per poi andarsene a lavorare con Filippo Alberto Rapisarda (vicino a persone di spicco di Cosa Nostra, quali Ciancimino, Paolo Alamia e i Cuntrera-Caruana) e finire a gambe all'aria. Ritornò poi di nuovo con il Cavaliere, diventando il suo assistente particolare quando il Berlusca, dopo Milano 2, aveva iniziato la costruzione di Milano 3 e si stava allargando nella tv commerciale.

Occhiali da vista che poi, in tarda età, scompariranno, sorriso aperto, Dell'Utri cominciò sistemando la vasta biblioteca di Berlusconi nella villa di Arcore. E poté così nutrire quella passione che ebbe poi per tutta la vita: i libri, la carta stampata. Molti anni dopo, creò a Milano la Biblioteca di via Senato, un centro culturale con migliaia di libri, conferenze e mostre, un bimestrale di cultura di nome «L'Erasmo», anche un settimanale liberalconservatore, «Il Domenicale», un periodico culturale diretto da Angelo Crespi che si ispirava ad «Omnibus» di Longanesi. Secondo Berlusconi, conosceva addirittura la *Divina Commedia* a memoria. La passione per i libri antichi lo portò anche ad avere guai giudiziari a causa di tredici testi trafugati da un ex direttore della biblioteca dei Girolamini, a Napoli, e poi finiti nella biblioteca di Dell'Utri. Le indagini portarono al sequestro dei 40.000 libri contenuti nella Biblioteca di via Senato. E Marcello, che in quel periodo era in carcere a Parma, racconterà: «Sono stato male per questa cosa, ho dovuto mettere tre stent, perché mi ha fatto più danno questo della stessa carcerazione». Sarà poi assolto da questa accusa. Nel giugno 2014, quando era ancora in carcere, il «Corriere» pubblicò un'intera pagina di avvisi a pagamento col titolo *Al tuo fianco, Marcello*. Nel settembre 2021, in occasione dei suoi ottant'anni, si ripeterà la stessa scena con una pagina a pagamento sempre sul «Corriere» con circa duecento firme intorno alla scritta *Auguri caro Marcello* a caratteri cubitali.

Berlusconi lo ha definito in *My way* «la migliore persona che si possa immaginare. È estremamente colto, è stato membro dell'Opus Dei, è un cattolico praticante. È molto amato e rispettato da tutti i suoi collaboratori. E sono convinto che l'unica ragione per cui è stato condannato e messo in galera è perché è amico mio». Vittorio Feltri l'ha descritto in *Buoni e cattivi* come un «raffinato bibliomane dai modi felpati». Dell'Utri, un ottimo organizzatore, è stato l'uomo che, con l'ingresso di Berlusconi nel mondo televisivo, ha messo in piedi una grande concessionaria di pubblicità, chiamata Publitalia, diventata negli anni anche una delle principali in Europa. Sarà ancora lui a mettere in piedi Forza Italia.

Della squadra di Berlusconi ha sempre fatto parte Ennio Doris, l'ex promotore finanziario diventato grande banchiere. Nel 2020, in occasione dei suoi ottant'anni, con l'uscita di un libro su di lui, Confalonieri lo definirà «un genio italiano tutto banca, famiglia e ciclismo». Scriverà e firmerà anche un articolo su Doris, pubblicato dal «Giornale» e titolato: *Il banchiere della gente* perché, «se Berlusconi ha inventato la tivù commerciale, Ennio ha dato forma alla finanza popolare. [...] Non sei più tu a dover andare allo sportello, ma saranno loro che ti verranno a trovare per proporti i prodotti migliori. La banca costruita "attorno a te" non è solo un felice slogan, ma è soprattutto un nuovo modo di fare banca. Quanti istituti sono costretti a rincorrerlo e a chiudere i loro sportelli? Ennio aveva deciso decenni prima che non era più il caso di aprirne». Anche Feltri lo elogia in *Buoni e cattivi*: «È uno dei tanti veneti di genio che m'è capitato di incontrare, come Paolo Scaroni e Renzo Rosso. Gente speciale». E ancora: «Gli dedicai un ritratto sul "Mondo". Al primo impatto mi sembrò un po' rozzo. Cinque minuti dopo ero affascinato dalla sua raffinatezza. E dalla sua storia. Immaginate un signor Nessuno...»

Già, era un signor Nessuno. Padovano di Tombolo, «guance e furbizia da contadino» chiarisce Paolo Pagani in *Forza Italia*, diplomato in ragioneria, impiegato alla Banca Antoniana di Padova per poi diventare, negli anni Sessanta e Settanta, promotore finanziario prima della Fideuram e poi della Dival, la società controllata dalla Ras e da qualche famiglia vip (Pirelli, Orlando, Rockefeller e Rothschild) per la consulenza nel mondo del risparmio. Un giorno gli capitò di leggere su «Capital» un'intervista di Berlusconi. Due frasi lo colpirono: bisognava pensare in grande e chi aveva idee buone poteva rivolgersi a lui. Per realizzarle insieme. Si mise così in testa di conoscerlo per proporgli la creazione di una rete di promotori nel mondo del risparmio. E lo andò a trovare a Portofino dove il Cavaliere era in vacanza. Nacque così Programma Italia, *fifty fifty*. Confalonieri ricorderà: «Fece comodo a Doris, ma anche a Silvio. L'incontro tra due visionari fu vincente». E dal momento che Berlusconi stava costruendo in quel periodo il centro commerciale di Lacchiarella ed era preoccupato perché l'iniziativa non girava per il verso giusto, Programma Italia lo aiutò con una serie di prodotti per stimolare l'edilizia in quel momento ferma. In *Le gesta del Cavaliere* Paolo Madron ne fa un lungo elenco: «Certificati di partecipazione immobiliare, certificati finanziari, titoli atipici per associare i risparmiatori all'acquisto diretto di case o palazzi o al reperimento delle risorse per poterli costruire in cambio di alti rendimenti sul capitale investito. Tutto serve per smuovere le acque di un mercato che langue».

Programma Italia con i suoi tremila agenti partecipò in seguito alla campagna di reclutamento per trovare candidati ed elettori per Forza Italia, nel 1997 si trasformò in Banca Mediolanum con i promotori che diventarono consulenti globali. Allora Doris cominciò ad andare in tivù mettendo la sua faccia dal sorriso accattivante. E con uno slogan indovinato: «La banca costruita attorno a te». Per rafforzare l'idea, con un bastone segnava un cerchio sul terreno e con lui al centro. Banca Mediolanum è sempre stata una delle poche attività del gruppo Fininvest a non creare problemi economici, Doris è stato amico di Berlusconi persino nei momenti più difficili (lo riconoscerà anche Confalonieri: «Gli è sempre rimasto a fianco con discrezione, misura e grandissima lealtà»), ha mostrato di possedere una dote che molti altri banchieri non hanno avuto: rispetto per i propri clienti. Così, all'epoca del fallimento della Lehman Brothers, nel 2008, Doris andò da Berlusconi con un progetto per rimborsare gli undicimila clienti Mediolanum rimasti coinvolti in quella vicenda. E lo fece – ha raccontato Alberto Nagel, il numero uno di Mediobanca – «mettendo mano al suo portafoglio». Era infatti stabilito che la banca fosse tenuta fuori dai dissesti e che solo gli azionisti pagassero: Doris e la Fininvest. È comunque riuscito a diventare – lui che da bambino aiutava il padre a mungere – uno degli uomini più ricchi d'Italia. Nel 2021, l'anno della sua scomparsa, era tra i primi venti più facoltosi del nostro Paese.

Adriano Galliani, monzese, un bel faccione, mascella forte, passione per le belle donne e, annota Paolo Madron, «cranio pelato da cattivo di Hollywood» (ma anche, aggiungiamo noi, da simpatico corsaro), è l'uomo che ha permesso a Berlusconi di sviluppare la sua rete televisiva. Insieme a suo cognato Italo Riccio, rilevò (ipotecandosi l'appartamento) alla fine del 1975 un'aziendina di Lissone in cui entrambi lavoravano: il proprietario aveva deciso di ritirarsi cedendo proprio ai suoi due collaboratori la società, l'Elettronica Industriale, specializzata negli impianti per la ripetizione dei programmi esteri in Italia. Galliani intuì che, in un momento di sviluppo del Far West televisivo, aveva in mano la gallina dalle uova d'oro. Tanto più che già suo padre, riporta Marcello Dell'Arti nel suo *Catalogo dei viventi*, aveva già operato nel settore per la tivù svizzera.

Così Galliani junior si rivolse prima ad Angelo Rizzoli, Angelone, che stava cercando di mettere in piedi Telemalta con l'aiuto nascosto, racconta sempre Madron, del direttore generale della Rai, Michele Principe. La proposta venne respinta e un paio d'anni dopo Telemalta fallì. Galliani bussò poi alla porta di Piero Ottone, all'epoca responsabile del settore audiovisivo della Mondadori dopo la sua direzione al «Corriere». Ma il giornalista cominciò a cincischiare e a perdere tempo. Si rivolse allora alla Rusconi. Niente. Finché suscitò l'interesse di Berlusconi, che all'epoca aveva solo Telemilano e un unico canale. A favorirne l'incontro fu Marcello Di Tondo, ex responsabile della comunicazione di varie aziende, dalla Pirelli alla Montedison, fino a diventare consigliere legislativo del ministro delle Poste e Telecomunicazioni, Vittorino Colombo.

Il primo novembre del 1979 Berlusconi lo invitò a cena ad Arcore. Il Cavaliere, che gli darà sempre del lei, non ebbe nessun tentennamento. Disse dopo un'ora: «Se è disponibile, compro il 50% di Elettronica Industriale, il prezzo lo faccia lei». Galliani sparò una cifra alta (un miliardo di lire) che, dirà anni dopo, «era inferiore di molto al valore di magazzino», Silvio non fece una piega. E firmò il primo assegno di una lunga serie di assegni per permettere a Galliani di girare l'Italia a comprare *cash* frequenze, emittenti e allestire postazioni. Acquistò sedici emittenti tra cui anche TeleTorino dalla Fiat. In seguito, quando Berlusconi rilevò a metà degli anni Ottanta il Milan in difficoltà finanziarie con l'obiettivo di farlo diventare come la Juve di Gianni Agnelli, Galliani diventò amministratore delegato della società rossonera. Dirà: «Io penso al Milan 24 ore su 24». E infatti nel periodo berlusconiano il Milan vinse sette scudetti, due coppe dei Campioni, due coppe intercontinentali, un Mondiale per club. Una volta ceduto il Milan, si consolò con il Monza. Inoltre, coinvolto in qualche grana giudiziaria, nel 2018 fece il salto e ottenne anche lui un posto da senatore in Parlamento.

Della squadra di punta entrò a far parte in un secondo momento, nel 1987, anche Gianni Letta, con un ruolo importantissimo: essere il plenipotenziario di Berlusconi a Roma nel ruolo di vicepresidente della Fininvest Communications. Modi felpati, curiali (è diventato Gentiluomo di Sua Santità con Benedetto XVI), volto levigato, algido, sorriso misterioso e a labbra strette, mai un capello fuori posto, belle maniere, spirito doroteo. Gianni Barbacetto lo definisce «il principe dei lobbisti di Berlusconi, il grande tessitore di alleanze, il costruttore di rapporti, il risolvitore di problemi». Mutarelli lo tratteggia con «eloquio smagliante e soavissima aura cardinalizia». Vittorio Feltri gli attribuisce un grande pregio: «Ha un merito che nessuno, e dico nessuno, può vantare in Italia, forse nel mondo: non parla mai male di nessuno». Sebastiano Messina lo dipinge come «un professionista del potere», capace di «restare dietro le quinte» e quindi di non fare ombra all'uomo di potere del momento. Dario Rivolta lo considera «il Talleyrand italiano. Qualunque sia il potere, qualunque la filosofia, lui sa diventarne un punto chiave. Nei suoi anni a Roma ha saputo tessere una rete di rapporti così fitta e così variegata da consentirgli di poter dialogare con chiunque, destra, sinistra o anche il nulla, ed essere da tutti accettato come interlocutore naturale».

Fortebraccio, all'anagrafe Mario Melloni, lo tratteggiò così nel 1976 su «l'Unità»: «Non dimostra, beato lui, più di quindici anni: un paggio Fernando, pettinatino, leggiadrino, educatino, civettuolino e aggraziatamente bleso». Qualche anno più tardi, Guido Quaranta elencherà su «L'Espresso» tutti i nomignoli che gli sono stati attribuiti: Bon bon, Fru fru, Wandissima, Melassa, Piumino da cipria. Maria Laura Rodotà sarà, sempre su «L'Espresso», un tantino più acida: Gianni Lecca. Sergio Saviane lo ha ritratto così: «Ha un nome da uomo, veste da uomo, porta la cravatta da uomo, ma sembra tutto sua sorella». E cioè Maria Teresa Letta, presidente della Croce Rossa Abruzzo. Nel suo *Le banane della Repubblica*, anche Pino Corrias ne fa uno schizzo molto gustoso: «Gianni Letta, detto Zolletta, è il presidente emerito della Repubblica dei Velluti. È fatto di gomma e dopobarba: "Se posso essere utile, mi attivo subito" è il suo *refrain*. Non parla inglese. Sussurra in italiano e si copre la bocca quando risponde al suo personale telefonino. Lavora dall'alba al tramonto, divora dossier. Arriva sempre da solo ai premi e alle presentazioni, annunciato da un bisbiglio. Conosce tutti. Saluta tutti». Così qualcuno gli ha anche affibbiato il soprannome di «gran ciambellano». Un gran ciambellano molto utile per il gruppo Berlusconi. Tanto che una volta il Cavaliere lo ha dovuto riconoscere: «Un dono di Dio».

Abruzzese di famiglia benestante, zio prefetto, laurea in Giurisprudenza, passione per il giornalismo tanto da collaborare alla redazione locale de «Il Tempo» per poi approdare a Roma alla redazione centrale del quotidiano romano fondato e diretto dal senatore liberale Renato Angiolillo, un politico molto influente a Roma, che nutriva simpatie anche per la destra (Giorgio Almirante tenne comizi dal balcone della sede del giornale in piazza Colonna), giocava d'azzardo insieme all'amico Vittorio De Sica e consolidava il suo potere anche grazie al famoso salotto della moglie, Maria Girani Angiolillo, frequentato per cinquant'anni dai maggiori politici italiani. E non solo: giornalisti, prelati, ministri, imprenditori, banchieri. Un villino sopra Trinità dei Monti, che si trasformava due volte al mese in un grande centro di attività lobbistica. Mario D'Urso, senatore e assiduo partecipante a quello che Filippo Ceccarelli su «la Repubblica» definirà «un santuario dei devoti del Potere», dichiarerà una volta che «per fare carriera era più utile essere amici di Maria che fare parte della Massoneria o dell'Opus Dei». Alla morte del marito, la vedova scelse Letta, onnipresente alle sue cene con una trentina di invitati, tra cui primeggiavano Andreotti, Rumor, Bisaglia, Fanfani, come successore alla direzione del quotidiano. E in quel ruolo ebbe qualche grana giudiziaria: nel 1984 Ettore Bernabei raccontò ai giudici di avergli consegnato un miliardo e mezzo di lire in Cct, prelevati dai fondi neri dell'Iri. E Letta, allargando le braccia: «L'Iri pagava una campagna promozionale. Chi doveva dirci che i fondi erano neri?»

Per una trentina d'anni uomo della Dc, in particolare

andreottiano, Letta fu poi per un'altra trentina d'anni berlusconiano, togliendo al Cavaliere numerosi sassolini dalle scarpe: dall'influenza esercitata per portare in porto la legge Mammì sulle tv ai provvedimenti *ad personam* sino alla nascita del famoso "patto della crostata" tra centrodestra e centrosinistra. Una volta fu anche bersaglio di uova e pomodori da parte di un gruppetto di studenti contestatori a Siena, un'altra fu immortalato anche lui nella fotografia delle vacanze alle Bermude in cui tutti i fedelissimi (Confalonieri, Dell'Utri, Galliani, Letta, Carletto Bernasconi), in maglietta e braghette bianche, stavano seguendo il Capo mentre si voltava indietro e li incitava a muoversi più velocemente nel fare jogging. La loro vicinanza fu tale – riportano Giusy Arena e Filippo Barone nella loro biografia non autorizzata su Letta – da far scrivere «un colorito siparietto» a Gian Antonio Stella: «Tagliatina all'aceto, Dottore? Tagliatina all'aceto, grazie. E lei, dottore? Tagliatina all'aceto, grazie. Rughetta? Rughetta. E lei? Rughetta. Il cuoco Michele, che stia ai fornelli della villa di Arcore, della casa di via del Plebiscito di Palazzo Chigi, va via liscio. Tale è ormai la simbiosi tra il Dottore con la maiuscola (Berlusconi) e il dottore con la minuscola (Letta), che mangiano in abbinata. Stesse fettuccine, stesse scaloppine, stesse sfogliatine».

Il siparietto di Stella è proseguito: «Quando Berlusconi, con il nuovo Millennio, cominciò a perdere i capelli così copiosamente da rendere impossibile i riporti, in attesa del trapianto, si sentì a disagio in modo insopportabile. Come poteva stargli accanto umiliando la pelata arcoriana con il suo meraviglioso taglio alla Valentino? Così, per non far sfigurare il capo, guardò un'ultima volta i suoi beati capelli e diede mano alle forbici. Uguale alle suore che prendono i voti. Un gesto di devozione impagabile». Un gesto di devozione anche nello sport: Letta, da sempre romanista, rispose nei primi anni Novanta a un tifoso: «Io romanista? Sono milanista...»

Non è stato mai eletto parlamentare, non è diventato mai ministro, ha preferito restare in secondo piano ma in un posto in cui poteva controllare e influenzare le leve di comando: quello di sottosegretario alla Presidenza del Consiglio. Offrendo spesso anche casa sua come luogo di incontri più o meno riservati. Stando ad Alessandro Giglioli, la sua è «una maschera da eterno democristiano». Secondo Mutarelli, «l'unica responsabilità che si può addebitare a Letta è quella di aver dato al Cavaliere la brutta abitudine di trasformare il pubblico in privato e le proprie abitazioni in luoghi di incontri politici, se non addirittura istituzionali». Non sarebbe proprio l'unica, perché è finito indirettamente coinvolto nella vicenda della P4, l'inchiesta giudiziaria su appalti e nomine che ha visto in primo piano Luigi Bisignani, suo pupillo e fama da faccendiere; come politico ha poi contribuito anche lui nel fare del bene e del male all'Italia. Solo una volta ha lasciato che l'ambizione personale prendesse il sopravvento sulla sua regola di stare dietro le quinte. Accadde nel maggio 2006 quando Berlusconi, dopo aver già cercato una volta di averlo nel ruolo di premier (rifiutato, racconta Bruno Vespa in *La sfida*, perché «non è utile, né possibile, né opportuno»), lo candidò alla Presidenza della Repubblica. Già, alla carica massima di questo Paese. Al primo scrutinio ottenne 369 voti, lontano quindi dal quorum di due terzi dell'assemblea.

Poi nei successivi scrutini i voti quasi scomparvero. Fino a ridursi a sei. E fu eletto Giorgio Napolitano.

Lo stato maggiore di Berlusconi era composto all'inizio anche da altri fedelissimi DOC ma, rispetto agli altri, meno noti al grande pubblico. Poco conosciuti eppure importantissimi. Come il quasi omonimo Carlo Bernasconi, un geometra nato a Salisburgo che, una volta a Milano, cominciò a lavorare in varie aziende dell'edilizia finendo poi nell'Italcantieri, la società incaricata dei lavori di Milano 2. E appena mise piede nel mondo televisivo Berlusconi, che aveva un discreto fiuto nella scelta dei collaboratori, affidò a quel giovane nemmeno quarantenne la responsabilità dell'area diritti e poi di Reteitalia, specializzata nell'acquisizione e vendita di programmi televisivi. Cominciarono ad arrivare tra le sue mani assegni di decine di milioni. E anche in quelle di Silvio: quando la Procter&Gamble gli offrì, in cambio di pubblicità, duecento puntate di *Sentieri*, una soap opera che teneva incollati gli americani davanti alla tivù, il Cavaliere non fece una piega: accettò la proposta passando le "pizze" a Bernasconi. Paolo Madron racconta a questo proposito un episodio carino. Bernasconi rispose al suo capo: «Dottore, mica possiamo mandarle in onda così. Dobbiamo doppiarle». E il Cavaliere: «Non è che possiamo chiedere a qualche dipendente di fermarsi la sera? Mi raccomando, scelga quelli con una bella voce».

Quel geometra diventato contabile (fu lui a stilare gli assegni milionari a Galliani per mettere in piedi una rete nazionale e ad aggiudicarsi all'asta «TV Sorrisi e Canzoni», seguendo le direttive di Berlusconi di non mettere nella busta «un'offerta inferiore» a quella stabilita) a metà degli anni Novanta finì per trasformarsi anche in esperto di pellicole e fondare la Medusa Film, una società del gruppo Fininvest per la produzione e la distribuzione cinematografica e di *home video*. Estendendo in seguito il business anche nella gestione di sale cinematografiche. Molte attività e diversi assegni che gli procurarono qualche guaio giudiziario, dai falsi in bilancio alle tangenti. Ma con tanto di archiviazioni e una condanna condonata. È stato presidente della Medusa Film sino alla sua morte, nel 2001. Poi quella carica passò a Marina Berlusconi, la prima figlia del Cavaliere.

Guido Possa, Luigi Scotti e Romano Comincioli hanno formato il terzetto degli ex compagni di scuola di Silvio, che dal 1947 al 1955 frequentarono il liceo dei Salesiani a Milano. Una foto del 1950, pubblicata più di sessant'anni dopo sulla «Gazzetta dello Sport», mostra tutti e quattro (con un Silvio curiosamente serio) insieme al resto della classe. Un terzetto, quello di Possa, Scotti e Comincioli, che poi si ritrovò in Parlamento tra le fila del partito del Cavaliere. Anche loro folgorati politicamente sulla strada di Arcore... Possa, laureato al Politecnico di Milano in Ingegneria meccanica, lavorerà per sette anni, sino al 1995, alla Fininvest come responsabile della segreteria della presidenza e poi come direttore del settore sviluppo. Scotti, ingegnere di Cernusco sul Naviglio, è stato senatore per ben tre legislature. Comincioli è stato con Berlusconi sin dall'inizio: direttore commerciale di Edilnord e, secondo Giovanni Ruggeri e Mario Guarino in *Berlusconi. Inchiesta sul signor tv*, un suo «prezioso prestanome, un necessario e comodo paravento» in ardite operazioni speculative, quindi entrò in Publitalia occupandosi dei clienti più importanti. Per poi essere il proconsole di Berlusconi in Sardegna, gestendo le operazioni immobiliari del Cavaliere. Ebbe anche lui qualche problema con la giustizia quando rimase coinvolto in una spericolata vicenda truffaldina allestita da Flavio Carboni, noto faccendiere: fu costretto a darsi alla latitanza per alcune settimane, quindi venne posto agli arresti domiciliari.

Dello staff berlusconiano ha fatto parte Giancarlo Foscale, il cugino di Silvio, presidente della Standa e poi vicepresidente della Fininvest (i suoi problemi con la giustizia riguardarono una vicenda di mazzette miliardarie pagate nell'ambito di un prestito da un ente di diritto pubblico, l'Isveimer, all'epoca socialista). Inoltre Niccolò Querci, fiorentino, laurea in Legge e master, prima in Publitalia a trattare con i maggiori investitori pubblicitari, quindi negli anni Novanta capo della segreteria del Berlusconi politico e, dopo una serie di altri incarichi, vicepresidente di Publitalia nel 2007, per poi entrare nel consiglio d'amministrazione di Mediaset, e Giuseppe Spinelli, riservatissimo, uomo di fiducia del Cavaliere sin dal 1978, era il ragioniere delegato ai pagamenti personali e della famiglia, anche quelli delicati destinati alle ragazze delle serate di Arcore. Naturalmente c'era pure Paolo Berlusconi, il fratello di ben quattordici anni più giovane di Silvio, quindi quasi sempre la sua ombra ma desideroso di imparare. In particolare, nel mondo sentimentale. Quando un giorno Giancarlo andò a trovarlo nel suo ufficio romano, lui scherzosamente si inginocchiò davanti al ritratto di Silvio.

Infine il gruppetto degli avvocati. Berlusconi ne ha

avuti tanti perché, quando cominiciarono i suoi guai con la giustizia, lui si mise a querelare a tambur battente, anche se poi le querele finivano quasi sempre in un nulla di fatto. Sono stati comunque quattro i principali avvocati personali e di peso di Berlusconi, tutti finiti in Parlamento. Vittorio Dotti (amico di università di Dell'Utri, quindi avvocato di fiducia di Silvio per poi allontanarsene con l'epiteto di «traditore» in seguito alla vicenda giudiziaria che coinvolse la sua compagna di allora, Stefania Ariosto); Cesare Previti («Cesarone», figlio di un avvocato con studio avviatissimo a Roma, definito da Paolo Martino in *Non è la* BBC «lobbista particolarissimo» con ottime entrature nell'ambiente giudiziario, politico e di governo, casa con terrazza su piazza Farnese, spesso ritrovo di cene e feste con persone sempre importanti); Aldo Bonomo, incaricato di scrivere ai giornali per propagandare ai giornali, ricorda Giancarlo Perna in *Facce da casta 2*, «la modernità della sua battaglia» in campo televisivo; Niccolò Ghedini, padovano, interessato alla politica sin da giovane tanto da far parte negli anni Settanta del Fronte della Gioventù, l'organizzazione giovanile del Msi, quindi del Partito liberale, infine di Forza Italia. Dotti fornirà un bel ritratto della famiglia di Silvio nel suo *L'avvocato del diavolo*: «Il padre era una persona distinta, parsimoniosa, riservata. A volte passava a trovarmi in studio. Parlava spesso in dialetto: "Come la va, avvocatt? Me racumandi el me Silvio, neh!" Poi magari si parlava di calcio: lui era milanista ma da buon meneghino voleva bene anche all'Inter. [...] La madre era decisamente di carattere più spiccio. Aveva grinta da vendere e credo che Berlusconi abbia preso più da lei che dal padre. [...] Entrambi stravedevano per il loro ragazzo. Un giorno si sbilanciarono: "Il nostro Silvio diventerà presidente della Repubblica"».

Un uomo di fiducia per ogni casella del reame. Silvio ha imparato bene dall'Avvocato. Ma nemmeno una donna nello staff berlusconiano? Sì, soprattutto una superfedelissima: Marinella Brambilla, entrata alla Fininvest quando aveva diciassette anni e sua segretaria per una vita. La sua ombra, dalle otto fino alle venti e trenta in ufficio, quattrocento ore di volo ogni anno, sempre in tailleur («grigi e beige» annota Moncalvo), efficientissima e riservatissima. E depositaria di un bel po' di segreti.

# 4.

# Dal «Giornale» a Canale 5

«Silvio si ama, si ammira, si compiange, è convinto di essere il migliore e siccome a volte lo è si conferma nella fissazione di esserlo sempre e dovunque.»
Giorgio Bocca, *Piccolo Cesare*

«Bugiardo Silvio era anche allora. Mentiva senz'accorgersene [...] e disinteressatamente: per il piacere infantile d'inventare e senza nessuna pretesa che noi gli credessimo.»
Indro Montanelli, *Soltanto un giornalista*

«Quel Berlusconi l'è minga una pirla.»
Giampaolo Pansa su «la Repubblica», luglio 1977

Il 28 luglio 1976 la Corte costituzionale legittimò il diritto delle televisioni private a trasmettere via etere in ambito locale. L'antiproibizionismo della Corte, ricorda Paolo Madron, «scatena l'ebbrezza del video». E nacquero decine di piccole tv: 68 nel 1976, 188 nel 1977, 434 nel 1978. Tanto più che, in un Paese abituato al compromesso e ad aggiustare ciò che al potere non piace, l'ambito locale si trasformò da lì a poco in regionale. Insomma, affari in vista. E già allora là dove fiorivano i soldi, lì c'era Berlusconi. Contrariamente a quanto si crede, non è stato lui a inventare Telemilano via cavo. Lo ha raccontato più volte a vari giornali, dal «Giorno» al «Corriere», Giacomo Properzj, storico esponente del Pri, in seguito sindaco di Segrate, presidente della Provincia di Milano, dell'Atm e dell'Aem. All'epoca lavorava in banca e gli era venuta, insieme a un suo compagno di partito, Alceo Moretti, l'idea di provare con una tivù via cavo dal momento che via etere non era possibile. Del resto, non era l'unico in Italia a buttarsi in quell'avventura dopo il successo di Tele Biella.

Così, con un capitale sociale limitato, Properzj fondò con Moretti (ma Mario Guarino parla invece di Franco Giannelli, un pubblicitario poi sostituito da un altro personaggio presente in numerose società berlusconiane, Walter Donati) Telemilanocavo dopo un incontro con un amico, Vittorio Moccagatta, in quel periodo responsabile delle pubbliche relazioni di Berlusconi. E Moccagatta fece presente che Milano 2 era dotata di un'unica antenna centrale per tutto il quartiere e quindi era il luogo ideale per una televisione via cavo. Il solo inconveniente era che il segnale non superava i confini di Segrate. Properzj prese in affitto a Milano 2 un negozio con seminterrato, riuscì ad avere qualche telecamera affidata a un paio di operatori che erano, disse, «figli dei fiori», e iniziò a trasmettere le riunioni condominiali. Poi la Mondadori diede delle cassette con documentari sulla natura e sulla Ferrari in cambio di pubblicità e le trasmissioni cominciarono a durare due-tre ore al giorno. Ma anche una televisione via cavo aveva dei costi. E un giorno, mentre Properzj era al telefono con Paolo Pillitteri, allora assessore milanese alla Cultura, in cerca di qualche aiuto finanziario, entrò nello studio, accompagnato da Moccagatta, «un ometto piccolo e sorridente. Si presenta, dice di essere Berlusconi, io rimango incollato al telefono con Pillitteri. Berlusconi gira per lo studio con Moccagatta, poi, dopo qualche minuto, se ne va».

Un po' di ossigeno finanziario arrivò all'iniziativa di Properzj dalle elezioni amministrative e regionali del 1975. Alcuni candidati misero mano al portafoglio pur di apparire in televisione, senza sapere che il segnale non arrivava a Milano. La situazione, comunque, non migliorò e nel 1976, un paio di mesi prima della decisione della Corte costituzionale sul passaggio alla tivù via etere, Berlusconi si dichiarò pronto, attraverso Moccagatta, a rilevare la società per una lira e ad accollarsi i debiti di 18 milioni, in gran parte dovuti agli affitti non pagati proprio all'azienda del Dottore. Properzj ebbe sempre un dubbio: la televisione venne comprata perché in qualche modo Berlusconi aveva saputo in anteprima che la Corte costituzionale avrebbe tolto il monopolio alla Rai. Comunque Berlusconi ribattezzò la tivù via etere Telemilano 58, l'unico canale che aveva, la ricapitalizzò per 200 milioni e in un primo tempo non se ne interessò direttamente: l'affidò, ricorda Madron in *Le gesta del Cavaliere*, a Giorgio Medail, un giovanotto con alle spalle una laurea in architettura ma così sveglio da reinventarsi come giornalista televisivo, e a Daniele Lorenzano, consigliere di zona, dipendente del gruppo berlusconiano, con l'incarico di acquistare programmi per mettere in piedi un magazzino che ancora non esisteva. Poco dopo affiancò a Medail, come responsabile del progetto, Stefano Lodi, capelli lunghi sulla nuca, abitante a Milano 2, considerato un tantino altezzoso tanto da mandare in bestia persino la segretaria di Giorgio Corsi, l'amministratore delegato della Montedison con cui Berlusconi aveva rapporti per la vendita di immobili. Pensò a una televisione che dava tanto spazio alla cronaca e alla vita culturale della città, Silvio rispose che non gli andava bene e Lodi se ne andò. Al suo posto giunse Marcello Di Tondo, ex segretario particolare del democristiano Vittorino Colombo.

In quel periodo l'impegno del Dottore-Cavaliere era prevalentemente concentrato ancora sul mattone. Almeno in apparenza. Nonostante Milano 2 non fosse finita, lui aveva già in mente di esportare quell'idea. E infatti Properzj vide nella sede del gruppo, in via Paleocapa, un grande plastico di Beirut 2: non se ne fece poi niente. E non si fece niente anche con un altro progetto: esportare quell'idea a Buenos Aires per dare vita a Buenos Aires 2. Inoltre Berlusconi stava cercando di far partire un'altra realizzazione dopo aver acquistato dei terreni a Basiglio, a sud di Milano: propose una lottizzazione per diecimila abitanti. Solo che in questo caso i problemi erano maggiori rispetto a quelli di Segrate. In parte, le aree erano vincolate a verde agricolo, c'era poi bisogno di spostare strade e ponti, soprattutto la Regione aveva bocciato il progetto di lottizzazione. E così ci fu bisogno dell'intervento dei politici e degli amici dei politici. Uno di questi era l'architetto socialista Silvano Larini, componente dell'organismo incaricato dell'assetto urbanistico della zona: sarà lui a far conoscere Bettino Craxi a Berlusconi. Lo confermerà Confalonieri all'«Europeo»: alla metà degli anni Settanta «la loro amicizia è l'incontro di due uomini che reagiscono insieme all'ideologia dell'epoca. Per Craxi come per Berlusconi, l'America non è più un peccato, la ricchezza meritata è giusta, è giusto il possesso».

Proprio quell'amicizia convinse Berlusconi della necessità di avere, anche all'esterno, maggior peso politico. Pensò così di entrare nell'editoria. E quando nel giugno 1977 Indro Montanelli, direttore de «Il Giornale», fondato nel 1974 dopo essere stato licenziato dal «Corriere della Sera» diretto da Ottone e di proprietà di Giulia Maria Crespi, fu "azzoppato" dalle pallottole delle Brigate Rosse in piazza Cavour, a Milano, Silvio fu tra i primi ad andarlo a trovare in clinica. Si erano conosciuti da poche settimane e a lui era molto piaciuto il «turatevi il naso e votate Dc» lanciato da Montanelli alle politiche del 1976, quando sembrava vicino il sorpasso dei comunisti. È una pennellata d'autore quella data dal grande giornalista toscano sulla visita di Berlusconi in clinica riportata nel nostro *Montanelli. Dove eravamo rimasti?*: «Si precipitò al mio capezzale piangendo come un bambino. Mi toccò consolarlo come se avessero sparato a lui». Silvio andò di nuovo a trovarlo in clinica, dichiarando di essere disponibile a entrare nell'azionariato del «Giornale», che era quasi sull'orlo della bancarotta perché, anche se il quotidiano tirava allora 200.000 copie, il doppio di quelle previste all'inizio, non riusciva più a fronteggiare i debiti, che avevano toccato i due miliardi di lire. Silvio entrò nel capitale con una quota (il 12%) uguale a quella di Achille Boroli, l'editore della De Agostini.

Un'altra pennellata d'autore fu certamente l'intervista di Giampaolo Pansa nel luglio 1977 sul quotidiano di

Scalfari, «la Repubblica», in edicola da un anno e mezzo. Eccezionale il titolo: *Quel Berlusconi l'è minga un pirla.* Pansa lo descrisse così: «Quarantenne, aperto, accattivante, dimostra di aver fatto le sue letture, porta i capelli lunghi, raccoglie quadri del Quattrocento e del Cinquecento. Debolezze apparenti: ci tiene a far sapere che è il più giovane Cavaliere del lavoro e veste con una ricercatezza un po' dubbia, tutto di marrone, dagli stivaletti alla cravatta e al fazzoletto nel taschino. Anche l'autista ha una divisa marrone e berretto marrone, dev'essere una mania...» Tra le domande una riguardò il disegno politico del «Giornale», in cui il Dottore era appena entrato con una quota di minoranza: «Per me la funzione del "Giornale" è importante perché è controcorrente, anche se vorrei che Montanelli, Cesare Zappulli e Domenico Bartoli non ci spiegassero solo che tutto va male, ma facessero proposte concrete...» Un'altra riguarda le sue idee politiche. E lui: «La vera alternativa è nella Dc, una Dc che si trasformi in modo da permettere al Psi di tornare al governo. Vede, io sono un pratico ma anche un sognatore; spero che venga fuori una nuova classe politica senza cadaveri nell'armadio, le mani pulite, poche idee ma chiare, capacità di esprimersi in modo comprensibile».

Pansa gli chiese i nomi di qualche democristiano di questo tipo. E Berlusconi: «La realtà locale sta cambiando, soprattutto a Milano e in Lombardia, dove un uomo di gran valore come Roberto Mazzotta ha conquistato la federazione Dc coagulando la sinistra anticomunista della Base e di Forze Nuove, la Coldiretti, Comunione e Liberazione. Altre forze si ritrovano attorno a uomini come l'onorevole Usellini, un industriale che si è impegnato nella politica sull'esempio di Umberto Agnelli; come Mario Segni; come il ministro Pandolfi. Sono politici che si sanno presentare in modo chiaro e immediato, facendosi capire dalla gente». Nell'ottobre 1979 il Cavaliere raggiunse una quota di maggioranza relativa del «Giornale», il 37,50% delle azioni. Si prese anche l'impegno di occuparsi della gestione amministrativa, ma di non interferire sull'attività redazionale, che sarebbe restata nelle mani di Indro e già dall'estate, al posto della redazione di piazza Cavour, mise a disposizione in via Negri, a due passi dalla Borsa, una nuova sede e una nuova tipografia.

Molti anni più tardi, nel 2015, dopo averlo di fatto sempre negato, Berlusconi affermerà che la decisione di entrare nel «Giornale» fu una scelta politica e non solo imprenditoriale come sino a quel momento aveva sostenuto. Racconterà a Friedman in *My way*: «Negli anni Settanta la grande stampa, come avviene ancor oggi, era prevalentemente orientata a sinistra. [...] Io sono sempre stato un liberale, e quindi soffrivo, come tutti gli altri miei colleghi industriali, del fatto che non ci fosse un giornale che rappresentasse l'area liberale. Montanelli e alcuni giornalisti del "Corriere", stanchi della deriva a sinistra dell'editore di allora, decisero con coraggio di staccarsi e di fondare un loro quotidiano. "Il Giornale" fu aiutato da alcuni imprenditori e partì, ma a un certo punto si trovò in una profonda crisi. [...] Così io venni in soccorso, entrai nel capitale, diventai amico di tutti i principali giornalisti, a partire da Montanelli, e misi in piedi una tipografia». E anche Confalonieri confermerà a Friedman che, sì, in quella scelta c'era stato un «risvolto politico», perché «entrare nell'azionariato del "Giornale", aiutarlo a trovare una nuova tipografia significava agire contro l'ideologia di sinistra così potente negli anni Settanta, contro l'egualitarismo, contro il compromesso».

Una scelta politica tenuta all'epoca volutamente sotto traccia. Marco Vitale, l'economista d'impresa che in quel periodo era commentatore economico del «Giornale», partecipava ogni tanto alle riunioni periodiche di Berlusconi con Montanelli e Gian Galeazzo Biazzi Vergani. «Riunioni – ha ricordato in *Dove eravamo rimasti?* – informative, semplici e simpatiche e non ho di essi ricordi significativi. Ma ricordo l'atmosfera. Berlusconi mostrava un grande rispetto per Indro, al limite della soggezione. Il suo atteggiamento era di totale rispetto per l'autonomia del "Giornale". Indro era molto fiducioso che la presenza di Berlusconi avrebbe rappresentato un importante sostegno per il "Giornale", senza, in alcun modo, porre in dubbio la sua autonomia. L'atmosfera di quei pochi incontri giustificava la sua fiducia». E in effetti lo stesso Cavaliere ammetterà in *My way* i buoni rapporti iniziali con Montanelli: «A me lui piaceva molto, lo consideravo un eroe del libero pensiero, in un'Italia dominata dalla sinistra. Nacque un'amicizia molto forte: lui veniva in vacanza d'estate nella mia villa di Portofino, spesso la domenica era a pranzo ad Arcore. Aveva un repertorio infinito di aneddoti». Del resto, nei primi anni Ottanta, anche Indro guardava con occhio benevolo il Dottore. Ha raccontato a Tiziana Abate in *Soltanto un giornalista*: «I suoi non erano sorrisi, ma risate: belle aperte, squillanti, a gola spiegata.

A provocarle ci voleva poco: un aneddoto, una battuta, una barzelletta anche da fureria, anzi specialmente da fureria. Ma soprattutto lo esilaravano le proteste di noi amici quando lo coglievamo con le mani nel sacco di qualche bugia. Perché bugiardo Silvio era anche allora. Mentiva senz'accorgersene, come io e voi respiriamo, e disinteressatamente: per il piacere infantile d'inventare e senza nessuna pretesa che noi gli credessimo».

Solo che da quegli incontri Vitale usciva invece con qualche dubbio. «Dubbi – testimoniò in *Dove eravamo rimasti?* – legati a una mia personale convinzione. Da alcuni indizi raccolti da tempo in varie sedi, mi ero convinto che Berlusconi nutrisse una smisurata ambizione politica. Della stessa idea era Marco Borsa, giornalista economico, osservatore attento e penetrante con il quale spesso mi piaceva scambiare idee e impressioni. Né Marco né io abbiamo mai creduto alla favola che Berlusconi decise all'ultimo minuto di scendere in politica per difendere le sue aziende. Colse certamente con grande rapidità il momento favorevole, ma per realizzare un progetto che coltivava da tempo e che aveva a lungo meditato. Con questa convinzione io, in quegli incontri, osservavo Berlusconi per cogliere eventuali segnali relativi alla sua posizione sul "Giornale". Non ne colsi nessuno, ma quando rese palese il suo vero progetto che era inconciliabile con Montanelli come direttore del "Giornale", non ne fui per nulla sorpreso. E fui addolorato per Indro che aveva creduto alla buona fede di Berlusconi».

In effetti, l'impressione di Vitale non era sbagliata. Lo ricorda Renato Farina in *Berlusconi tale e quale*, pubblicato a fascicoli su «Libero»: nonostante «i legami forti con il garofano, la prima sia pur timida volontà del Cavaliere di cimentarsi in politica riguardò l'Europa e c'era di mezzo lo scudocrociato con scritto *Libertas*, il partito di De Gasperi. [...] Voleva candidarsi per le elezioni europee del 1979 nelle liste della Dc. Due amici gli sconsigliarono di cimentarsi lì: era una risorsa per il Paese, non era il caso di bruciarsi le ali prima del tempo. Erano Roberto Formigoni e Roberto Mazzotta». Berlusconi sarà tentato un'altra volta dal Parlamento europeo trent'anni dopo, nel 2009, quando è ancora premier. Ma, ricorda sempre Farina, gli avversari (in particolare Dario Franceschini, all'epoca leader del Partito democratico) dissero: «Sarebbe meglio si astenesse, tanto più che essendo presidente del Consiglio poi dovrà optare per Palazzo Chigi. E dunque è una truffa. Che bugia: come se i partiti che si votano, i programmi che si riverseranno in sede continentale non siano responsabilità dei leader».

Dall'editoria passò intanto sempre più alla televisione. In questo caso, Berlusconi vide prima di tutto la possibilità di fare un bel business dopo la decisione della Corte costituzionale di dare un primo strappo al monopolio della Rai. Così nel 1978, l'anno dell'assassinio di Aldo Moro da parte delle Brigate Rosse, il Cavaliere lanciò Telemilano 58 dopo aver comprato le frequenze di un piccolo canale chiamato appunto 58. E ci si dedicò, rileva Madron, «con frenesia», dimostrando di essere un genio nell'inventarsi la televisione commerciale. Lo confermerà anche Confalonieri in *My way*: «Oggi non si riesce a immaginare quanto fosse rivoluzionaria quella mossa (il lancio di Telemilano 58, *N.d.A.*). Berlusconi si preparava già a sfidare il monopolio della televisione di

Stato. Questo non voleva dire solo televisione. Voleva dire politica. Ci voleva un coraggio straordinario, e anche parecchia pazzia». Ottenne di poter mettere in cima al grattacielo Pirelli, dove già c'era l'antenna dei radiotaxi, due ripetitori che trasmettevano sul canale 58. Scelse come prima "signorina buonasera" una ragazza spigliata e di bella presenza, Antonella Vianini, la stessa che, dopo la nascita di Canale 5, inaugurerà con Marco Columbro la trasmissione quotidiana *Buongiorno Italia* in una fascia oraria, quella mattutina, da sempre ignorata dalla tivù di Stato e voluta da Silvio dopo aver visto una trasmissione analoga (*Good Morning America*) nata nel 1975 sulla televisione ABC americana.

Berlusconi si buttò dentro a quell'attività neo-televisiva nel solo modo in cui era capace di fare le cose: in maniera maniacale. Affidò le prime trasmissioni a una giovane collaboratrice del «Corriere della Sera», Viviana Kasam. Sarà proprio lei a raccontare a Paolo Madron come il Cavaliere si prendesse particolare cura dei dettagli: «Voleva ogni giorno i fiori freschi da sistemare vicino all'annunciatrice e a me sembrava francamente l'ultima delle preoccupazioni oltre a uno spreco, visto che non si navigava certo nell'oro. Lui diceva che l'immagine, intesa come modo di presentarsi, di entrare nelle case, era tutto». Una volta Berlusconi la sollecitò a realizzare nella sua trasmissione *Tabù* anche temi che la Rai non toccava: «Signorina, perché non prepara qualcosa sull'omosessualità o sull'amore di gruppo?» Un'altra volta, mangiando un panino con lei e Medail in un angolo degli studi, il Cavaliere illustrò il suo piano: «Un giorno avremo una struttura di produzione tutta nostra, così potremo distribuire programmi anche alle altre televisioni.

Un'agenzia interna per la raccolta della pubblicità, perché se bisogna continuare a delegarla fuori è meglio chiudere bottega. Una società che compra i programmi all'estero e una che cura alla perfezione l'efficienza degli impianti». La teoria delle quattro gambe del tavolo che sarà ripetuta spesso da Berlusconi. A Marcello Dell'Utri, ricorda Angelo Mellone in *Cara Bombo*, spiegherà: «Lo vuoi capire che senza televisione una cosa non esiste?»

La prima soluzione per la raccolta pubblicitaria si mostrò subito zoppicante. Si affidò alla Publipei, la concessionaria di pubblicità della Pia Società San Paolo, quella che vendeva spazi pubblicitari su «Famiglia Cristiana». La Publipei doveva anche dedicarsi alla compravendita di programmi e qui l'intesa si dimostrò essere un buco nell'acqua. Cosa che convinse il Cavaliere della necessità di mettere in piedi una propria rete pubblicitaria. Lo farà nell'ottobre 1979 – tre mesi dopo l'assassinio a Milano di Giorgio Ambrosoli da parte di un sicario mandato da Michele Sindona – dando vita a Publitalia 80 con un capitale di tre miliardi. Un mese più tardi, il 12 novembre, registrò quella che sarebbe diventata la sua corazzata televisiva: Canale 5, capitale minimo di venti milioni. Ed anche questa volta ricorse a un prestanome, Antonio Melchiorre, generale dell'Aeronautica in pensione. Lo ammise del resto lo stesso generale in *L'orgia del potere* di Guarino: «Sono stato un prestanome, niente di più».

Ancora con Telemilano 58 sollecitò Galliani a estendere le reti acquisite e ad allearsi con altre. Così Canale 5 si trovò consorziata con altre cinque reti locali: TeleEmilia-Romagna, Tele Torino International, Video Adige, Video

Veneto e la ligure A&G Television. Il Dottore cominciò a spingere sui programmi. Chiamò a collaborare Claudio Cecchetto, il disc-jockey, che s'inventò un programma musicale per i giovanissimi, *Pop Corn*; Diego Abatantuono, ancora alle prime armi; e poi Barbara D'Urso, Enrico Beruschi, Massimo Boldi. Dette vita a *Goal*, un gioco a premi con i telespettatori che intervenivano da casa, Giorgio Medail realizzò *L'uomo e l'occulto*, Vittorio Buttafava cercò di imbastire un telegiornale prendendo le notizie dal giornale del pomeriggio *La Notte*. Ma su questo aspetto Berlusconi era piuttosto un frenatore, perché fare un telegiornale «costava troppo» e poi attirava un gran numero di proteste da parte dei politici. Disse, riporta Madron in *Le gesta del Cavaliere*: «Io vado avanti con lo spettacolo, quando sarò forte abbastanza ci penserò». Intanto accettava gli interventi dei politici nei vari dibattiti, anzi li sollecitava, perché la loro presenza serviva a innalzare l'immagine della neonata tivù. Una mattina presto, quando gli studi nel Palazzo dei Cigni erano ancora chiusi, Medail si trovò in attesa davanti all'ingresso Giovanni Spadolini e Aldo Aniasi. I due passeggiavano avanti e indietro e, quando Spadolini lo vide, gli disse: «Scusi buon uomo, è qui il dibattito?»

Dove poi non riusciva Galliani ad ampliare la rete televisiva, interveniva direttamente lui invitando i proprietari di altre reti a pranzo ad Arcore. In una occasione era presente anche Vittorio Dotti, il quale assistette alla scenetta di Berlusconi che – salutista come era, non fumava, beveva pochissimo e, quando proprio doveva farlo, pasteggiava a champagne pur di non bere il vino rosso, imbottigliato espressamente per lui con tanto di etichetta personalizzata ma piuttosto mediocre –offriva invece da bere agli altri. Così, a un pranzo a base di roastbeef con Calisto Tanzi, il proprietario della Parmalat che possedeva anche Euro Tv, una rete concorrente formata da diciotto emittenti locali e fondata dallo stesso Tanzi e da Gianni Ferrauto, ex amministratore delegato del «Giornale», fu messa in scena la storiella del vinello: «L'atmosfera era cortese e rilassata. Venne il momento del vino rosso, inflitto senza pietà a tutti i commensali. Tutti tranne uno: Berlusconi. A lui fu versato dello champagne. "È il medico che me l'ha consigliato", annunciò serioso. "L'altro vino mi infiamma lo stomaco." Tanzi, umiliato, ci restò di stucco». E l'affare svanì.

Già allora Silvio era un perfezionista. Ha raccontato la Kasam: «Lui faceva tutte le parti, mostrando come avremmo dovuto muoverci, parlare, star seduti». Un perfezionismo confermato anche da Alberto, che conobbe Silvio proprio in quel periodo e ne ha dato un quadro molto veritiero nel suo *I potenti del denaro*: «È creativo, fantastico, frenetico, imprevedibile, perfezionista, accentratore (anche se lui non l'ammette), sintetico, coraggioso, volubile, malizioso e rompiballe. Vuole fare tutto e sapere tutto. Svolge contemporaneamente il ruolo di padrone, del venditore di pubblicità, dell'esperto di marketing, del regista, del tecnico del suono, dell'incaricato alle pubbliche relazioni, dell'editore, del mecenate»». E ancora: «Dicono anche che assomigli all'Aga Khan. Può darsi. Dicono anche che sia spiritoso, Una volta, a un tizio che gli chiedeva se dovesse chiamarlo signor Berlusconi o cavaliere Berlusconi, lui rispose: "Sono un democratico, mi chiami pure Sua Emittenza". Dicono anche che non sopporti le critiche. È vero. Come è vero che gli piace la puntualità, da parte degli altri naturalmente». Era talmente frenetico da cominciare a collaborare, lui che era azionista di maggioranza del «Giornale», al «Corriere della Sera» con commenti economici. Lasciando interdetti i giornalisti di Montanelli: il loro maggior azionista collaborava con un giornale concorrente... Si tagliò i baffetti e volle che nessuno dei suoi collaboratori li portasse, cominciò a usare anche un incipit particolare nel suo modo di parlare con gli altri, sull'esempio di Gianni Agnelli che iniziava una frase dicendo: «Permetta». Lui adottò il «mi consenta».

Su due argomenti importanti, che avvennero in quegli anni ma giunsero alla ribalta della cronaca solo molto tempo dopo, Berlusconi preferì invece tacere. Due argomenti spinosi. Il primo fu quello dei rapporti con la mafia. Che ci furono, emersi dalla sentenza definitiva di condanna di Dell'Utri per concorso esterno in associazione mafiosa. Lo riporta in maniera molto precisa Travaglio in *L'odore dei soldi*, scritto con Elio Veltri, e in *B. come Basta!*: nel maggio 1974 si tenne un incontro a Milano organizzato da Dell'Utri con Gaetano Cinà («Tanino»), suo amico e altro uomo di rispetto, i boss Stefano Bontate (capo di Cosa Nostra), Mimmo Teresi e Francesco Di Carlo (poi pentito) per suggellare la nomina di Vittorio Mangano, ufficialmente, come stalliere nella tenuta di Arcore, ma in realtà come bodyguard della famiglia Berlusconi. Silvio (che ha sempre negato l'incontro con Bontate così come lo ha negato Dell'Utri) nei primi anni Settanta temeva molto i rapimenti tanto da avere mandato la famiglia per un certo periodo in Svizzera e in Spagna. A un certo momento spuntò Mangano: alto, occhiali, tratti mediorientali, s'installò in una dépendance di Villa San Martino con moglie, figlie e suocera, si occupò della sicurezza accompagnando a scuola i due figli di Berlusconi, Marina e Pier Silvio, e portando in giro per Milano Berlusconi e la moglie a fare shopping. E tra tutti i dipendenti di Arcore – annotano Claudio Fracassi e Michele Gambino in un libretto sulla vita e le amicizie del Cavaliere – «era l'unico a cui il patron della Fininvest desse del lei».

Nonostante la presenza di Mangano, una bomba esplose contro il muro di cinta di Villa Borletti in via Rovani, acquistata da Berlusconi per trasferirvi la sede del suo gruppo e in fase di ristrutturazione. I danni furono ingenti, i muri perimetrali vennero sfondati e crollò il pianerottolo del primo piano. Il Cavaliere sospettò che fosse stato Mangano (emergerà chiaramente da una intercettazione telefonica del 1986), ma fece finta che si fosse trattato di un crollo.

Qualche tempo dopo un altro fatto increscioso: al termine di una cena nella villa di Berlusconi per festeggiare sant'Ambrogio, ci fu all'uscita il tentato sequestro di un suo ospite, Luigi D'Angerio, un commerciante tessile napoletano che si faceva chiamare «principe»: la macchina – raccontano, nel dettagliato *Il Cavaliere nero*, Paolo Biondani e Carlo Porcedda – fu speronata e bloccata da più auto, D'Angerio fu caricato a forza in una di queste, che poi ripartì a tutta velocità finendo per uscire di strada a causa della nebbia. I sequestratori scapparono, D'Angerio si ritrovò libero, la polizia scoprì nell'auto delle armi e un documento falso con tanto di foto che li portarono a rintracciare uno dei sequestratori. Vent'anni più tardi, numerosi pentiti fecero i nomi dei due sequestratori e indicarono Mangano come basista. Il pentito Di Carlo, scrivono sempre Biondani e Porcedda, racconterà: «Noi di Cosa Nostra prima minacciavamo e poi andavamo a fare la garanzia: per noi era normale, altrimenti che bisogno ha uno di chiedere...»

Travaglio racconta che, in contemporanea con l'insediamento di Mangano, Berlusconi cominciò a «versare ogni sei mesi somme di denaro sempre più consistenti a Cosa Nostra, almeno fino al 1992». Versamenti in contanti ed effettuati, sostengono Biondani e Porcedda, da Dell'Utri «che gestisce un apposito tesoretto: impacchetta le banconote e le consegna nel proprio ufficio al tesoriere mafioso che viene a ritirarle per portarle a Palermo. Qui i soldi di Berlusconi vengono spartiti tra i clan secondo rigide logiche mafiose». I pentiti Salvatore Cancemi e Calogero Ganci sosterranno che la Fininvest pagò a Cosa Nostra, attraverso Dell'Utri che consegnava i soldi a Cinà, l'equivalente di 200 milioni di lire all'anno (circa centomila euro). E continuarono a essere dati anche dopo la guerra di mafia esplosa tra il 1979 e il 1980. Stefano Bontate fu assassinato nell'aprile 1981, fu fatto sparire con il metodo della "lupara bianca" anche il suo vice Mimmo Teresi, e, riporta *Il Cavaliere nero*, «la famiglia di Porta Nuova, guidata da Pippo Calò, che ha tradito i boss "perdenti" passando con i corleonesi, viene elevata a mandamento. Per quasi vent'anni i soldi versati da Berlusconi attraverso

Dell'Utri passano da diverse mani mafiose, ma seguono sempre il tracciato originario; finiscono ancora agli stessi clan anche se, dopo la guerra corleonese, hanno cambiato i capi». Dal 1982 il "capo dei capi" fu Salvatore Riina detto Totò. E Riina raddoppiò la tariffa imposta a Berlusconi e riscossa dalle mani di Dell'Utri da «Tanino» Cinà. Nel 1994, in una breve intervista al «Corriere» riportata da Giuseppe Fiori in *Il venditore*, il Cavaliere ammise solamente: «Rapporti con la mafia ne ho avuti una volta sola, quando tentarono di rapire mio figlio...»

Mangano rimase ad Arcore un paio d'anni. Un personaggio ostico: aveva poco più di trent'anni, faceva parte della famiglia palermitana di Porta Nuova (guidata da Pippo Calò), aveva alle spalle già tre arresti e condanne, diffidato nel 1967 come «persona pericolosa», arrestato nuovamente quando era ad Arcore per truffa e ricettazione ma tornato, appena liberato, a lavorare per Berlusconi. In *B. come Basta!* viene riportata una frase di Paolo Borsellino rilasciata nel 1992, poco prima di morire, a due giornalisti francesi che conducevano un'inchiesta sui rapporti tra la mafia e la finanza in Europa, in cui sosteneva che lo "stalliere" era in realtà una «testa di ponte della mafia al nord». Alla fine degli anni Novanta, Mangano, dopo un periodo di latitanza, fu condannato a due ergastoli per tre omicidi e traffico di stupefacenti.

Il secondo argomento su cui Berlusconi preferiva sorvolare fu la sua iscrizione, il 26 gennaio 1978, alla loggia P2 di Licio Gelli con la tessera numero 1816 e il grado massonico di "apprendista muratore" con la presentazione del suo amico Roberto Gervaso, anche lui affiliato.

Una volta Berlusconi la buttò sul ridere: «Apprendista muratore a me che sono un costruttore...» Un'altra volta la prese più seriamente: «La P2 raccoglieva gli uomini migliori del Paese. [...] Videro in me una persona di sicuro avvenire, il meglio che l'imprenditoria italiana in quel momento esprimesse tra i giovani imprenditori». E così ebbe anche un bel po' di finanziamenti dalle banche, dal Monte dei Paschi alla Banca Nazionale del Lavoro, tutti istituti di credito in mano a banchieri affiliati a loro volta alla loggia di Gelli.

# 5.

# E arrivò *Dallas*

«Un mio difetto? Mi ci lasci pensare... Francamente non me ne viene in mente nessuno.»
Silvio Berlusconi

«Dove voglia arrivare, Dio solo lo sa. Dio solo e lui, Silvio Berlusconi.»
Roberto Gervaso, *La mosca al naso*

«Il Silvio mica legge tanto.»
Fedele Confalonieri, Forza Italia

Il sorriso è sempre stato l'arma preferita di Berlusconi. Con il sorriso conquistò, ancora ai tempi di Telemilano 58, Mike Bongiorno, già colonna storica della Rai (ancora in bianco e nero) per i suoi *Lascia o raddoppia?* e *Rischiatutto* e per aver condotto diversi Festival di Sanremo. Sì, proprio quel ragazzo italo-americano che, durante la guerra, aveva fatto da messaggere nel carcere di San Vittore, a Milano, tra Indro Montanelli e la sua prima moglie. Mike raccontò di Silvio in *Colpo grosso* al trio Corrias-Gramellini-Maltese: «Il sorriso, sì, è la prima cosa che mi ha colpito quando l'ho conosciuto. Era il '77, al Biffi Scala (ma c'è anche chi parla di Club 44, *N.d.A.*), pranzo di lavoro. Io ero alle strette con la Rai e lui lo sapeva e mi corteggiava per la sua piccola tv, Telemilano 58. Vidi subito che il personaggio era molto valido, eh, un simpaticone, alla mano, con quella faccia sempre allegra. Ma stavo ancora sulle mie. Alla Rai m'avevano detto: "Andrai mica con quel palazzinaro..." Non mi impegnai con lui subito».

Ci pensò per un paio d'anni, con Berlusconi sempre più insistente fino al punto da mandare mazzi di fiori alla moglie. Poi, un giorno, Silvio gli fece una sorpresa: una festa in suo onore a Milano 2 insieme agli sponsor e alle agenzie pubblicitarie. Il Cavaliere, riporta sempre *Colpo grosso*, «salì su una cassetta e cominciò a parlare: amici, qui ho Mike Bongiorno che verrà a fare un quiz con noi, chi vuole darmi una mano? Si alzarono due o tre mani, fra le quali quella della Kraft "Cose buone dal mondo". Be', potevo dirgli di no? Firmai il contratto de *I sogni nel cassetto* e dedicai proprio alla Kraft la mia prima telepromozione. Feci arrivare un carrello con i prodotti Kraft nello studio, pieno di "cose buone" e cominciai a decantarli uno per uno, a scartarli, assaggiarli e a imboccare la valletta e qualcuno del pubblico. Non so se mi spiego, in Italia non l'aveva fatta nessuno. Fu una rivoluzione!» E per quella rivoluzione si attribuì anche un fregio d'onore: «Nel bene o nel male, la televisione ha unificato il Paese. L'Italia l'avrà fatta Garibaldi, ma gli italiani, se permettete, li abbiamo fatti noi. Dico personaggi come me, Corrado, Baudo, il povero Tortora e Vianello, e le grandi trasmissioni, i varietà, i telegiornali». Comunque, nel 1980, disse di sì all'offerta del Cavaliere, proposta che del resto non poteva rifiutare: 600 milioni di lire l'anno contro le 900.000 lire che aveva dalla Rai per ogni puntata di *Flash*. Insomma, sorrisi più palanche.

Marco Belpoliti sostiene, citando in *Il corpo del Capo* lo studioso inglese Stephen Gundle, che la presenza di Bongiorno a fianco di Berlusconi «non è casuale». È invece l'esempio tipico di quello che Gundle chiama «berluscottimismo» come variante della cultura di massa. Mike Bongiorno con il suo «allegria» e il Dottore con i suoi sorrisi. Perché, rileva Belpoliti, «Silvio sorride sempre. Il sorriso è la migliore manifestazione del suo ottimismo, un ottimismo contagioso forse perché non è solo un sorriso, come nelle star hollywoodiane, una via di mezzo tra il sorridere e il ridere. Il sorriso è discreto, il riso può essere sguaiato. Berlusconi ne esibisce una forma intermedia. [...] I denti appaiono perfetti: bianchissimi e bellissimi. Il sorriso a bocca aperta, ma non spalancata. Berlusconi esprime la promessa di un *happy end*, la realizzazione di un sogno in cui può identificarsi ciascuno di noi, spettatori della sua ascesa sociale, economica e, infine, politica».

Inizialmente il Dottore portò Mike Bongiorno anche in giro negli incontri con gli inserzionisti pubblicitari. E con Mike alle spalle Silvio avviò quello che Friedman definirà in *My way* «un piano diabolico» per creare Canale 5 contro il monopolio della Rai. Il Cavaliere ha raccontato ad Alan: «Era un monopolio che nessuno pensava di sfidare. Tanto per peggiorare la situazione, i canali tv erano controllati dai partiti. Non si riusciva a trovare un dipendente della tv pubblica che non fosse fratello, cugino, parente o amico intimo di qualche politico. Sembrava impossibile scalare quell'Everest. Impossibile combattere contro la tv di Stato. Credo che la battaglia che seguì possa essere definita davvero epica». Una battaglia «epica» che lo vide subito acquistare la società monzese di Arnaldo Galliani, piccolo imprenditore nel settore delle antenne ma anche lui con l'idea che la tivù di Stato fosse «un mortorio». E lo spedì a comprare in Italia televisioni private e frequenze. Un paio, in Sicilia, erano molto conosciute, riporta dettagliatamente Guarino in *L'orgia del potere*, da polizia e carabinieri perché legate a Cosa Nostra. A quel punto sorse il problema di come ottenere investimenti importanti dai clienti se disponeva solo di televisioni locali, costrette quindi a vendere a basso prezzo. E qui, ha raccontato Confalonieri, ecco «la grande intuizione di Berlusconi di sfidare il monopolio della tivù di Stato».

Una sfida dovuta alle esigenze pubblicitarie e all'insofferenza dimostrata dai possibili clienti per la Sipra, la concessionaria di pubblicità della Rai, che li costringeva a lunghi periodi di attesa prima di trasmettere i loro spot. Berlusconi ricorse così a un'illusione: inventarsi una programmazione di network nazionale che invece non esisteva nella realtà. Registrò a Milano i programmi come se fossero tutti in diretta in una ventina di cassette in serie che erano poi duplicate e numerate, quindi spedì i "pizzoni" per tutta Italia con auto, treni, talvolta persino aerei per farli mandare tutti in onda allo stesso orario. Un programma, ad esempio, poteva essere registrato alle dieci di mattina ma veniva poi trasmesso in tutto il Paese alle venti di sera. Una grande illusione (definita invece da Mario Guarino «una furbata da magliari») che ebbe successo. Berlusconi presentò l'idea a Centromarca, l'associazione italiana delle industrie di marca. Alla fine il presidente, Giordano Zucchi, disse: «Discorso un po' rozzo ma efficace, credo gli abbia permesso di raccogliere più di 70 miliardi». Tra i primi a investire: la Coca Cola, Procter&Gamble, Buitoni. Il Cavaliere si buttò a quel punto a creare ciò che gli mancava: un magazzino di prodotti e una rete per raccogliere la pubblicità.

Per l'acquisto di programmi si avvalse della collaborazione di Carlo Fuscagni, noto dirigente portato via dalla Rai grazie all'amicizia con Mike Bongiorno. E insieme a Fuscagni e al fido Lorenzano, cominciò a frequentare i mercati, da Montecarlo a Los Angeles, dove si compravano i film. A Los Angeles affittò anche una villa per un mese in modo da poter incontrare i grandi produttori cinematografi. Portafoglio in mano, comprò programmi e film addirittura in blocco, tra questi c'era anche *Dallas*, una soap opera con protagonista un petroliere texano senza scrupoli, Gei Ar, e una donna meravigliosa, Sue Ellen. Una serie tradotta in più lingue, trasmessa un po' dovunque e capace di incollare anche gli italiani davanti alla tivù: ben dieci milioni di spettatori. E in quel viaggio, a New York, parlando con Fuscagni venne fuori il nome da dare al nuovo canale: Berlusconi scelse Canale 5 con un biscione col fiore in bocca come logo. Una volta disse ad Alberto (*I potenti del denaro*): «L'obiettivo era di occupare saldamente il quinto posto dopo le tre reti Rai e Telemontecarlo. Siamo stati un tantino più fortunati...» Fuscagni rimase solo un anno, poi tornò alla Rai. Disse al suo amico Mike Bongiorno: «Sai che differenza c'è tra me e lui? Che io vorrei fare alcune cose, possibilmente buone. Lui vuole farle tutte».

Silvio comprò intanto dalla Titanus trecento film in blocco per due miliardi di lire (il padrone, Goffredo

Lombardo, commentò con gli amici che «a Milano c'è un pazzo che me li paga sette milioni l'uno») e altri programmi di intrattenimento riuscendo a essere in questo settore competitivo con la Rai; installò la sede della Fininvest a Milano in via Rovani, dopo aver acquistato la vecchia residenza Borletti e averla riempita di quadri e modelli di navi antiche; rilevò il teatro Manzoni affidandone la gestione allo zio Luigi Foscale e cominciò a invitare la Milano che contava ad assistere alle prime rappresentazioni, offrendo durante l'intervallo risotto e spumante; avviò anche la costruzione de Il Girasole, una città-mercato con dieci chilometri di portici e di vetrine; assunse come segretario personale un giovanotto torinese di nome Urbano Cairo; assunse anche Carlo Freccero, un giovane ligure con una profonda passione e conoscenza di film, con l'incarico di realizzare il palinsesto.

Tra le raccomandazioni che Silvio gli dette c'era anche questa: «Per il pubblico femminile voglio immagini belle, intense e che facciano sognare. Voglio una bella serie di baci». E Freccero inventò per le casalinghe *Pomeriggio con sentimento*. Era inutile raccomandare ciò che piaceva invece di più agli uomini: belle donne con il seno vistoso e le gambe di fuori. Del resto lo stesso Berlusconi, riportano Corrias-Gramellini-Maltese in *Colpo grosso*, ricorderà «che il nostro pubblico ha fatto la terza media e non era neanche tra i primi della classe». Una ventina d'anni più tardi Freccero tratteggerà così su «L'Espresso» il Berlusconi di quel periodo: «La sua ossessione è la vittoria, a cui dedicava un'attenzione maniacale. Doveva pianificare tutto nei minimi dettagli. Ricordo notti bianche nello studio di Arcore, ipnotizzati dal rullo della programmazione televisiva che scorreva senza sosta. Lui voleva analizzare anche i secondi: "Non dovete accontentarvi. Non dovete mai dire mai", ripeteva continuamente».

Volle come annunciatrice televisiva Elena Brigliadori, al suo esordio in questo ruolo dopo aver fatto la telefonista al *Portobello* di Tortora alla Rai; fece condurre a Pippo Baudo una kermesse estiva musicale *Vota la voce*; volle anche un programma economico per i suoi telespettatori. Le interviste doveva farle in studio Giorgio Medail mentre Alberto, che lavorava al «Giornale», fu incaricato da Montanelli di collaborare all'iniziativa preparando le domande. Alberto scelse come primo intervistato Silvio Garattini, scienziato e fondatore dell'Istituto di ricerche farmacologiche Mario Negri. L'intervista fu fatta e poi la cassetta portata ad Arcore, affinché Silvio desse il via alla trasmissione. E dal momento che in un paio di risposte Garattini sollevò critiche al mondo farmaceutico, lui la bocciò perché nei servizi economici, disse, bisognava portare alla luce solo il lato positivo e non anche quello negativo. Le aziende, in sostanza, dovevano apparire in «un raggio di sole». Una battuta che poi utilizzerà anche con i suoi venditori: «Dovete portare il sole in tasca». Così l'intervista di Garattini non andò mai in onda e Alberto terminò la carriera di sceneggiatore televisivo ancora prima di cominciarla.

Creare una rete tutta interna per la raccolta pubblicitaria, in una televisione che trasmetteva in simultanea con il sistema delle finte dirette, non fu semplice dopo il non felice rapporto con la concessionaria dei padri Paolini.

Il primo anno furono assunti dodici venditori, giovani, buoni parlatori, ben vestiti. Dovevano saltare le agenzie pubblicitarie, che erano piuttosto scettiche sull'iniziativa di Berlusconi e inoltre prendevano le commissioni più alte lasciando ben poco agli altri, e trattare direttamente con il cliente, esibire un look aziendale che prevedeva giacca e cravatta, capelli corti, niente barba e baffi. Ripeteva spesso: «Quando si va a casa degli altri, bisogna presentarsi in perfetto ordine». E chiamò la società Publitalia 80, dove quel numero fu aggiunto perché c'era già in circolazione un'altra Publitalia, mettendola alla guida di Dell'Utri che da quel momento, dopo lo scivolone imprenditoriale con Rapisarda, rimase sempre al fianco di Berlusconi. Anche Silvio si coinvolse in prima persona nel convincere gli industriali a fare pubblicità sulla sua rete televisiva. Cambiando di nuovo le regole del gioco. Li invitava a pranzo ad Arcore quasi ogni giorno, un lungo *tour de force* a base (spesso) di pesce e insalate.

E ai suoi interlocutori, racconta Madron, diceva: «Noi non vendiamo spazi, vendiamo vendite. Siccome per la pubblicità la tivù è un mezzo relativamente nuovo, va provata. E io ve ne metto a disposizione tante, molto di più di quel che mi pagate. Avete prenotato cento spot? Bene, eccone duecento senza che dobbiate aggiungere una lira». Propose soluzioni diverse pur di catturare l'inserzionista, tra le altre quella più gettonata fu questa: il cliente non pagava finché il prodotto non raggiungeva una certa quota di fatturato. E a quel punto metteva mano al portafoglio, altrimenti era l'azienda televisiva a pagare la pubblicità. Oltretutto, il Cavaliere trovò un altro grandissimo vantaggio rispetto alla Rai: trasmetteva gli spot durante il programma e non, come faceva la televisione di Stato, all'inizio e alla fine. Berlusconi calcolò, ricorda Gigi Moncalvo, «di essersi sobbarcato, in poco più di un anno, tra il 1980 e il 1981, più di trecento fra colazioni e cene». Le promozioni diventarono il chiodo fisso di Silvio e ai clienti e agli amici più importanti regalava cravatte prodotte da una famosa sartoria napoletana; nelle etichette di quelle cravatte era stato aggiunto: «Per Silvio Berlusconi».

Cominciò poi a dedicarsi agli incontri riservati ai venditori, tutti nello stesso stile e con valigetta in mano, aumentati via via di numero fino a superare i duecento. Incontri, che nel tempo chiamerà «convention», prima a Milano, il lunedì con regolarità al Jolly Hotel, e poi effettuando un tour per l'Italia. E via con gli insegnamenti, con i duetti insieme a Dell'Utri che gli faceva da spalla, con le storielle, anche con le barzellette. Un vero showman – scrive Simone Barillari in *Il Re che ride*, dando spazio alle barzellette raccontate da Silvio – con «dizione sicura, mimica scandita, sorriso esatto: quel sorriso che è il suo rapido autografo alla fine di ogni sua interpretazione». Un giorno il Cavaliere farà comunque una distinzione: «Io non racconto barzellette e disistimo chi lo fa. Io uso delle storielle per scolpire dei concetti». Raccomandò di guardarsi ogni mattina allo specchio e, racconta Moncalvo, «di piacersi, piacersi, piacersi, perché se uno non si piace, incomincia male la giornata». Parlò anche di come trattare con «i clienti "stronzi"», quelli più difficili, quelli che «si alzano tutte le mattine e vedono allo specchio uno stronzo»: in quei casi ognuno deve tirare fuori tutta l'arte e tutte le astuzie di cui dispone, trattandolo «da cliente normale e non da stronzo. Se lo farà amico». Lo stesso Berlusconi ammise con Friedman: «All'inizio era dura, [...] ci vollero tre anni per sfondare». Una volta il Berlusca disse ad Alberto: «Non è certo il guadagno che mi muove». Stupito, Alberto gli chiese (*I potenti del denaro*) perché allora si ammazzava di lavoro. E lui: «Perché realizzare i sogni è faticosissimo».

Riuscì anche ad avere il *Mundialito*, un evento sportivo tra le Nazionali di calcio che avevano vinto dal 1930 la Coppa del Mondo e che avrebbe dovuto rilanciare l'immagine dell'Uruguay e della giunta militare che governava il Paese dopo il colpo di Stato del 1973. Si sarebbe svolto a Montevideo tra il dicembre 1980 e il gennaio 1981 con Argentina, Brasile, Germania, Italia e Olanda, in sostituzione dell'Inghilterra che non aveva voluto parteciparvi. La proprietà dei diritti televisivi fu affidata a una società con sede nel paradiso fiscale di Panama, la Strasad, e rappresentata da un commerciante greco-uruguayano, Angelo Vulgaris, titolare – riporta Carlo Petrini in *Le corna del Diavolo* – di un'azienda di import-export di carne e bestiame. La trattativa con l'Eurovisione non andò in porto, così si fece subito avanti Berlusconi. E l'accordo fu firmato nel novembre 1980 a Ginevra con la Strasad di Vulgaris che cedette i diritti televisivi del *Mundialito* a Rete Italia, appartenente alla Fininvest. Cedette i diritti televisivi per l'Italia e per altri Paesi europei (Germania, Austria, Olanda, Svizzera, Grecia, Portogallo, Danimarca, Norvegia, Svezia) a un prezzo di 900.000 dollari, circa un miliardo di lire dell'epoca. In tutto sette partite di calcio cedute a un prezzo alto a una televisione (Telemilano-Canale 5) che non trasmetteva a livello nazionale e in diretta, ma faceva uso dei "pizzoni" inviati poi in tutt'Italia.

Immediate le proteste della Rai, soprattutto per l'alto costo dell'accordo: le partite del *Mundialito* sarebbero venute a costare 150 milioni di lire ognuna, mentre per i Mondiali in Argentina erano stati spesi 20 milioni a incontro. Quando poi Canale 5, scrive Mario Guarino in *Fratello P2 1816*, chiese ufficialmente alla Rai di poter disporre del satellite per la teletrasmissione delle partite da Montevideo, il ministro delle Poste, Michele Di Giesi, socialdemocratico, rispose subito di no. Cominciò a quel punto un martellamento da parte della stampa, con in testa «La Gazzetta dello Sport» e il «Corriere», a favore del *Mundialito* come se fosse l'evento più importante del mondo e nello stesso tempo contro il governo e la tivù di Stato. La politica entrò con entrambi i piedi nella vicenda, Berlusconi fu ritratto come Davide contro Golia, il giornale socialista «L'Avanti» e Craxi chiesero ufficialmente alla Rai di trovare un accordo con Canale 5. E alla fine si raggiunse un compromesso in barba alla legge. Il 29 dicembre «il Giornale» scrisse: «Gli incontri del *Mundialito* saranno visti in Italia su due schermi televisivi: quelli della Nazionale azzurra e la finalissima sulla Rai, gli altri quattro in diretta su Canale 5 in Lombardia e in differita in tutta Italia l'intera Coppa». Inoltre la Rai, sostituendosi in pratica all'Eurovisione e avendo acquisito i diritti per gli altri Paesi, potrà rivenderli alle nazioni interessate. A spese, osservano Guarino e Petrini, dei contribuenti italiani e con il consenso del governo. Guarino poi indicherà nel suo libro-inchiesta (*Fratello P2 1816*), snobbato da quasi tutti i giornali, come dietro la vicenda ci fossero uomini della loggia di Licio Gelli. Oltre allo stesso Gelli, che aveva la residenza anagrafica proprio a Montevideo.

Berlusconi non era comunque l'unico a cercare spazio nel mondo televisivo. C'erano anche altri: Rizzoli, Rusconi, Mondadori. Ma si muovevano tutti con maggiore prudenza, tanto da far sembrare quasi folle la disinvolta esuberanza del Cavaliere. Giancarlo Galli in *Tutti miliardari* ricorda che «per innovare, bisogna dissacrare». Ma mentre tutti i manuali di strategia militare, spesso alla base anche della tecnica aziendale, ammonivano di non combattere mai su due fronti, il Berlusca «ne aprì addirittura tre. Verso l'intellighenzia, che non gradisce una tivù di pura evasione. Verso il Gotha della finanza, che lo osserva dubbioso e scettico. Infine verso il pachiderma Rai, protetto dalla legge monopolistica e dai partiti di ogni confessione». Del resto, quello fu un periodo in cui cambiò rapidamente in Italia la mappa del potere economico.

Nel settembre 1979 – circa un anno dopo l'uccisione di Aldo Moro da parte dei brigatisti rossi e pochi mesi dopo l'assassinio di Giorgio Ambrosoli, che indagava sulla bancarotta di Michele Sindona, definito da Giulio Andreotti «il salvatore della lira» (Marco Vitale scrisse sul «Giornale» un commento molto forte indicando quell'assassinio come «il culmine di vent'anni di un certo modo di fare finanza, fare politica, fare economia») – un ciclone si abbatté sulla Banca d'Italia. Mario Sarcinelli fu arrestato e rinchiuso a Regina Coeli nell'ambito dell'inchiesta condotta dai magistrati Alibrandi e Infelisi sulla Sir di Nino Rovelli, mentre il governatore Paolo Baffi evitò l'arresto per l'età o, racconta Alberto in *Penne al vetriolo*, «per un residuo rispetto per la carica che ricopriva»; Baffi si dimise suggerendo il nome di Carlo Azeglio Ciampi come successore. E confidò nel suo *Diario*: «Non posso continuare a identificarmi col sistema delle istituzioni che mi colpisce o consente che mi si colpisca in questo modo». Più di centoquaranta protagonisti dell'economia internazionale, tra cui cinque premi Nobel, gli inviarono un attestato di stima. In *Il golpe invisibile*, Giorgio Galli, il politologo, indicò il vero bersaglio di quel ciclone: «Tutta una manovra per impedire alla Banca d'Italia di assumere provvedimenti contro Sindona e Calvi». Sindona, che poi si suiciderà (?) in carcere bevendo del caffè al cianuro, si scoprirà fare parte della P2. Ed emergerà che anche Roberto Calvi, alla guida del Banco Ambrosiano per poi morire anche lui suicida (?) impiccato sotto un ponte di Londra, era affiliato alla loggia di Gelli.

Non fu l'unico sconvolgimento: il 2 agosto 1980 l'Italia venne scossa dalla strage alla stazione di Bologna, in cui sarà coinvolto, ma lo si saprà solo molti anni dopo, Licio Gelli. E cambiamenti ci furono anche nella mappa del potere economico. Nel novembre 1980 ci fu il terremoto in Irpinia: morirono tremila persone. E in quella ricostruzione, finanziariamente parlando, ci guadagneranno in tanti. Nel 1981 Bettino Craxi diventò segretario del Psi che, in alternativa a quella politica fiacca, rassegnata e subalterna condotta sino ad allora da De Martino, volle un partito con un destino da protagonista. «All'epoca – sostiene Paolo

Flores d'Arcais in *Macerie* – pare ai più una stravaganza. Si tratta invece di un'intuizione ad alto tasso di realismo. Che viene immediatamente articolata in un disegno politico inedito: porre fine all'anomalia del "caso italiano"», l'unico Paese europeo che dalla fine del dopoguerra non aveva mai visto al governo un'alternanza tra destra e sinistra. E con la scalata al potere di Craxi e dei socialisti si registrò, sottolinea Alexander Stille in *Il Cavalier miracolo*, «un balzo quantico» della corruzione. Sempre lo stesso anno, un'altra novità emerse dalle inchieste di due settimanali, «Il Mondo» e «Panorama»: in un Paese repubblicano, in cui il malcostume politico non era per nulla diminuito, le tangenti continuavano a correre intaccando anche l'integrità della Guardia di Finanza e gli imprenditori avevano bisogno di qualche appoggio politico se volevano fare affari, stava emergendo una nuova lista di «Re di denari»: alcuni imprenditori e finanzieri che ambivano a diventare dei nuovi Gianni Agnelli, cioè dei re d'Italia senza corona.

Ma chi erano i «magnifici dieci»? 1) Agnelli naturalmente, l'Avvocato, che proprio nel 1981 rientrò in pieno possesso della Fiat, dopo la marcia dei quarantamila quadri della casa automobilistica che sfilarono a Torino mostrando cartelli mai visti sino ad allora: *Vogliamo lavorare*; 2) l'ancora vivo e vegeto Roberto Calvi che manovrava nell'ombra e rifiutava le interviste, ma era pur sempre alla guida di una banca importante; 3) Carlo Bonomi, uno dei tre figli della carismatica Anna Bonomi Bolchini, chiamata la «Signora», che nel 1985 si fece sfilare la BI-Invest dall'allora presidente della Montedison, Mario Schimberni;

4) Carlo De Benedetti, l'Ingegnere, in continua lotta con se stesso nel tentativo di essere sempre più potente dopo aver diretto per un breve periodo la Fiat, quindi l'Olivetti ed essere entrato nell'Ambrosiano di Calvi per poi uscirne per il rotto della cuffia; 5) Raul Gardini, l'ambizioso finanziere romagnolo che aveva ereditato l'immensa ricchezza di Serafino Ferruzzi, attratto dalle operazioni di Borsa, tanto da essere soprannominato «il Corsaro», soffiando la Montedison a Schimberni e l'Enimont all'Eni e poi suicidatosi ai tempi di Tangentopoli; 6) Orazio Bagnasco, un genovese che si era trasferito a Lugano con il suo fondo immobiliare, Europrogramme, e poi finito a gambe all'aria, diventato proprietario della Ciga, la più lussuosa delle catene alberghiere italiane, per quattro mesi vice presidente dell'Ambrosiano, uno scivolone che gli costò 8 miliardi; 7) Guido Angelo Terruzzi, il «re del nichel», partito dal niente, capelli sopra le orecchie, grande frequentatore dei casinò e grande liquidità a disposizione tanto da essere soprannominato anche «Goldfinger», dita d'oro, maggiore azionista della Bastogi e proprietario della Rinascente, grande collezionista d'arte e riservatissimo (la prima intervista la rilasciò proprio ad Alberto in *I potenti del denaro*); 8) Luigi Lucchini, diventato famoso come il «re del tondino» per poi diversificare producendo più di cinquecento tipi di laminati, scottato anche lui per una piccola partecipazione nell'Ambrosiano, in seguito presidente della Confindustria; 9) Giuseppe Cabassi, alto, asciutto, cattolico praticante, sopracciglia brezneviane e occhi da colomba, figlio di un *sabiunat* proprietario di cave di sabbia tutto attorno Milano, definito il «mago del

baratto», perché il baratto, disse, «significa fantasia»: due palazzi in cambio di un pacchetto azionario, un terreno in cambio di una licenza e via di questo passo: era di fatto un immobiliarista (fu lui a realizzare a partire dal 1977 Milanofiori, una città-tutta-uffici) entrato grazie al baratto nel mondo delle assicurazioni, della grande distribuzione, del turismo e della finanza; 10) *last but not least*, il nostro Berlusconi.

All'epoca Silvio Berlusconi volava già alto. Proprio nel periodo del fallimento del Banco Ambrosiano, che avrà influenze negative anche sulle casse del Vaticano, s'inventò questa barzelletta che dà la chiara idea di come già allora si sentisse forte. Una barzelletta che raccontò spesso ed è riportata in *I potenti del denaro*: «È il tempo del crac Ambrosiano e il Papa non sa più come fare dopo i guai che gli ha combinato Marcinkus. Un cardinale gli dice: conosco un giovanotto a Milano, potrei chiedergli di interessarsi alla cosa… Va e bussa alla porta di Berlusconi. E Berlusconi: sono molto impegnato, mi lasci comunque una settimana e vedrò cosa si può studiare. Sette giorni dopo Berlusconi si reca dal cardinale con una cartella piena di fogli dattiloscritti. Qui, dice, c'è il piano per salvare le finanze del Papa. Passano i giorni e dal Vaticano non arriva nessuna risposta. Allora Berlusconi telefona direttamente al Pontefice. E Wojtyla: il piano ci piace, siamo anche d'accordo che lei assuma la presidenza operativa del progetto; c'è però un problema, non penso che il Padreterno se la senta di fare il vicepresidente…»

Ma al di là delle barzellette, il Dottore era davvero un passo avanti agli altri per avere intuito l'enorme potenza politica e commerciale che poteva avere una televisione differente da quella insonnolita già in mano ai politici, e cioè la Rai. Forse aveva visto il film del 1975 di Sidney Lumet, *Quinto potere*, con un monologo di Howard Beale che in Italia fu preso sottogamba: «La tivù può creare o distruggere presidenti, papi, primi ministri. La tivù è la più spaventosa, maledettissima forza di questo mondo senza dio, e poveri noi se cadesse nelle mani degli uomini sbagliati». Un rischio enorme nel Belpaese, in cui i grandi problemi fondamentali di una democrazia continuavano a essere irrisolti, tanto che una volta Paolo Sylos Labini se ne uscì definendo l'Italia «un Paese bruttino», per poi correggersi nel tempo nel peggiorativo «un Paese fosco». Problemi che don Sturzo aveva già messo in evidenza in passato parlando di «mali bestie» e che Marco Vitale chiamerà in quegli anni «le nostre piaghe bibliche». Non funzionava la giustizia, non funzionava il rapporto tra elettore e Parlamento, non funzionavano i sindacati, veri e propri partiti occulti, non funzionava il dibattito democratico perché, quando qualcuno sollevava problemi veri basati su dati di fatto e quindi si muoveva contro la linea ufficiale, veniva verbalmente aggredito e intimorito. Così la corruzione continuava a essere fiorente, la mafia diventava sempre più presente nel Nord, nella classe politica, diciamo pure in gran parte della classe dirigente, e il principio di deontologia professionale era quasi assente. Rendendo sempre più deboli le istituzioni del Paese.

Che qualcosa stesse cambiando anche nel mondo della carta stampata, l'annusò quel naso finissimo di Montanelli. A Milano circolò la voce che il «Corriere» stava per essere venduto a un gruppo tedesco. Chiese allora ad Alberto di fare un'inchiesta. E Alberto si mosse telefonando a destra e a manca, incontrando anche varie persone. I vertici del «Corriere», da Angelone Rizzoli a Bruno Tassan Din, si rifiutarono di parlargli, lui si rivolse allora al mondo della finanza e per la prima volta tirò in ballo l'esistenza di una misteriosa P2, del coinvolgimento in qualche modo nel «Corriere» dell'Ambrosiano di Calvi, del potere che al quotidiano aveva assunto il direttore generale Tassan Din, mentre Rizzoli sembrava non contare più niente. Insomma, un'inchiesta – abbiamo raccontato in *Montanelli. Dove eravamo rimasti?* – che «apriva ampi spiragli su quel porto delle nebbie che era allora via Solferino».

In quel periodo si verificò anche un altro fatto: il «Corriere» pubblicò in terza pagina una clamorosa intervista di Maurizio Costanzo a Licio Gelli. Il titolo: *Parla, per la prima volta, il signor P2*. L'inizio era lapidario: «Capo indiscusso della più potente e segreta loggia massonica, ha accettato...» Costanzo, riporta *Penne al vetriolo*, con in tasca già da due anni la tessera P2 (ma si scoprirà solo in seguito), aveva condotto numerosi spettacoli che anticipavano i talk show, ma era anche autore di varie opere teatrali. Nel 1978 eccolo nel gruppo Rizzoli dirigendo prima «La Domenica del Corriere» e dando poi vita nel 1979 a «L'Occhio», un quotidiano popolare formato tabloid che risultò un mezzo flop. Varò quindi *Contatto*, il telegiornale sperimentale del gruppo Rizzoli. E fece conoscere agli italiani questo signor Gelli, che a grandi linee illustrò alcuni punti del suo programma «di rinascita democratica». Un piano redatto tra il 1974 e il 1976, quindi trovato e sequestrato nel 1982 in un doppiofondo di una valigia della figlia. Il piano prevedeva, abbiamo riportato in *Montanelli. Dove eravamo rimasti?*, la completa revisione della Costituzione, una repubblica presidenziale, il bipartitismo, il controllo dei quotidiani e la liberalizzazione delle emittenti televisive, la separazione delle carriere in magistratura, la responsabilità civile dei magistrati, l'abolizione delle province, la riduzione del numero dei parlamentari, il ritorno del sindacato alla sua funzione normale e non politica, persino l'abolizione della validità legale del titolo di studio. Insomma, un'altra Italia…

# 6.

# Carla e Veronica

«Beati voi che potete andare dormire. A me invece
adesso toccherà pure ciulare.»
Silvio Berlusconi, *L'avvocato del diavolo*

«Ho sentito il fulmine, ma non c'era il temporale.»
Berlusconi parlando di quando vide Veronica

Occhi dolci e sorriso smagliante sono stati le sue armi principali anche per sedurre le donne. Con l'aggiunta di mazzi di rose rosse, anche cento alla volta. Erano passati i tempi del ragazzino che piangeva perché una commessa lo aveva respinto, ora da adulto era diventato più sicuro. Stille racconta in *Il Cavalier miracolo* che Berlusconi, come molti uomini latini, «sembra suddividere le donne in due categorie: madonne e prostitute». E in effetti il sesso ha avuto in lui un posto piuttosto importante, «nell'immagine di sé che ha costruito, nella cultura popolare che ha creato in Italia e nell'appeal politico che esercita sugli elettori». Secondo Stille, Berlusconi è da un lato «un tradizionale macho italiano, il tipo che va al bar e si vanta delle proprie imprese sessuali», e dall'altro ha introdotto il sesso «nelle aree della vita pubblica, della televisione, delle vendite, delle conferenze stampa e degli incontri con i leader politici di tutto il mondo». Qualcosa di nuovo, di «sovversivo» secondo Stille. Il sesso come un'ossessione per un uomo descritto da Lidia Ravera come «piccolo e certo non bello».

Berlusconi si è definito con Friedman «un seduttore nato». E ha sempre dipinto con pennellate rosa i suoi incontri giovanili. Così ha raccontato che quando faceva di tutto sulle navi da crociera ebbe un «piccolo flirt» con la figlia dell'armatore. La ragazza era poi andata a trovarlo a Milano e, quando dovette ritornare a Roma, lui l'aveva accompagnata alla stazione centrale. E qui il racconto in *My way* conferma la sua capacità di essere sempre vigile nell'individuare belle ragazze e di avere anche una robusta dose di sfacciataggine: «La misi sulla carrozza e aspettai che il treno lasciasse la banchina. Non appena mi voltai, vidi davanti a me la silhouette molto graziosa di una ragazza che a sua volta salutava un amico. Anche lei era rimasta sola, proprio come era successo a me. Pensai: "Be', siamo rimasti soli in due, magari possiamo farci un po' di compagnia"». E sul dopo? Suspense, da comunicatore nato, come lo era Gianni Agnelli.

Berlusconi era quindi andato a comprare i giornali all'edicola della stazione, era uscito e aveva di nuovo visto quella ragazza che camminava davanti a lui. Era il 1960, lei si chiamava Carla Elvira Dall'Oglio, originaria di La Spezia, capelli lunghi e tizianeschi, occhi dolci ma nello stesso tempo con lampi da donna fatale degli anni Trenta, origini modeste con il padre morto e la madre segretaria del direttore generale della Singer. E si era fermata in attesa del tram. Berlusconi era andato nel frattempo a prendere la macchina e l'aveva di nuovo vista mentre attendeva il mezzo pubblico. E con Friedman si è lasciato andare nei ricordi: «La sua silhouette sembrava dirmi: "Prendimi, prendimi!" Mi dissi: "Siccome la linea va verso casa mia, la seguo, e la vedrò scendere..." Morale: mi misi dietro il tram». L'aveva seguita fino a quando lei era scesa, aveva parcheggiato frettolosamente l'auto e l'aveva abbordata con una faccia da schiaffi: "Ma è incredibile! Lei mezz'ora fa non era alla stazione centrale e stava salutando qualcuno? Che combinazione... perché non mi dà il suo numero di telefono?"» Si sposeranno quasi cinque anni più tardi, nel marzo 1965. Due i figli: Maria Elvira detta Marina, nata nel 1966, e Pier Silvio detto Dudi, nato nel 1970. Berlusconi ha raccontato ad Alberto in *I potenti del denaro*: «È la donna giusta per me». In passato, certamente, ma in quel momento era una bugia in quanto il Cavaliere gliel'ha raccontata quando già ospitava al primo piano di via Rovani un'altra donna, Veronica Lario.

Ma con le bugie il Dottore ci sapeva fare. Vittorio Dotti, il suo avvocato, ha riconosciuto: «Che Silvio mi abbia sempre detto la verità, non posso giurarlo. Certo, raccontare le bugie era un'arte che non disdegnava». Indro Montanelli ha più volte detto (e noi l'abbiamo riportato in *Dove eravamo rimasti?*), che «mentiva senz'accorgersene, disinteressatamente, per il piacere infantile d'inventare». E spesso coinvolgeva «nella menzogna sua moglie – la prima, l'adorabile Carla – che lo assecondava ma per una sorta di materna indulgenza. Perché era l'indulgenza che Silvio ispirava, non soltanto a sua moglie, e malgrado i suoi già strepitosi successi». Molti anni dopo, nell'agosto 1995, quando Berlusconi si era già dimesso dall'incarico di presidente del Consiglio dopo appena nove mesi, il settimanale del gruppo Rizzoli, «Oggi», diretto da Paolo Occhipinti, pubblicò in esclusiva un reportage con le foto scattate trent'anni prima, il 6 marzo 1965, del matrimonio del Cavaliere con Carla Dall'Oglio, officiato nella parrocchia di via San Gimignano, a Milano. Il richiamo in copertina diceva: «Le nozze mai viste di Berlusconi». All'interno varie pagine con le immagini in primo piano dei due (lui aveva ventinove anni, lei quattro di meno), prima all'altare e poi al rinfresco in un albergo milanese di piazza della Repubblica.

In una foto Silvio era ritratto inginocchiato davanti all'altare con gli occhi chiusi mentre gli veniva impartita l'Eucaristia, Carla aveva i capelli raccolti all'insù ed era seria, dietro di loro si vedeva il papà di Berlusconi, Luigi, in un banco riservato ai parenti comparivano la mamma di Silvio, mamma Rosa, la sorella Maria Antonietta, una zia (l'altra, zia Bice, era suora in un monastero; una zia suora e non cinque come spesso Silvio ha amato raccontare), c'era anche la moglie del banchiere Rasini. Alle spalle, in piedi, Fedele Confalonieri con gli occhiali dalla montatura pesante. Nel servizio fotografico si vedevano poi i due sposini sorridenti mentre distribuivano i confetti e la didascalia annotava come lui fosse «paffutello», «in evidente sovrappeso» e apparisse «sornione con il sorriso di sempre». C'era anche una foto in cui si brindava con una coppa, la prima, vinta dalla sua squadra dilettantistica, la Torrescalla-Edilnord, allenata da Marcello Dell'Utri (poi esonerato, sottolineava la didascalia, perché Silvio «lo considerava troppo difensivista»). Facevano da cornice a lui e alla sposina il fratello Paolo, sedicenne e attaccante della squadra, insieme ad altri calciatori in tuta color granata.

Il matrimonio tra i due durò ufficialmente vent'anni, fino al divorzio nel 1985. Lui era già un uomo di grande successo, operava nel settore immobiliare, televisivo, editoriale, era ricco e grande amico di Bettino Craxi, diventato nel frattempo presidente del Consiglio. Ma già da cinque anni si era innamorato di un'altra donna al punto da ospitarla al primo piano dell'edificio di via Rovani, il quartier generale del gruppo. A pianterreno si continuavano a tenere le riunioni con i collaboratori, al primo piano, quasi segregata, quasi clandestina, viveva questa donna: Veronica Lario, all'anagrafe Miriam Bartolini, bolognese, attrice, giovane, occhi verdi, lunghi capelli neri, corpo favoloso. Vittorio Dotti dirà in *L'avvocato del diavolo* che «era una delle donne più belle che ricordi», mentre definirà il carattere di Carla un po' «spigoloso». Veronica, insomma, non aveva rivali.

In pochi sapevano di questo nuovo amore e di questa doppia famiglia, nemmeno tutti i più stretti collaboratori del Dottore ne erano a conoscenza, tantomeno Carla che viveva con i due figli nella sfarzosa villa di Arcore e si occupava della Five Viaggi, una società del gruppo. Berlusconi invece, sempre immerso nei suoi affari, si affannava a correre da una parte all'altra sfornando anche qualche bugia e recitando con la moglie Carla, sottolinea Mario Guarino, il ruolo del «marito perfetto». Poi anni dopo racconterà in terza persona in *Una storia italiana*, un opuscolo agiografico spedito a dodici milioni di famiglie in occasione delle elezioni politiche del 2001: «La vita personale di Berlusconi si fa sempre più fitta di impegni. La famiglia è serena, ma qualcosa nel rapporto con Carla cambia agli inizi degli anni Ottanta. L'amore si trasforma in sincera amicizia. Silvio e Carla, di comune accordo, decidono di continuare la loro vita, seguendo ognuno le proprie aspirazioni». Carla avrà due appartamenti e sei negozi, sei miliardi di lire in titoli Enel, un miliardo di lire per l'acquisto di un appartamento a Londra dove andrà a vivere accompagnata da un forte esaurimento nervoso. Col tempo tornerà a Milano in via Santo Spirito. Mantenendo sempre un *low profile*. Una volta sarà fotografata di nascosto con il teleobiettivo mentre si trovava in piscina, nella villa alle Bermuda dell'ex marito, insieme alla figlia Marina.

La storia ufficiale tra Veronica Lario e Berlusconi cominciò nel 1980 a Milano, lui aveva quarantaquattro anni, lei ventiquattro e recitava al teatro Manzoni in *Il magnifico cornuto* di Fernand Crommelynck, protagonista Enrico Maria Salerno. Il proprietario del teatro, Silvio, era in sala e a un certo punto l'attrice, superdotata, metteva in mostra il seno nudo. In molti restarono turbati, tra questi anche il Dottore che si fece precedere in camerino da un immenso fascio di rose. In realtà i due si erano già incontrati dodici mesi prima, sarà proprio Veronica a raccontarlo più di vent'anni dopo, nel 2004, a Maria Latella in *Tendenza Veronica*, la sua biografia autorizzata. Ed emergerà la figura di un Berlusconi che mostrava una «svolazzante e onnipresente attenzione» verso le giovani ospiti. Una caratteristica che Silvio mostrerà anche in seguito. Quella sera, comunque, Veronica fu invitata da un amico che lavorava nella compagnia di Alberto Lionello a una cena: «Era la prima volta che facevo il mio ingresso in via Rovani. Il padrone di casa ci accolse "scompagnato" e mi sembrò single nel modo di porsi ai presenti. Era la prima volta che lui entrava nella mia vita e col tempo imparai che quel suo modo di voler apparire "solitario" era una costante della sua personalità. Si dedicò a tutti gli invitati che erano molti. Così anch'io, come le altre numerose giovani ospiti della serata...»

La scintilla non scattò quella sera ma un anno più tardi. Lei si era nel frattempo trasferita a Roma, voleva fare teatro, nel mondo dello spettacolo si parlava – ha scritto Guarino nel suo *Veronica & Silvio* – di una forte passione tra lei e Enrico Maria Salerno. Una conferma verrà molti anni dopo da Franco Zeffirelli, il regista, in una lettera al «Corriere»: era andato all'inizio degli anni Ottanta al teatro Manzoni a vedere Salerno, «gli dissi del mio entusiasmo per quella giovane attrice che si chiamava Veronica Lario, non mi sfuggì un sapore vagamente amaro nei suoi elogi per lei. Seppi che se ne era pazzamente innamorato, ponendo tutto il suo amore nell'insegnarle, nel farla crescere come attrice e come donna. Ma la ragazza era evidentemente già fin da allora molto determinata nei suoi comportamenti...» Un giudizio molto simile lo dette anche Dario Argento, il regista che l'aveva avuta come attrice nel film *Tenebre*: «Una autentica comunista bolognese, molto silenziosa, seria e determinata». E infatti tra il maturo attore e l'impenitente dongiovanni scelse il secondo. Andò a vivere nella «prigione dorata» di via Rovani, annunciò che avrebbe lasciato la professione a causa di una depressione, adottò un comportamento molto riservato accontentandosi, almeno in un primo tempo, delle cene nel superattico milanese di Bettino Craxi in via Foppa e diventando grande amica della moglie dell'esponente socialista. Berlusconi invece continuò a mantenere, scrive Paolo Guarino, «l'immagine di marito fedele, padre irreprensibile e cattolico fervente. Per non dare nell'occhio, non cambia di una virgola la vita che conduce da quando è diventato anche imprenditore televisivo, un'esistenza scandita da orari inflessibili».

Un'abilità quasi da esaurimento nervoso. Perché non seguiva solo la televisione, che già di per sé richiedeva molto impegno, ma si occupava ancora di edilizia. Così quando nel 1979 esplose lo scandalo Italcasse, l'Istituto di credito delle casse di risparmio italiane, un feudo della Democrazia Cristiana, e di conseguenza il tribunale di Roma chiese il fallimento di un colosso dell'edilizia, quello dei tre fratelli Camillo, Gaetano e Francesco Caltagirone, il Cavaliere pensò bene alla possibilità di rilevare quel patrimonio costituito da varie centinaia di miliardi, centocinquanta società, un milione di metri quadri costruiti. E nel 1980 chiese a Vittorio Dotti, specialista di diritto fallimentare, di occuparsi della vicenda che aveva portato i tre fratelli in carcere per poi essere, dieci anni più tardi, nel 1991, assolti e riabilitati. Dotti fu così uno dei primi dell'entourage berlusconiano a conoscere Veronica Lario. Accadde nel luglio di quell'anno, pochi giorni dopo la strage di Ustica. Appuntamento una mattina all'aeroporto di Linate per recarsi con il jet del Cavaliere ad alcuni incontri romani. Silvio, molto affabile, si presentò con un suo collaboratore, il ragioniere Angelo De Martini, quindi si allontanò per un paio di minuti e ritornò in compagnia di Veronica Lario che indossava, ricorda Dotti nel suo libro, «una tutina viola». In aereo parlarono proprio del Dc-9 dell'Itavia, partito da Bologna, esploso in volo e inabissatosi nel Tirreno poco prima di arrivare a Palermo.

A Roma Veronica fu condotta al Grand Hotel, Silvio e l'avvocato si recarono nel pomeriggio all'incontro con Remo Cacciafesta, il presidente della Cassa di Risparmio di Roma e gambizzato nel 1977 dalle Brigate Rosse. E qui i ricordi di Dotti si fanno quasi esilaranti perché Cacciafesta, cercando di essere cordiale, andò incontro ai due con un gran sorriso ed esclamò: «Dottor Berlusconi, mi hanno detto che a Milano la chiamano "il Berlusca"!» Silvio – racconta Dotti in *L'avvocato del diavolo* – «si irrigidì di colpo. Diventò gelido e sibilò: "Non mi risulta, mai sentita questa cosa". Il povero Cacciafesta, imbarazzato, si limitò ad ascoltare per il resto della breve seduta. La sua voleva essere una semplice battuta cordiale di benvenuto, ma non era stata una buona idea. Eppure non aveva detto nulla di sbagliato. Il nomignolo era vero, noi tutti lo sapevamo benissimo, a cominciare dallo stesso Silvio. Persino le casalinghe, a nord del Po, avevano imparato a dire "il Berlusca". Ma a Silvio non era piaciuto quell'approccio confidenziale e vagamente riduttivo nei suoi confronti usato da un personaggio tanto importante ma a cui non si sentiva (come a nessun altro!) inferiore. Così reagì da consumato attore e da abilissimo simulatore». Poi la trattativa per il patrimonio dei Caltagirone non andò in porto.

Per gli affari in Sardegna Berlusconi si affidò invece a Romano Comincioli, l'ex compagno di scuola diventato suo uomo di fiducia. E già negli anni Settanta Comincioli iniziò a buttarsi in affari speculativi insieme a Flavio Carboni, giovane immobiliarista sardo, ricco di iniziativa, con un tenore di vita molto alto ma povero di capitali, specializzatosi nel comprare terreni agricoli vista mare per poi farne modificare la destinazione in terreni edificabili da politici compiacenti. E vendette a Berlusconi, già nel 1972, centomila metri cubi nel cuore di Porto Rotondo. Solo che Carboni, che dalle banche non riusciva a ottenere finanziamenti, era stato costretto a rivolgersi a usurai romani che operavano alla luce del sole nel «mercato dei soldi» di Campo de' Fiori, a esponenti della Banda della Magliana e a Pippo Calò, che all'epoca viveva a Roma sotto falso nome ed era considerato «il cassiere della mafia». Sarà proprio la segretaria di Carboni, raccontano Biondani e Porcedda in *Il Cavaliere nero*, a testimoniare nel 1993 che «"il signor Mario", cioè Pippo Calò, era solito frequentare il nostro ufficio per consegnare grosse somme di denaro a Carboni». Solo in un secondo tempo Carboni era riuscito a ottenere finanziamenti anche dal Banco Ambrosiano di Calvi.

Berlusconi voleva realizzare in Sardegna un mega progetto immobiliare: creare Olbia 2, con quattromila appartamenti e tremila posti barca. Un progetto faraonico che rimase sulla carta ma che lo obbligò a incontrare Carboni, che avrà poi una lunga serie di guai finanziari e finirà persino in carcere, a causa del suo coinvolgimento nel crac dell'Ambrosiano e nella morte di Calvi, che si trovava con lui a Londra quando fu "suicidato" sotto un ponte. Ed è indirettamente proprio da Carboni che il Cavaliere comprò una villa che poi chiamerà Villa Certosa. Indirettamente perché Carboni, indebitato fino al collo e pressato dai finanziatori, era in carcere e aveva dato in garanzia la villa a qualche prestanome che l'aveva poi ceduta a Berlusconi. Un affare di cui Carboni si lamentò sempre. Ancora nel 2018 disse a Mario Portanova sul mensile «FQMillenium» diretto da Peter Gomez: «Quell'acquisto fu un furto, una rapina. Il mio assistente, Emilio Pellicani, ricevette 800 milioni di lire, neanche un ventesimo del suo valore». In seguito ammetterà su La7 nel programma televisivo di Corrado Formigli di aver comunque ricevuto «una compensazione» da Silvio.

Una volta ristrutturata dall'architetto Gianni Gamondi, Villa Certosa diventò un gioiello. Si trova nei pressi di Punta Lada, si estende su 4500 metri quadrati e, secondo il «Corriere della Sera», la casa principale dispone di 68 vani, 181 metri quadrati di autorimessa e altri 174 di posti auto, quattro bungalow, due immobili denominati "Cactus" e "Ibiscus", il teatro, la torre fronte teatro, la serra, la palestra, la talassoterapia, 297 metri quadrati di orto medicinale, una capanna senza pareti con un tetto di paglia di foglie di palma essiccate chiamata "La Palappa", una storpiatura della parola maya *Palapa*. Il parco che circonda la villa ha una superficie di 580.477 metri quadri, ottanta volte più grande di un campo di calcio. Negli anni, quando Berlusconi si sarà dedicato alla politica, la sua residenza estiva ospiterà capi di governo, da George W. Bush a Tony Blair, da José Zapatero e José Maria Aznar a Vladimir Putin. Ospiterà anche una serie di giovani, belle e disinibite fanciulle.

Non riuscì invece a mantenere a lungo quasi segreta la storiella delle due famiglie, perché alla fine del 1983 Veronica si trovò in attesa di un figlio dopo avere abortito nel 1982, ha raccontato più di vent'anni dopo a Maria Latella sul «Corriere», a causa di alcune malformazioni al feto scoperte al quinto mese di gravidanza. Berlusconi trasferì la compagna in un piccolo centro svizzero, ad Arlesheim, lontano da flash e cronisti. E nella clinica di Arlesheim nacque, il 30 luglio 1984, Barbara. Testimone al «battesimo supersegreto», come lo definisce Mario Guarino, Bettino Craxi, dal luglio 1983 presidente del Consiglio. Guarino racconta anche in *Veronica&Silvio* un particolare umoristico: la notizia della nascita arrivò anche alla sede del «Giornale», a Milano, e un esponente del consiglio d'amministrazione, stretto collaboratore del Cavaliere, incaricò una persona di fiducia di inviare alla neo-mamma un telegramma di felicitazioni firmato dai vertici del giornale. Solo che per una disattenzione il telegramma non fu indirizzato a Veronica ma a Carla, la moglie. Dovette intervenire Montanelli a bloccare presso l'ufficio centrale delle Poste il telegramma. La notizia di quella nascita giunse comunque anche alle orecchie di Carla, la moglie legittima. Un anno e mezzo più tardi, il divorzio.

Nel 1986, il 7 maggio, Veronica diede alla luce sempre nella clinica di Arlesheim una seconda figlia, Eleonora. Alla fine di quell'anno le prime apparizioni pubbliche di Veronica e Silvio, entrambi felici e sorridenti. La prima al Circolo della Stampa di Milano in novembre, in occasione dei festeggiamenti per il nuovo record di vendite del settimanale «TV Sorrisi e Canzoni», acquisito nel frattempo dal Cavaliere incapace di fermarsi negli affari, e la seconda alla prima della Scala, il 7 dicembre: in scena il *Nabucco* diretto da Riccardo Muti. Tra i due eventi ci fu anche l'episodio della bomba (una bomba rudimentale con un chilo di polvere nera) scoppiata presso villa Borletti in via Rovani con Veronica e le due figlie che dormivano nella casa. Una seconda bomba dopo quella scoppiata nel 1975. Al telefono, già da tempo posto sotto controllo dagli inquirenti, Berlusconi fece con Dell'Utri il nome di Vittorio Mangano. Un'ipotesi, la sua, nata da «alcune deduzioni», e comunque «una bomba fatta con molto rispetto, quasi con affetto».

E l'amico: «Classico avvertimento di un qualcosa di...»

«Di estorsivo», rispose il Cavaliere.

L'indomani Dell'Utri telefonò a Silvio per raccontargli cosa aveva saputo: «Ho visto "Tanino" qui a Milano...» E gli assicurò che Mangano non poteva essere stato, in quanto si trovava ancora in carcere, e che comunque lui poteva stare «tranquillissimo» nonostante l'attentato. Un attentato "affettuoso" da parte degli uomini di Riina per ricordargli evidentemente qualcosa.

Sempre frenetico negli affari, Berlusconi sembrava esserlo anche nelle distrazioni sessuali. Già, proprio il 31 dicembre 1986, alle ore 20:52 – precisa Barbacetto in *B. Tutte le carte del Presidente* – e quindi quando mancavano poche ore alla mezzanotte, Dell'Utri telefonò a Villa San Martino parlando prima con Confalonieri e poi con Berlusconi. Alla serata era presente anche Craxi. E Silvio, nella telefonata intercettata dagli inquirenti: «Iniziamo male l'anno...» Replicò l'amico:

«Perché male?» «Perché dovevano venire due di *Drive In* e ci hanno fatto il bidone. E anche Craxi è fuori dalla grazia di Dio... [...] Poi finisce che non scopiamo più! Se non comincia così l'anno, non si scopa più!»

Il 27 settembre 1988 nacque Luigi, stesso nome del nonno, il terzo figlio della coppia e il quinto di Berlusconi. Questa volta Silvio non fu presente, era impegnato in una causa di diffamazione davanti al tribunale di Verona. Due anni più tardi, nel pomeriggio del 15 dicembre 1990, i due si sposarono a Palazzo Marino con rito civile, davanti al sindaco, il socialista Paolo Pillitteri, cognato di Bettino Craxi. Testimoni per la sposa furono Anna Moncini, moglie di Craxi e molto amica di Veronica, e Gianni Letta; per lo sposo Craxi e Confalonieri. Una curiosità: il Cavaliere era già nonno da pochissimo tempo di Lucrezia Vittoria. Proprio quell'anno, infatti, il figlio Pier Silvio era diventato papà di una bambina avuta da Emanuela Mussida, giovane fotomodella conosciuta nel 1984 durante una festa di Capodanno nella villa di Arcore. E Berlusconi aprì i cordoni della borsa, lo si scoprì nel 1994 in un documento della Guardia di Finanza (*Le mazzette della Fininvest*) sulle donazioni effettuate: tre miliardi di lire a Veronica quando lei era in attesa del terzo figlio e una seconda di quasi sette miliardi poco prima del matrimonio; 830 milioni alla ex moglie Carla nel 1992; acquistò anche un'abitazione per Emanuela Mussida.

Comprò invece un'altra villa, a Macherio, Villa Belvedere, un tempo dei Visconti di Modrone, per trasferirvi Veronica e i bambini, fino ad allora sempre in via Rovani. Una bella villa vicina ad Arcore. In *Berlusconi in concert*, D'Anna e Moncalvo raccontano quanto disse a questo proposito il Cavaliere a una convention per imprenditori a Torino: «Su una collina, dopo pochi chilometri, un po' prima del "Belvedere", quasi mi viene un colpo: ho visto il cartello *vendesi* fuori da Villa Taverna, una dimora bellissima alla quale "tiravo" da anni. [...] All'improvviso mi volto verso Veronica e le dico: "Sai, quasi quasi compro anche questa villa." E lei, con quel sesto senso di cui solo le donne sono dotate, mi ha chiesto subito un po' allarmata: "Per fare cosa? Vuoi sposarti ancora?" Le ho risposto: "Non si sa mai, non c'è due senza tre." Non le è piaciuta molto come battuta».

# 7.

# P2, Italia 1, Rete 4

«Con la P2 avevamo l'Italia in mano. Con noi c'era l'Esercito, la Guardia di Finanza, la Polizia, tutte comandate dagli appartenenti alla P2.»
Licio Gelli intervistato da Klaus Davi

«La P2 raccoglieva gli uomini migliori del Paese; iscriversi non fu un errore ma un incidente senza colpa.»
Silvio Berlusconi a Gianni Minoli, 1994

Il 17 marzo 1981 i finanzieri perquisirono, ad Arezzo, la villa di Licio Gelli, Villa Wanda, e la sede di una società, la Giole di Castiglion Fibocchi. Perquisizioni effettuate nell'ambito dell'inchiesta che i giudici milanesi Giuliano Turone e Gherardo Colombo stavano conducendo su Michele Sindona, il bancarottiere in fuga che godeva della stima di Andreotti: nell'agosto 1979, un mese dopo l'assassinio di Ambrosoli, era scomparso da New York simulando un sequestro attribuito a un gruppo terroristico, ma in realtà organizzato da John Gambino, Stefano Bontate e Salvatore Inzerillo nel tentativo di recuperare parte dei soldi che gli avevano dato per riciclarli e investirli. Con un passaporto falso Sindona era arrivato a Palermo, ospite nella villa di Rosario Spatola, aveva avuto incontri con varie persone, aveva mandato due volte ad Arezzo da Gelli il suo medico di fiducia, Joseph Miceli Crimi. Risultati piuttosto scarsi. Alla fine, per dare una patina più realistica al finto sequestro, si era fatto sparare sotto anestesia a una gamba dal suo medico ed era ricomparso in una cabina telefonica di Manhattan. Quasi la sceneggiatura di un film.

Proprio per saperne di più, i due magistrati milanesi mandarono i finanzieri ad Arezzo che scoprirono, tutti ben ordinati in buste e cartelle, i registri di quella che sarà nota come Loggia P2, Propaganda 2. Gelli, il Maestro Venerabile, scappò in Svizzera dove in seguito fu arrestato, per quasi due mesi la lista rimase segreta fino a quando, il 21 maggio, una settimana dopo il grave attentato da parte di un terrorista turco che sparò con una pistola in piazza San Pietro a Giovanni Paolo II, fu resa nota dal capo del governo Arnaldo Forlani. Fortebraccio, il corrosivo polemista de «l'Unità», gli attribuì la qualifica di «temerario» per una decisione, riporta Alberto in *Penne al vetriolo*, certamente «difficile» in quanto «l'unica cosa sofferta da quest'uomo sensibile è stata il mal di testa». Nella lista, 962 nomi – definiti da «l'Unità» – «eccellenti». Solo Montanelli ebbe un giudizio controcorrente: «Se questo è il Gotha italiano, figuriamoci il resto». Lo scandalo fu tale, ricorda Mario Guarino in *Fratello P2*, «che sei giorni dopo il governo Forlani fu costretto alle dimissioni». Nel giugno 1981 il nuovo capo del governo fu, alla guida di un pentapartito, Giovanni Spadolini, il primo presidente della storia repubblicana non appartenente alla Dc. E ribattezzato «Giovannone» per la stazza. Divertente il ritratto che ne fece Giampaolo Pansa: «Era gioviale, allegro, amante delle tavolate di giornalisti e politici. Travolti dai suoi lunghi monologhi, fitti di battute al vetriolo su colleghi e avversari». Ma anche «innamorato di se stesso, permaloso, collerico, capace di sfuriate che tramortivano. Con noi cronistacci si comportava da astuto. Rassicurante. Badiale».

Nella lista c'erano i capi dei servizi segreti, più di cento alti ufficiali delle forze armate, magistrati, dirigenti della polizia, cinquantanove parlamentari, due ministri, cinque sottosegretari, un giudice costituzionale, direttori di giornali, editori, giornalisti, ben centodiciannove dirigenti che operavano ai piani alti del sistema bancario e dei ministeri del Tesoro e delle Finanze, diplomatici, imprenditori, persino un paio di cantanti. Di fatto l'establishment del Paese. Dai ministri Enrico Manca e Franco Foschi al segretario del Psdi Pietro Longo, dal vicepresidente dell'Eni Leonardo Di Donna all'ex presidente dell'Egam Mario Einaudi, dal generale Carlo Alberto Dalla Chiesa al generale Giovanni Allavena, dal direttore del «Corriere» Franco Di Bella al direttore del «Mattino» Roberto Ciuni, dai capi dei servizi segreti Vito Miceli e Giuseppe Santovito, da Roberto Gervaso a Maurizio Costanzo e Paolo Mosca, da Sindona a Calvi, da Angelone Rizzoli a Bruno Tassan Din, da Edgardo Sogno all'ammiraglio Birindelli, dal liberale Antonio Baslini al socialista Fabrizio Cicchitto, da Massimo De Carolis a Vittorio Emanuele Alberto di Savoia, dai vertici della Banca nazionale del lavoro (Alberto Ferrari e Gianfranco Graziadei) al Monte dei Paschi di Siena (Giovanni Cresti), da Gaetano Stammati al costruttore Mario Genghini al presidente dell'Enpam Ferruccio De Lorenzo, da Umberto Ortolani al direttore del «Borghese» Mario Tedeschi, da Gino Latilla a Claudio Villa, dal «re della carta» Giovanni

Fabbri a Silvio Berlusconi. Sì, anche Berlusconi, tessera n. 1816.

Maurizio Costanzo, riporta ancora Alberto in *Penne al vetriolo*, apparirà sugli schermi di una televisione privata e tra le lacrime ammetterà di essere stato uno stupido per avere aderito alla P2; Enrico Manca, ministro socialista, farà per ben due volte ricorso in tribunale dimostrando alla fine la sua estraneità alla Loggia; Gervaso indirizzerà poche righe ai giornali sostenendo di essere particolarmente orgoglioso dell'iscrizione; Sandro Pertini, il capo dello Stato, definirà la Loggia P2 un'«associazione a delinquere»; la commissione d'inchiesta parlamentare, presieduta da Tina Anselmi, attribuirà alla P2 la patente di una vera e propria «organizzazione criminale» ed «eversiva». Massimo Teodori dirà invece che la P2 non era altro che «la faccia nascosta» della partitocrazia già denunciata dai radicali. Francesco Cossiga chiamerà Gelli «il materassaio», definendolo «segretario organizzativo di un'associazione segreta voluta dagli americani in quanto i nomi della Loggia erano quasi tutti fermissimi filoamericani e anticomunisti».

In un editoriale sull'«Avanti!», dal titolo *Belfagor e Belzebù*, Craxi sostenne che Gelli era un uomo molto pericoloso ma solo un esecutore, un diavolo di seconda classe, per l'appunto Belfagor. Ma dietro di lui ci doveva essere il vero principe delle tenebre, il vero burattinaio, e cioè Belzebù. E fino a quando «Belzebù non sarà stato identificato e colpito, avremo fatto poca strada nell'opera di risanamento della democrazia». Eugenio Scalfari gli rispose su «la Repubblica»: «Caro Craxi, tu lo sai chi è Belzebù... Belzebù è il quadro politico che dura da trentacinque anni e che ha reso possibile, al riparo della sua inamovibilità, fenomeni come la P2 e personaggi come Gelli-Belfagor. Belzebù è, in una certa misura, lo stesso partito socialista, elemento importante di quel quadro politico e di quella inamovibilità». Belzebù, è riportato in *Penne al vetriolo*, finirà comunque per restare incollato al nome di Andreotti.

Comunque sia, col tempo emergerà anche, scrive Mario Guarino in *Ladri di Stato*, «la doppiezza» di Craxi che, da un lato, parlava nei suoi discorsi pubblici di rigore morale e atteggiamenti istituzionali e, dall'altro, operava con manovre sotterranee per fare affluire denaro nelle malandate casse del partito (le tangenti sullo scandalo Eni-Petromin costituirono una robusta dose di ossigeno) e sui suoi conti correnti personali. Già, perché ancora nella seconda metà degli anni Settanta Craxi aveva incontrato Gelli, che si faceva chiamare «ingegner Luciani». E sarà proprio Gelli a parlarne anni dopo con Sandro Neri in *Parola di Venerabile*: «A Craxi erano piaciuti alcuni nostri indirizzi. Trovava valido il progetto di repubblica presidenziale e sono certo che, se non fosse caduto, lui quella riforma l'avrebbe realizzata». Una riforma, ricorderà Guarino, che in seguito fu in primo piano nell'agenda di Berlusconi premier.

A ogni modo, nella perquisizione della villa di Gelli a Castiglion Fibocchi fu trovata non solo la lista della P2, ma anche una busta intestata della Camera dei deputati con su scritto: *On. Claudio Martelli*. Conteneva tre foglietti, acquisiti poi dalla Commissione P2, con quattro nomi: lo stesso Martelli, che fu una decina d'anni più tardi addirittura ministro di Grazia e Giustizia, Craxi come beneficiario, Roberto Calvi e Leonardo Di Donna. E un conto presso la sede di Lugano dell'Ubs, l'Unione des Banques Suisses, aperto nell'ottobre 1980: il «Conto Protezione».

Una busta data da Martelli a Gelli perché la consegnasse nelle mani di Calvi, che già nel 1980 versò in quel conto sette milioni di dollari in due rate. Il meccanismo, racconterà nel 2006 Gelli a Ferruccio Pinotti in *Fratelli d'Italia*, era questo: «Il Psi aveva 18 miliardi di debiti con l'Ambrosiano, 5 miliardi di debiti con il Monte dei Paschi. E quei debiti si dovevano ripianare. Allora i socialisti si misero d'accordo con l'Eni, che aveva circa tremila miliardi di disponibilità nelle banche. Fu fatto una specie di compromesso: ciò che transitava al Banco Ambrosiano avrebbe dovuto fruttare qualcosa, un mezzo punto di interesse che andava al Partito socialista e che a poco a poco risanava il debito». Lapidario il commento di Guarino in *Ladri di Stato*: «Un ente dello Stato, dunque, pagato dai contribuenti, riserva una cospicua "tangente" attraverso le banche al partito socialista perché possa rientrare dai miliardi spesi per cattiva amministrazione o per interessi personali». Nel 1982 il Banco Ambrosiano farà crac e sarà messo in liquidazione, mentre Calvi finirà non molto tempo dopo appeso sotto un ponte di Londra. Da lì a poco nascerà la famosa «Milano da bere» craxiana. E in tanti, giornalisti compresi, salteranno sul carro del garofano socialista.

Uno spaccato di quel periodo lo fornì Giorgio Bocca qualche anno più tardi, nel 1993, in *Metropolis*: «Non so se Craxi abbia mai pensato seriamente di modernizzare l'Italia con questa compagnia di cantanti, architetti, stilisti, finanzieri d'avventura, "i nani e le ballerine" come li chiamava il socialista barese Formica, ma al posto della conclamata modernizzazione è arrivato un progresso economico volgare, un libertinismo plebeo, un ritorno ai difetti italici, il fardello italico dell'arlecchinismo e del pulcinellismo. E i cittadini sono stati considerati sudditi, la ricchezza privata è cresciuta sulla povertà pubblica e nella debolezza dello Stato si è scesi a una politica bassa, ad atti abietti, ad alleanze vergognose con camorristi e mafiosi. [...] La corte craxiana, modestissima, metteva in risalto il capo, era un po' come quelle dame spagnole del Settecento che si facevano dipingere con una scimmia sulle spalle perché spiccasse la loro bellezza, così attorno a Bettino c'è quella compagnia di servi, scrocconi e di arrivisti in cui la politica restava come un vago e quasi spento profumo. [...] Il Psi non era un partito, era un insieme di bande granducali, lo stesso visto nel fascismo».

Cosa faceva nel frattempo Berlusconi, oltre a essere anche lui componente della «corte craxiana»? Da un lato, cercava in qualche modo di parare i danni procurati alla sua immagine dall'essere inserito nella lista P2 e, dall'altra, di ampliare il raggio d'azione della sua attività televisiva. Sui suoi rapporti con Gelli cercò di arrampicarsi sugli specchi, dicendo in un primo tempo che lui non c'era, quindi che lui c'era ma a sua insaputa, infine che sì c'era ma perché scelto tra gli imprenditori più bravi. Cominciò anche a bloccare sul «Giornale» articoli che potevano danneggiarlo in qualche modo. Accadde così che nei primissimi anni Ottanta – quando ancora non si sapeva nulla della P2 e la Rizzoli era considerata sempre in mano alla famiglia Rizzoli

– mentre dal 1977 la proprietà era finita all'Ambrosiano con il paravento dell'Ior, la banca del Vaticano guidata allora da un sacerdote americano, Marcinkus – Montanelli chiese ad Alberto, all'epoca inviato economico del «Giornale», di fare un reportage su quel che stava avvenendo attorno al «Corriere». Si diceva che stava per essere venduto a un gruppo tedesco. E Alberto – lo abbiamo raccontato in *Indro Montanelli. Dove eravamo rimasti?* – cominciò a indagare.

Al «Corriere» nessuno volle parlargli, trovò altre strade nel mondo finanziario e per la prima volta tirò in ballo l'esistenza di questa misteriosa P2, del coinvolgimento in qualche modo del Banco Ambrosiano del riservato Calvi che non dava mai un'intervista, del potere che al «Corriere» aveva assunto il direttore generale, Bruno Tassan Din, mentre Angelone Rizzoli non contava quasi più niente. Insomma, un'inchiesta che apriva «ampi squarci in quel porto delle nebbie che era allora via Solferino». Un'inchiesta di due lunghe puntate. La prima uscì in terza pagina con un richiamo in prima, la seconda finiva regolarmente sul bancone della tipografia per poi essere ritirata e riproposta il giorno dopo. Finché Montanelli chiamò Alberto, dicendogli che, se volevano fare finire l'inchiesta, avrebbe dovuto metterci lui le mani. Così alla fine uscì anche la seconda puntata, firmata da Alberto ma quasi tutta riscritta da Indro. Con l'eliminazione dei punti più scottanti. Alberto chiese naturalmente spiegazioni. E il buon Indro, sollevando gli occhi al cielo, parlò della rovente telefonata che c'era stata da parte del nuovo socio di riferimento del «Giornale», Berlusconi.

Ossessionato dalla sua immagine, il Cavaliere cominciò anche a ricorrere alle querele, ottenendo a volte l'effetto contrario. Accadde quando, ricorda Travaglio in *B. come Basta!*, finì in tribunale nel 1988 in qualità di testimone per avere querelato non gli autori della sua prima biografia non autorizzata, *Berlusconi. Inchiesta sul signor tv*, Giovanni Ruggeri e Mario Guarino, ma i recensori. E cominciò a raccontare «un po' di frottole» quando gli furono poste domande sulla sua affiliazione alla P2. Così finì imputato per falsa testimonianza davanti alla Corte d'Appello di Venezia. Conclusione della sentenza nel 1990: «Berlusconi ha dichiarato il falso». Tutto finì in niente: grazie a un'amnistia approvata dal Parlamento proprio quell'anno, «il reato di falsa testimonianza va dichiarato estinto per intervenuta amnistia».

Un banale sassolino nella scarpa per un imprenditore-showman proiettato alla grande nel mondo della televisione. Già aveva acquisito nel 1982 «TV Sorrisi e Canzoni», il settimanale diretto da Gigi Vesigna specializzato proprio sui programmi televisivi, e nel gennaio 1983 Italia 1 dall'editore Edilio Rusconi. Un intellettuale cattolico, conservatore, anticomunista, che aveva portato al successo, quando ancora lavorava alla Rizzoli, la rivista «Oggi» con cui, diceva, «facevo piangere le sartine», quindi si era messo in proprio pubblicando «Gente», «Gente Motori», «Il Settimanale», «Eva Espress» e altro ancora. Rusconi era stato il primo a pubblicare *Il signore degli Anelli* e a produrre lungometraggi diretti da Luciano Salce, Roberto Rossellini (*Anno uno*) e Luchino Visconti (*Gruppo di famiglia in un interno*), vincitore del David di Donatello.

Era stato anche tra i primi a entrare nel mondo delle televisioni private, dando vita nel 1977 a una emittente al nord (Antenna Nord) e una a Roma (Quinta rete). Ne aveva poi comprate un altro paio (tra cui Tivuesse Telesecolo), si era associato ad altre, più o meno un quindicina, e nel gennaio 1982 aveva costituito il suo network, Italia 1. Alla direzione Lillo Tombolino, per la raccolta pubblicitaria fu scelta la Publikompass del gruppo Fiat. Dopo nemmeno un anno decise di venderla.

I telefilm di Italia 1 erano buoni. *Falcon Crest*, la saga americana equivalente a *Dallas* che Rusconi non aveva voluto comprare lasciandola quindi a Berlusconi perché pensava che non potesse piacere al pubblico italiano, *L'incredibile Hulk*, *Kojak*, *La donna bionica*, la serie di *Star Trek*, un'enorme quantità di cartoni animati, primo fra tutti *Ufo Robot*, molto spazio di sera allo sport. Aveva anche un accordo di collaborazione, «peraltro mai sfruttato» ricorda Madron in *Le gesta del Cavaliere*, con la Cbs che le offre per cinque anni la possibilità di trasmettere in esclusiva i servizi giornalistici del network americano. Il problema era uno solo: Edilio Rusconi era legato alla carta stampata, non aveva niente dello showman e quindi non aveva capito (come aveva invece compreso il Cavaliere) che la pubblicità condizionava i palinsesti e non viceversa, non aveva – sottolinea Madron – «il sacro fuoco di illuminare l'Italia, di farsi vedere in ogni lembo della penisola facendo concorrenza alla Rai. In più non vuole grane con la legge».

Rusconi, non più un giovincello, era soprattutto attento ai bilanci della sua azienda. Ammise: «È come giocare alla roulette. Ho paura che a lungo andare la tivù finirà per mangiarmi la casa editrice». Così, quando si accorse che i costi erano troppo alti, decise di disfarsene. E dopo una lunga e infruttuosa trattativa con Retequattro della Mondadori, accettò il prezzo a scatola chiusa che gli offrì Berlusconi in una trattativa notturna in via Rovani: 32 miliardi di lire. Un acquisto «a poco prezzo» – sostiene Friedman in *My way* – rispetto alla valutazione di un centinaio di miliardi ma in cui il Berlusca cominciò ad applicare il «tocco di Mida». La rete fu indirizzata alla fascia di un pubblico giovane ed ebbe già nel 1983 un grande successo con la trasmissione di *Drive In*, due ore di cabaret trasgressivo per l'epoca, curato da Antonio Ricci, il regista dalla satira corrosiva, e condotto da Gianfranco D'Angelo ed Ezio Greggio. Un parterre di comici formidabile, da Teo Teocoli ad Enrico Beruschi, da Zuzzurro e Gaspare a Ric e Gian, da Massimo Boldi a Gigi e Andrea. Soprattutto, una schiera di soubrette dalle forme procaci, da Carmen Russo a Lory Del Santo, da Tinì Cansino a Eva Grimaldi, da Cristina Modda ad Ambra Orfei. Per i giovanissimi uno spiraglio nel mondo dello spettacolo.

Un paio di giorni dopo la nascita della rusconiana Italia 1, nel gennaio 1982, dalle ceneri del circuito GPE-Telemond della Mondadori, e attivo sin dal 1979, vide la luce anche Retequattro, il network della casa editrice mondadoriana formato da una ventina di emittenti locali. La maggioranza (il 62%) era controllata dalla Mondadori, il 20% faceva capo al gruppo L'Espresso di Carlo Caracciolo, mentre l'ultimo 18% era nelle mani dell'editore Perrone. La presidenza fu affidata, dopo il breve periodo iniziale di Massimo Ruosi, a Mario Formenton: studi di Economia a Londra e

Milano, marito di Cristina Mondadori, la figlia minore di Arnoldo. Alla raccolta pubblicitaria pensarono la GPE e la Manzoni, direttore del palinsesto fu nominato Angelo Romanò, al quale in seguito subentrò Carlo Freccero. Otto ore di trasmissione al giorno, abbondanza di telenovelas acquisite dalla brasiliana Rede Globo, cartoni animati, film come *L'inferno di cristallo* e *Love story*, direzione artistica affidata a Enzo Tortora, che condusse anche la trasmissione *Cipria*, furono lanciati il *Maurizio Costanzo Show* e il *M'ama non m'ama*, Loretta Goggi condusse *Gran varietà* con Paolo Panelli, Vittorio Gasmann e Luciano Salce, fu varato anche un telegiornale chiamato *Novanta secondi* con Bocca e Piero Ottone. Non tutto andò bene: *Venti di guerra*, acquistato a caro prezzo dall'americana ABC, fu un flop nel 1983 contro la fiction *Uccelli di rovo*, mandata in ora allo stesso orario da Canale 5; la pubblicità cominciò a calare; Leonardo Mondadori prese il posto di Formenton; i conti dell'azienda peggiorarono di brutto e, all'inizio del 1984, l'editore Perrone uscì dall'azionariato. E nell'agosto 1984 Berlusconi rilevò Retequattro, valutato 30 miliardi di lire, più 105 miliardi in quattro anni senza interessi per il magazzino dei programmi.

Un prezzo alto. Proprio in quel periodo Formenton si confidò con il politologo Giorgio Galli, il quale qualche anno più tardi scriverà in *Passato prossimo*: «Berlusconi era un competitore di tipo molto particolare. Me ne parlò Mario Formenton quando l'avventura di Retequattro volgeva ormai alla fine. Disse che il suo grande errore era stato quello di non avere compreso subito quanto grande fosse la sproporzione di risorse finanziarie tra la Mondadori e la Fininvest. Secondo lui, quella berlusconiana non era solo una *holding* di gestione televisiva: disponeva di fondi praticamente illimitati e di origine oscura. E per tentare di sostenere l'impari competizione, la Mondadori si era coperta di debiti». Soldi con l'aggiunta di una ferma convinzione al vertice della Fininvest. Lo fece presente Giulio Malgara, inserzionista e, come presidente dell'Upa, l'associazione di categoria, profondo conoscitore del panorama televisivo. Raccontò ad Alexander Stille in *Il Cavalier miracolo*: alla Rusconi e alla Mondadori «non ci hanno mai creduto veramente. La televisione non è mai stata il loro *core business*. Hanno iniziato a fare televisione perché dovevano farlo, ma il loro *core business* era la stampa che, secondo loro, era una vocazione molto più nobile, perché era cultura, mentre la televisione era solo *entertainment*. [...] Berlusconi parte con un'idea straordinaria e con la speranza che le imprese lo seguano. E Berlusconi, in quanto *entertainer*, capiva cosa volevano le imprese per raggiungere il consumatore».

Fu esercitata anche qualche pressione per convincere la Mondadori alla vendita. La racconta Massimo Gramellni: dopo che le due parti si erano incontrate un venerdì pomeriggio, Berlusconi «rientrò nei suoi uffici e, narra la leggenda, si rivolse al segretario Urbano Cairo e agli altri collaboratori come in un film: "Sincronizzate gli orologi. Abbiamo solo 48 ore. Rastrellate tutta la pubblicità che c'è in giro!" Il lunedì la Mondadori si trovò senza più neanche uno spot e di lì a qualche giorno dovette vendere Retequattro». Naturalmente a Berlusconi, il quale – scrive Paolo Madron – volle dare un po' di colore alla vicenda, chiarendo che lui e Formenton si parlarono a quattr'occhi del prezzo richiesto durante la trattativa finale. Formenton gli disse che quel prezzo «è indispensabile alla Mondadori per continuare la sua attività». E Berlusconi: «Io capii che la richiesta gli sgorgava dal cuore. Mi alzai e gli dissi: "Va bene, Mario. Il prezzo è quello che tu hai stabilito". Ci abbracciammo, poi ritornammo nella sala dove erano riunite le parti per dare l'annuncio». La cosa fu confermata anche da Vittorio Dotti, il suo avvocato: «I suoi esperti di business gli avevano detto di aspettare un altro mese e poi avrebbe avuto Retequattro gratis, direttamente dal curatore fallimentare. Lui invece fu molto corretto, volle fare il bel gesto. Cavallerescamente sborsò 135 miliardi e salvò Formenton dalla catastrofe». E Retequattro diventò Rete 4.

Comunque, in quell'acquisto, il Cavaliere non tirò fuori solo soldi, non mostrò solo una ferma convinzione nelle sue idee, non ricorse solo a qualche furbata, ma sfoderò anche una bella dose di spregiudicatezza in quanto decise di «aggirare» la legge esistente in base al principio tutto italiano che «fatta una regola, trovato l'inganno». Lo conferma con un po' di disinvoltura Alan Friedman: «Da un punto di vista legale, Berlusconi non stava violando nessuna norma. Stava semplicemente aggirando la legge che affidava alla Rai il monopolio delle trasmissioni nazionali». Così nell'autunno 1984 il Cavaliere diventò, grazie all'espediente delle videocassette, il più importante magnate televisivo italiano in diretta concorrenza con la Rai, presieduta allora da un bravo giornalista, Sergio Zavoli. Tre reti da una parte, tre reti dall'altra. Con una differenza molto netta. La Rai, controllata dall'Iri, l'ente statale guidato da un democristiano, Romano Prodi, economista emiliano, allievo e amico di Nino Andreatta, era in mano ai politici che nominavano anche i componenti del consiglio d'amministrazione dell'ente televisivo. Quando Prodi, ricorda in *Strana vita, la mia*, appoggiò l'iniziativa di Zavoli per sottrarre ai partiti la nomina dei sei consiglieri spettanti all'Iri, si sentì dire da Craxi che la Rai «non la dovevo neppure toccare, sotto nessun aspetto. Neppure per la gestione economica, qualsiasi fosse l'andamento del suo bilancio. Aggiunse inoltre che a nominare i socialisti ci avrebbe pensato lui di persona e che i nomi eventualmente da me proposti li avrebbe messi, a prescindere, in conto alla Dc. Si fosse pure trattato di Federico Fellini».

Le tre reti della Fininvest erano invece in mano solo a Berlusconi, che aveva grande libertà di manovra con i partiti che dovevano bussare alla sua porta. Una svolta che portò i ricavi pubblicitari a lievitare dai 12 miliardi del 1980 ai 900 del 1984. E sarebbero raddoppiati nei successivi quattro anni grazie alla «rivoluzione» – ha affermato Confalonieri in *My way* – compiuta dal Cavaliere, che nel frattempo fu ribattezzato anche «Sua Emittenza»: «Berlusconi lanciò una televisione che esaltava il consumismo. Era piena di spot pubblicitari, allegri ed esuberanti. Era una televisione positiva. Era filoamericana. Era il Texas di *Dallas*. Era il grande, energico ottimismo americano, l'esatto opposto dell'austera mentalità italiana dell'epoca, con tutto il rispetto per i comunisti e i cattolici. Così la vera rivoluzione politica, non solo culturale ma politica, cominciò con la televisione».

Tre giorni più tardi un esposto al ministero delle Poste

e Telecomunicazioni mise in moto la magistratura. E i pretori di Torino, Pescara e Roma oscurarono le emittenti Fininvest in Piemonte, Abruzzo e Lazio. Montanelli scrisse un articolo piuttosto forte intitolato *Pretore selvaggio*, ci furono un po' in tutt'Italia proteste popolari un tantino orchestrate, Guglielmo Zucconi e Maurizio Costanzo allestirono tavole rotonde televisive, Lino Banfi volle dire la sua in uno show televisivo, sfilarono nelle reti Fininvest altri personaggi più o meno noti lamentandosi che i loro figli non potevano vedere più i *Puffi* e i genitori anziani le storie di *Dallas*; Berlusconi affermò di essere stato attaccato dalla «magistratura di sinistra», parlò dell'«inizio di un lunga guerra» e chiese subito aiuto all'amico Craxi. Una robusta amicizia, la loro, nonostante lo smisurato ego di entrambi. Montanelli descrisse il leader socialista come «invadente e incombente anche dal punto di vista fisico, non era simpatico ma dava una sensazione di risolutezza e forza». Secondo Vittorio Dotti in *L'avvocato del diavolo*, «erano due uomini rampanti e volitivi. Entrambi amavano rompere gli schemi, lanciandosi in imprese apparentemente impossibili». Un'amicizia tra due uomini di potere.

Così quando Craxi sbraitava con Silvio per qualche critica che gli era stata mossa dal «Giornale», Berlusconi telefonava a Montanelli (poi preferì rivolgersi al suo vice, Biazzi Vergani, più malleabile) per protestare. Con Indro lo faceva quasi dolcemente: «"Senti – ha raccontato Montanelli a Tiziana Abate in *Soltanto un giornalista* – a proposito di questi continui attacchi a Craxi, al quale, tu sai, porto molta gratitudine, [...] non potreste limitarvi ad attaccarlo dal lunedì al venerdì?" Lo fissai esterefatto.

"Sai, proseguì, nel fine settimana è quasi sempre mio ospite ad Arcore..."» Ma quando raccoglieva le sfuriate di Craxi contro Montanelli («Mi ha chiamato "guappo"») e il «Giornale», il tono del Cavaliere era del tutto diverso, molto duro. E una volta, ancora nel 1983, in una telefonata intercettata dai giudici milanesi e resa nota solo vent'anni più tardi in un processo di Dell'Utri (lo ricorda Gianni Barbacetto in *Tutte le carte del Presidente*), se ne uscì tranquillamente: «Gli taglio i soldi... Adesso tiro fuori le unghie... Poi se il signor Montanelli fa le bizze, lo mandiamo a fanculo».

Così il Cavaliere si rivolse subito all'amico (il quale ebbe anche lui il suo soprannome, fu chiamato «Bokassa» in onore, ricorda Alexander Stille, «del corrotto dittatore africano») per cercare di risolvere il problema creato dai tre pretori. E Craxi, che in quel momento era già presidente del Consiglio e si trovava a Londra in una visita ufficiale a Margaret Thatcher, rientrò subito in Italia. Ai giornalisti sibilò: «Vedere quegli spazi neri mi dà molto fastidio come utente televisivo...» Quattro giorni dopo, ecco un primo decreto, che sarà ricordato come «decreto Berlusconi», per permettere alle reti della Fininvest di continuare a trasmettere su tutto il territorio nazionale. Ma il decreto, ricorda Travaglio in *B. come Basta!*, non fu convertito in legge perché la Dc lo ritenne incostituzionale. Ai primi di dicembre Craxi varò un altro decreto (il «secondo decreto Berlusconi») minacciando una crisi di governo in caso di una nuova bocciatura. E il 4 febbraio 1985 il decreto diventò legge, purché si facesse rapidamente una legge per regolare il settore. Per averla ci vollero invece cinque anni.

Si stabilì nel frattempo una sorte di "pace televisiva" quando, da lì a non molto, Craxi nominò presidente della Rai Enrico Manca. Già, proprio quel Manca che alla fine degli anni Ottanta avrebbe fatto curiosamente gestire, puntualizza Gianni Barbacetto, un tesoretto in Svizzera da Cesare Previti come se fosse un banchiere privato. Comunque sia, grazie a quella "pace" lo *share* della Fininvest salì al 45%. Così Berlusconi guardò anche all'estero. Aprì in Francia La Cinq, in Germania Tele 5, in Spagna Telecinco. Non tutte le iniziative andarono bene. Poi nel 1990 arriverà – con l'aiuto di Gianni Letta, di casa nel Trasatlantico di Montecitorio (commenterà Beniamino Andreatta di non «aver mai visto una lobby sfacciata come quella che sostiene Berlusconi in Parlamento») e anche con un aiutino finanziario – la «legge Mammì» (redatta dal segretario del ministro repubblicano, Davide Giacalone, che poi diventerà consulente di lusso della Fininvest) per regolare definitivamente il settore radiotelevisivo italiano. L'unica condizione posta: chi possedeva televisioni non poteva controllare anche giornali. Allora Silvio, abile nell'aggirare gli ostacoli, si liberò del «Giornale» di Montanelli passandolo al fratello Paolo.

La «legge Mammì», troppo sbilanciata verso una parte, scatenò un putiferio politico: cinque ministri dell'allora governo Andreotti si dimisero per protesta (tra questi anche Sergio Mattarella) e tranquillamente Andreotti li sostituì il giorno dopo. Giuseppe Fiori, senatore, denunciò nella quasi indifferenza: «Abbiamo letto di un Berlusconi che va a Palazzo Chigi, incontra il sottosegretario Cristofori, esamina le proposte di mediazione, le boccia e queste rientrano. Così è nata questa legge, con pressioni esterne, patrocini autorevoli, ingiunzioni, minacce. Berlusconi ci scioglie, colleghi...» Eugenio Scalfari scrisse su «la Repubblica»: «L'Italia non è soltanto la quinta tra le grandi potenze industriali, ma anche la prima tra le repubbliche delle banane. [...] Berlusconi è un bananiere a ventiquattro carati, cioè un uomo d'affari che fa i suoi affari con la politica. È un lobbista di tale dimensione da poter disporre, quando siano in gioco i suoi interessi, addirittura della maggioranza parlamentare». Berlusconi, ormai uomo forte della televisione commerciale, poté così continuare a inondare le sue reti di cinema, sport, soap, varietà. Ammetterà con Friedman: «L'amicizia con Craxi fu utile, ed ebbe un ruolo importante nella decisione. Però avevo spiegato a lungo e nei dettagli perché la televisione commerciale era essenziale per l'economia, e che il mondo politico non aveva nulla da temere dalle tivù private». Semmai avrà da beneficiarne. Felice Froio, racconterà in *Il Cavaliere incantatore*, che dietro quella storia «ci sono stati i soldi: alcuni processi hanno documentato che in certi partiti sono circolate decine e decine di miliardi di lire».

Commenta Alan Friedman in *My way*: Berlusconi «era passato attraverso una metamorfosi. Da grande costruttore immobiliare a magnate miliardario della tivù. I suoi legami con Craxi e gli altri politici? Ne erano una conseguenza naturale, facevano parte del pacchetto. Per i suoi molti nemici, Berlusconi era un vituperato spacciatore di trash, l'uomo che aveva ucciso con la sua televisione commerciale il cinema italiano, che era riuscito a mantenere il suo impero mediatico grazie soltanto al soccorso politico dell'esecrato

Craxi. Per i fan era un innovatore, un imprenditore visionario, un genio del marketing che aveva intuizioni perfette e un inusuale livello di empatia con la gente comune. Vendeva uno stile di vita a cui gli italiani potevano aspirare, regalava puro intrattenimento a un pubblico che non chiedeva di meglio. Vendeva sogni. O, come negli anni Ottanta disse lui stesso a un amico, "io vendo fumo"».

Riuscì a venderlo nell'aprile 1988 anche in Russia negli anni della *perestrojka* fondando Progress Informacjia Reklama, una partnership per la raccolta della pubblicità delle aziende europee impegnate sul mercato dell'Urss. Una trattativa difficile perché, racconta Vittorio Dotti, si scoprì ben presto che i funzionari della potente tivù pubblica non avevano nessuna conoscenza dell'economia di mercato. La prima domanda che fecero alla delegazione italiana, composta anche da dirigenti di Publitalia, fu: «La pubblicità? A che cosa serve?» L'intesa poi ci fu, venne stampato anche un manifesto: uno schermo televisivo e accanto la bandiera sovietica, con tanto di falce e martello. A completare l'opera, ricorda Dotti, «in bella evidenza spiccava la firma del Biscione: Publitalia 80. L'ideologia non costituì per Berlusconi alcun ostacolo. Mister Tv anticipava così di un ventennio i proficui rapporti con l'amico Vladimir Putin».

# 8.

# Quel diavolo di Silvio

«Il Milan per me? Un affare di cuore, da qualche miliardo, è vero, ma anche le belle donne costano molto...»
Silvio Berlusconi a Enzo Biagi, *Spot* 1986

«La Juve ha un seguito di tifosi straordinari, il Milan in più ha Silvio Berlusconi.»
Silvio Berlusconi nell'ottobre 2005

«Il complimento più bello me lo ha fatto quel tifoso del Milan che mi urlò: Silvio, sei una bella figa!»
Silvio Berlusconi in *B* di Vittorio Testa

Arrigo Sacchi, il romagnolo che è stato l'allenatore più popolare del grande Milan quando alla presidenza del Diavolo c'era Silvio, intervistato da Giancarlo a Milano Marittima (*nomen omen*...), ha azzardato un paragone che s'attaglia perfettamente alla vita del Cavaliere: il calcio è la cartina di tornasole dell'Italia che vive un po' alla giornata. In effetti, Berlusconi è salito in tutti i sensi sull'Olimpo della vita proprio negli anni della presidenza rossonera, mentre la sua fama si è subito impallidita dopo la cessione ai cinesi del club rossonero, anche se poi si è preso il Monza in serie B. Così, dopo la vittoria degli azzurri di Mancini agli Europei del 2021, qualcuno si è addirittura chiesto, in vista della corsa al Quirinale del 2022, se ci fosse *in nuce* anche una piccola "resurrezione" del Cavaliere. Resta il fatto che il pallone è stato per Silvio quel trampolino di lancio necessario per crescere in popolarità, come se non fossero state sufficienti la televisione e la stampa.

L'avventura calcistica di Silvio cominciò il 10 febbraio 1986 quando acquistò il Milan da Giuseppe Farina detto Giussy, che, prima di approdare a San Siro, era stato anche presidente del Lanerossi Vicenza e proprietario del Padova che salvò dal fallimento. Questo Farina, indebitato e riparato in Sudafrica, venne allora considerato un mezzo filibustiere: in seguito sosterrà, riporta Carlo Petrini, come il Milan gli fosse stato «scippato» da Berlusconi con l'appoggio di Bettino Craxi, all'epoca alla guida del governo, e di un potente esponente del mondo del calcio, Franco Carraro, anche lui socialista, ex presidente milanista e tante volte ministro al punto di farsi la fama di essere «un poltronissimo». La decisione fu presa alla fine del 1985, tra Natale e Capodanno, quando, ha raccontato Galliani in *My way*, «eravamo insieme nella casa di Berlusconi a St. Moritz». Era la casa appartenuta allo Scià di Persia e fu lì che Silvio prese la decisione, benché i due amici lo avessero messo in guardia sull'alto costo dell'operazione. Al rientro a Milano in jet Berlusconi rimase sempre silenzioso, poi mentre l'aereo stava atterrando a Linate annunciò la sua scelta: «Andiamo a prendere il Milan».

All'inizio furono molti i "guru" che considerarono un cattivo affare quello sbarco nel mondo del pallone, ma il Cavaliere, pressato dai "fidi" Galliani e Confalonieri, non ha mai avuto grandi ripensamenti. Come ha raccontato lo stesso Sacchi a Guido Conti (*Calcio totale*), Galliani riteneva la società milanista un grande brand, anche se era gravata da moltissimi debiti, tanto che, nei primi tempi, lui stesso doveva pagare personalmente il panettiere o il macellaio di Milanello, dove era la sede che ospitava gli allenamenti settimanali della squadra, perché i negozianti non facevano credito ai rossoneri. Esattamente un anno dopo l'approdo milanista, il 25 febbraio 1987, cominciò il grande feeling di Silvio con Arrigo. Proprio quel giorno, infatti, il tecnico romagnolo, che era alla guida del Parma, portò alla vittoria in Coppa Italia la squadra emiliana sul Diavolo direttamente nell'Olimpo del calcio con un gol segnato quasi in zona Cesarini. All'indomani, i complimenti di Berlusconi arrivarono a mezzo stampa: «Sacchi ha costruito una squadra simpatica e frizzante». Trascorsero poche settimane e la coppia Silvio-Arrigo scese in campo. A mettere in contatto il tecnico con il Cavaliere fu un altro romagnolo, Ettore Rognoni, dirigente di Mediaset e figlio del conte Alberto, proprietario del settimanale «Guerin Sportivo», diretto da Gianni Brera, che nella terra di Sacchi, a Cesenatico, organizzava ogni estate il *Processo al calcio* con tutti i big del pallone. Dopo qualche rimpallo (il tecnico di Fusignano aveva appena ricevuto un'offerta anche dalla Fiorentina), la trattativa andò in porto, un ingaggio che piacque moltissimo a Berlusconi deciso ad avviare la grande svolta rossonera.

Ma lo sbarco a San Siro di Sacchi non fu subito facile, racconta Sergio Barducci in *Arrigo Sacchi. Oltre il sogno*, tanto che un giornale autorevole, al momento dell'arrivo alla corte berlusconiana del tecnico romagnolo, titolò:

*Domani il Milan presenta il signor Nessuno*. Per difendere i suoi ragazzi, Silvio entrò subito in rotta di collisione con gli altri grandi signori del calcio, a cominciare da Gianni Agnelli, il numero uno della Juventus. Per entrambi, l'Avvocato e il Cavaliere, la guida di una grande squadra si era dimostrata la tribuna giusta per stringere rapporti sempre più stretti con tanti politici che avrebbero invece potuto intralciare il loro cammino: se Gianni, grazie ai bianconeri, conquistò l'amicizia di un potenziale avversario come il leader del Pci, Palmiro Togliatti (nella camera da letto di Agnelli ha sempre troneggiato una foto in cornice di lui giovane seduto allo stadio accanto al Migliore, grande tifoso delle "zebre"), Berlusconi si mostrò orgoglioso di farsi vedere allo stadio con Craxi e Forlani.

Più che orgoglioso. In *Berlusconi in concert*, D'Anna e Moncalvo riportano una frase eloquente del Cavaliere: «Quando ero allo stadio con Craxi e Forlani, la gente chiedeva l'autografo soltanto a me. Mi circondavano, cercavano di staccarmi da quegli uomini politici, io cercavo invece di tenermeli vicino in modo da non farli sentire "tagliati fuori". E intanto che firmavo dicevo sottovoce: "Dai, chiedete un autografo anche a Forlani! O a Craxi!" E quelli mi rispondevano: "Craxi? Forlani? E chi se ne frega! A noi interessa solo Berlusconi!"» E ancora: «La sensazione di essere popolari, di essere amati, di essere simpatici riscalda il cuore ed è intimamente molto gratificante. Questa sensazione l'avverto sempre, mi piace moltissimo, è bella da morire. E quindi devo dire che la scelta di entrare nel Milan è stata una scelta sicuramente buona, anche se costosa». Negli anni, dopo la stagione di Bossi, si è fatto immortalare più volte a San Siro con quello che all'epoca poteva offrirgli la classe politica: Matteo Salvini.

Silvio aveva anche cominciato a imitare il presidente della Fiat con i suoi frenetici spostamenti in elicottero (ma poi lasciò perdere) per andare a Milanello a vedere gli allenamenti. E la prima volta atterrò al centro dello stadio con il figlio Pier Silvio e con Galliani. Ma la comune passione del calcio provocò anche qualche brusca presa di distanza tra Torino e Milano. Un esempio? Durante il calciomercato, Cesare Romiti, braccio destro di Agnelli, telefonò al presidente del Milan che aveva messo gli occhi su un noto giocatore, ordinandogli di lasciar perdere l'operazione. In quella occasione, Silvio, dopo aver parlato con Sacchi, ci ripensò: richiamò l'amministratore delegato della Fiat e gli disse secco: «Non permetterti più di fare una telefonata del genere!» Berlusconi non specificò chi fosse il «noto giocatore» della Juve su cui aveva messo gli occhi, ma a fare il suo nome è stato indirettamente Galliani che nel 2011 confessò, durante una cerimonia a Firenze per la presentazione dei nuovi ingressi nella Hall of Fame del calcio italiano, che il giocatore corteggiato era stato il francese Michel Platini, con cui Gianni Agnelli aveva un rapporto molto stretto (l'Avvocato lo chiamava tutti i giorni alle sei del mattino, e con lui anche il polacco Zbigniew Boniek, per verificare puntualmente la forma dei due campioni). Ma nei desideri di Berlusconi, aggiungerà Galliani, c'era stato anche l'allenatore bianconero Marcello Lippi.

E quasi per un senso di rivincita, quando Montanelli divorziò da Silvio al «Giornale», Agnelli cercò subito di prenderselo, proponendo al giornalista toscano la direzione del «Corriere della Sera» di cui era azionista. Del resto, tra l'Avvocato e il Cavaliere ci fu sempre una discreta rivalità, magari condita da un certo *fairplay* ma vissuta male da Silvio perché Agnelli, sovrano d'Italia senza corona, lo teneva un tantino a distanza. E così Berlusconi cominciò a temere che, prima o poi, il presidente bianconero gli avrebbe portato via anche Sacchi, mettendolo al timone della Juventus. Dopo una vittoria rossonera molto importante, chiese al tecnico romagnolo se avesse davvero intenzione di trasferirsi alla corte degli Agnelli, ma la risposta di Arrigo fu lapidaria: «Non ci penso neanche». Silvio, a quel punto, per tenerselo ben stretto, gli offrì anche un seggio in Parlamento ma la risposta di Sacchi fu un «no» altrettanto secco. Berlusconi tornò alla carica quando era presidente del Consiglio e Arrigo commissario tecnico della Nazionale. Gli disse: «Se riesci anche nell'impresa di vincere il Mondiale, ti faccio ministro dello Sport». Quando Sacchi rispose che quel ministero non esisteva, il Cavaliere scoppiò a ridere aggiungendo che l'avrebbe inventato apposta.

L'imprenditore di Arcore e il suo allenatore erano sempre stati molto affiatati – quel che si dice un'accoppiata vincente – ma non mancò qualche incomprensione, perché Silvio non sapeva perdere tanto facilmente e lo dimostrò anche in occasione di una sconfitta del Milan in Coppa Italia quando venne ribattezzato «Sua Perdenza» anziché «Sua Emittenza» come, grazie alle reti della Fininvest, era allora comunemente chiamato. Un raffreddamento nei rapporti tra i due emerse in particolare allorché il Dottore volle a tutti i costi acquistare, come terzo e ultimo straniero, l'attaccante argentino Claudio Borghi, che lui considerava il nuovo Maradona, mentre Sacchi (*La coppa degli immortali*, scritto con Luigi Garlando) avrebbe voluto invece, con l'appoggio di Galliani, varare il terzetto magico dei tulipani con Frank Rijkaard accanto a Ruud Gullit e Marco Van Basten, gli altri due olandesi già in squadra. Dopo un lungo braccio di ferro, Berlusconi si fece comunque convincere da Sacchi e la scelta di Rijkaard fu quella giusta anche se, all'inizio, il boccone sembrò a Silvio particolarmente indigesto tanto che, andato proprio all'indomani dell'acquisto a Ravenna per trattare con Raul Gardini l'acquisizione della Standa, disse al successore di Ferruzzi: «Cerchiamo di metterci subito d'accordo perché di romagnoli che rompono le scatole ne ho già uno al Milan».

Come presidente di una squadra di calcio, il Cavaliere ha sempre avuto le idee chiare e, per dimostrare che l'aria era veramente cambiata con il suo approdo al Milan, nell'estate del 1987 organizzò al castello di Pomerio una convention non solo dei calciatori, ma di tutti i componenti della società per indicare quale fosse la *mission* rossonera, che riassunse in due punti: 1) dobbiamo diventare i più forti nel mondo; 2) non dobbiamo solo vincere ma anche convincere. Obiettivi che sembravano un po' utopistici, quasi una follia, tanto che Alessandro Costacurta, annoverato tra i migliori difensori italiani, commentò il programma del Cavaliere in dialetto lombardo: «Quest chì l'è matt!» E Franco Baresi, lo storico numero 6 del Milan, osservò: «Io e i miei compagni ci guardammo negli occhi, ci dicemmo "Speriamo bene..."» Si dimise invece Gianni Rivera, vicepresidente della società rossonera: non aveva accettato il modo in cui Berlusconi aveva comprato il Milan, giocando al ribasso e quindi portando la società al fallimento. Con seguito di *battage* delle sue televisioni, che lo dipinsero come il salvatore della squadra.

In un'intervista a Enzo Biagi il Cavaliere confermò, riporta Carlo Petrini in *Le corna del diavolo*, che quell'acquisizione aveva uno sfondo sentimentale: «Un affare di cuore da qualche miliardo, ma anche le belle donne costano molto...» E anche il fratello Paolo seguì la stessa pista tracciata da Silvio: «Il Milan è tale e quale a una donna meravigliosa e di gran classe, ma con un passato chiacchierato. Che poi sono le donne più interessanti... e quindi da non perdere». Il capo della Lega calcio, Antonio Matarrese, si disse molto interessato: «Silvio Berlusconi sarà un grande presidente che potrà fare molto per il mondo del calcio». Per il mondo del calcio, ma anche per il mondo della Fininvest. Infatti il Dottore chiarì subito: «È una squadra ma anche un prodotto da vendere, da offrire sul mercato. Impiegheremo la nostra esperienza con le televisioni commerciali per migliorare ed esaltare l'immagine del Milan». Indro Montanelli dedicò a Silvio un suo *Controcorrente*, dimostrando di conoscerlo molto bene: «I tifosi rossoneri sono in festa. Che in un battibaleno Berlusconi farà del Milan una squadra da scudetto, da Coppa dei Campioni, da tutto, e forse hanno ragione. C'è un solo pericolo: che il neo presidente voglia fare anche il direttore tecnico, l'allenatore, il massaggiatore, il capitano e il centrattacco. Il che potrebbe anche andare bene. Ma a una condizione: che possa fare anche l'arbitro». Grande fiducia espresse Craxi: «Sono curioso di vedere cosa farà il

Milan del mio amico Berlusconi, di cui sono diventato quasi parente come padrino di battesimo di sua figlia».

Al Milan cambiò tutto. Ha ricordato Filippo Galli a Gianni Bucci, in *La lunga marcia*, che «con l'arrivo della nuova proprietà ci rendemmo conto, come prima cosa, del senso di organizzazione che si voleva imporre, a tutti i livelli. Il Milan era stato condotto in maniera quasi artigianale, come la maggioranza delle altre società, ma d'improvviso assistemmo a una divisione in tanti settori, ciascuno con un responsabile di riferimento. Gente che si interessava anche alle cose che noi calciatori avevamo sempre gestito a titolo personale. Lo scopo era di liberarci la testa da ogni problema, anche familiare. Ai nuovi arrivati, e non soltanto agli stranieri, veniva offerta la struttura per la ricerca della casa, per l'indirizzo scolastico ai figli, per l'espletamento di tutte le pratiche presso i vari uffici. Dovevamo pensare a giocare e basta». Sacchi portò anche una rivoluzione negli allenamenti. Massimo Solani e Francesco Luti lo descrivono così in *Non solo coppe*: «Ha il piglio di un generale dei marines e i giocatori se ne accorgono presto. Quando sale sulla collinetta per coordinare le attività urlando col megafono, oppure quando divide il campo in settori e fa ripetere maniacalmente movimenti e situazioni di gioco». Una volta Giampiero Boniperti affermò che gli allenamenti di Sacchi erano «roba da matti».

In campo e fuori dal campo. «Sopportare Sacchi – racconta Carlo Ancelotti in *Preferisco la Coppa* – non era facile. Ti spiegava gli schemi anche di notte, prima di dormire. Li disegnava sulle porte delle camere. [...] Anche quando dormiva. Non sognava, urlava. Nel sonno emetteva dei versi tremendi, sembrava che lo stessero ammazzando. Ogni tanto gli scappava anche qualcosa di tecnico, sempre mentre dormiva: "La diagonaaaallllleeee" oppure "Torna, torna, tornaaaaa". Oddio, non stacca mai. Era il suo gran segreto, forse la sua croce. Prima di cadere in catalessi, verso le dieci e mezzo di sera, faceva il giro delle stanze. Aveva le pantofole, trascinava i piedi, lo sentivamo arrivare. Spegnevamo la luce, ci buttavamo sotto le coperte e fingevamo di dormire». Lo stesso Ancelotti dovette poi riconoscere che, grazie agli insegnamenti del tecnico di Fusignano («Stop e passaggio, stop e passaggio, stop e passaggio»), «a 28 anni ero diventato un centrocampista centrale. Sacchi mi aveva aperto un nuovo mondo».

I progetti di Berlusconi applicati al calcio, così come quelli di Sacchi, potevano anche sembrare un po' utopistici, ma ottennero comunque grandi risultati tanto che il Milan approdò alla finalissima di Coppa dei Campioni contro lo Steaua Bucarest, che si disputò al Camp Nou di Barcellona il 24 maggio del 1989 con novantamila tifosi milanisti approdati per l'occasione nella città catalana: fu il più grande esodo nella storia del calcio internazionale per assistere a una partita. Con quell'incontro, Silvio raggiunse l'apice della popolarità. La vittoria non poteva mancare e, per propiziarla, alla vigilia della grande sfida, andò a inginocchiarsi davanti all'altare della cappella che si trovava all'interno dello stadio. Poi tornò negli spogliatoi e, visto il suo allenatore, esclamò: «Arrigo ho pregato. E ho spiegato al Padreterno che quelli dello Steaua sono tutti comunisti. Starà con noi». Il campo gli dette ragione: il Milan vinse 4 a 0 con due gol di Gullit e due di Van Basten. Berlusconi non perse l'occasione di sfruttare immediatamente l'enorme ritorno d'immagine di quel trionfo: qualche giorno dopo, il 27 maggio, organizzò a Rimini una sua convention e, tra un discorso finanziario e l'altro, convocò anche l'allenatore del Milan, Gullit e Donadoni. Ci fu un uragano di applausi e il Cavaliere sentenziò dal palco: «Noi saliremo presto in cima al mondo, vero Arrigo?» La risposta di Sacchi fu immediata: «Certo».

Nel mondo del pallone molti ricordano la grandissima prodigalità del presidente rossonero: era tanto generoso da esserlo pure con i giocatori delle squadre avversarie. Capitò a Davide Zannoni, già mediano del Parma quando ancora la squadra emiliana era allenata da Sacchi, che, in un'amichevole di pre-campionato con il Milan, ebbe un grave incidente scontrandosi con Mauro Tassotti. Qualche giorno dopo, insieme agli auguri di pronta guarigione, Berlusconi gli fece recapitare, come suo dono personale, una Fiat Uno: anche ad Agnelli quel "pensiero" automobilistico sarebbe piaciuto moltissimo. Famose erano poi le cene di Berlusconi con i suoi giocatori. Davvero unica fu quella tenuta a Villa San Martino, che il Cavaliere aveva acquistato dai Casati Stampa, per festeggiare il primo successo del Milan in Coppa dei Campioni. Cominciò alla grande regalando a tutte le signore presenti un gioiello che pescava da un vassoio d'argento: per ciascuna l'aveva scelto lui stesso direttamente in gioielleria.

Massimo Gramellini – riporta «Il Foglio» – offre questo quadro divertente di Berlusconi: «Era il cumenda moderno, circondato dal servilismo dei collaboratori. Arrivava all'allenamento del Milan in elicottero, si toglieva l'impermeabile e lo lanciava dietro le spalle, dove c'era sempre qualcuno che lo pigliava al volo. Scrissi che il raccattacappotti era il nuovo portiere del Milan e si arrabbiarono tutti, specie il portiere del Milan. L'allenatore Sacchi, adulatore furbissimo, iniziava le conferenze del sabato con una formula magica: "Permettetemi anzitutto di ringraziare il Dottore, che è una persona meravigliosa. Senza di lui, noi non saremmo qui". Alla decima volta un collega alzò la mano: "Senta Sacchi, premesso che il Dottore è una persona meravigliosa, ci dice la formazione?"» Il feeling tra Silvio e Arrigo restò solido anche quando il tecnico lasciò la squadra rossonera per approdare alla guida degli azzurri, che nel 1994 disputarono i Mondiali di calcio negli Stati Uniti arrivando alla finale (persa) con il Brasile. Spesso e volentieri, il Cavaliere ammoniva il CT: «Gli italiani hanno il senso della nazione ma non quello dello Stato!» E forse aveva ragione... Anche dopo l'uscita di Sacchi dal Milan, la passione per il calcio di Silvio non venne mai meno e, quando entrò nel Palazzo, usò pure per la politica il termine «scendere in campo». Non solo: da premier si sentiva un *trainer* al quadrato e a Bruno Vespa, che l'intervistò nel 2017 (*Soli al comando*), dipinse lo scenario di centrodestra come se fosse una squadra di calcio: «Per sua natura Salvini è un goleador, come la Meloni, che vedo bene giocare all'ala. Berlusconi è il regista se sta in campo e l'allenatore se sta fuori. Chi prenderà più voti farà l'allenatore».

È certo, comunque, che Silvio abbia avuto più fortuna allo stadio che in politica: la «Gazzetta dello Sport», per raccontare i suoi trent'anni di presidenza al Milan, ha parlato di «intuizioni geniali». E un altro gol messo a segno dal Cavaliere fu il ripescaggio di Fabio Capello sulla scia di Sacchi dopo averlo già scelto nel 1987, all'indomani dell'uscita di Nils Liedholm, per vincere uno spareggio Uefa, prima di relegarlo, per un certo periodo, anche dietro una scrivania come dirigente di Mediolanum. In un'intervista lo stesso Capello definì Silvio «un visionario che centra gli obiettivi». In modo soft Fabio ha pure criticato Berlusconi, facendo notare che il presidente voleva intromettersi nelle scelte della squadra da mettere in campo anche se, alla fine, a decidere era sempre l'allenatore, cioè lui. Il ritorno di Fabio, quasi costretto a prendere il testimone dalle mani di Arrigo, non fu tra i più facili e, all'inizio, i più importanti quotidiani sportivi gettarono un po' di fango sul tecnico friulano. Ci fu un giornale che titolò: *Berlusconi mette il suo maggiordomo alla guida del Milan*. Ma il campo smentì immediatamente tutte le facili profezie giornalistiche e i rossoneri, trascinati in particolare da Van Basten, vinsero subito il campionato con quattro giornate d'anticipo e a distanza di quattro anni dall'ultimo scudetto. Fu il primo dei quattro conquistati dallo stesso Capello che, prima di lasciare la panchina, parlerà ancora del suo connubio con Silvio: «Abbiamo vissuto anni splendidi. Questa storia ha una morale: la passione per il calcio non ha età». Un feeling che si consoliderà nel corso degli anni; quando, ormai, era ex presidente del Milan, Berlusconi confesserà di essere stato in totale sintonia soprattutto con due allenatori: Sacchi e Capello.

Certo, dietro alla vicinanza con il tecnico di Fusignano c'è sempre stato un certo amarcord di Silvio per la terra di Romagna: anche quando fece carriera, il Cavaliere non dimenticherà le estati trascorse dalle parti di Rimini a cantare nei locali notturni della riviera. E forse pure per questo motivo fece il bis di Sacchi, ingaggiando un altro allenatore romagnolo DOC, Alberto Zaccheroni, che sbarcò al Milan nel 1998. Nato a Meldola, vicino a Forlì, e casa a Cesenatico, dove siamo andati a intervistarlo, «Zac» ha avuto sempre i rossoneri nel cuore. Proveniva dall'Udinese, dopo aver cominciato la sua carriera da tecnico a casa sua ed essere approdato anche al Venezia, al Bologna e al Cosenza. Con quella *s* sibilante tutta romagnola, s'accordò in un attimo con Berlusconi. Ci ha detto: «Non ho mai incontrato nessuno veloce come lui a trovare un accordo». Un'intesa fulminea anche se l'inizio dell'avventura milanista fu in salita perché, intervistato da un giornalista forlivese, Zaccheroni confessò di essere un tifoso dell'Inter (dove, in effetti, approdò nel 2003) e di avere una sorella che votava a sinistra. E il quotidiano mise in risalto, con un titolo a caratteri cubitali, l'incongruità politica e sportiva del nuovo allenatore del Milan. Quel titolo fece rumore nel clan berlusconiano e qualcuno, vicino al Cavaliere, chiese a Zac di smentire quell'intervista, ma lui non fece nulla.

Se chiedi a Zaccheroni che cosa di Silvio l'avesse colpito maggiormente, la sua risposta è immediata: la grande prodigalità del «Cav» che non badava a spese, l'abbiamo visto, quando si trattava di acquistare il giocatore migliore. Successe così anche con l'attaccante ucraino Andriy Shevchenko che, come allenatore, non ha poi avuto uguale fortuna tanto che, nel gennaio 2022, è stato esonerato dal Genoa dopo pochissime domeniche in panchina.

Berlusconi mise a disposizione di Zac il suo aereo personale per andare a visionare a Londra il calciatore, che allora giocava nella Dinamo Kiev, impegnato in una partita con l'Arsenal a Wembley. L'allenatore preparò un lungo dossier su pregi e difetti dell'attaccante, ma il presidente, che non aveva certo tempo da perdere, chiese che, in fondo alla relazione tecnica, Zaccheroni aggiungesse semplicemente se prendere o lasciare l'ucraino. Lui disse di sì e Silvio procedette all'acquisto senza badare ai soldi (moltissimi). Era proprio vero: anche nel calcio Berlusconi non ci pensava mai due volte. Del resto, il suo pensiero era chiaro sin dall'inizio: «Il calcio è metafora di vita. Dai successi del Milan la gente ha capito che la mia è una filosofia vincente, che lavorando si possono raggiungere risultati ambiziosi».

Ma Zac non diventò un pupillo del Cavaliere così come lo furono Sacchi e Capello. Se vogliamo, solo un altro allenatore arrivò ai livelli dei due preferiti: Carlo Ancelotti, che guidò il Diavolo dal 2001 al 2009. Ha ricordato il tecnico emiliano in un'intervista al giornale tedesco «Die Welt»: «Berlusconi criticava quando il Milan andava bene, ma quando facevamo male ci sosteneva. [...] Nei momenti di difficoltà non avrebbe mai gettato benzina sul fuoco». Ancelotti ha comunque ammesso che il presidente era solito intromettersi anche nelle questioni tecniche: «Lui amava immischiarsi ma lo faceva nei momenti positivi della squadra». Ad esempio, quando si vinceva, voleva un modulo di gioco che prevedesse un attaccante in più schierato avanti. E nel 2021, quando Carletto era già approdato al Real Madrid, alla domanda di un giornalista se Berlusconi avesse cambiato di più il calcio moderno di quanto avesse fatto il presidente della società spagnola, Florentino Pérez, ha preferito glissare: «Per me è stata una fortuna lavorare in questi due grandi club e con questo tipo di persone». Sempre nel 2021, Ancelotti ha anche confessato al «Giornale» di aver chiamato Berlusconi in ospedale quando seppe dei suoi ultimi ricoveri: «Sa, dopo i saluti, la prima domanda che mi ha fatto? "Carlo, cosa pensi della costruzione dal basso che va tanto di moda nel calcio di oggi?" E io gli ho risposto: "Presidente, dipende dai piedi dei difensori". E lì ho capito che stava bene».

Anche negli ultimi anni, insomma, il calcio è restato il grande hobby di Berlusconi, un hobby molto costoso che continuò ad avere quando era sempre proprietario del Milan e nello stesso tempo era diventato presidente del Consiglio, con un altro grande conflitto di interessi su cui lui chiudeva gli occhi. Hobby costoso ma causa anche di grossi capitomboli, come quello che lo vide protagonista nel 1992 di una vicenda che Carlo Petrini, in *Le corna del Diavolo*, chiama «il grande imbroglio»: l'acquisto dal Torino dell'attaccante Gianluigi Lentini che il Cavaliere voleva a tutti i costi per soffiarlo alla Juve dopo essere stato "bruciato" da Agnelli nell'acquisto di Gianluca Vialli. Il Torino era in quel periodo di proprietà di Gian Mauro Borsano, un imprenditore eletto deputato col Psi di Craxi ma in grosse difficoltà finanziarie, al punto da essere vicino alla bancarotta. Nel marzo 1992 si mise d'accordo con Adriano Galliani, amministratore delegato del Milan, per la cessione di Lentini (che preferiva invece andare alla Juve perché la sua famiglia stava a Torino) a 14 miliardi e mezzo di lire. Un'operazione complicata: il Milan dava in anticipo cinque miliardi in nero (non era infatti ancora il periodo ufficiale per le compravendite di giocatori) su un conto a Lugano, Borsano dava in pegno (depositandola presso un notaio milanese) la maggioranza delle azioni della società granata in attesa che tutto potesse essere ufficializzato.

Il 30 giugno 1992 la notizia diventò ufficiale: Lentini era del Milan per la cifra astronomica di 65 miliardi. Scandalizzando un po' tutti: Maurizio Crosetti scrisse su «la Repubblica» che «in quattro anni il fantasista granata guadagnerà 21 miliardi netti. Berlusconi, per averlo, ne spende 65: 23 miliardi al Torino, 8 lordi a stagione spettano al giocatore, unitamente a una specie di *una tantum* di 5 miliardi netti, cioè 10 lordi. Siamo ai confini della realtà, anzi probabilmente il Milan questi confini li ha varcati». Anche Gianni Agnelli disse la sua con la solita *r* arrotata: «Veramente non credevo che si potesse arrivare a quel punto. Berlusconi è il numero uno in tutto, ma gli mancano il senso della misura e l'equilibrio... Lentini per 65 miliardi non solo non l'avrei acquistato, ma neanche avrei permesso che si avvicinassero per propormelo...» I guai giudiziari arrivarono quando Borsano dichiarò bancarotta e ai giudici raccontò dell'operazione Lentini. Così Berlusconi, che definì la vicenda «comica» aggiungendo di sentirsi oggetto di «una caccia alle streghe», si ritrovò nel 1998 rinviato a processo per fondi neri e falso nel bilancio del Milan. Poi nel 2001, quando Silvio fu rieletto presidente del Consiglio, ecco subito saltar fuori la legge che depenalizzava il reato di falso in bilancio. E Berlusconi si ritrovò prosciolto grazie alla prescrizione del reato.

Non fu l'unica legge provvidenziale. Dal momento che

i conti del Milan erano in profondo rosso, nel febbraio 2003 il governo Berlusconi varò un decreto salva-calcio che permetteva alle società calcistiche in difficoltà finanziarie di spalmare i debiti in dieci anni. Un "salvagente di Stato" utilizzato anche dal Milan che quell'anno, racconta Carlo Petrini, avrebbe avuto «un rosso da 247 milioni di euro». Troppo anche per uno come il Berlusca, noto per la sua proverbiale prodigalità quando si trattava di spendere per il suo Milan. E così, non appena si rese conto che, per restare nell'Olimpo del calcio, bisognava dissanguarsi e che solo gli sceicchi arabi, che avevano alle spalle Stati interi, o i grandi magnati petroliferi di Pechino, erano ormai in grado di sostenere esborsi così elevati, decise di vendere a malincuore la società rossonera. Dopo trentuno anni, il 17 aprile 2017, Silvio, salvo pentirsene in seguito, cedette a una società lussemburghese, creata *ad hoc*, che faceva capo all'imprenditore cinese Yonghong Li, il 99,93% del club, valutato 740 milioni di euro.

Durante l'era Berlusconi, il Milan ha vinto 29 trofei: otto scudetti, una Coppa Italia, cinque Champions League, due Coppe Intercontinentali, cinque Supercoppe europee e un mondiale per club. La cessione al pianeta "giallo" non si rivelerà un grande affare. Ammetterà lo stesso Cavaliere ai microfoni di Sky Sport: «Con Yonghong Li ho sbagliato, pensavo fosse il più affidabile. Non è stato all'altezza e neanche i suoi dirigenti lo sono stati. Vendere era diventata una necessità per noi, il nostro gruppo e la nostra famiglia non potevano continuare con le spese imposte dal calcio... le cifre erano troppo elevate».

Ma la passione per il pallone non abbandonerà mai Berlusconi tanto che, dopo appena un anno, o poco più, dal suo congedo con il Diavolo (il 28 settembre 2018), acquistò, per 2,9 milioni di euro, il 100% del Monza dalla famiglia dell'ex patron del Milan, Felice Colombo. A spingere Silvio all'operazione fu, in particolare, Adriano Galliani, monzese DOC. La squadra brianzola, che per anni era stata sponsorizzata dalla Simmenthal, giocava allora in C, ma il Dottore la riportò quasi subito nella serie cadetta. E nel 2022, per la prima volta nella sua storia, il Monza sarà promosso in serie A. Intervistato da Sky Sport, Berlusconi spruzzerà grande ottimismo: «Possiamo fare del Monza una squadra super, credo che nessuno pensi di andare via. Balotelli? Gli ho chiesto, per ridere, se vuole tornare a giocare qui. Vedremo se può rientrare nei piani della società».

Alla resa dei conti, Silvio ha comunque avuto nello sport molte soddisfazioni. È restata celebre la frase che Ruud Gullit pronunciò sul suo conto dopo che a Belgrado, in una partita di Champions, la nebbia aveva fatto sospendere un incontro che il Milan stava perdendo con la Stella Rossa: «Berlusconi è nato proprio con la camicia. Per me la nebbia l'ha fatta lui con il sigaro…» Una volta comunque il Cavaliere si tolse il classico sassolino dalla scarpa: «Sulle cronache sportive si parla del Milan di Sacchi, di Zaccheroni, di Capello e di Ancelotti, mai del Milan di Berlusconi. Eppure sono io che da quando ho preso il Milan faccio le formazioni, detto le regole e compro i giocatori. Sembra che io non esista».

# 9.

# La guerra di Segrate

«Berlusconi e De Benedetti, due galli nello stesso pollaio, non potevano sopportarsi.»
Vittorio Dotti, *L'avvocato del diavolo*

«Nessuno di questi grandi gruppi dovrebbe strapparsi le vesti, non mi sembra che sia una lotta tra terziari francescani...»
Giulio Andreotti a *Tribuna politica*, maggio 1990

«Ah, che sera quella sera...»
Giuseppe Ciarrapico, aprile 1991

A metà degli anni Ottanta c'era in Italia il «panettone di Stato». Lo produceva la Sme, una finanziaria dell'Iri che in passato si era occupata di energia e che, dopo l'indennizzo ricevuto dall'Enel, aveva investito nell'agroalimentare, diventando nel settore il gruppo più forte. Tra i suoi marchi figuravano Motta, Alemagna, Mellin, Cirio, Surgela. E sempre sotto l'ombrello dell'Iri, guidato da Romano Prodi, c'erano anche Autogrill e patatine, surgelati Italgel e supermercati Gs. Prodi decise di privatizzare la Sme, quotata in Borsa, in un momento in cui si parlava molto di privatizzazioni, in modo da indirizzare i ricavi in settori considerati più strategici. Aveva ragione, il panettone non aveva niente di strategico per lo Stato. Così mise la società in vendita. Dopo un iniziale periodo di disinteresse generale, l'unico a fare un'offerta fu Carlo De Benedetti, l'Ingegnere, da poco diventato proprietario della Buitoni, la società della pasta fresca e delle fette biscottate. Offrì quasi 500 miliardi di lire, una cifra ritenuta giusta, e il 29 aprile 1985 venne firmato l'accordo preliminare. Tra le telefonate di congratulazioni, l'Ingegnere, osserverà il suo avvocato di parte civile Giuliano Pisapia, ricevette quelle «di Ferrero, Berlusconi, Barilla e del presidente della Ferrero, l'avvocato Grande Stevens».

De Benedetti è un altro dei pochi imprenditori italiani con la voglia di diventare il nuovo Gianni Agnelli d'Italia. Di famiglia borghese, compagno di classe di Umberto Agnelli, determinato, anticonformista e provocatore, senza peli sulla lingua (una volta, alla fine del 1977, inviò un siluro contro Guido Carli, all'epoca presidente della Confindustria: «Vive al settimo piano del palazzo dell'Eur, dove si chiude con il fido Savona nella sua infinita superbia»), definito da Giuseppe Turani «una belva di attivismo» e da Marco Borsa «un grande finanziere con la propensione alla speculazione», capace di drenare centinaia di miliardi sul mercato azionario, considerato politicamente vicino alla sinistra, dopo la breve esperienza alla Fiat e quella più positiva (almeno inizialmente) all'Olivetti, cercò di mettere le mani sul «Corriere della Sera» entrando nell'Ambrosiano di Calvi e uscendone poco prima del fallimento; provò anche a "scalare" l'impero Pesenti, alla fine invece acquisì per poche decine di miliardi la Buitoni. Da lì l'idea di creare un nuovo grande gruppo alimentare. E si scatenò il finimondo; Bettino Craxi, che non aveva nessun feeling con l'Ingegnere e lo considerava un nemico in quanto vicino ad altri suoi nemici, i proprietari del gruppo Espresso-Repubblica, cioè Caracciolo e Scalfari, chiese a Silvio di intervenire con una nuova offerta perché bloccasse quell'operazione che riteneva «un danno per lo Stato». E il Cavaliere ricambiò il favore ricevuto poco prima per i due decreti *ad personam* a favore delle sue tivù.

Lo confermò ancor più in dettaglio lo stesso Berlusconi in *L'avvocato del diavolo* a Vittorio Dotti, che partecipò alla trattativa. Craxi inviò al Cavaliere un suo emissario, Pompeo Locatelli, ed emerse l'idea di mettere in piedi una cordata credibile di imprenditori e, dal momento che il tempo era poco, Berlusconi pensò di far presentare immediatamente da qualcuno una lista civetta in modo da bloccare subito la trattativa e avere il tempo necessario per trovare gli alleati. Così, racconta Dotti, «con la mediazione di Cesare Previti, fu contattato un avvocato romano, amico ed ex compagno di scuola di Previti, Italo Scalera, al quale fu dato l'incarico di presentare un'offerta farlocca per conto di un innominato gruppo imprenditoriale». Scalera («un nessuno», commenterà l'Ingegnere) presentò così all'Iri, il 24 maggio, l'offerta ufficiale di 550 miliardi di lire, il 10% in più rispetto alla cifra di De Benedetti, per conto di un noto imprenditore alla guida di una cordata di investitori. La richiesta di Prodi di conoscere qualche nome rimase lettera morta. Ma l'espediente, ricorda Dotti, «ebbe successo, nessuno sospettò niente». Solo dodici anni più tardi, ricordano Peter Gomez e Marco Travaglio in *Lo chiamavano impunità*, Italo Scalera svelerà davanti ai giudici milanesi i retroscena di quella vicenda: «Il noto imprenditore di cui ho parlato era Silvio Berlusconi, il quale mi telefonò per chiedere di mandare all'Iri un'offerta a nome di operatori finanziari che non dovevano essere indicati [...] e mi disse che era interessato lui personalmente all'acquisto di Sme insieme ad altri imprenditori».

Il 28 maggio 1985, quindi cinque giorni dopo, arrivò l'offerta della vera cordata di Berlusconi composta da altri due bei nomi della imprenditoria italiana ed entrambi importanti inserzionisti delle sue televisioni: Pietro Barilla e Michele Ferrero. Una cordata credibile, realizzata non proprio semplicemente poche ore prima in una riunione che si prolungò per tutta la notte nel salone del ristorante Liros, a Broni, a sud di Pavia. Un luogo a metà strada tra tutti i partecipanti e punto di ritrovo per giocatori di briscola. Alla riunione c'erano Berlusconi, Dotti, Pietro Barilla con il suo amministratore delegato Manfredo Manfredi, Michele Ferrero con la moglie e il direttore generale Amilcare Dogliotti, e qualche altro manager di seconda linea. Berlusconi disse: «Dobbiamo fare un'offerta *tranchant*». Propose 600 miliardi, Dotti cominciò a scrivere una prima bozza dell'offerta d'acquisto, la riunione finì alle otto del mattino. Così, poco prima della scadenza dei termini per la presentazione delle proposte, furono offerti all'Iri via telex 600 miliardi. E qui cominciarono i colpi di scena, perché il 15 giugno il governo Craxi annullò con un decreto la vendita della Sme.

De Benedetti, che si ritenne danneggiato, denunciò l'Iri alla magistratura e fece ricorso, ma telefonò anche a Grande Stevens per chiedere chiarimenti su quel voltafaccia, ricevendo questa risposta: «Guarda, non farmi dire di più, siamo stati costretti a farlo, lo facciamo contro la nostra volontà». Il 25 giugno il tribunale di Roma respinse la sua richiesta. E così nel gennaio 1986 l'Iri stabilì che l'offerta di Berlusconi era valida, mentre, nella successiva estate, sempre il tribunale di Roma, presieduto da Filippo Verde, sostenne che l'intesa Prodi-De Benedetti non era valida, «perché non segnava il perfezionamento di un accordo». Anche in seguito, la Corte d'Appello e la Cassazione confermeranno che l'accordo con De Benedetti non era valido perché ci volevano il benestare del consiglio d'amministrazione dell'Iri e del ministro delle Partecipazioni statali Darida. De Benedetti restò incredulo, anche se la correttezza dell'Iri e di Romano Prodi non venne messa in discussione, Eugenio Scalfari fece uscire su «la Repubblica» un titolo molto esplicito, *Iri-Sme, cronaca di uno scippo*. Cesare Romiti si domandò se con quella sceneggiata eravamo finiti «in Polonia».

A quel punto anche Silvio perse la battaglia e, come conclusione, il «panettone di Stato» restò in mano allo Stato fino a quando, nei tardi anni Novanta, il gruppo sarà venduto a pezzi: Italgel alla Nestlé (che già aveva acquisito da De Benedetti la Buitoni), Cirio-Bertolli-De Rica alla Fisvi di Carlo Saverio Lamiranda, e il resto a una cordata composta da Benetton, Del Vecchio, Crediop e una società di gestione alberghiera con sede in Svizzera. Così il gruppo, ricorda Prodi nel suo *Strana vita, la mia*, «in parte andò in mani straniere e perdemmo l'occasione di creare un grande gruppo italiano dell'agroalimentare». Non solo, perché nel 1996, la vicenda si colorò di "giallo": il legale di Berlusconi, Dotti, diventato nel frattempo anche deputato di Forza Italia, parlò infatti di «una vicenda dalla doppia storia: quella pubblica, visibile in superficie, fatta di operazioni societarie e di procedimenti giudiziari, e quella nascosta, sotterranea, fatta di corruzione e mazzette. Io ho vissuto e conosciuto solo la prima. Della seconda venni a sapere solo dopo».

Una vicenda dalla doppia storia e sviluppata anche su due fronti: quello della Sme e quello della Mondadori. Già, la rivalità tra Berlusconi e De Benedetti diventò ancora più forte proprio dopo il caso Sme, o meglio: dopo la fine del primo tempo del caso Sme. Non solo erano «due galli nello stesso pollaio», erano anche tra i maggiori protagonisti a calcare la scena economica. In quel periodo l'Ingegnere riusciva a fare quel che voleva in Borsa, anche con qualche giochetto finanziario come quello del ricorso alle "scatole cinesi", per cui una società veniva quotata più di una volta. Con l'Olivetti raggiunse l'apice dei giochetti finanziari in quanto, ricordano Marco Borsa e Luca De Biase, venne quotata quattro volte: dentro la Cofide, la finanziaria di famiglia di De Benedetti; dentro la Cir, l'*holding* del gruppo; dentro la Sabaudia, una scatola cinese utilizzata solo per raccogliere denaro; infine attraverso l'Olivetti vera e propria. Il mercato gli fu favorevole, raccolse risparmi per tremila miliardi di lire.

Un'attività frenetica, la sua: rilevò azioni Montedison che poi rivendette a Raul Gardini; nel 1987 acquisì con la Cir una quota del 15% della Arnoldo Mondadori e quindi, attraverso la casa editrice mondadoriana, del gruppo Espresso-Repubblica di Caracciolo e Scalfari; l'anno dopo provò anche a impadronirsi della Sgb, Société

Générale de Belgique, un enorme conglomerato con oltre 400 partecipazioni sparse per il mondo, dalle banche alle assicurazioni e alle miniere nel Congo. Un colosso senza una proprietà dominante. E dal momento che l'Ingegnere ha sempre avuto facilità nello sfornare battute più o meno sarcastiche, quando raggiunse il 25% del capitale, pronunciò in Belgio una frase diventata famosa («sono venuto a suonare la fine della ricreazione»), portò una scatola di cioccolatini Peyrano al governatore della Sgb e «la Repubblica» uscì con questo titolo: *De Benedetti compra un terzo del Belgio*. L'Ingegnere fece invece un rovinoso scivolone finanziario di ben mille miliardi e fu costretto a cedere la Buitoni alla Nestlé. Una ventina d'anni più tardi riconoscerà che l'assalto alla Sgb fu il suo «più grande e penoso errore dal punto di vista patrimoniale».

De Benedetti era a ogni modo (diceva spesso l'Ingegnere: «Devo fare in una sola generazione quello che gli Agnelli hanno fatto in tre») un rullo compressore, che mise in allarme Berlusconi. Soprattutto quando la presidenza dell'Ingegnere diventò più forte nel gruppo Espresso-Repubblica, quindi nel gruppo dei «nemici di sinistra», Caracciolo e Scalfari, con una batteria di testate piuttosto pesanti nel panorama editoriale italiano: «Panorama», «L'Espresso», «Epoca», una catena di quotidiani locali, «la Repubblica», che in quel periodo, grazie a un giochetto chiamato Portfolio, una specie di lotteria basata sui titoli di Borsa, aveva superato le vendite del «Corriere», a sua volta costretto a ribattere con un altro giochetto, Replay. Così cominciò anche il Cavaliere a comprare sul mercato azioni della Mondadori fino ad averne il 7% e, all'acquisto di De Benedetti del Credito Romagnolo, la seconda banca privata italiana soffiata sul filo di lana agli Agnelli, lui rispose comprando più tardi la Standa, la società di grande distribuzione con il pregio di essere enormemente liquida. E volle fare anche lui un bel gesto in modo che ne parlassero i giornali: invece dei cioccolatini Peyrano, fece donare una rosa alle commesse.

La "scalata" alla Mondadori dette il via alla «guerra di Segrate», ufficialmente cominciata nel 1990 ma in realtà partita molto prima. Nel 1987 morì a Parigi per una malattia Mario Formenton, presidente della casa editrice. E nella successione della gestione dell'azienda, si aprirono contrasti tra le due figlie eredi del fondatore Arnoldo Mondadori (l'altro figlio, Giorgio, aveva già lasciato l'azienda creando una propria casa editrice): da un lato Cristina («Pucci»), vedova di Mario Formenton, insieme al figlio primogenito Luca, dall'altro Laura («Mimma») con il figlio Leonardo. I due giovani lavoravano già in azienda. Accadde che, dopo la morte di Mario Formenton, De Benedetti stipulò un'intesa con Cristina e figli in base alla quale, il 30 gennaio 1991, avrebbero ceduto le loro azioni nella finanziaria che aveva il controllo della casa editrice alla Cir, facendo quindi dell'Ingegnere l'azionista di maggioranza.

Berlusconi corse subito ai ripari e cominciò a corteggiare Leonardo Mondadori, definito da Vittorio Dotti «un uomo colto, dolce e compassato, grande tifoso del Milan». Il feeling tra i due fu ottimo e nell'agosto 1988 il Cavaliere rilevò da Leonardo (che uscì dall'azienda fondando la Leonardo Editore) il 24,5% della finanziaria in mano ai

Formenton e a De Benedetti. E a quel punto Silvio fece sapere di aspettarsi un ruolo di primo piano nella gestione della società editoriale. Silenzio. Nello stesso tempo, scrive Dotti in *L'avvocato del diavolo*, «indossò ancora una volta i panni del seduttore» appena scoprì che i rapporti tra i Formenton e De Benedetti erano in rapido peggioramento: «Si erse a baluardo della famiglia, gridò allo scandalo, ma soprattutto mise a disposizione il proprio libretto degli assegni». Una capacità di seduzione confermata anche da Guzzanti: «Gli eredi di Mario Formenton si faranno sedurre da Berlusconi decidendo di vendere le loro azioni a lui e lasciando De Benedetti con un palmo di naso».

L'Ingegnere rimase deluso e sbalordito proprio mentre stava combattendo (e vincendo) un'altra battaglia: convincere Caracciolo e Scalfari a vendergli le loro azioni del gruppo Espresso-Repubblica. L'annuncio fu dato nell'aprile 1989 a Torino in occasione della nascita dell'edizione torinese di «la Repubblica» nella splendida cornice del Teatro Carignano. Sul palco, racconta Alberto in *Penne al vetriolo*, Scalfari e i suoi due vice, Rocca e Pansa; in platea Gianni Agnelli e De Benedetti, uno accanto all'altro. I giornalisti di «la Repubblica» scoprirono di essere così diventati uguali a tutti gli altri giornalisti in quanto non avevano più un editore puro ma, racconterà Giampaolo Pansa, «un imprenditore che aveva interessi industriali ed editoriali. [...] Caracciolo e Scalfari erano passati nella gloriosa serie A dei miliardari. Il Principe di miliardi ne aveva incassati qualche centinaio, Eugenio si era fermato poco al di sotto dei cento». Molti anni dopo si scoprirà che Caracciolo e Scalfari avevano tentato di resistere al pressing di De Benedetti, offrendo a Berlusconi una fetta di «Repubblica». Lo ha raccontato al «Corriere» Fedele Confalonieri: si erano incontrati una sera a cena, Scalfari e Caracciolo avevano descritto di trovarsi nei confronti dell'Ingegnere «come una casetta all'interno di un grande piano di lottizzazione e cioè circondati». La richiesta non ebbe successo. Ma al termine della cena si erano tutti consolati ascoltando Confalonieri suonare al piano per una ventina di minuti *Rapsodia in blu*.

Un anno importante, il 1989. Arnaldo Forlani, definito da Fortebraccio «l'uomo dall'agonia longeva, dal coma perenne, dal respiro che è sempre l'ultimo», scalzò all'inizio dell'anno Ciriaco De Mita dalla segreteria democristiana che teneva dal 1982, lo estromise poi dalla guida del governo, che passò ad Andreotti con Claudio Martelli come vice. Nacque così quel patto di potere chiamato «CAF» (Craxi-Andreotti-Forlani) che, raccontano Claudio Fracassi e Michele Gambino in un agile libro su Berlusconi, «partì all'attacco di ogni carica, centrale o periferica, politica o bancaria, di ogni posizione di apparente autonomia. Secondo la logica del CAF, furono assegnati i posti di direttore nei giornali, nelle agenzie di stampa, alla Rai». Con Antonio Ghirelli, direttore de «l'Avanti!», che ogni giorno bombardava con i suoi corsivi il «Ptr», il Partito trasversale di «la Repubblica». E con Fedele Confalonieri che indicò pubblicamente quale fosse il compito dei programmi Fininvest: «La nostra informazione sarà omogenea al mondo che vede nei Craxi, nei Forlani e negli Andreotti l'accettazione della libertà». In sostanza, allineati al CAF.

Sempre nel 1989 ci furono altri eventi decisivi. In novembre cadde il muro di Berlino, segnando una svolta nella storia mondiale; in dicembre Achille Occhetto propose a Bologna di modificare il nome del Pci rinunciando alla parola «comunista»; ancora in dicembre Luca Formenton cambiò terreno di gioco, strappò i vecchi accordi con l'Ingegnere e vendette tutto a Berlusconi che, nel gennaio 1990, diventò così presidente della finanziaria di controllo. De Benedetti protestò contro la scelta dei Formenton. Licio Gelli non nascose il suo entusiasmo affermando su «Panorama»: «Sono contento. Sono contento perché quando gli affari vanno bene a persone che se lo meritano, a me non può che far piacere». Berlusconi parlò da vincitore («se De Benedetti avesse una sola probabilità su cento di tornare in Mondadori, io non starei qui a fare il presidente») per poi rendersi conto di aver detto una baggianata perché, dopo una serie di incontri al calor bianco, venne deciso di ricorrere a un collegio arbitrale composto da due noti giuristi italiani, Pietro Rescigno e Natalino Irti, e dal procuratore generale della Corte di Cassazione, Carlo Maria Pratis.

Il verdetto dette ragione a De Benedetti. Sconcerto nel campo berlusconiano, che decise di impugnarlo davanti alla Corte d'Appello di Roma. Il collegio, formato dai giudici Arnaldo Valente, Giovanni Paolini e Vittorio Metta, decise il 14 gennaio 1991 che il lodo arbitrale favorevole a De Benedetti era nullo. Prima che la vicenda si trasformasse in una telenovela con implicazioni anche giudiziarie (rimase curiosamente lettera morta una frase di De Benedetti pronunciata già allora e riportata da Felice

Froio: «Negli ambienti degli avvocati ho sentito dire che la sentenza sarebbe costata dieci miliardi...»), entrò in scena Giuseppe Ciarrapico, secondo qualcuno su richiesta dell'allora presidente del Consiglio Giulio Andreotti, di cui era un fedelissimo, secondo altri su invito di Carlo Caracciolo, di cui era da tempo amico.

Ciarrapico, detto "il Ciarra", reuccio delle acque minerali con qualche nostalgia per il fascismo, esperienze editoriali di vario genere, dalla pubblicazione de «Il Secolo d'Italia» alle Edizioni del Borghese e a «Ciociaria Oggi», proprietario anche di un paio di ospedali e del noto ristorante romano Casina Valadier, finanziere controverso tanto da essere poi condannato per corruzione, anche senatore del Partito della Libertà di Berlusconi, raggiunse il 29 aprile 1991 un compromesso, ovvero la spartizione delle testate: a De Benedetti andarono «la Repubblica», «L'Espresso» e diciotto giornali locali della rete Finegil, a Berlusconi la Mondadori con i libri, «Panorama», «Epoca», le riviste femminili e in più 365 miliardi di lire come conguaglio. Ciarrapico ricorderà entusiasta quella sera, all'hotel Palace di Milano: «Ah, che sera, quella sera. Le trasmissioni vennero unificate e alle 23:20 io lessi il comunicato dell'accordo, con a destra Gianni Letta e Fedele Confalonieri, e a sinistra Carlo Caracciolo e l'avvocato Ripa di Meana che rappresentava De Benedetti». Quella venne ricordata come «la sera del Ciarra».

Finisce così il primo atto della "guerra di Segrate" con una vittoria di Berlusconi (salutata da Dotti con un tonante «abbiamo vinto a 360 gradi», per quanto a Roma Previti dicesse che quella guerra l'aveva vinta lui), ma col tempo non ben digerita dallo stesso Berlusconi perché una ventina d'anni più tardi, dopo essere stato più volte premier, racconterà a Bruno Vespa in *Nel segno del Cavaliere* la sua versione dei fatti un tantino rimaneggiata: «La verità è che con il lodo Ciarrapico io dovetti subire un'imposizione politica da parte dei più importanti leader del tempo. Mi dissero: hai tre reti televisive, non puoi anche mantenere la proprietà della "Repubblica" e de "l'Espresso". Devi scegliere. Fui costretto ad adeguarmi e scelsi naturalmente le televisioni. Quindi, *obtorto*, anzi *obtortissimo collo*, fui costretto a subire quella transazione nella quale De Benedetti si prese tutto ciò che era politicamente influente ed economicamente più redditizio. A noi restarono i libri e le riviste della Mondadori, del tutto ininfluenti sul piano politico».

Nel 2016 anche Scalfari, che aveva già toccato i 92 anni ma non aveva smesso di pontificare dalle pagine di «la Repubblica» con i suoi sermoni domenicali, raccontò un retroscena inedito (riportato in *Penne al vetriolo*) sul compromesso raggiunto tanti anni prima da Ciarrapico: c'erano da pagare spese legali per 50 milioni di lire, Ciarrapico non si fece trovare, Caracciolo e De Benedetti non vollero metter mano al portafoglio, Scalfari trovò la soluzione che lasciò tutti soddisfatti: convinse Berlusconi a farsene carico e in cambio gli garantì di essere trattato «come un socio» di «Repubblica»; gli faceva cioè leggere in anticipo le notizie che lo riguardavano in modo che potesse darne la sua interpretazione. E fu un impegno, disse Scalfari, che mantenne fino a quando Berlusconi non diventò presidente del Consiglio, quindi fino al 1994.

Il secondo atto della guerra di Segrate, quello essenzialmente giudiziario, andò in scena a metà degli anni Novanta con le indagini della magistratura milanese iniziate nel settembre 1995 e con la sentenza definitiva pronunciata dalla Cassazione nel 2007. Le persone coinvolte si trovarono in parte a interpretare ruoli diversi, anche politici: Berlusconi fu più volte premier dopo aver fondato un suo partito, Forza Italia; Cesare Previti fu eletto prima senatore e poi deputato ovviamente per Forza Italia e per un breve periodo fu persino ministro della Difesa; Vittorio Dotti venne eletto deputato con Forza Italia e capogruppo dei deputati; Andreotti fu nominato senatore a vita dopo aver tentato di diventare capo dello Stato; la Dc era stata sciolta e sostituita dal Partito popolare di Mino Martinazzoli; Craxi era stato travolto dal vento impetuoso di Tangentopoli, fu accusato di corruzione e si rifugiò in Tunisia, ad Hammamet, dove poi morì nel 2000; De Benedetti continuò a svolgere il suo ruolo di editore del gruppo Espresso-Repubblica (anche se, annoterà Giampaolo Pansa, «lui non ha creato nessuno dei giornali che possiede, si è limitato ad acquistarli») esercitando una forte influenza sugli uomini del centrosinistra. E continuò anche a seguire attentamente l'evoluzione processuale dei casi Sme e Mondadori.

In tutti questi anni sono stati scritti in maniera anche molto dettagliata decine di libri su queste due vicende, sono state effettuate ricostruzioni minuziose e ricche di testimonianze, di requisitorie, di decisioni, di rotture, di ricusazioni, di episodi di *insider trading*, di tangenti partite principalmente da conti bancari in Svizzera e finite in conti bancari a Roma, già all'epoca considerata «il porto delle nebbie». Ricostruzioni esaustive. Ecco allora una sintesi dei processi Sme e Mondadori, legato a sua volta alla vicenda Imi-Sir, una storia che risaliva ancora al 1982 e che aveva coinvolto Nino Rovelli, un industriale varesino legatissimo ad Andreotti. Proprietario della Sir, un'azienda chimica gestita male e poi fallita per debiti (ben tremila miliardi delle vecchie lire) finiti a carico dello Stato, Rovelli fece, raccontano Biondani e Porcedda in *Il Cavaliere nero*, una causa civile contro l'Imi, l'Istituto mobiliare italiano, una grande banca statale, chiedendo di essere risarcito in quanto la banca, già molto esposta verso Rovelli, gli aveva negato un credito che avrebbe salvato (o potuto salvare) il suo gruppo. La conclusione fu clamorosa: nel 1992, quindi dieci anni dopo, la Cassazione condannò l'Istituto mobiliare italiano a risarcire mille miliardi.

Nel 1994 Ilda Boccassini e Gherardo Colombo, membri del pool milanese di Mani Pulite, approfondirono in questa vicenda le indagini su diversi passaggi di denaro tra la Svizzera e Roma. Nello stesso tempo la vedova di Rovelli, deceduto in quel periodo a Zurigo, chiese attraverso il procuratore generale elvetico, Carla Maria Ponte, un incontro con i magistrati milanesi. E raccontò quella che la Boccassini ha definito in *La stanza numero 30* «una di quelle storie che possono lasciare a bocca aperta anche chi, negli anni, di storie incredibili ne ha sentite tante». In sostanza, la vedova Rovelli disse che il marito, poco prima di morire, le aveva raccomandato di dover onorare i crediti vantati da Attilio Pacifico, un avvocato romano amico se non braccio destro di Cesare Previti e molto introdotto nella magistratura romana.

Un mese più tardi Pacifico si fece vivo con la vedova e le ricordò anche che altre due persone, Previti e Giovanni Acampora, un ex ufficiale della Guardia di Finanza già arrestato nel 1983 e poi diventato uno scaltro libero professionista, vantavano dei crediti. Cosa che si verificò puntualmente. Addirittura alla vedova Rovelli furono scritti su pezzi di carta i nomi delle banche e i numeri dei conti cifrati sui quali versare in franchi svizzeri le somme pattuite evadendo il fisco italiano. La tangente fu, ricorda la Boccassini, così suddivisa: 28.850 milioni di franchi svizzeri (poco più di 33 miliardi di lire) a Pacifico, 10 milioni (quasi 13 miliardi) ad Acampora, 18 milioni (poco più di 21 miliardi) a Previti.

Il nome di Attilio Pacifico era già emerso in un'altra inchiesta della magistratura relativa a un conto corrente che Pietro Barilla, il «re della pasta», aveva a Zurigo presso la Inter Allianz Bank, un conto che, ricordano Gomez e Travaglio in *Lo chiamavano impunità*, era utilizzato per «foraggiare clandestinamente la Dc e il Psi a suon di mazzette». A metà del 1988 da quel conto erano partiti due bonifici (uno di 750 milioni, l'altro di un miliardo di lire), diretti entrambi sul conto Qasar Business, aperto presso la Sbt di Bellinzona dall'avvocato Pacifico. Soldi poi finiti a personaggi di Roma. Il primo consegnato manualmente, il secondo documentato in quanto girato sul conto Mercier (850 milioni) di Previti e sul conto Rowena (100 milioni) di Renato Squillante, un nome importante nel mondo della magistratura, capo delle indagini preliminari del tribunale di Roma, proprietario tra l'altro anche di un grande yacht. Emersero, riportano Travaglio e Gomez, altri bonifici estero su estero a magistrati (e non solo), provenienti da quella che nelle inchieste fu definita «la tesoreria occulta» del gruppo Fininvest: All Iberian, che bonificava miliardi in favore di altri due conti svizzeri gestiti dal cassiere centrale della società di Berlusconi. Una rete impressionante di conti correnti aperti con uno scopo: evadere il fisco e pagare tangenti.

Attraverso Pacifico, i magistrati italiani arrivarono a metà degli anni Novanta alla piccola banca di Bellinzona in cui lui aveva il conto e che era di proprietà di un cittadino elvetico, Dionigi Resinelli. Il banchiere non aveva nessuna intenzione di recarsi a Milano per parlare con i magistrati ma, dal momento che era proprietario anche di un villa in Sardegna, in estate se ne andò tranquillamente al mare. E lì la polizia riuscì a consegnargli l'ordine di convocazione. Resinelli fece un po' di resistenza, passò qualche giorno in carcere per favoreggiamento e poi, riporta la Boccassini in *La stanza numero 30*, raccontò a Gherardo Colombo «per filo e per segno le attività e il ruolo di Pacifico e di Squillante, indicando con precisione svizzera dietro quali sigle, numero e nomi di comodo si celassero i loro conti esteri». Nella vicenda Pacifico-Previti-Squillante entrò in ballo anche Stefania Ariosto, una biondina dal volto, sottolinea la Boccassini, «molto bello, che sprigionava ansia e inquietudine». Aveva vissuto prima a Roma, dove aveva frequentato gli amici di Previti, quindi si era trasferita a Milano, dopo un paio di esperienze sentimentali negative e seri problemi per il gioco d'azzardo. E a Milano aveva aperto con il fratello una galleria d'arte in via Monte Napoleone ed era diventata la compagna di Vittorio Dotti.

L'Ariosto raccontò di aver visto, riporta Stille in *Il Cavalier miracolo*, una processione di importanti giudici e pubblici ministeri passare spesso dalla casa romana di Previti per festeggiare le vittorie legali della Fininvest, di aver ricevuto varie confidenze dallo stesso Previti, tra cui quella di avere «molti magistrati sul proprio libro paga e di essere in grado di comprare il terzo ramo del governo oltre al "quarto potere", nel senso che pagava anche molti giornalisti». Non solo. Ebbe anche la confidenza, ricordano Gomez e Travaglio, che Berlusconi gli avrebbe messo a disposizione «fondi illimitati» per corrompere i giudici. E vennero fuori anche i nomi di Squillante e di Vittorio Metta, il giudice relatore nella causa civile che assegnò a Berlusconi la più grande casa editrice italiana (una sentenza di 117 pagine, ricorda la Boccassini, «scritte in una sola notte. Non molto credibile...»), ma anche nel caso Imi-Sir. L'Ariosto ebbe una scorta (cosa che insospettì Berlusconi, il quale chiese lumi a Dotti ma l'avvocato rispose di non saperne nulla), fu messa dalla polizia una cimice nel portacenere di un bar romano frequentato da Squillante e da Pacifico fino a quando lo stesso giudice la scoprì. Ma il danno era ormai fatto, tanto più che «l'Espresso» aveva pubblicato le foto di vari magistrati indicati dall'Ariosto che, insieme a esponenti della corte berlusconiana, si erano recati negli Stati Uniti, a spese di Previti, per festeggiare Bettino Craxi quando era stato nominato da una associazione italoamericana «uomo dell'anno». A quel punto, dai programmi delle televisioni della Fininvest cominciarono a partire bordate di accuse e di calunnie contro la Ariosto, contro le «toghe rosse» con la variante di «toghe sporche», contro la «giustizia ad orologeria», contro la «macchina del fango».

I processi furono caratterizzati dai tanti rinvii e dalle tante schermaglie. I dibattimenti Sme, Lodo Mondadori, Imi-Sir cominciarono nel 2000; in primo grado, nel 2003, il tribunale di Milano emise pesanti condanne per corruzione nei confronti di Previti, Pacifico, Acampora, Metta (il quale lasciò la magistratura) e Squillante; alla fine, nel 2006 e poi nel 2007 (dopo che la causa Sme era stata trasferita al tribunale di Perugia e archiviata per prescrizione), la Corte Suprema di Cassazione decise in merito agli altri due processi e – nonostante le difficoltà poste dalla Commissione giustizia del Parlamento sulle informative bancarie dall'estero – dichiarò definitiva la condanna a un anno e sei mesi contro Previti (che beneficiò anche di un indulto e scontò, salvo qualche giorno di carcere, la pena in affidamento ai servizi sociali) e gli altri imputati. Fu anche deciso il pagamento di un risarcimento alla Cir di De Benedetti per 560 milioni di euro, poi ridotti nel 2013 a poco meno di 500. Insomma, a conclusione di una guerra durata più di vent'anni, venne decretato che il passaggio della Mondadori a Berlusconi era stato frutto della corruzione con il ruolo da intermediario svolto da Previti.

E Berlusconi? La sua posizione era stata stralciata dalle altre e già nel 2001 la Corte di Cassazione lo prosciolse per prescrizione. Per un motivo tecnico trasformò l'accusa di corruzione in atti giudiziari nel reato di corruzione semplice e quindi concesse le attenuanti generiche (ma non agli altri) per quattro motivi tra cui «la preminenza dell'attuale condizione sociale e individuale dell'imputato», all'epoca presidente del Consiglio. Scattò così per Berlusconi la prescrizione in quanto il reato era stato commesso nel 1991. Non sarà l'unica volta.

# 10.

# L'Operazione Botticelli

«Da sempre denaro e potere stanno insieme e formano coppia. Sempre è stato così: il denaro produce potere e il potere produce denaro.»
Gustavo Zagrebelsky in *Il gioco grande del potere*

«Più che di corruzione o di concussione, si deve parlare di "dazione ambientale": chi deve dare il denaro, non aspetta più nemmeno che gli venga richiesto: sa che in quel determinato ambiente si usa dare la mazzetta o il pizzo e quindi si adegua.»
Antonio Di Pietro in *Società civile*

«Non ho mai corrotto nessuno, mai e in nessuna circostanza.»
Silvio Berlusconi all'Ansa, dicembre 1994

All'inizio degli anni Novanta il mondo intero sembrò cambiare volto. Si dissolse il Patto di Varsavia, si sgretolò l'Unione Sovietica e al posto di Gorbačëv finì al Cremlino Boris Eltsin, grande bevitore di vodka e birra. Una coalizione internazionale guidata dagli americani attaccò l'Iraq grazie alle bugie di George Bush senior e alla complicità di Tony Blair sulla questione delle armi di distruzione di massa nascoste da Saddam Hussein. Le due Germanie si riunificarono, nel febbraio 1992 Andreotti e il ministro degli Esteri Gianni De Michelis firmarono a Maastricht, nei Paesi Bassi, il trattato per far nascere tra dodici Paesi dell'Unione Europea una moneta unica entro il 1999. E già emerse, chiarisce Alberto in *Penne al vetriolo*, che tipo di Europa sarebbe stata quando il presidente della Bundesbank, Karl Otto Pöhl, cominciò a parlare di un'Europa a due velocità. Germania, Francia e Benelux in quella più veloce, l'Italia posta già allora in quella più lenta. Quando poi l'«Economist» pose il problema se l'Italia fosse davvero la quinta potenza economica dopo aver relegato la Gran Bretagna al sesto posto e quando sembrava pronta per scalzare la Francia dalla quarta posizione, Paolo Sylos Labini se ne uscì con una battuta al vetriolo: «Se ci fosse una classifica della civiltà, noi saremmo all'ottantesimo posto, altro che quarto o sesto...»

Il 7 febbraio 1992 venne arrestato a Milano Carlo Chiesa, il presidente socialista della casa di riposo Pio Albergo Trivulzio, conosciuta anche come "la Baggina". Fu colto con le mani nel sacco mentre cercava di scaricare nel water i sette milioni di lire della tangente appena incassata. Fu l'inizio, anche se nessuno lo comprese subito, di Mani pulite. Una tempesta giudiziaria avviata dalla magistratura milanese (tra cui figurava un allora sconosciuto Antonio Di Pietro) che metterà a nudo lo squallore di un'Italia politica che era cialtrona e ladrona. E proverà a fare un po' di pulizia spedendo corrotti e corruttori in galera. All'inizio quasi tutti i media appoggiarono quella ventata di aria pulita, anche le tivù berlusconiane, con tanto di giornalisti attendati a presidiare il Palazzo di Giustizia. Sui muri di Milano apparvero scritte del tipo «Di Pietro facci sognare», due mesi più tardi, alle elezioni politiche, gli italiani mostrarono la voglia di cambiamento portando la Lega Nord dallo 0,7% a quasi il 10% a livello nazionale e facendola diventare con il 20% il primo partito a Milano, da sempre una roccaforte socialista. I cinque partiti della maggioranza ottennero per la prima volta meno del 50%, con la Dc crollata al 30% e il Psi sceso a poco più del 13%; il Pds, Partito della Sinistra, che aveva preso il posto del Pci, precipitò al 16% dei voti con ben cento parlamentari in meno. Il Msi di Fini risalì al 5,4%. Berlusconi era ancora sulle posizioni di Craxi. E prima delle elezioni politiche fece anche uno spot per le sue tivù, racconta Travaglio in *B. come Basta!*, in cui «siede al pianoforte accanto a Bobo Craxi e alla cantante-produttrice Caterina Caselli, esalta "la grande credibilità del governo Craxi" e invita gli italiani a votare Psi».

Tutta la classe dirigente italiana venne coinvolta in quel turbine sollevato da Tangentopoli: dai parlamentari ai tesorieri di partiti, dagli imprenditori grandi e piccoli ai lobbisti e faccendieri, dai corrotti ai corruttori. Già, perché in questo Paese, sostiene Sandra Bonsanti in *Il gioco grande del potere*, «i confini tra Stato e Antistato, tra potere occulto e potere palese, sono scritti col gesso sulla lavagna della storia». I primi politici a esserne toccati furono, con l'arresto di Chiesa, i socialisti. Craxi liquidò l'ex presidente del Trivulzio definendolo, riporta Alberto in *Penne al vetriolo*, un «mariuolo»; Giampaolo Pansa scrisse su «l'Espresso»: «Cade a Milano il Muro di Bettino»; Berlusconi si mostrò come al solito piuttosto attivo negli affari: Marco Travaglio ricorda che acquisì in nero Lentini per il suo Milan già piuttosto indebitato, fece trasferire da una sua società *offshore* panamense a una società lussemburghese e quindi a un conto svizzero dell'Ubs un bel po' di quattrini (l'equivalente di 32 milioni di euro in poco più di un anno) in quella che i magistrati considerarono «un'operazione per "sbiancare" il nero nei momenti in cui il bilancio è in rosso», cavalcò inizialmente il vento impetuoso di Mani pulite in modo da dare alla sua immagine una spruzzata per essere annoverato tra gli "uomini nuovi". Non durò molto, quando cominciarono le inchieste sulle sue aziende, virò quasi subito di 360 gradi e parlò di complotto ai suoi danni della magistratura di sinistra e dei comunisti tanto da dire a Vittorio Dotti: «Ne sono certo, quelli lì mi vogliono morto». E a Enzo Biagi racconterà in *Cose loro & fatti nostri* di avere deciso di darsi alla politica perché magistrati iperpoliticizzati e la sinistra «vogliono farmi fallire e mandare in galera».

Al «Giornale» arrivarono ben presto segnali precisi. Appena quattro giorni dopo l'arresto di Chiesa, il 21 febbraio, Federico Orlando, il co-direttore che aveva sostituito Biazzi Vergani, ricevette in redazione la visita di Ugo Finetti, vicepresidente socialista della Regione Lombardia, accompagnato da Paolo Berlusconi che solo cinque mesi più tardi diventerà l'editore ufficiale del quotidiano. Montanelli, che nell'aprile 1989 aveva compiuto ottant'anni, si trovava a Cortina. Finetti, racconta Orlando in *Il sabato andavamo ad Arcore*, «era pallido, Paolo aveva l'aria di essere seccato per il fatto che i vari appelli rivolti a me da esponenti della Fininvest, affinché "il Giornale" non turbasse i rapporti del gruppo con il Psi, continuassero a cadere nel vuoto». Finetti gli mise sotto gli occhi una cartella con articoli della cronaca milanese, guidata da Giuliano Molossi, con punti evidenziati da un pennarello di colore verde pisello. «I giudici della Procura – sostenne Finetti – fanno i fascicoli con i ritagli dei giornali, proprio come questo; poi, quando succede qualcosa, si trovano una documentazione già abbondante e vanno a scavarvi quello che vogliono». Paolo Berlusconi, che in quei mesi ebbe problemi con la magistratura, andò al sodo affermando che «con le istituzioni, Regione, Comune, Fiera, noi dobbiamo lavorare, perciò dobbiamo mantenere buoni rapporti». Una libertà di stampa, insomma, in linea con il potere.

Proprio quello che Montanelli non aveva mai voluto. Oltretutto anche Bobo Craxi, il figlio di Bettino e capogruppo nel consiglio comunale di Milano, se la prese con i cronisti del «Giornale» che avevano scritto dei suoi legami con Mario Chiesa. Era furibondo e, ricorda ancora Orlando, al telefono sbottò: «Dopo le elezioni del 5 aprile, ci sarà un *repulisti*, molte teste cadranno al "Giornale". [...] Prima di parlare col vostro padrone, vi ripeto che dovete smetterla di rompere i coglioni. Siete il solito giornale veterofascista, leghista, filodemocristiano». Persino Confalonieri perse il suo solito *aplomb* e pochi giorni dopo, il 29 febbraio, telefonò arrabbiato a Orlando perché in cronaca era stata pubblicata una foto di Bettino Craxi con Chiesa. E Orlando: «Mi chiese, fuori dal suo stile sempre equilibrato: "È un sabotaggio a Berlusconi? Ma se per mantenere il "Giornale" dobbiamo inimicarci Craxi, meglio rinunciare al "Giornale"».

Montanelli non digerì quegli attacchi. E, una volta rientrato a Milano, scrisse ai redattori della cronaca: «Pur ricordandovi che la nostra regola è quella di non tener conto delle intemperanze altrui, specie dei politici, e di dire sempre la verità, tutta la verità, senza partito preso né animosità verso nessuno, vi autorizzo a comunicare al suddetto signore, se ve ne capita l'occasione, che l'unica "testa" in pericolo di cadere dopo il 5 aprile non è la vostra ma, casomai, la sua. E potete aggiungere, da parte mia, che non la considererei una grande perdita». Poi andò ad Arcore da Berlusconi. E, racconta ancora Federico Orlando, gli chiese: «"Sei sempre deciso a trasferire la proprietà del 'Giornale' a tuo fratello?" "Sì." "E allora avvertilo di non presentarsi mai più in redazione portandosi dietro dei politici. La prossima volta lo sbatto fuori."» Ma il Cavaliere, ancora in attesa dell'attuazione della legge Mammì sulle frequenze televisive, aveva assoluto bisogno dell'aiuto dei politici. Soprattutto in quel periodo in cui Craxi, Andreotti, Forlani, ovvero il CAF, si trovavano in difficoltà. E si convinse di dover entrare in politica. La prima decisione la prese poche settimane dopo la strage di Capaci: il 23 maggio 1992 il magistrato antimafia Giovanni Falcone fu ucciso in un attentato compiuto da Cosa Nostra; la vettura in cui si trovava insieme alla moglie, scortata da due auto blindate della polizia, venne distrutta da una carica di tritolo mentre stava percorrendo l'autostrada A29. Morirono lui, la moglie e tre agenti della scorta, una ventina i feriti. Quasi due mesi più tardi, il 19 luglio 1992, Paolo Borsellino, il magistrato amico di Falcone, fu assassinato a Palermo davanti alla casa della madre: al passaggio del giudice un'auto parcheggiata e imbottita di tritolo esplose. Morirono Borsellino e cinque agenti della scorta.

In giugno Silvio fece la sua mossa: affidò a Dell'Utri il compito di esplorare in assoluta segretezza la possibilità di fare entrare in politica la Fininvest. E Dell'Utri si rivolse tra gli altri a Ezio Cartotto, un democristiano milanese conosciuto dal Cavaliere già nei primi anni Settanta quando faceva parte della segreteria di Marcora, cresciuto nell'insegnamento di don Giussani e amico di Giorgio La Pira. In luglio, in occasione del discorso di fiducia al primo governo Amato, Bettino Craxi fece alla Camera un intervento esplosivo in tema di corruzione: chiamò in correità tutto il Parlamento. Sostenne quello che molti sapevano o sospettavano: nel sistema politico italiano «fioriscono e si intrecciano casi di corruzione e di concussione, che come tali vanno definiti, trattati, provati e giudicati. E tuttavia ciò che bisogna dire, e che tutti sanno del resto, è che buona parte del finanziamento politico è irregolare o illegale». Toccò anche i suoi colleghi, di tutti i colori politici: «Non credo che ci sia nessuno in quest'aula, responsabile politico di organizzazioni importanti che possa alzarsi e pronunciare un giuramento in senso contrario a quanto affermo: presto o tardi i fatti si incaricherebbero di dichiararlo spergiuro». Infatti nessuno giurò il contrario.

Nel dicembre 1992 Craxi, che su «l'Avanti» utilizzava lo pseudonimo di "Ghino di Tacco" per attaccare la magistratura mentre veniva definito "il Cinghialone" da Vittorio Feltri, ricevette il primo avviso di garanzia. E in febbraio si dimise da segretario del Psi. Più tardi finirono sotto processo anche Forlani (si giustificherà dicendo che «in Italia non ci sono vergini in politica») e Giulio Andreotti (senatore a vita e sette volte premier) accusato di concorso esterno in associazione mafiosa con una sentenza di assoluzione nel 2004 per i fatti successivi al 1980 e una di prescrizione per i reati precedenti al 1980; De Mita se la cavò grazie all'amnistia del 1990 per tutti i reati di corruzione compiuti sino al 1989. Ma anche gli imprenditori finirono nei guai: Carlo De Benedetti fu arrestato solo per poche ore per avere pagato tangenti nella vendita alle Poste di telex a prezzi gonfiati; per corruzione finì in carcere per più di tre mesi Salvatore Ligresti, affidato poi ai servizi sociali e quindi condannato; si salvò invece Gianni Agnelli grazie alla rete di protezione creata attorno a lui da Cesare Romiti e dagli altri dirigenti Fiat.

Berlusconi si rese conto che i suoi referenti politici erano stati spazzati via. E quindi per lui era sempre più importante il suo ingresso in politica: il Gruppo Fininvest era fortemente indebitato nei confronti delle banche, qualcosa come quattromila miliardi di lire. E in Italia chi domina la politica, domina anche gli istituti di credito. Quindi se avessero vinto gli ex comunisti, per il suo gruppo sarebbe stato un disastro. Inoltre nell'aprile 1993 venne approvato quello che Giuseppe Sartori, il politologo, definì il «Mattarellum» dal nome del primo relatore, Sergio Mattarella, ovvero un sistema all'italiana prevalentemente maggioritario a elezione diretta ma con alla Camera un po' di proporzionale e lo sbarramento al 4%. In ogni collegio i candidati si sfidavano per un unico seggio. Giuliano Urbani, allievo di Norberto Bobbio, fondatore del Centro Einaudi a Torino, docente alla Bocconi dopo avere insegnato scienze politiche anche alle università di Torino e Firenze, spiegò poi a Silvio («con carta, penna e calcolatrice», ricorda Dotti) il funzionamento di quel sistema elettorale: la coalizione che avesse ottenuto la maggioranza relativa in tutti i collegi, avrebbe conquistato l'intero Parlamento. E Berlusconi se ne uscì esclamando: «La magistratura ha fatto fuori i moderati. E adesso?» Pensava già al rischio di un Parlamento in mano ai comunisti.

Non era l'unica cosa a preoccuparlo. Nell'aprile 1993 cadde il governo Amato – un esecutivo centrista, pieno di ministri inquisiti tanto da suscitare una gazzarra alla Camera con i leghisti che sventolavano cappi e i missini spugne e manette – e venne sostituito da un tecnico come Carlo Azeglio Ciampi. Amato annunciò di lasciare la politica (uno dei suoi tanti annunci di abbandono poi messi da parte), perché «bisogna trovare nuovi politici, solo i mandarini vogliono restare sempre», e contemporaneamente il vicepresidente della Fininvest Comunicazioni, Gianni Letta, ammise a Di Pietro un finanziamento di 70 milioni di lire (consegnati in una busta da un fattorino) al segretario del Psdi Antonio Cariglia. L'avrebbe salvato, ricorda Travaglio in *B. come Basta!*, «l'amnistia del 1990, quella che ha già miracolato Berlusconi per la falsa testimonianza sulla sua iscrizione alla P2». Un mese più tardi venne arrestato Davide Giacalone, l'ex assistente di Oscar Mammì diventato consulente della Fininvest; a Craxi furono gettate delle monetine all'uscita dal suo albergo romano, il Raphael; Maurizio Costanzo scampò a un attentato all'esterno del teatro Parioli; in giugno finì in carcere anche Aldo Brancher, assistente di Confalonieri, per un paio di tangenti; pochi giorni prima, un'altra bomba era esplosa a Firenze nei pressi degli

Uffizi provocando cinque morti: fu vista come una mossa della nuova strategia di Cosa Nostra per destabilizzare lo Stato al di fuori della Sicilia. Alla fine di luglio, il 27, Cosa Nostra fece scoppiare tre autobombe in contemporanea: una a Milano in via Palestro (5 morti e 13 feriti), le altre due sventrarono a Roma le basiliche di San Giorgio al Velabro e San Giovanni in Laterano (feriti lievi). Attacchi considerati contro lo Stato per le normative più rigide del 41-bis dell'ordinamento penitenziario e anche contro il Vaticano dopo la scomunica di papa Giovanni Paolo II ai mafiosi.

Quella notte di luglio ci fu anche un misterioso *black-out* che mandò in tilt le linee telefoniche di Palazzo Chigi. Ciampi, che era fuori Roma, sentì il forte boato di una delle bombe, provò a chiamare il suo segretario personale Andrea Manzella. Inutilmente. E si preoccupò molto: «Ebbi paura – racconta ad Alberto in *Penne al vetriolo* – che fossimo a un passo da un colpo di Stato». Il tentativo di Cosa Nostra di "ammorbidire" con quegli attentati i vertici dello Stato ebbe effetti positivi: le normative carcerarie saranno infatti allentate. Piero Grasso dirà anche che quelle bombe dovevano servire per preparare il terreno a una «nuova entità politica» in procinto di irrompere sulla scena. In effetti, dopo l'arresto di Totò Riina nel gennaio 1993, gli altri capi di Cosa Nostra, da Provenzano a Brusca, da Bagarella a Cannella e ai fratelli Graviano, pensarono di dar vita a un partito secessionista, Sicilia Libera. Poi non se ne farà niente.

Nel frattempo, Dell'Utri era già a buon punto nella costruzione di quella macchina («una autentica macchina da guerra», conferma Vittorio Dotti ricorrendo a una frase poi utilizzata per indicare invece quella del Pds di Achille Occhetto) che avrebbe dovuto sostenere l'ingresso del capo in politica. Una macchina diventata ogni giorno sempre più robusta, in quanto coinvolgeva decine di venditori di Publitalia, promotori finanziari di Programma Italia e agenti della Standa. Cartotto ebbe il compito di tenere alla forza vendita del gruppo quelle che Stille chiama «lezioni di politichese» e in questo si fece aiutare da un gruppetto ristretto di ex democristiani, quasi tutti vicini in passato a Marcora. I loro uffici furono sistemati in un palazzo di Milano 2. Ebbe anche il compito di contattare tutte le associazioni di categoria. Così prese vita l'Operazione Botticelli, così chiamata – ricorda Cartotto nel suo libro dal titolo un po' sopra le righe *Berlusconi e la terza marcia su Roma* – dal nome della sala a Segrate dove si svolgevano i lavori. Cartotto spiega anche il motivo di quel titolo così forte: «La prima marcia su Roma fu quella compiuta da Caio Cesare Ottaviano, il futuro Augusto, per prendere il potere quando era poco più che adolescente. La seconda marcia su Roma è quella ben nota del quarantenne Benito Mussolini. La terza, a mio avviso, è quella compiuta da Berlusconi che, alla soglia dei sessant'anni, progettò la realizzazione di un partito-azienda, [...] con cui riuscì a ottenere la fiducia degli italiani e il governo del Paese. Questo primo successo durò pochi mesi ma il partito resistette, [...] consentendogli di tornare al governo. Forse un giorno si parlerà anche di un ventennio berlusconiano».

Dalla prima fase all'interno del gruppo Fininvest (furono scelti tra loro anche dei candidati ma, confidò

Dell'Utri a Dotti, «gli elementi migliori ce li teniamo in azienda! Mica siamo scemi: in politica ci mandiamo quelli di cui in azienda possiamo fare a meno») si passò a quella dei possibili candidati su tutto il territorio, ampliando il raggio agli inserzionisti, agli imprenditori, agli uomini delle associazioni e invitandoli a fare parte di un movimento politico ancora senza nome e soprattutto ancora incerto sulla effettiva data di nascita. Berlusconi, chiarisce Cartotto, «lanciava infatti ami in tutte le direzioni ma non rinunciava anche a tirarsi indietro». Così già nella seconda metà del 1993 la segretezza dell'operazione mostrò ampie falle che il Dottore cercò di tamponare sostenendo che non era vero niente. Disse a «Epoca», settimanale della Mondadori: «Ho sempre dichiarato di non avere nessuna intenzione di fondare un partito, e questa è la ventesima volta che lo ripeto... Ma anche stavolta ci sarà chi farà finta di non leggere questa mia smentita, per cui mi toccherà poi ripeterla per la ventunesima volta, e per chissà quante altre volte ancora». E intanto, mentre Giuliano Urbani fondava l'Associazione del Buon Governo, finiva quasi ogni giorno sui giornali. Dando una bella spinta alla fase di reclutamento che galoppava in tutto il Paese. Lo testimonia in *Il grande inganno* Michele Caccavale, uno dei candidati che saranno poi eletti in Parlamento con il partito berlusconiano.

Per la sua attività sindacale e politica nell'area di Nettuno, democristiano fino al '92 e responsabile del settore ceti medi del partito, Caccavale non era uno sconosciuto. E un giorno, nell'ottobre 1993, fu avvicinato tramite un comune amico dal direttore della filiale Standa di Anzio, Giulio

Porta. Gli disse che «la Fininvest è impegnata a preparare una nuova forza politica di nome Forza Italia» e che «il nuovo partito sta nascendo per iniziativa del Dottore, cioè Berlusconi». Proprio lo stesso giorno il Dottore uscì con una delle sue smentite sull'esistenza di un progetto per un nuovo partito. Il direttore della Standa fu comunque convincente: di fronte a una Dc agonizzante sotto i colpi di Tangentopoli, il nuovo partito sarebbe stato «un partito di centro che avrebbe preso il posto della Dc, una specie di nuova Dc moderna e liberaldemocratica, formata da una dirigenza totalmente nuova proveniente dalla società civile e dal mondo del lavoro». E insistette: «Un nuovo movimento politico che avversa consociativismi e clientele, i vecchi riti e i vizi della partitocrazia e tutto il ciarpame della Prima Repubblica, capace di impedire che il Paese finisca nelle mani della sinistra e del Pds. Una nuova formazione politica di centro in grado di riformare, modernizzandolo, uno Stato vecchio e cadente, di affrontare con pragmatismo manageriale un deficit pubblico colossale, di rinvigorire e rilanciare l'economia nel solco del libero mercato». Perfetto, almeno a parole. E Caccavale si disse della partita.

Berlusconi, per quanto legato a Craxi e vicino alla vecchia Dc, si definiva un liberale. Un liberale, chiarisce Dotti, «senza ideale». Già, perché il suo essere liberale, scrive in *L'avvocato del diavolo*, «coincideva con una semplice aspirazione: che nessuno gli rompesse le scatole. Di fondo, era un monopolista. Quando la politica imponeva nuove regole, lui la disprezzava; quando apriva spiragli verso future possibilità di guadagno, ci andava volentieri a braccetto. Spesso si atteggiava a caudillo. Aveva inconfessate aspirazioni autoritarie, che in qualche modo si riflettevano nelle inclinazioni ideologiche di certi suoi collaboratori come Cesare Previti, che lo stesso Gianfranco Fini, allora segretario del Msi-Dn, spesso e volentieri chiamava "il fascista"». Insomma, era un opportunista che pensava soprattutto al bene delle sue aziende. In una riunione ad Arcore Berlusconi sbottò: «A volte mi capita perfino di mettermi a piangere quando sono sotto la doccia...»

E quando nel luglio 1993 Raul Gardini, un altro imprenditore che alla guida del gruppo Ferruzzi avrebbe voluto diventare il nuovo Gianni Agnelli, si uccise a Milano poco prima di essere arrestato – la stessa mattina in cui a 600 metri di distanza si era svolto, nella chiesa di San Babila, il funerale dell'ex presidente dell'Eni, Gabriele Cagliari, suicidatosi in cella – prese la decisione definitiva. D'altra parte Franco Tatò, il dirigente con la fama di "risanatore" di imprese, dal 1991 amministratore delegato della Mondadori e poco dopo anche della Fininvest, voluto a quegli incarichi dalle banche per l'alto indebitamento del gruppo milanese, proprio in quel periodo mise Silvio in allarme sul rischio di dover «portare i libri in tribunale». Questo avvertimento ebbe un peso decisivo sul Dottore. Sarebbe entrato in politica, anche se ancora non sapeva se farlo direttamente. Aveva già deciso il nome del partito ricavandolo dal mondo del calcio: Forza Italia. E a tutti chiedeva: «Ti piace, ti piace?» Qualcuno storse il naso ottenendo il più delle volte questa risposta: «Ma che dici? È una genialata pazzesca!» Non piacerà invece a Oriana Fallaci, che si sfogherà nelle ultime pagine del suo *La rabbia e l'orgoglio*: «Non mi piace la sua mancanza di tatto, anzi la leggerezza con cui ha scelto il nome del suo partito. Un nome che evoca il bercio dei tifosi che ci assordano durante le partite internazionali di calcio. E la cosa mi offende, mi addolora, quanto mi offendevano e addoloravano le malvagità dei comunisti. Anzi, quasi di più, perché stavolta la ferita non è inferta a me personalmente: è inferta alla mia Patria». E rivolgendosi direttamente al Cavaliere: «Lei non ha alcun diritto di usare per il suo partito il nome della mia Patria. La Patria è la patria di tutti, anche dei suoi concorrenti e dei suoi nemici. Non ha alcun diritto di identificare l'Italia con le dannate squadre di calcio, coi dannatissimi stadi. Per un simile abuso il mio trisnonno Giobatta l'avrebbe sfidata a duello con la spada di Curtatone e Montanara. I miei zii con le baionette del Carso. Mio padre l'avrebbe presa a pugni, mia madre le avrebbe cavato gli occhi. Quanto a me, ogni volta che vedo quel nome da partita di calcio internazionale, mi va il sangue al cervello. Ma chi gliel'ha suggerito? Il suo cameriere, il suo autista?»

Prima di impegnarsi personalmente, il Dottore si rivolse a Segni e Martinazzoli, due politici usciti indenni da Tangentopoli. Ma tra loro non scattò il feeling. Mariotto Segni, figlio dell'ex capo dello Stato e promotore del referendum, aveva lasciato la Dc ormai alla fine dei suoi giorni fondando il Patto Segni, un nuovo movimento politico di centro liberaldemocratico (apprezzato anche da Montanelli e da Federico Orlando), che poi presentò liste insieme al neo Partito Popolare. In un'intervista del 2002 ad Aldo Varano de «l'Unità», Segni spiegò il motivo del suo rifiuto: «Non potevo accettare un'alleanza politica con Berlusconi. Sono un liberaldemocratico. La presenza politica di un imprenditore come Berlusconi era in contrasto con le regole che volevo instaurare. Il movimento referendario voleva portare anche la trasparenza nella vita pubblica». Mino Martinazzoli, l'ultimo segretario della Dc, politico cattolico della vecchia scuola, era rispetto a Silvio su una linea diversa, anche questa centrista con aperture verso la sinistra moderata. Secondo quanto scrive Alexander Stille, disse a Berlusconi: «Guardi che la politica non è come vendere saponette. È una questione di idee, valori e programmi». Cosa aveva infatti proposto il Cavaliere a entrambi? L'ipotesi suggeritagli da Craxi: un'ampia intesa di centrodestra comprendente anche il Msi di Gianfranco Fini e la Lega Nord di Umberto Bossi. Un'ipotesi bocciata appunto da Segni e Martinazzoli. Così, ricorda Dotti, pensò lui a realizzarla e, nonostante tra i suoi più stretti collaboratori non tutti fossero d'accordo sull'ingresso della Fininvest in politica, in una riunione annunciò «con voce teatrale: "Non mi restano alternative. Berrò io stesso l'amaro calice"». Commenta Dotti in *L'avvocato del diavolo*: «In realtà non aspettava altro».

Non erano d'accordo Confalonieri, Gianni Letta e anche Maurizio Costanzo, le "colombe". Sostenevano che si trattava di «una pazzia entrare in politica», che «lo distruggeranno e andranno a frugare tra le sue carte». Fedele Confalonieri ripeteva in continuazione: «Perché aprire nuovi fronti d'azione? Perché tirarsi addosso nuove rogne?» Poi cambiò idea dopo le elezioni e disse intervistato da Alexander Stille nel 1994: «A Berlusconi è successo quel che era successo a Napoleone, ha visto un vuoto e in tre mesi ha conquistato l'Italia. [...] Cos'è Berlusconi? Un genio del marketing. La Fininvest è stata costruita riempiendo dei vuoti. Non c'era nessuna area suburbana verde a Milano? Ecco Milano 2! Nessuno raccoglie la pubblicità delle piccole e medie imprese? Creiamo Publitalia! Non esiste la televisione privata? Creò Canale 5. Niente centri commerciali? E così via, fino a Forza Italia». Berlusconi volle sentire anche il parere di Gianni Agnelli. E l'Avvocato gli rispose «che sarebbe stato troppo pericoloso, gli imprenditori hanno un'altra mentalità rispetto ai politici». Un economista d'impresa, Marco Vitale, fu ancora molto più chiaro e nell'estate 1993 disse a «Brescia Oggi»: «Rappresenta un oggettivo pericolo per la democrazia».

Un giudizio molto forte. Ma lo spiegò in base alla sua collaborazione lunga tre decenni con un gran numero di uomini d'affari e di imprenditori: «Esiste un'assoluta incompatibilità tra l'essere guida politica di un Paese e l'essere uomo d'affari. La mentalità, i metodi, la cultura, la moralità, gli interessi fondamentali, la visione della vita, i condizionamenti di queste due attività sono profondamente diversi, conflittuali, inconciliabili. Questo non vuol dire che un uomo d'affari o un imprenditore non possa, cambiando radicalmente natura e attività, trasformarsi in un uomo di governo. Ma deve cambiare totalmente la sua natura e la sua collocazione nella società, deve trasformarsi. Così come, per converso, un uomo di governo può diventare uomo d'affari ma solo abbandonando il suo ruolo di uomo di governo. Pensate a un uomo politico professionale che da presidente del Consiglio, senza lasciare questo suo ruolo, volesse al contempo acquistare il controllo di imprese televisive, bancarie, editoriali, commerciali, pubblicitarie. La confusione e l'ambiguità sarebbero al massimo. [...] Avrei pensato e detto le stesse cose anche se a guidare apertamente il governo italiano si fosse candidato Gianni Agnelli».

Alla fine vinsero i "falchi" della Fininvest, Dell'Utri, Previti e altri due fedelissimi: Antonio Martino, economista, allievo di Milton Friedman, figlio di Gaetano, l'ex ministro degli Esteri liberale, collaboratore del «Giornale», e Mario Valducci, un manager della Standa. Così da un notaio venne fondata l'Associazione per il Buon Governo. La tessera numero uno di Forza Italia fu di Berlusconi, la numero due di Antonio Martino. L'inno era, ricorda Dotti, «un *jingle* dal ritmo orecchiabile», composto da Renato Serio, già direttore d'orchestra a *Fantastico*, con le parole scritte da Silvio. L'ossatura del nuovo partito, voluto come un "partito leggero", si irrobustì velocemente. Trasformandosi sempre più in un partito-azienda. Responsabile dell'organizzazione a livello nazionale diventò Domenico Lo Jucco, braccio destro di Dell'Utri e vicedirettore generale di Publitalia; a Roma furono impegnati Alberto Dell'Utri, fratello di Marcello, e Donato Menichella; ritornarono in pista (anche se in effetti non erano mai stati in panchina) gli amici di una vita, Possa, Codignoni, Dario Rivolta, Romano Comencioli; nel settembre 1993 Mario Valducci, l'ex manager della Standa inserito anche lui nell'organizzazione, fondò insieme a Gianni Pilo (e con grande gioia del Cavaliere) la Diakron, specializzata in sondaggi.

Per pianificare la campagna in ogni dettaglio, Pilo fu affiancato da altri due esperti di marketing e comunicazione:

Alessio Gorla, dirigente RTI, e Roberto Lasagna, ex amministratore delegato dell'agenzia pubblicitaria Saatchi & Saatchi Italia. Gorla ebbe il compito, chiarisce Emanuela Poli in *Forza Italia*, di stabilire «il numero, il formato e il contenuto delle apparizioni televisive di ogni candidato», Lasagna fu incaricato della campagna personale di Berlusconi. Ci furono anche cambiamenti, come era nello stile del Dottore che utilizzava una persona e poi la metteva da parte: così Roberto Spingardi, capo del personale Fininvest, ebbe l'incarico di assumere i rapporti con le associazioni e con le categorie scalzando così Cartotto, il quale si ritrovò un bel giorno con una scatola contenente le sue cose fuori da quello che fino ad allora era stato il suo ufficio. Confiderà amareggiato a Possa: «Al confronto di quello che sto vedendo nel nascente partito di Forza Italia, i rapporti interpersonali nella vecchia Dc ai tempi di Albertino Marcora ed Eugenio Carenini erano quelli di un educandato per Orsoline».

Interi pullman di possibili candidati partirono dall'Italia raggiungendo Arcore. Gli esaminandi, racconta Caccavale, avevano «il privilegio di cenare a Villa San Martino», dove Berlusconi li intratteneva parlando della necessità di dare vita a Forza Italia per impedire la presa di potere della «minoranza rossa». L'indomani affrontavano il provino televisivo dopo, scrive sempre Caccavale in *Il grande inganno*, «avere pernottato a proprie spese in alberghi prestabiliti da Publitalia, e previo pagamento di lire 5 milioni per "spese tecniche"». Il presidente dell'Assiquadri, Giovanni Pratesi, sbottò: «Quel Berlusconi è veramente un genio degli affari!» A tutti loro venne anche dato il «kit del candidato»: una valigetta contenente spille, adesivi, bandiere di Forza Italia, un manuale su come comunicare con gli elettori, videocassette con l'inno di Forza Italia (anche in versione karaoke) e sul programma. Una valigetta da commesso viaggiatore che suscitò qualche battuta ironica, ma che fu vista dalla gente come una grande novità sulla scena politica.

Alla fine del 1993 il Paese era già costellato di Club Forza Italia. Del resto, non era complicato crearli: erano sufficienti cinque persone che, senza nemmeno andare dal notaio, comunicavano la costituzione del club all'Anfi, l'Associazione Nazionale Club Forza Italia, guidata da Codignoni, e poi l'Anfi li ammetteva. In questo modo, annota Cartotto, «nei club entrano tutti quegli elettori che non vogliono che i comunisti vincano le elezioni, quindi quello che si era voluto sin dall'inizio». Già molto attivi alcuni uomini Publitalia scelti come candidati alle elezioni: Giancarlo Galan nel Veneto, Enzo Ghigo e Antonio Cherio in Piemonte, Antonio Martuscello in Campania, Renato Polimeni in Calabria, Piergiorgio Franci in Puglia, il riccioluto Gianfranco Micciché in Sicilia. In dicembre, ricorda Felice Froio, Sergio Romano scrisse su «La Stampa»: «Berlusconi non si limita a porre la propria candidatura e a utilizzare la sua impresa come macchina elettorale. Sta trasformando la Fininvest in un partito politico, il partito-azienda. I suoi militanti sono operatori televisivi, annunciatori, segretarie, contabili, venditori, piazzisti, portavoce e soprattutto pubblicitari. Nulla del genere è mai accaduto in una democrazia».

Lo conferma anche Friedman nella sua biografia su

Berlusconi raccontata dallo stesso Silvio: i club di Forza Italia «sarebbero stati la spina dorsale di un partito nazionale, i cui strateghi, sotto la guida di Berlusconi, avevano analizzato con cura il pubblico di riferimento e poi creato i contenuti per un blitz di spot televisivi, non appena si fossero aperti i giochi. Il piano marketing era già predisposto ed era la prima volta nella storia occidentale che un partito politico nazionale veniva programmato, organizzato, finanziato e poi lanciato dall'interno di una grande azienda». A Friedman in *My way* Confalonieri ha dato questa testimonianza: «Berlusconi era sempre un imprenditore e il modo in cui decise di scendere in campo rifletteva una mentalità da imprenditore. Analizzò il mercato, vide cosa mancava e creò un prodotto che colmava quel vuoto. Ricordo che mi disse: "Sul mercato politico oggi è presente un solo prodotto, la sinistra. Facciamo il paragone con il mercato delle bibite: diciamo che la sinistra è la bibita amara. Manca l'alternativa, la bibita dolce". Così immaginò che, se quel prodotto alternativo non esisteva sul mercato, allora doveva crearlo lui e offrirlo agli italiani. Ecco come pensava la politica: da imprenditore con un piano marketing per lanciare un nuovo marchio».

C'era ancora un unico problema, il più complesso: dopo aver fallito nel convincere esponenti di centro come Segni e Martinazzoli, non restava che stringere un'intesa con la Lega Nord e il Msi-Dn. E cominciò a mandare segnali verso Umberto Bossi e Gianfranco Fini. Bossi, che dopo aver conquistato Milano con Formentini parlava sempre di «Roma ladrona» e voleva dividere l'Italia in tre (Nord, Centro, Sud) era forse il personaggio più difficile da inquadrare. Spaccone, pizza e Coca-Cola, ballista, addirittura simpatico a Montanelli (che non ne condivideva comunque le idee) per le sue «rodomontate». Giuliano Ferrara, il giornalista-intellettuale figlio di noti comunisti e anche lui comunista in gioventù, diventato quindi craxiano ed eletto per i socialisti al Parlamento europeo, aveva effettuato all'epoca un nuovo cambiamento di rotta passando sotto le file berlusconiane. Ma non digeriva Bossi, lo definì – ricorda Pico Nicotri in *L'arcitaliano* – «piccolo Catilina della Brianza affetto da teppismo viriloide». Poi cambiò idea senza nessun imbarazzo: «Bossi lo ammiro: mantiene in vita questa opposizione sociologica con i suoi riflessi rutilanti e fantasmagorici, è un uomo al quale piace sentirsi un barbaro». Qualcun altro, ricorda Alessandro Da Rold in *Lega Spa*, ha paragonato Bossi «al William Wallace, l'eroe nazionale scozzese che Mel Gibson ha fatto conoscere al grosso pubblico attraverso le immagini di *Braveheart*».

Gianfranco Fini, l'erede di Giorgio Almirante alla guida del Msi (meglio: allora era già Msi-Dn, Destra nazionale), era più facilmente inquadrabile. Ogni tanto sbottava con le sue frasi tonanti a favore del fascismo e del Duce, così ancora nel settembre 1992 se ne uscì con «Mussolini è stato il più grande statista nel secolo», ma sembrava d'accordo sull'idea di cercare un nuovo look del partito propugnato da Domenico Fisichella, politico della destra cattolica e convinto della necessità di un'alleanza democratica tra tutti quelli, si legge in *Penne al vetriolo*, «che ne hanno abbastanza delle gioie del progressismo» e «debbono cominciare a lavorare per una alleanza nazionale» insieme a repubblicani, liberali, cattolici, conservatori. La svolta un paio d'anni più tardi, all'inizio del 1995 con la nascita di An, Alleanza Nazionale. Ma intanto, alla fine di novembre del 1993, Berlusconi lanciò un amo verso Fini mentre si trovava a Casalecchio sul Reno in occasione dell'inaugurazione di un supermercato della Standa. In piedi, attorniato dai giornalisti, disse: «Se il centro moderato non dovesse organizzarsi, non potrei non intervenire direttamente, mettendo in campo la fiducia che sento di avere da larga parte della nostra gente». E alla domanda di una cronista dell'Ansa sulle vicine elezioni amministrative a Roma che vedevano di fronte Gianfranco Fini e Francesco Rutelli, se ne uscì con una frase che suscitò scalpore: «Se fossi a Roma, non avrei il minimo dubbio. Voterei Gianfranco Fini». Alberto, che era presente, telefonò a Montanelli raccontandogli quanto appena avvenuto. E Indro borbottò solamente: «Ci siamo...»

Il Cavaliere trovò poi un accordo: con Bossi e la Lega nel Nord dell'Italia, con Fini e Msi-Dn nel Centro-Sud. Intesa già difficile, tanto che Confalonieri – racconta Alessandro Giglioli in *Forza Italia* – disse agli uomini di Publitalia, dopo essere diventato presidente della Fininvest: «Quello di Bossi è un federalismo da valli bergamasche, buono per Ponte di Legno e dintorni. Attenzione a Fini, è un pericolo, zitto zitto può portar via metà dei voti...» Nel frattempo, la costruzione della macchina politica era giunta al termine. Con l'obiettivo centrato sulla figura di Berlusconi. Già nell'ottobre 1992 il «Corriere della Sera» se ne uscì con questa notizia: «Non è una novità che i personaggi del mondo del business e della finanza seguano l'esempio dei divi e mandino in giro foto e ritratti dove sembrano giovani, belli, coi capelli folti. Ma Sua Emittenza ha battuto tutti, il suo dossier supera sicuramente quello delle grandi star hollywoodiane. Vi si vede lui in pose ufficiali e protocollari: con il Papa, con Gorbačëv, con artisti. Lui in situazione seriosa-confindustriale. Lui trepido primo tifoso che freme allo stadio in un momento difficile del Milan. Lui tenero padre con le bambine più piccole per mano. Lui grande comunicatore che arringa la sua forza vendita. Lui in veste mondana, e avanti così. Il fotografo ha fatto un eccellente lavoro. Si dice che alla Fininvest ci sia una persona che si occupa quasi esclusivamente delle foto di Sua Emittenza». Il suo nome verrà alla ribalta più tardi: Miti Simonetto, una signora bionda responsabile dell'immagine di Berlusconi.

Ma c'era un altro problema che angustiava il Dottore: disporre di una forte capacità di fuoco per rispondere agli attacchi degli avversari. Così riprese con maggiore decisione le riunioni di redazione con i responsabili delle sue televisioni e giornali. Dando in quegli incontri più spazio alla politica. Così, racconta Federico Orlando in *Il sabato ci vedevamo ad Arcore*, in una riunione tenuta verso la fine del 1993 Berlusconi disse molto chiaramente: «La prima cosa di cui abbiamo bisogno per parlare di politica, per fare politica, è sentirci una squadra. Ogni redattore o direttore, con la propria autonomia, deve suonare la stessa musica. Dobbiamo evitare disaccordi tra noi, tra un telegiornale e un altro, tra una rete e l'altra. [...] Dobbiamo mettere il pubblico in guardia dal pericolo rosso esistente. [...] Dobbiamo cantare in coro sui temi che ci interessano. [...] Dovete capire, signori direttori, che al fuoco concentrato degli altri contro di noi dobbiamo rispondere col fuoco concentrato di tutti i nostri mezzi contro di loro. Se chi ci attacca ingiustamente, come fa il signor Turani, venisse assalito simultaneamente da tutte le testate del gruppo, l'aggressione finirebbe. [...] Ve lo dico con estrema franchezza: sono stato schiavo dei partiti per quattordici anni, adesso certe telefonate non sono più in grado di sopportarle. Piuttosto che vivere in un'Italia dominata da Bossi e Occhetto, me ne vado via». Su Bossi poi chiuderà un occhio.

Non se la sentì di rompere con Montanelli, preferì per il momento scavalcarlo. Chiese a Giuliano Urbani di scrivere sul «Giornale», racconta Alexander Stille, «un articolo polemico contro Carlo De Benedetti», il nemico di sempre. E convinse anche Antonio Martino a scrivere, sempre sul «Giornale», «un articolo contro Eugenio Scalfari», considerato un altro nemico. E qui, approfondisce Stille, «si può già notare l'emergere dei numerosi conflitti di interessi di Berlusconi: due rispettati docenti universitari acconsentono ad agire da mercenari giornalisti al soldo di Berlusconi». Orlando parlò poi dell'«imbarazzo di Martino: collabora al "Giornale" attraverso un fitto rapporto personale con me, ma è anche consulente della Fininvest. Mi propone di trarlo d'impaccio. Ricorsero a un escamotage: Martino scrisse l'articolo ma lo mandò solo a Orlando e non alla segreteria di Berlusconi, come invece gli aveva chiesto il Cavaliere». L'amaro calice era stato ingoiato e già digerito. Non era più il tempo di giocare a nascondino.

# 11.

# La pappa con il pomodoro

«Berlusconi ci sollevò dai problemi in cui stavamo per naufragare, ci dette una tipografia, ci dette un'organizzazione. Bisogna dire che fu straordinario: prima che diventasse l'unto del Signore, faceva le cose sul serio e le faceva bene. Alla "Voce" c'è mancato proprio un Berlusconi, ci siamo circondati di dilettanti allo sbaraglio.»
Indro Montanelli, *La mia Voce*

«Divo Indro, divo Silvio, tra i due ci poteva anche essere stata qualche gelosia, ma, se Berlusconi non fosse entrato in politica, la coabitazione sarebbe andata avanti fino al 2001, cioè fino alla scomparsa del Direttore.»
Fedele Confalonieri in *Uno straniero in patria*

Prima del 1994, i rapporti tra Silvio e Montanelli, il suo direttore preferito, erano stati idilliaci e lo stesso Indro diceva sempre ai suoi "ragazzi" che il Cavaliere era senz'altro il miglior editore in circolazione perché non s'intrometteva mai nella fattura del «Giornale», di cui restava di fatto "il proprietario" anche quando dovette cedere il controllo azionario prima allo stesso Silvio e poi al fratello Paolo per via della legge Mammì: nessuno poteva allora immaginare che Sua Emittenza avrebbe in seguito cercato di condizionare davvero i giornali e le tivù in Italia fino ad arrivare al famoso «editto bulgaro» del 2002 (chiamato così perché, quando l'emanò con una conferenza stampa, era in visita di Stato a Sofia) lanciato contro Enzo Biagi, Michele Santoro e il comico Lelio Luttazzi per «l'uso criminoso della televisione pubblica». Anche se una volta Biagi aveva usato una battuta particolarmente scherzosa per spiegare come l'uomo di Arcore volesse essere a tutti i costi un protagonista sui mass media («Se Berlusconi avesse le tette, farebbe anche l'annunciatrice»), fino alla discesa in campo del Cavaliere il toscano di Fucecchio non aveva avuto motivo di inalberarsi per le interferenze di Silvio (che c'erano comunque state, soprattutto in difesa di Craxi) tanto che avrebbe anche potuto paragonare il suo editore alla pappa con il pomodoro che era il suo piatto preferito: un grosso complimento, considerando la proverbiale inappetenza di Indro.

Ma l'incompatibilità tra i due emerse senza nessuna possibilità di aggiustamento – abbiamo raccontato in *Indro Montanelli. Dove eravamo rimasti?* – nel 1993, quando Silvio confermò al Direttore le indiscrezioni sulla sua decisione di entrare in politica. Di quell'incontro, che mise fine a un matrimonio durato sedici anni, il giornalista toscano ne ha poi parlato con Giancarlo (*Indro Montanelli: la mia Voce*): «Era settembre quando il Cavaliere mi annunciò la sua intenzione di affrontare la sfida politica. In quel momento pensavo ancora di potergli far cambiare idea anche perché, fra i suoi stessi uomini, c'era gente che considerava un grave errore l'ingresso in politica...» Indro era anche convinto – e qui ha poi ammesso di aver preso una cantonata enorme – che il Cavaliere non ce l'avrebbe fatta alle elezioni e che il Palazzo l'avrebbe ridotto a pezzi: «Avevo, ancora una volta, sottovalutato Berlusconi che, invece, sentì profumo di vittoria. Lui comprese al volo – perché è un animale di gran fiuto che sa annusare subito il momento favorevole – che era l'occasione giusta per saltare il fosso. C'era nel Paese una voglia di "nuovo" e lui poteva incarnare perfettamente questo "nuovo" che tutti chiedevano».

Giancarlo chiese in seguito a Indro (eravamo nel 1995) perché Berlusconi avesse voluto entrare in politica e la risposta fu secca: «Silvio si era gettato nella politica perché costretto. Era come un animale braccato, alla completa mercé dei nemici che volevano la sua testa. In altre parole, riteneva di trovarsi di fronte a un bivio: o issare bandiera bianca o passare alla controffensiva anticipando gli avversari. Mi disse in settembre che doveva difendersi in prima persona. E, una volta presa la decisione, diventò un altro uomo: al posto della disperazione subentrò l'euforia». Insomma, anche se la rottura finale arriverà soltanto con l'Epifania del 1994, tra i due si creò una frattura e l'*anchorman* berlusconiano, Emilio Fede, attaccò su Rete 4 il vecchio Indro, definendolo «un mangiapane a tradimento», addirittura un «rimbambito». Il direttore del Tg4, ricorda Alexander Stille in *Il Cavalier miracolo*, criticò sul «Corriere» Montanelli per la sua mancanza di fedeltà nei confronti di Silvio e lo invitò a rassegnare le dimissioni. «Montanelli dovrebbe essere grato per tutta la vita a Berlusconi – disse Fede – c'è un limite anche alla libertà. Se fossi il suo editore, non prenderei calci negli stinchi, ma solleverei dall'incarico chi non sta con me, perché questo rientra nei diritti dell'editore». Al che Montanelli rispose in modo sarcastico: «Io [...] non potrei licenziare Fede. Perché non l'avrei mai assunto».

Due giorni dopo, lo stesso Cavaliere fece un blitz in via Gaetano Negri durante l'assemblea dei redattori del «Giornale», in cui criticò la linea politica del quotidiano perché usava troppo il fioretto. Ma già dal precedente autunno i giochi erano ormai fatti. Montanelli ebbe la conferma dell'imminente divorzio nel settembre 1993, il 18, quando spedì Giancarlo ad Arcore per fargli fare un'intervista (che poi saltò per una passeggiata fuori programma decisa dal Cavaliere) all'ex premier sovietico Gorbačëv, ospite di Berlusconi con la moglie Raissa. Al termine del pranzo, Silvio volle accompagnare a piedi a tutti i costi Michail in fondo al parco dove Cascella aveva costruito il mausoleo per ospitare le tombe dei familiari (e non solo). Giancarlo, a quel punto, saltata l'intervista, si piazzò subito dietro gli illustri ospiti in modo da poter captare i loro discorsi. E nella camminata di ritorno, davanti a un allibito Gorby, che poteva ascoltare in diretta grazie alla traduzione in simultanea, Berlusconi fece il grande annuncio: lui sarebbe entrato in politica per salvare l'Italia dal caos. Giancarlo, sempre nel gruppetto, notò che per cercare di zittire il Dottore, Gianni Letta, che era al suo fianco, gli dette più di uno strattone alla manica ma la decisione era stata ormai presa, anche se il *countdown* finale cominciò solo qualche mese dopo con la Befana che arriverà ugualmente di notte.

Montanelli ebbe subito la conferma di quanto gli aveva anticipato Giancarlo andando, dopo una lunga latitanza, a colazione ad Arcore sempre in quel caldo settembre del

1993. Durante il pranzo, a cui parteciparono i due figli maggiori del Cavaliere, Marina e Pier Silvio, Indro cercò di far capire a Berlusconi che lui non avrebbe potuto essere il trombettiere di un uomo politico che restava di fatto il suo editore (anche quando sarebbe subentrato il fratello Paolo) e, per fargli capire che aveva pochi margini di manovra, diede un'immagine del Cavaliere che piacque molto ai due figli. Disse: «Caro Silvio, se viene a casa tua un grande pittore che ti mostra il tuo ritratto, un ritratto perfetto in cui c'è solo un'imperfezione al dito mignolo del piede sinistro, tu, di tutto quel quadro, vedi solo quella piccola imperfezione e cominci a sbraitare».

In quei giorni di autunno – secondo il parere di quelli che non conoscevano a fondo il carattere dell'ottantenne fondatore del «Giornale» – Montanelli avrebbe potuto ancora salvarsi: sarebbe bastato sacrificare il suo co-direttore Federico Orlando che non era più gradito alla proprietà (i *boatos* giornalistici dicevano che per quel ruolo era già stato contattato Vittorio Feltri che era alla guida de «l'Indipendente») per continuare a restare, nonostante tutto, in sella. Ma per Indro era una condizione inaccettabile: al di là della scelta del co-direttore, considerava essenziale la sua piena autonomia e non poteva certo accettare di essere praticamente dimezzato perché il proprio editore avrebbe di fatto finito per condizionare da vero leader la linea politica del quotidiano. Tutto fu, dunque, inutile anche se, fino all'ultimo, qualche collaboratore del Dottore – è il caso di Confalonieri – continuava a essere piuttosto scettico sulle sue possibilità di vittoria. Resta il fatto che lo stesso Confalonieri, vent'anni dopo, nel libro *Uno straniero in patria*, dirà che non ci fu mai un vero e proprio *aut aut* di Silvio a Indro: prendere o lasciare.

A quel punto Montanelli preferì abbandonare la partita per dare vita al nuovo giornale che si sarebbe chiamato «La Voce», come quello di uno dei suoi maestri, Giuseppe Prezzolini (l'altro era stato Leo Longanesi). E, per non avere come proprietario un altro Berlusconi, la nuova società editoriale sarebbe stata una *public company*, cioè una società ad azionariato diffuso. Ma molti imprenditori che avevano promesso i loro soldi si tirarono poi indietro per non mettersi contro Berlusconi: «La Voce» perse così tutta la liquidità nel giro di pochi mesi e cessò le pubblicazioni poco più di un anno dopo. Prima del gran passo, al maggiore testimone del Novecento – su sollecitazione di Enrico Cuccia, il grande timoniere di Mediobanca – venne offerta da Gianni Agnelli la direzione del «Corriere della Sera»: sarebbe subentrato a Paolo Mieli che, per fargli posto, si era detto disponibile a passare al ruolo di co-direttore. Ma il "toscanaccio" declinò l'*avance* (e poi se ne pentì) perché, disse all'Avvocato, era deciso a varare un nuovo quotidiano in modo da poter ricollocare tutti quei giornalisti transfughi del «Giornale» (compresi i due autori di questo libro) che erano pronti a seguirlo nella nuova avventura. Agnelli replicò: «Cinque o sei? Va bene...», ma la risposta del Direttore interruppe tutte le trattative: «Cinquanta o sessanta...» Commoventi furono le parole di commiato di Indro alla sua redazione riunita in assemblea perché, ci ha ricordato Marco Travaglio che era allora al «Giornale», non si sentiva affatto un direttore in cerca di occupazione, ma solo un capofamiglia: avrebbe, quindi, fatto il possibile per trovare un tetto ai suoi "ragazzi" che desideravano abbandonare la nave berlusconiana.

Ma al di là dell'uscita un po' traumatica, non ci fu mai una rottura completa tra editore e direttore anche perché, confessò lo stesso Indro (*Uno straniero in patria*), non aveva mai ritenuto il Cavaliere un vero nemico: «Con lui mi sono sentito al telefono anche nell'anno della "Voce"». Andò pure a cena da lui ad Arcore. Ha raccontato a Tiziana Abate in *Soltanto un giornalista*: «Fu lui a telefonarmi: forse aveva captato in qualche mio articolo un'ombra di rimpianto per il vecchio amico. [...] Così una sera mi trovai di nuovo seduto alla sua mensa ad Arcore. Per l'occasione aveva mobilitato la sua vecchia cuoca ormai in pensione, perché io gli avevo sempre detto che la cosa migliore che avesse era lei...» Quella cena, abbiamo scritto in *Dove eravamo rimasti?*, fu un successo, considerando anche la proverbiale inappetenza di Indro che ha anche raccontato: «Riparlammo senza rancore dei nostri trascorsi. Gli domandai quali garanzie avesse avuto da D'Alema sulle aziende in cambio dell'opposizione inesistente che gli assicurava. Rise. Gli chiesi anche: "Ma perché ora, che hai sistemato i tuoi affari, non ti chiami fuori dalla politica?" "È una parola," mi rispose rabbuiandosi. "I giudici non obbediscono neppure a D'Alema." E lì capii quale era, ormai, la vera sostanza del suo dramma».

In seguito Montanelli aveva ricordato a Giancarlo: «Un giorno Berlusconi verrà abbandonato dai suoi ignavi cortigiani e io, se sarò ancora vivo, l'aiuterò». Pensiamo che l'avrebbe fatto, anche se nelle elezioni politiche del 2001 (l'anno della morte di Indro), che portarono alla nascita del secondo governo Berlusconi con una netta vittoria, il "toscanaccio" annunciò a Enzo Biagi le sue intenzioni di voto: «Voterò per il centrosinistra perché pieno di magagne, è un'armata Brancaleone, si decompone a ogni svolta di strada, mentre questa destra mi fa paura. [...] Berlusconi è una malattia che si cura col vaccino: per guarire da Berlusconi, ci vuole una bella iniezione di vaccino di Berlusconi...» È possibile che, in un modo o nell'altro, con il passare del tempo, ci sia anche stato qualche ripensamento nel clan berlusconiano. Non è un caso che Confalonieri abbia poi detto in *Uno straniero in patria*: «Montanelli è stato il più grande giornalista italiano del Novecento, ma lui faceva un giornale troppo d'*élite* con tante firme prestigiose ma per addetti ai lavori molto sofisticati». E alla successiva domanda di Giancarlo, che gli chiese se si fosse pentito di non avere più sentito Indro prima della sua scomparsa, Fedele rispose con un laconico «sì!».

A distanza di tempo, dopo la fine della «Voce», Montanelli tornò sull'argomento e aggiunse: «Nessuno tra coloro che mi hanno maledetto e ripudiato si è chiesto se io, uscendo dal "Giornale", facessi i miei interessi o no. Era mio interesse restare in via Negri: il Cavaliere era disposto a darmi chissà quali premi se accettavo di essere il direttore di un giornale berlusconiano; probabilmente mi avrebbe addirittura promosso al Quirinale. Io, sbattendo la porta, ho rinunciato alla più bella occasione della mia carriera. Sto esagerando? Direi di no, considerando che una bella fetta dei ministri del governo Berlusconi era composta da collaboratori del "Giornale". Tutto questo coloro che mi hanno ripudiato non l'hanno pensato. Hanno creduto che fossi un traditore della destra nel momento in cui la destra vinceva. Il fatto è davvero comico, se non fosse tragico. Di solito chi tradisce abbandona una bandiera che s'ammaina. È molto difficile andarsene quando c'è l'alzabandiera. Io ho lasciato una bandiera vincente, l'ho lasciata perché non era la mia. Ho voluto condurre da solo una battaglia rinunciando anche alla possibilità di ritornare subito al "Corriere" come direttore, dove non potevo portare avanti quella battaglia per ovvi motivi. Ho perso: è una sconfitta che considero molto nobile anche se dolorosa. Adesso di battaglie non ne farò più, non ho più l'età per farlo. Sono amareggiato, ma non umiliato: in fondo provo un sottile piacere a ritrovarmi da solo tra pochi, un piacere quasi donchisciottesco».

Ma il giudizio finale di Montanelli sul berlusconismo, affidato nel marzo 2001, pochi mesi prima della sua morte, alla penna di Curzio Maltese su «la Repubblica», fu nonostante tutto pesantissimo: «La scoperta di un'Italia berlusconiana mi ha colpito molto; è la peggiore delle Italie che ho visto, e dire che di Italie brutte nella mia vita ne ho viste moltissime. L'Italia della marcia su Roma, becera e violenta, animata però forse anche da belle speranze. L'Italia del 25 luglio, l'Italia dell'8 settembre, e anche l'Italia di piazzale Loreto, animata dalla voglia di vendetta. Però la volgarità, la bassezza di questa Italia non l'avevo vista né sentita mai. Il berlusconismo è veramente la feccia che risale dal pozzo».

# 12.

# La discesa in campo

«Sono sceso in campo per amore del mio Paese.»
Silvio Berlusconi, 11 maggio 1994

«Silvio Berlusconi è entrato in politica per difendere le sue aziende.»
Marcello Dell'Utri, 28 dicembre 1994

«Se Berlusconi non fosse entrato in politica, se non avesse fondato Forza Italia, noi oggi saremmo sotto un ponte o in galera con l'accusa di mafia.»
Fedele Confalonieri a «la Repubblica», giugno 2000

«Ci vuole un grandissimo equilibrio per fare il fratello di Silvio senza finire al neurodeliri.»
Paolo Berlusconi in *L'incubo Berlusconi*

Il 28 dicembre 1993, la decisione. Berlusconi convocò una riunione allargata dei suoi ad Arcore dove discussero tutto il giorno delle alleanze e delle liste. Poco più di una ventina di persone. C'erano Confalonieri, Gianni Letta, Dell'Utri, Vittorio Dotti, Cesare Previti, Roberto Spingardi, capo del personale della Fininvest, Giuliano Urbani che aveva stilato non solo il programma del Buon Governo ma anche le ventinove pagine su *L'Italia che noi vogliamo*. C'era pure Cartotto nella veste di consulente personale di Berlusconi, per quanto fosse già stato “defenestrato” dal suo ufficio senza riuscire ad averne un altro. Erano presenti anche figure nuove, principalmente due. La prima era Domenico Mennitti, Mimmo per gli amici, brindisino, ex deputato del Msi-Dn, ex vicesegretario di Almirante prima e di Rauti in seguito, per un breve periodo direttore del quotidiano «Roma» di Napoli. La seconda: Francesco D’Onofrio, napoletano, più volte deputato democristiano, capo del gruppo di moderati e contestatori di Martinazzoli che, con Pierferdinando Casini, Clemente Mastella, Ombretta Fumagalli Carulli, Carlo Giovanardi, da lì a non molto usciranno dal Partito Popolare dando vita al Ccd, Centro cristiano democratico.

Mennitti si ritrovò ad Arcore tramite Paolo Del Debbio, l’assistente del Dottore dopo esserlo stato di Confalonieri, toscano, giovane e colto, alto e robusto, un «Orson Welles sbarbato» lo dipingerà Paolo Pagani, con il compito delicato di stendere materialmente il programma elettorale sulla base di un assunto, ha raccontato lo stesso Del Debbio in *Forza Italia*, «di una semplicità imbarazzante, almeno in apparenza, illustratagli dallo stesso Berlusconi: “Trasformare il patrimonio liberale in vantaggio della gente comune”». Un programma redatto con l’aiuto intellettuale di Antonio Martino, scomparso nel 2022, e di Gianfranco Ciaurro, ex ministro nel primo governo Amato e sindaco di Terni. Commenterà Del Debbio: «Leadership, programma e linguaggio furono i tre capisaldi della vittoria di Forza Italia. Il resto fu solo organizzazione». Simona Colarizi annota in *Passatopresente*: «Un partito di natura populista»; secondo Emanuela Poli in *Forza Italia*, «un partito personale»; secondo Richard Gunther, docente americano di scienze politiche, «un partito elettoralista».

Mennitti, definito dal vulcanico Pagani «l'Indiana Jones della giungla politica della transizione», aveva un peso determinante nella strategia del Cavaliere per un motivo ben preciso riportato da Annalisa Terranova su *L'altro Msi*: le sue profonde conoscenze nel mondo politico maturate nel corso di tanti anni, più di venti, da Roma in giù. Una pedina quindi importante nello scacchiere berlusconiano, molto più importante di quella utilizzata fino ad allora da Silvio per tenere i contatti con il partito di destra, il milanese Franco Servello. Già, perché Mennitti colmava un vuoto tra le file della Fininvest che «sa tutto di pubblicità, serial e *Ruota della fortuna*, ma quasi nulla di campagne elettorali». E su come muoversi nel Centro-Sud. Mennitti diventò così importante da essere definito da Maria Latella, sul «Corriere», «il Richelieu di Arcore» e il «Richelieu nero». Un suggeritore, che poi dirà: «Sono solo uno che ragiona». In seguito chiarirà anche che il suo ruolo non significava «arruolamento», ma «l'occasione per realizzare l'obiettivo che avevo sempre perseguito: liberare la destra italiana dalle condizioni di isolamento e di impotenza».

Anche D'Onofrio rappresentò una pedina importante nel gioco berlusconiano in quanto c'era la speranza che si portasse con sé il simbolo della Democrazia cristiana. Cartotto riporta una frase chiarificatrice di Berlusconi: «Ah, se potessimo averlo noi quel simbolo. Lo scudo crociato vale qualche milione di voti. Molte persone del mondo cattolico quando vanno in cabina e vedono lo scudo crociato lo votano per trasporto». E a D'Onofrio:

«Voi dovreste riuscire a mantenerlo… o per lo meno toglierlo agli altri. Dovreste fare un'azione…» Quasi alla fine dell'incontro il Dottore prese in disparte D'Onofrio, ad Arcore grazie a Gianni Letta, e gli disse con fervore: «Dovete assolutamente rompere. Deve fare una nuova Democrazia cristiana. Chiamatela Nuova democrazia cristiana, chiamatela come volete, ma rompete. La Democrazia cristiana è stata un grande partito che ha avuto meriti storici». Un pressing a tutto tondo tanto da far dire a Cartotto: «Quel 28 dicembre assistemmo di fatto alla nascita del Ccd». D'Onofrio prese l'impegno di intervenire giuridicamente per impedire a Martinazzoli di usare lo scudo crociato, ma non ci riuscì. Così il Ccd nacque il 18 gennaio 1994 con il simbolo di una vela con all'interno un piccolo scudo crociato (un simbolo dovuto alla penna del più celebre designer italiano, Giugiaro) e si alleò alle elezioni con Forza Italia. Presidente Mastella, segretario Casini.

I rapporti con la Lega erano già stati avviati sin dall'autunno. In una serie di incontri riservati all'Hotel Four Seasons di Milano si ritrovarono nell'ampia sala convegni nel seminterrato, sotto la presidenza di Leonardo Mondadori, Urbani, Antonio Martino, il braccio destro di Bossi, Roberto Maroni, Giulio Tremonti ed Elio Vito. Discussero il progetto preparato da Tremonti di un'alleanza fra tutte le forze di centro, Lega compresa. Di solito, alla fine delle riunioni arrivava anche Berlusconi che – racconterà Tremonti quindici anni più tardi, nel marzo 2009, in occasione del Congresso di fondazione del Pdl, il Partito della Libertà – «grazie al suo carattere estroverso polarizzava l'attenzione di tutti, compresi i camerieri dell'albergo. Furono anche loro a convincere Silvio a scendere in campo».

Gli incontri si infittirono ad Arcore nel gennaio 1994 durante la gestione delle liste elettorali. Da parte della Lega parteciparono Maroni, Roberto Speroni, Sandro Patelli; dall'altra Domenico Lo Jucco, Mimmo Mennitti, Roberto Cartotto. La prima volta Maroni, sfegatato milanista, volle vedere la Coppa dei Campioni per abbracciarla, in un'altra occasione Berlusconi, racconta Cartotto nel suo *La terza marcia su Roma*, volle che Patelli cronometrasse il tempo che impiegava nel percorrere di corsa il giro del parco della villa in modo da fargli vedere di essere in forma. I rapporti diventarono più tesi quando Bossi, chiamato "il Senatùr" dopo essere stato eletto in Parlamento già a metà degli anni Ottanta, iscritto al Pci in gioventù prima di farsi abbagliare dall'idea dell'autonomia della terra padana, seppe che nell'alleanza c'era anche il Msi-Dn. «Io con la porcilaia fascista mai», sbottò Bossi. Quella volta fu direttamente Berlusconi ad andarlo a trovare nella sede milanese della Lega in via Sellerio per calmare le acque. E ci riuscì offrendo il 70% dei seggi che la loro alleanza avrebbe ottenuto al nord. Ma tra loro restarono, ricorda Dotti, «come il cane e il gatto: programmaticamente inconciliabili».

I rapporti con Fini furono agevolati dall'*endorsement* di Casalecchio a suo favore al momento delle elezioni amministrative di Roma con Francesco Rutelli, vinte poi dall'esponente di sinistra con quasi il 47% dei voti. Una frase, quella che lui avrebbe votato per Fini, che suscitò scalpore tanto che i media parlarono di come fosse stato in questo modo «sdoganato» il Msi. Silvio poi sosterrà che era stata una frase spontanea («Le idee non si sdoganano e neanche le persone: non sono merci», riporta Renato Farina in *Berlusconi tale e quale*); Fini sarà invece di diverso avviso: «La sua – scrive in *Il ventennio* – fu una scelta dettata dalla *Realpolitik* e gli fu facile compierla perché non aveva alcuna pregiudiziale valoriale o culturale e nemmeno politica da superare. Se l'obiettivo era quello di battere le sinistre fermando "la gioiosa macchina da guerra" di Occhetto, era necessario allearsi con tutti coloro che condividevano tale obiettivo e che disponevano di un consenso elettorale, quale che fosse».

Comunque, Silvio e Fini si erano già incontrati in passato, sempre per problemi legati alle televisioni. Ma in quei giorni di gennaio le riunioni si fecero più frequenti. Berlusconi era coadiuvato soprattutto da Dell'Utri, Previti, Valducci, Querci, Del Debbio e Mennitti. «Mi faceva impressione – racconta Gianfranco Fini – sentir teorizzare "strategie di mercato" per far "acquistare" (cioè votare) il nuovo "prodotto" (Forza Italia) che di lì a breve sarebbe stato lanciato sugli scaffali (le schede elettorali). Tutto era stato pianificato con scrupolo e precisione, supportato con dati e tabelle relative alle fasce d'età, istruzione, sesso, professione, residenza del potenziale acquirente-elettore». Fini riconobbe il carattere innovativo del suo modo di entrare in politica, ammise che le ragioni dell'alleanza erano serie e solide, trovò in Berlusconi «un grano di "lucida follia" contagiosa». Una volta, ricorda nel suo libro, rimase «di stucco». E fu quando il Cavaliere gli chiese seriamente se fosse stato possibile domandare anche ai candidati dell'ex Msi-Dn, diventato Alleanza nazionale, di «radersi accuratamente il volto. Non avevo mai notato che in effetti nessuno, tra i dirigenti del vertice di Forza Italia, portava la barba e non sapevo che Berlusconi l'avesse in grande antipatia». Fini gli rispose per cortesia, dicendo che la cosa gli sembrava difficile. E se ne uscì con una battuta: «Gli avrebbe fatto avere la risposta da Ignazio La Russa, da sempre orgoglioso del suo mefistofelico pizzetto e che, ne ero certo, sarebbe stato indisponibile a rinunciarvi per ragioni di immagine e di mercato».

Un'alleanza quasi impossibile, quasi miracolosa quella tra i tre. Tito Saveriano ne inquadra molto bene i caratteri in *Le gesta del Cavaliere*. Bossi incarna «l'istintività, la visceralità irruenta che non tiene conto della realtà, del compromesso politico, e agisce soltanto in funzione dei bisogni primordiali provenienti dall'anima popolare del suo movimento. Illuminanti e chiarissimi sono infatti i riferimenti sessuali che caratterizzano il linguaggio e le istanze politiche del leader leghista». Gianfranco Fini «impersona la mente lucida, fredda, inattaccabile, che ripropone i valori tradizionali nei quali lui e la sua forza politica si identificano: patria, famiglia e religione...» Berlusconi è il «Super Io, il punto di equilibrio che si incarica di tutelare l'integrità dell'individuo e di avvicinare i due estremi altrimenti in contrapposizione tra loro».

Quel gennaio 1994 fu strapieno di date importanti. Già nei primi giorni dopo Capodanno, Berlusconi volle il viatico della famiglia e degli amici più stretti riunendoli attorno a sé ad Arcore. C'erano tra gli altri Gianni Letta,

Confalonieri, Dell'Utri, i figli, la madre Rossella, allora quasi ottantatreenne. Lo racconta proprio lui a Friedman: «Li invitai tutti a cena ed esaminai con loro la situazione. Spiegai che avevo tentato di trovare una soluzione alternativa e non ci ero riuscito. Dissi: "Mi sento in dovere di fare questo passo. Sono l'unico che lo può fare". Tutti mi suggerirono di non farlo. Gli amici più stretti, i miei dirigenti, i miei figli mi raccomandarono di non entrare in politica. Mia madre era la più contraria». A un certo punto della serata tutti se ne andarono, anche la madre. Poco dopo ritornò indietro e disse a suo figlio: «Ci ho pensato bene. Sono sempre contrarissima. Ti faranno del male in tutti i modi, a te, alla tua famiglia e alle tue aziende. Però ho capito che tu ti senti in dovere di farlo. Così sono arrivata a convincermi che tu non saresti più il figlio che io ho voluto educare se, sentendo così forte il dovere di entrare in politica per il tuo Paese, per la tua libertà, per la libertà di tutti gli italiani, tu non trovassi anche il coraggio di farlo».

Insomma, Berlusconi riuscì a convincere la mamma, non riuscì invece a spuntarla con Montanelli, che il 12 gennaio 1994 scrisse il suo ultimo editoriale e lasciò «il Giornale» che aveva creato. Già solo una settimana più tardi Maroni commentò proprio con Berlusconi il cambio di direzione con Vittorio Feltri, tenuto a bagnomaria al «l'Indipendente» sin dall'estate 1993: «Si vede che il polso del "Giornale" è ora diverso». Il 16 gennaio 1994 il capo dello Stato, Oscar Luigi Scalfaro, sciolse le Camere. Due giorni dopo, il 18, nacque il Ccd di Mastella e Casini. Lo stesso giorno fu la volta di Forza Italia. Il 22 gennaio Fini fu acclamato coordinatore del Msi-An che si presentò alle elezioni di marzo insieme ad altre forze di centrodestra con la lista Alleanza nazionale nel Centro-Sud e solo con la sua lista nel Nord. Il 26 gennaio Berlusconi apparve sulle sue televisioni e, a spezzoni, anche su quelle della Rai, per annunciare la sua «discesa in campo» alla guida di un partito politico di nome Forza Italia. Un video-discorso registrato di quasi dieci minuti, replicato in continuazione sulle reti del Cavaliere.

«L'Italia è il Paese che amo. Ho scelto di scendere in campo e di occuparmi della cosa pubblica perché non voglio vivere in un Paese illiberale, governato da forze immature e da uomini legati a doppio filo a un passato politicamente ed economicamente fallimentare.» Seduto dietro la scrivania dello studio in doppiopetto blu, cravatta e camicia azzurra con alle spalle una libreria in cui comparivano anche un paio di foto di famiglia e una scultura di Cascella, sguardo fisso verso la telecamera, sorriso accattivante, atteggiamento disinvolto e molto americano («sembrava più un attore che un politico», osserva Friedman), Berlusconi piacque. «Dobbiamo costruire insieme, per noi e per i nostri figli, un nuovo miracolo italiano», disse, alternando i rischi dell'ingresso al governo degli ex comunisti, che «non sono cambiati. Non credono nel mercato, non credono nell'iniziativa privata, non credono nel profitto, non credono nell'individuo», ai motivi per contrastarli: «Noi crediamo nell'individuo, nella famiglia, nell'impresa, nella competizione, nello sviluppo, nell'efficienza, nel mercato libero, nella solidarietà, figlia della giustizia e della libertà». Lanciò una frase, quella della «discesa in campo», diventata famosa e, assicura Vittorio Dotti, «fui io stesso a suggerirgliela. [...] A lui piacque moltissimo, dava l'idea di qualcosa di epocale, che preludeva a grandi conquiste. "Scendo in campo! Fantastico!" Si entusiasmò; "Me la vendi? Me la vendi?" mi chiese subito scherzosamente. Fui ben lieto di farlo felice».

Quel giorno Berlusconi era molto emozionato, lo confermò anni dopo Miti Simonetto, la curatrice della sua immagine. Quello stesso giorno era l'unica persona presente, oltre all'operatore e naturalmente al Dottore, come continuerà a chiamarlo anche dopo, nella stanza in cui venne registrato il video-messaggio. Non ci fu nessun dispiegamento di mezzi, anzi fu necessario organizzare e inventare tutto, perché la registrazione, ha testimoniato la Simonetto nel supplemento di «Libero» dedicato a Berlusconi, venne effettuata in una stanza della villa di Macherio che all'epoca era ancora in fase di ristrutturazione: «C'era polvere dappertutto, le finestre erano schermate con teli di plastica e, poiché eravamo in gennaio, letteralmente si gelava. Ho ancora negli occhi il Dottore che con la sciarpa bianca avvolta attorno al collo, si osserva in un piccolo specchio appeso in un camerino di fortuna». Per creare uno sfondo godibile, la Simonetto recuperò libri, soprammobili, foto di famiglia in modo da «conferire un'aria "vissuta" a quella che in realtà era una stanza ancora da arredare».

Berlusconi, puntiglioso e pignolo fino all'estremo, girò più volte il filmato. «Provavamo e giravamo», afferma Miti Simonetto, «dalle sei del mattino alle due di notte. Il Dottore aveva preparato con cura il discorso da leggere, ma come è sua abitudine lo cambiava in continuazione e così fece fino all'ultimissimo momento. Perché non bisogna dimenticare che colloquiare con il pubblico è, in un certo senso, il suo mestiere (io direi anche la sua specialità) ma quel 26 gennaio anche per lui era la prima volta. E che prima volta...» Già, perché quel discorso «cambiò parecchie cose nella vita di tutti noi». Alla fine tutto filò liscio, le luci illuminarono Berlusconi in modo talmente efficace, senza imperfezioni, da suscitare il dubbio che davanti alla telecamera ci fosse una calza da donna. «Come testimone diretta, osserva la Simonetto, posso affermare che questo non è vero».

Quel video-messaggio ebbe successo. «Un discorso creato con grande cura», osserva Stille che ha anche calcolato come la parola "libertà" fosse stata citata 14 volte, "Italia" o "italiani" 13 volte, "nuovo" 8 volte, "speranza" 3 volte, "sogno" 2 volte e "fiducia" 2 volte. «Ricordava i video-discorsi trasmessi dallo Studio Ovale della Casa Bianca», sostiene Friedman. Nove anni dopo, nel 2003, Stefano Folli, politologo e direttore del «Corriere», sosterrà che Berlusconi si era presentato nel 1994 «come estraneo all'establishment. Capace al tempo stesso di rappresentare una promessa di invenzione paraliberista; un garanzia per i ceti medi moderati smarriti nella frana della Prima Repubblica; un'assicurazione contro vecchi e nuovi poteri, a cominciare da quello giudiziario». All'epoca ci fu anche chi decise di saltare il fosso. Così Giuliano Ferrara, ex comunista e poi europarlamentare craxiano, per un certo periodo legato alla Cia, molto furbo, si proclamò berlusconiano: «Oggi mi considero una persona di destra perché non ho paura delle parole», dichiarò al «Corriere». E pochi giorni più tardi, racconta Pino Nicotri in *L'arcitaliano*, durante un programma di Radio Londra su Italia 1, lanciò un violento attacco verbale contro Gianni Locatelli, direttore generale della Rai «per conto del Pds e della sinistra Dc», bruciando il libretto di pagamento del canone televisivo. Nello stesso tempo, ricorda ancora Nicotri, «in gran segreto, Giuliano è già al lavoro come consigliere-*ghost writer*» di Berlusconi. Un mese più tardi riconoscerà, in una intervista su «La Stampa», che «sì, Berlusconi è entrato in politica per impedire che gli portassero via la roba... Tenta di evitare che gli scippino insieme la sua impresa e la sua libertà di imprenditore».

Anche un altro europarlamentare socialista si trasformò in uno sfegatato berlusconiano: don Gianni Baget Bozzo, sospeso *a divinis* dal cardinale Siri proprio perché aveva assunto un incarico politico violando una norma della Chiesa cattolica (e lo fu fino a quando rimase a Strasburgo, e cioè nel 1994). Il suo era «uno sconfinato entusiasmo» per Berlusconi (lo definì «il politico del secolo») tanto da provocare in seguito la riprovazione dell'allora arcivescovo di Genova, Tarcisio Bertone. Ci fu anche chi, tra i collaboratori delle reti berlusconiane, protestò platealmente contro la direttiva data al gruppo Fininvest di doversi allineare alla linea del Cavaliere senza lasciare spazio alle critiche. Fu in particolare Vittorio Sgarbi, il famoso storico e critico d'arte, intellettuale molto vivace, che conduceva su Canale 5 la trasmissione *Sgarbi quotidiani*. Il 13 gennaio per protesta (pur essendo berlusconiano) rimase in silenzio per l'intera durata della trasmissione, 15 minuti, e solo alla fine mostrò un biglietto su cui era scritto: «Basta sì». Quella puntata fu comunque seguita da tre milioni e mezzo di telespettatori con il 20% di *share*.

Naturalmente ci fu un corollario di critiche sul Dottore. «Scende in campo il ragazzo Coccodé», irrise nell'editoriale su «la Repubblica» Eugenio Scalfari. «Fa ridere che una persona seria parli del pericolo comunista. Significa essere trogloditi della politica», dichiarò Achille Occhetto. «Meglio che stia fermo, tanto prenderebbe pochi voti. Non siamo mica in Brasile...» sostenne il poco lungimirante Massimo D'Alema. «Sì, proprio il tipo che piace agli italiani... stretto nel doppiopetto blu, pettinatino, con la sua villona immersa nel verde: nessun ritegno, nessuna grazia, nessuna eleganza. Un cliché che mi spaventa», osservò sarcastico Sergio Saviane, il critico televisivo. Scettico, raccontiamo in *Gianni Agnelli in bianco e nero*, rimase l'Avvocato: «È un ragazzo in gamba ma non ha mai visto una fabbrica né trattato con un sindacato. Se ce la farà, avranno vinto gli imprenditori italiani. Se fallirà, avrà perso solo Berlusconi».

Curiosamente equidistante apparve la dichiarazione di Marco Pannella, leader dei radicali: «Un buon intervento, che non merita né gli eccessi di indegnità che l'etnia serbo-progressista gli riserberà, né gli incondizionati plausi di chi vedrà nel suo discorso un proclama di dimensione storica». Non fu un caso, lo scoprì in seguito Vittorio Dotti che poi ha raccontato la vicenda in *L'avvocato del diavolo*: Forza Italia «era stata concepita a suon di slogan. Per fare politica, tuttavia, c'era bisogno di ben altro. Il primo a capirlo fu proprio lo stesso Silvio che, tra un'intervista e un comizio tivù, si rimboccò le maniche e cominciò a studiare il funzionamento delle istituzioni». Così si rivolse ad alcuni parlamentari di lungo corso. Tra questi ci fu proprio Marco Pannella che «dal 1994», afferma Dotti, «fu arruolato come formatore politico personale del futuro premier». Dotti se ne accorse quando, eletto capogruppo di Forza Italia alla Camera, si ritrovò un giorno davanti Pannella che gli chiese 800 milioni di lire, quanto pattuito con Berlusconi per la sua consulenza. Glielo aveva detto il nuovo premier: «Vai da Dotti, c'è la cassa del gruppo parlamentare, digli che può attingere da lì». Dotti si rifiutò per il semplice motivo che il gruppo era finanziato dalla Camera con denaro pubblico. Dopo un lungo tira e molla, sarà direttamente Silvio a sborsare la somma pattuita.

All'inizio di quel 1994, quando Berlusconi, racconta Friedman, «premette il pulsante e mise in azione il suo esercito di uomini marketing», un ciclone mediatico si abbatté sugli italiani. Spot promozionali furono trasmessi dalle reti Fininvest in tutte le salse a tutte le ore, l'inno di Forza Italia diventò un mantra, comparve il giornalismo urlato e violento grazie a quelli che Stille chiama «i nuovi Doberman di Berlusconi», il faccione sorridente del Cavaliere apparve in ogni angolo d'Italia. A molti piacque, da Iva Zanicchi ai coniugi Vianello e a Mike Bongiorno, piacque soprattutto a quella maggioranza che, puntualizza Gianni Statera in *Il volto seduttivo del potere*, non perdeva una puntata di *Beautiful* e di *La ruota della fortuna* con Mike Bongiorno, amava «spiare le reazioni a caldo» nel momento in cui Alberto Castagna mostrava «il video del fidanzato abbandonato alla sua ex partner», raccoglieva i bollini dei detersivi per vincere un servizio di tazzine da caffè come premio, passava il sabato pomeriggio alla Standa e la domenica a tifare per il Milan, osservava con entusiasmo quell'«oggetto di rispettoso desiderio» di nome Valeria Marini, si divertiva ai gorgheggi di Ambra Angiolini in *Non è la Rai*. Un po' meno, riporta il «Corriere della Sera», quando Ambra se ne uscì col suo clamoroso *endorsement* sul «Padreterno che sta con Berlusconi e Satana con Occhetto»; Gianni Boncompagni, lo scopritore della giovane fanciulla, fu costretto a intervenire dicendo di aver ricevuto «un comunicato dall'ufficio stampa del Padreterno che smentisce tutto. Anche Satana ha mandato un comunicato, ma non si legge niente. È arrivata solo carta bruciacchiata».

Non c'è da meravigliarsi, quello era il pubblico di Berlusconi. Lo confermarono i sondaggi di Gianni Pilo: la sua immagine appariva come quella di un uomo nuovo in politica, capace di buttare a mare la classe politica che aveva dominato l'Italia per mezzo secolo, di conseguenza chi non era con lui faceva parte di quella vecchia classe dirigente che aveva portato il Paese sino a Tangentopoli. Una sceneggiatura, sostiene Alberto Abruzzese in *Elogio del tempo nuovo*, «costruita su una "bella favola"» favorita da un vuoto politico-mediatico. Le inchieste giudiziarie di Mani pulite avevano portato alla disgregazione del Psi, della Dc, persino del piccolo Pli spaccato in due tra Raffaele Costa e Valerio Zanone. E avevano dato a Occhetto l'illusione di poter attrarre, afferma Sergio Ricossa in *Come mandare in rovina un Paese*, «la maggior parte di quegli asteroidi vaganti», tra cui ruotava anche Rifondazione comunista, un pianetino rispetto al Pds.

Quel nuovo stile di propaganda politica fece breccia. In *My way* Friedman scrive che non solo Berlusconi «sfruttò da par suo i media, ma inventò anche un nuovo linguaggio politico e una nuova serie di simboli. Faceva appello a quella che negli anni Sessanta in America e Settanta in Italia si chiamava "maggioranza silenziosa"». In *Il Cavalier miracolo* Alexander Stille chiarisce che Berlusconi, parlando da solo ai 58 milioni di italiani «come il mago di Oz, rifiutando la mediazione dei partiti politici e della stampa, stava semplicemente seguendo i metodi della pubblicità televisiva». E ricorda che Ross Perot, il miliardario americano che aveva cercato di entrare in politica, «aveva fatto la stessa cosa comprando quantità senza precedenti di spazi televisivi per dribblare i mezzi di comunicazione tradizionali». La sera stessa del videomessaggio la Rai gli dedicò due minuti, ma più tardi fece uno speciale sull'evento con Fini e Occhetto. E il leader del Pds fornì un punto di vantaggio all'avversario perché Berlusconi, osserva ancora Stille, «appariva come il protagonista e i suoi avversari politici e i suoi rivali come spettatori: lui guidava la marcia e loro lo seguivano». Se ne rese subito conto Sandro Curzi, il giornalista direttore di Rai3. Commentò: «Berlusconi ci obbliga tutti a seguirlo, a fare ciò che lui vuole. È lui a decidere tutto. Non concede interviste. Manda videocassette. Dovremmo essere tutti molto preoccupati».

In *Storia politica della Repubblica* Simona Colarizi mette in evidenza come nella sua campagna elettorale «nulla è lasciato all'improvvisazione; toni e temi, tutti ben calibrati sulla corda del populismo, sono commisurati alla quota di mercato disponibile: ne emerge la fotografia del *self made man* che non ha reciso i suoi legami con il retroterra originario dei ceti medio-piccoli, malgrado la ricchezza accumulata. "Sono uno di voi" è il messaggio martellante, paternalistico e rassicurante, trasmesso a ogni sua apparizione sul piccolo schermo, la tribuna ideale per i suoi comizi; "uno di voi" che ha lavorato solo per far decollare la sua azienda ed è pronto a fare altrettanto a favore del Paese malconcio; di quella "azienda Italia" mandata in rovina dai politici di professione, protagonisti di quel "teatrino della politica" dove si rifugia chi nella vita non ha mai svolto un vero lavoro. "Non sono un politico" è l'altro punto di forza della sua campagna promozionale, che trova il terreno spianato da più di cinque anni di demonizzazione dei politici corrotti e della partitocrazia ossessiva. È il senso del dovere a spingerlo nell'arena politica, dalla quale non perde occasione per sottolineare l'estraneità sua e di Fi: non gli interessano i "princìpi astrusi" e le "ideologie complicate" dietro le quali si nascondono i politici; e ha addirittura "brividi alla schiena" quanto sente dire che Forza Italia è un partito. La sua organizzazione è invece un servizio offerto alla gente di buon senso che ha amore per il lavoro, rispetto per la parola data e culto della famiglia, cioè, i valori iscritti nell'orizzonte quotidiano di milioni e milioni di persone». Una pennellata di grande respiro.

In quella campagna elettorale Berlusconi arrivò a promettere anche cose che in cuor suo sapeva di non poter mantenere in un Paese con il debito pubblico al 120% del Pil mentre il deficit, che era al 7%, avrebbe dovuto già essere di tre punti inferiore per partecipare a pieno titolo all'Unione economica europea. Ma anche quella volta si lasciò trascinare dai suoi sogni. Promise di ridurre il numero delle tasse da 200 a 10, di creare un milione di posti di lavoro, di ridurre il carico fiscale dal 50% al 30% senza tagli alle pensioni, ai servizi, all'istruzione e alla sanità. Anzi, le pensioni sarebbero state più alte, le strutture sanitarie e la scuola privata avrebbero avuto incentivi, le inefficienze burocratiche che bloccavano la creazione di ricchezza sarebbero state eliminate. C'era tutto e di più nel programma elettorale in 45 punti preparato da Paolo Del Debbio, responsabile delle relazioni esterne del gruppo Fininvest, Giuliano Urbani, Antonio Martino e il generale in pensione Luigi Caligaris.

Una manna se fosse stato tutto vero, ma restavano, almeno in parte, solo sogni, fantasie. E infatti Alfredo Reichlin, ex deputato della sinistra in passato vicino a Berlinguer, gli affibbiò il nome di "telepredicatore": «Berlusconi promette posti di lavoro ma non dice come. Berlusconi promette tutto e il contrario di tutto. Propone di abbassare le tasse e combattere il deficit pubblico, di abbassare l'inflazione e di aumentare i consumi. È solo un telepredicatore». Ma intanto l'agenzia di sondaggi di Pilo e di Valducci, la Diakron, sfornò a raffica una serie di rilevazioni tutte positive, dall'annuncio che un italiano su tre era pronto a votare per lui a quello in cui i bambini italiani dichiaravano di preferire il Cavaliere a Gesù Cristo. Renato Mannheimer, un esperto del settore, disse in un'intervista a Stille che in quel modo «l'apparenza divenne realtà. Naturalmente noi sondaggisti non dovremmo mentire, ma i politici possono farlo».

Non si trattò comunque solo di propaganda politica effettuata con grande abilità: secondo Giovanni Orsina, in *Il berlusconismo*, emerse anche «una consistenza ideologica che va ben oltre il mero dato propagandistico». Il Cavaliere ribaltò la diagnosi: «Se le cose non vanno bene, se il Paese è sfiduciato, se gli imprenditori italiani perdono quote di mercato, la colpa non è della società civile ma va piuttosto attribuita alle istituzioni pubbliche e alle *élite* politiche che deprimono il Paese moralmente [...] e lo ingabbiano materialmente in strutture e regole pesanti». Di conseguenza anche la terapia va capovolta: non è il Paese reale che si deve adeguare al Paese legale ma viceversa, sarà il Paese legale ad adeguarsi al Paese reale attraverso «le regole, il modo di fare politica, la selezione e formazione delle *élite* pubbliche». Con il suo stile dall'immancabile sorriso, dai toni pacati, dalla semplicità del linguaggio, il Cavaliere proiettò, afferma Emanuela Poli, «un'immagine di sé coerente con la sua nota storia personale, invitando gli elettori ad avere fiducia nel fondatore della seconda più grande azienda privata italiana; utilizzò una "storia già rodata" – quella dell'italiano laborioso e ingegnoso "che può farcela" anche tra le difficoltà – nella quale la gente poteva identificarsi e promise al Paese niente meno che un "nuovo miracolo economico"».

Berlusconi, che in un primo tempo guardava di buon occhio il turbine creato dal *pool* di Mani pulite tanto, ricorda Cartotto, da «esprimere in privato un atteggiamento di rispetto nei confronti di Borrelli, Di Pietro, Caselli, gli altri», cercò anche di arruolare nelle sue fila Di Pietro, il più noto protagonista di quel *pool* milanese, considerato per di più anche un conservatore. Ci fu un primo incontro a Milano 2 (insieme agli altri giornalisti c'era anche Alberto, che all'uscita vide un Berlusconi corrucciato perché il magistrato aveva semplicemente risposto che ci avrebbe pensato) e poi un secondo, definitivo, a Roma nello studio di Previti. E in quell'occasione Di Pietro rispose di no, grazie.

Il Cavaliere era comunque già ricorso a un piano B arruolando un altro magistrato aggregato al *pool* col compito specifico, raccontò poi Di Pietro in *Intervista su Tangentopoli*, di indagare sulle tangenti al Pci, Tiziana Parenti. La versione della Parenti fu allora diversa, si lamentò sostenendo, riporta Cartotto, «di essere stata esclusa dal *pool* proprio perché si era occupata del filone rosso delle inchieste». Comunque sia, la Parenti, chiamata da alcuni giornalisti "Titti la rossa" anche perché in gioventù aveva aderito al Pci, si ritrovò in Forza Italia. Maroni, il numero due della Lega, commento: «Bel colpo!» E Antonio Martino, tessera numero 2 di Forza Italia, la presentò alla prima convention del partito a Roma come «futuro ministro della Giustizia». A poco a poco, l'atteggiamento di Berlusconi nei confronti della magistratura cominciò comunque a cambiare. Nel febbraio 1994 gli inquirenti indagarono il vertice della Cariplo, una delle maggiori banche milanesi, per avere ottenuto a favore della Dc tangenti da imprenditori immobiliari nella vendita di appartamenti ed edifici. E una decina di giorni più tardi, il 12 febbraio 1994, l'inchiesta fece finire nei guai Paolo Berlusconi, il fratello: un dirigente della banca confessò di aver ricevuto un miliardo di lire in cambio dell'acquisto di tre immobili appartenenti alla Edilnord della famiglia

Berlusconi. Paolo ammise la tangente ottenendo gli arresti domiciliari, Silvio cominciò a parlare di un complotto politico ai suoi danni orchestrato da giudici di sinistra.

Qualche settimana più tardi, il 9 marzo, la Procura di Milano chiese l'arresto per falso in bilancio di sei alti dirigenti della Fininvest tra cui Dell'Utri. La litania del complotto prese così nuovo vigore e Berlusconi non smetterà mai di ripeterla, nemmeno quando Mani pulite non ci sarà più. A tenergli bordone due magistrati: Tiziana Parenti e Carlo Nordio. Racconterà Di Pietro: «Strana situazione, la loro. Due magistrati che hanno fatto molto meno di quello che abbiamo fatto noi nell'attività concreta delle indagini, mentre sono stati dipinti come quelli che a differenza del *pool* avrebbero scavato sul Pci e perciò sarebbero stati fermati». Nordio sarà di tutt'altro avviso, raccontando di avere condotto l'inchiesta sulle colonne venete delle Br, su alcuni rapimenti, sui finanziamenti dati dalle coop rosse, sul Mose di Venezia. Indagini che gli procurarono anche dei problemi. Berlusconi comunque chiamò gli italiani alle armi: «Quando c'è un pericolo c'è una chiamata, quando il pericolo è grande c'è una grande chiamata, una chiamata alle armi!» E a sette giorni dalle elezioni, alla convention di Forza Italia a Palermo, Berlusconi fece anche di più. Disse: «Un voto a noi è un voto contro la mafia». In un'intervista al «Corriere» Dell'Utri rincarò la dose: «Il mio è come il caso Tortora».

In effetti, alle politiche del 26-27 marzo 1994 gli italiani risposero a quella chiamata alle armi mentre s'inceppò la «gioiosa macchina da guerra» della sinistra. E a quelle elezioni, effettuate con il nuovo sistema prevalentemente maggioritario (il «Mattarellum») Berlusconi vinse. Il Polo della Libertà (Forza Italia, Lega, Ccd al Nord) e il Polo del Buon Governo (Forza Italia, An, Ccd al Centro-Sud) ottennero quasi il 43% alla Camera contro il 34,3% di Alleanza dei progressisti (Occhetto e compagni) e circa il 16% del Patto per l'Italia (Segni, Martinazzoli e i repubblicani). Quasi le stesse percentuali al Senato, dove la destra non raggiunse comunque la maggioranza. Nel voto proporzionale Forza Italia fu il primo partito con il 21% dei voti contro il 20,4% del Pds. Marco Vitale commentò: «Il vento del berlusconismo, mascherato da liberalismo, aveva soffiato con una forza che sembrava invincibile. Il grande motore che alimentava questa forza era principalmente il bisogno del popolo delle partite Iva di vivere in un Paese meno rigido, burocratico e sindacale di quanto era caratteristico di un Paese basato sulla fabbrica, sulla classe operaia, sulle grandi strutture pubbliche, un Paese ormai da tempo scomparso». «Un'intera classe politica», osservò Vespa in *Nel segno del Cavaliere*, «rimase fuori dal Parlamento»: i cinque segretari del pentapartito (Forlani, Craxi, Giorgio La Malfa, Altissimo, Cariglia) e inoltre De Mita, Amato, Scotti, Rognoni, Bodrato, Citaristi, Gaspari, Martelli, Formica, Tognoli, Intini, Reichlin, Tortorella, Sbardella, Lama, Boldrini, Pecchioli, Cirino Pomicino, De Lorenzo, De Michelis. Una fetta importante di quella *élite* politica che qualcuno dalla fervida fantasia definì "Prima Repubblica" in modo da far capire che la "Seconda Repubblica", nata proprio con quelle elezioni, sarebbe stata completamente diversa.

Quel 27 marzo Silvio si recò da Bruno Vespa e ai microfoni del Tg1 disse in diretta: «Abbiamo rafforzato la libertà, ora prepariamo il buongoverno che il Paese chiede». Più tardi si presentò al Jolly Hotel dove c'era una ressa di giornalisti che uno alla volta, sotto lo sguardo vigile di Antonio Tajani, l'ex giornalista del «Giornale» ora suo portavoce, vennero poi ammessi in una stanza per la rituale conferenza stampa. L'11 maggio il primo governo Berlusconi, il 52° della Repubblica, giurò al Quirinale davanti al capo dello Stato Oscar Luigi Scalfaro. Dichiarò: «Sarò il presidente di tutti gli italiani». Friedman in *My way* chiarì anche: «Il primo miliardario divenuto capo del governo in Europa». Un miliardario comunque fortemente indebitato. E tra le prime cose volle restaurare Palazzo Chigi perché, raccontano Sergio Rizzo e Gian Antonio Stella in *La Casta*, ne rimase «inorridito: là dentro c'era il peggio del peggio». Mobili «di cattiva qualità. Ottoni da fiera paesana, stupendi affreschi abbinati con parquet a spina di pesce, lampade di plexiglas... E poi lo sporco, il sudiciume, la moquette color topo...»

Affidò i lavori a un arredatore di sua fiducia, Giorgio Pes, lo stesso che aveva arredato la villa sul lago di Como di Dell'Utri. E gli chiese anche di trovargli un nuova residenza romana. La scelta cadde su Palazzo Grazioli. Diventò così quello che, in *Cara Bombo*, Angelo Mellone definisce «l'Operoso Insonne». E poiché, secondo Klaus Davi, Berlusconi «più che incarnare una favola singola, incarna il modello fiabesco *tout court*», Mellone scende nei dettagli: «Lui è il Principe azzurro di un Regno del Benessere, della Ricchezza, della Bellezza e della Felicità aperto a tutti, dove è inciso sul portone d'ingresso: "Da ciascuno secondo la sua volontà, a ciascuno più dei suoi bisogni"».

# 13.

# L'unto dal Signore

«Col tramonto della Prima Repubblica, era iniziata l'era di Silvio Berlusconi.»
Vittorio Dotti, *L'avvocato del diavolo*

«Una scopiazzatura del lessico politico francese. [...] I politici e la Costituzione della cosiddetta Seconda Repubblica sono gli stessi della Prima e chi parla di Seconda Repubblica si riempie da anni la bocca di aria fritta.»
Umberto Eco su «l'Espresso»

«La Prima Repubblica non è morta, è ferita e carica a testa bassa da bufalo o bisonte gobbuto e cacasangue.»
Sergio Ricossa in *Penne al vetriolo*

«Dio è Berlusconi.»
Roberto Benigni in *Cara Bombo*

Il mese che precedette il giuramento del primo governo Berlusconi al Quirinale fu frenetico per Silvio, sommerso dalla scelta non sempre facile dei ministri. Non era stata infatti programmata in anticipo una squadra di governo e, con la vittoria, cominciò – racconta Vittorio Dotti – «una selvaggia corsa alla poltrona». Berlusconi escluse subito i suoi due uomini più fedeli: Confalonieri aveva infatti sostituito Silvio al vertice della Fininvest dopo le sue dimissioni da ogni carica e Dell'Utri, già indagato dalla magistratura, rientrò in azienda a occuparsi di Publitalia. Berlusconi volle invece a tutti i costi Gianni Letta, il vicepresidente della Fininvest che aveva già rifiutato di mettersi in lista per un seggio. Ma Letta, ricorda in *La svolta* Bruno Vespa, ormai intimo del Cavaliere, rifiutò con il solito garbo: «Cedi il mio posto a Cesare che ci tiene tanto». Si riferiva ovviamente a Cesare Previti. Comunque, una volta premier, il Cavaliere continuò a insistere e lo nominò sottosegretario alla presidenza del Consiglio. Un ruolo diplomatico importante nel mantenere il fragile accordo con Bossi, Fini e Casini. E se «la Repubblica» battezzò Letta "il Richelieu", Berlusconi lo definì "Superman" per la grande capacità di lavoro e l'estrema disponibilità a tutte le ore. E a proposito di definizioni, arrivò anche quella di don Baget Bozzo che all'Ansa proclamò Silvio «l'Unto dal Signore, perché è stato scelto dalla gente e c'è qualcosa di divino nell'essere scelto dalla gente».

Dei 25 ministri componenti il governo, otto erano di Forza Italia. L'ostacolo più grosso fu il ruolo di Previti: Berlusconi lo voleva ministro della Giustizia (suscitando così le prime polemiche di Tiziana Parenti che, essendo stata eletta, ci faceva un bel pensierino, e lasciando deluso Dotti, eletto anche lui e proposto proprio a quell'incarico da Urbani). Ma era per Silvio un ministero troppo delicato e avrebbe dovuto essere assegnato a un «falco», lo fece capire lo stesso Previti parlandone in *L'avvocato del diavolo* con Dotti, considerato invece una «colomba»: «A' Vitto', il nostro ministro della Giustizia ai magistrati je deve fa' un mazzo così». Poi, guardandolo negli occhi aggiunse: «A'

Vitto', te glielo vuoi fa' er mazzo ai magistrati?» Pausa e poi, racconta sempre Dotti: «Questa è la ragione per cui non puoi essere tu il ministro...» Ma non riuscì a esserlo nemmeno Previti: il capo dello Stato, Scalfaro, pose il veto sulla sua nomina a quell'incarico, considerandola inopportuna. E così diventò ministro della Difesa anche se, osserva Ilda Boccassini nel suo *La stanza numero 30*, «aveva intascato un pacco di miliardi tre giorni prima di giurare fedeltà alla Repubblica e alla Costituzione. Un evasore fiscale per sua stessa ammissione, a voler tacere d'altro». Già, da lì a poco emergerà infatti – grazie anche alla testimonianza di Stefania Ariosto, la compagna di Dotti e nota come «teste Omega» – il suo ruolo nell'aver fatto aggiustare le sentenze a favore di Berlusconi comprando giudici. Ministro della Giustizia, dopo una *avance* fatta al Pm Piercamillo Davigo da Ignazio La Russa, leader di An a Milano, diventò così Alfredo Biondi, avvocato penalista di fama, liberale, discorsi con lo stesso tono delle arringhe, buon intenditore di whisky.

Degli altri due aspiranti ministri della Giustizia, la Parenti fu nominata presidente della Commissione Antimafia, Dotti si vide sfuggire anche la poltrona di presidente della Camera («Vittorio», gli disse Berlusconi, «ti tocca la vicepresidenza. Purtroppo non posso offrirti altro»), perché la poltrona più alta venne assegnata a una giovane leghista trentunenne, Irene Pivetti, cattolica (qualcuno puntualizzò: «Cattolica della Vandea»), laureata in Lettere, telegenica, secondo Vespa «anche affascinante». In realtà, Bossi avrebbe voluto a quell'incarico Francesco Speroni, leghista della prima ora, ex steward dell'Alitalia, ex europarlamentare, folkloristico con un laccio di cuoio come cravatta e con ai fianchi un cinturone da cowboy. Ma anche in questo caso Scalfaro s'impuntò. Speroni poi fu anche impallinato, ricordano Corrias-Gramellini-Maltese in *Colpo grosso*, «in diretta tv da Ambra, la piccola ideologa di *Non è la Rai*: "Ma chi? Quello col cravattino texano e la giacca rossa? Nooo"». Fu così scelta la Pivetti che, racconta Dotti un tantino acido, «aveva fama di erudita in quanto si era occupata della correzione delle bozze del dizionario d'italiano del Gabrielli, che era un suo parente. [...] Una grillina *ante litteram*, diceva "cittadino" al posto di "onorevole"». La presidenza del Senato andò a Forza Italia: per un voto vinse Carlo Scognamiglio, detto "Carlino", economista della Milano bene, velista e matrimoni blasonati (uno lo imparentò con la famiglia Agnelli), definito anche «l'indossatore "Mano in tasca"» per l'eleganza nel vestire e il vizietto della mano nascosta anche in cerimonie ufficiali. Perse così Giovanni Spadolini, inquadrato dalla solita Ambra come «un po' vecchio e grasso». Poco dopo il professore, malato, morirà.

Il primo governo Berlusconi risultò alla fine così composto: Antonio Martino, ministro degli Esteri (uno dei vice fu Livio Caputo, ex del «Giornale»); Roberto Maroni agli Interni (tra i vice, Domenico Lo Jucco) dopo l'ultimo tentativo di Berlusconi di offrirlo a Di Pietro; Biondi alla Giustizia; Giancarlo Pagliarini, leghista, uno dei migliori analisti finanziari, al Bilancio; Lamberto Dini (indipendente) al Tesoro; Previti alla Difesa. E poi Francesco D'Onofrio all'Istruzione; Roberto Maria Radice, imprenditore forzista, ai Lavori pubblici; Adriana Poli Bortone (l'unica donna al governo) alle Risorse agricole; Publio Fiori ai Trasporti (tra i vice Gianfranco Micciché, il proconsole di Berlusconi in Sicilia); Giuseppe Tatarella alle Poste; Vito Gnutti, imprenditore, bresciano e leghista, all'Industria; Giorgio Bernini, giurista bolognese, al Commercio estero; Clemente Mastella al Lavoro; Raffaele Costa alla Sanità; Domenico Fisichella ai Beni culturali; Altero Matteoli all'Ambiente; Stefano Podestà all'Università e Ricerca.

A Francesco Speroni il contentino della nomina a ministro per le Riforme istituzionali, materia in cui non era proprio un esperto, sottraendo così quell'incarico a Gianfranco Miglio, intellettuale, federalista, considerato l'ideologo della Lega. Miglio ebbe una reazione rabbiosa accusando anche Bossi di scorrettezze. E tra loro cadde il gelo. Ministro delle Finanze fu Giulio Tremonti, l'economista, prima socialista, eletto quindi con il Patto Segni, ma subito transfuga in Forza Italia. In quel periodo Occhetto si dimise da segretario del Pds lasciando l'incarico a Massimo D'Alema, non proprio simpatico ma con un'ampia scelta di soprannomi ("Baffetto", "Lider Màximo", "Baffo di Ferro", "Volpe del Tavoliere", "Dalemòni"), alta considerazione di sé e accolto «con euforia», rileva Michele Caccavale, dagli azzurri forzisti perché considerato «peggiore di Occhetto». Sempre in quelle settimane, in maggio, fu ritirato il passaporto a Craxi, indagato dalla magistratura e senza più immunità parlamentare, ma l'ex leader socialista si era già rifugiato ad Hammamet, in Tunisia, protetto dall'amico Ben Alì. Un anno più tardi, nel luglio 1995, sarà dichiarato latitante.

Ci furono subito altre nomine. In particolare, Raffaele Della Valle – figlio di un magistrato e titolare di un famoso studio legale a Monza, di tradizione liberale, noto per avere difeso Enzo Tortora e la modella americana Terry Broome, avvocato anche di Berlusconi – ebbe gli incarichi di capogruppo dei forzisti a Montecitorio (sostituito pochi mesi più tardi da Dotti, perché considerato un tantino ribelle) e di segretario della Camera dei deputati. Letizia Moratti, alta famiglia milanese con attico in San Babila, filoberlusconiana e ancora all'inizio di una lunga e importante carriera di manager, venne nominata presidente della Rai, mentre Jas Gawronski – profilo alto del giornalismo, nipote dello storico direttore de «La Stampa» Alfredo Frassati e del Beato Pier Giorgio Frassati, ex corrispondente della Rai da New York a Mosca – diventò portavoce e capo dell'ufficio stampa di Berlusconi dopo che Tajani venne poco dopo eletto europarlamentare. Così Gawronski ricorda (*A cena dal Papa e altre storie*) la sua esperienza come portavoce del Cavaliere che durò dal 1994 al 1996: «È emozionante vedere da vicino come funziona la macchina che guida un Paese, e quanto a Berlusconi posso capire che si abbiano opinioni diverse, ma devo testimoniare che si tratta della persona più aperta e trasparente che io conosca. Nel periodo trascorso vicino a lui, ho potuto assistere a tutti i suoi incontri e ascoltare tutte le sue telefonate. Due sole volte mi ha chiesto: "Lasciami solo con..." Se rivelassi di chi si trattava, ci sarebbe da stupirsi! Posso solo precisare che non si trattava di donne». A distanza di tanti anni, davanti a una tazza di latte freddo in un caffè di Cortina, Giancarlo ha provato a chiedergli se fosse giunto il momento di rivelargli i nomi dei due personaggi, ma Jas si è limitato ancora a un laconico: «No comment».

Alla presidenza dell'Antitrust il Cavaliere volle Giuliano Amato, ormai deciso a ritornare sulla scena. E nel suo periodo all'Antitrust, più o meno tre anni, Amato – ricorda puntigliosamente Travaglio – «non si avvide mai del *trust* berlusconiano in fatto di tivù e pubblicità». Sulla presidenza dell'Iri, dopo le dimissioni di Romano Prodi con l'arrivo del nuovo governo, Forza Italia si spaccò invece in due: Dell'Utri appoggiava un suo amico, Salvatore Mancuso, un manager di Sant'Agata Militello che poi scalerà la finanza locale partendo da Sicilcasse per diventare successivamente presidente del Banco di Sicilia e vicepresidente di Alitalia: in quel periodo Mancuso era il liquidatore di Iritecnica, società dell'Iri che faceva capo a Italstat. Gianni Letta sosteneva invece Michele Tedeschi, ex direttore generale dell'Iri all'epoca di Prodi e legato all'Opus Dei. Una battaglia aspra. Alla fine prevalse Tedeschi e nel consiglio d'amministrazione entrarono esponenti dei partiti di governo. Fu inserito anche Diego Della Valle, l'imprenditore delle Tod's, che si dimise quasi subito sostenendo che Tedeschi faceva quello che voleva. Commenta Cartotto: «I peggiori difetti della Prima Repubblica furono ripetuti in pieno».

Molti pensarono invece che la Prima Repubblica fosse finita nei tribunali, morta e sepolta. E così, nell'ambito della maggioranza governativa e anche di una parte del mondo giornalistico, qualcuno inventò, scopiazzando dai francesi, il termine «Seconda Repubblica» per indicare la svolta politica avvenuta nel Paese. Anche se in realtà la Costituzione non venne cambiata. E chi si richiamò a quel che avveniva in Francia, fu sbertucciato alla grande da

Umberto Eco nella sua rubrica su «l'Espresso», *La Bustina di Minerva*, perché «le Repubbliche francesi si contano a seconda dei mutamenti costituzionali che hanno seguito sconvolgimenti totali dello Stato». In *Penne al vetriolo* (Alberto la definì una «Seconda Repubblica per burla») sono ben inquadrate le testimonianze di coloro che si guardavano bene dal salire sui carri dei vincitori: secondo Enzo Biagi, «tutto dovrebbe cambiare; però, di solito, nel nostro Paese mutano il posto i suonatori ma la musica resta sempre la stessa»; secondo Indro Montanelli, «la Seconda Repubblica non è nata. Siamo sempre nella Prima nel suo esercizio preferito: il mercato dei morti. [...] Quella che dovrebbe essere la nuova classe politica è al 90% di volti nuovi, ma solo perché ignoti. E più a essi ci avviciniamo, più vorremmo che ignoti restassero». Alla fine degli anni Novanta, Cossiga dirà che «una Seconda Repubblica non è mai nata», più tardi Amato sosterrà che «tutto è come prima».

Così come l'esistenza di fatto delle correnti all'interno di Forza Italia. Già non si sapeva bene cosa fosse quel partito chiamato dagli azzurri un non-partito, o quantomeno un «partito leggero», tanto da indurre il 3 luglio Norberto Bobbio a definirlo, su «La Stampa», «il partito fantasma». Perché in un non-partito ci stava dentro tutto: dai partitini delle casalinghe e dei Verdi ai cittadini capitati lì quasi per caso. O per interessi. L'unica cosa certa, sostenne Bobbio, è che i club di Forza Italia «si sono comportati come tradizionali comitati elettorali, cioè partiti alla vecchia maniera. Ma composti da chi? Diretti da chi? Finanziati da chi? Una democrazia che si regge su una rete di gruppi semiclandestini, è davvero un'invenzione senza precedenti». L'indomani il Cavaliere rispose con una lettera sostenendo che Forza Italia non era «la caricatura» fatta da Bobbio: «Noi siamo e resteremo uno strumento degli elettori, un movimento politico di opinione che punta sul ruolo istituzionale dei suoi eletti...»

«Balle di stile pirandelliano», osservò Michele Caccavale, eletto deputato di Forza Italia ma già postosi tra i dissidenti, in quanto le sue richieste di leggere lo statuto rimanevano lettera morta. Caccavale disegnò anche, in *Il grande inganno*, l'esistenza di sette correnti non ufficiali. La prima era quella dei parlamentari targati Publitalia-Fininvest: da Roberto Cipriani, direttore centrale di Publitalia, a Lo Jucco, da Miccichè a Martuscello, da Paolo Romani (ex liberale, azzurro della prima ora, gavetta negli studi di *Colpo grosso*, editore di Lombardia 7 Tv) a Pilo e Valducci, da Livio Caputo a naturalmente Previti e Dotti. Nel secondo gruppo Caccavale pose coloro che erano in rapporti d'affari con Publitalia e Fininvest, quasi tutti imprenditori: Giacomo Archiutti (arredamento), Alessandro Bergamo (editore televisivo), Giorgio Bernini, Mario Bortoloso, Gian Piero Broglia, Riccardo Calleri (immobiliare), Mariella Cavanna Scirea (collaboratrice di Tv Fininvest), Rocco Crimi (laboratori farmaceutici), Ilario Floresta, Paolo Mammola, Paola Martinelli, Paolo Molinaro (socio di Telefriuli), Roberto Lasagna (pubblicità), Alberto Acierno (cognato di Miccichè), Mario Masini (assicuratore).

Nel terzo gruppo Caccavale, meticolosissimo, incluse i parlamentari legati alle varie associazioni di categoria: tra questi Emanuela Cabrini per i giovani agricoltori; Stefania

Prestigiacomo per i giovani di Confindustria; Adriano Teso, ex Federchimica e Assolombarda; Maria Elisabetta Alberti Casellati per le casalinghe; Silvano Boroli, azionista di maggioranza della De Agostini, per la Confindustria; Antonio Lorusso per la Confcommercio; Alberto Maria Radice per l'Api della Lombardia. Nel quarto gruppo, definito quello dei «docili», i parlamentari segnalati «per la loro mansuetudine» (per lo più giornalisti e professionisti). Nel quinto, per contrappeso, gli «autonomi», qualche volta «indocili»: dai magistrati Tiziana Parenti, Giacomo Garra e Marianna Li Calzi ai giornalisti Umberto Cecchi e Fabrizio Del Noce, dagli imprenditori Amedeo Matacena, Alessandro Rubino, Carlo Usiglio agli avvocati e docenti Alessandro Meluzzi, Paolo Emilio Taddei, Sandro Trevisanato, Stefano Podestà, e qualcun altro ancora. Nel sesto gruppo furono inclusi i pannelliani-riformisti (Emma Bonino, Giuseppe Calderisi, Lorenzo Strik Lievers, Marco Taradash, Paolo Vigevano, Elio Vito). Infine nell'ultimo, definito «la riserva indiana», gli imprenditori «scontenti e riottosi»: Giorgio Jannone, Roberto Lavagnini, Vittorio Lodolo D'Oria, Enzo Savanese, Michele Stornello, Vittorio Tarditi e naturalmente Caccavale.

Organizzatore nazionale dei club, nominato da Berlusconi, fu Previti. Commenterà Gustavo Zagrebelsky: «Una struttura monarchica. [...] Lo statuto c'è ma è congelato, l'intero movimento è nelle mani di un uomo solo, assistito da una consorteria di suoi fiduciari, [...] l'elementare diritto degli associati di contribuire alla linea politica è previsto ma non può valere, i club sono strutture di fatto che non contano niente e che, all'occorrenza, possono essere messe da parte».

Comunque sia, l'impatto di Berlusconi con la Roma politica, ha raccontato al suo biografo, Alan Friedman, fu «disastroso. Scoprii che in Italia il primo ministro ha molto meno potere di quanto uno si immagina». In effetti, lui, abituato a essere il capo e a decidere in fretta, si rese conto dell'esistenza di un Parlamento «che è un grande cortile dove si fanno pettegolezzi. Sono molto pochi i deputati che lavorano sul serio, diciamo un centinaio o poco più. Per un imprenditore come me, abituato a lavorare dalla mattina presto alla sera tardi, era davvero un'angoscia». Così il primo governo Berlusconi cominciò con uno scivolone: il 13 luglio 1994 il Consiglio dei ministri varò il decreto legge Biondi, chiamato «Salvaladri». Un decreto con cui la custodia preventiva in carcere dei manager e politici coinvolti in Tangentopoli sarebbe stata trasformata in arresti domiciliari. E voluto dal nuovo premier, racconta Travaglio in *B. come Basta!*, in seguito alle indagini su tangenti Fininvest alla Guardia di Finanza (Paolo Berlusconi era già finito agli arresti domiciliari) a causa del sospetto sollevato dal garante per l'editoria, Giuseppe Santaniello. E cioè che «la Fininvest stesse aggirando la legge Mammì controllando interamente i tre canali Telepiù tramite un prestanome. Il che, come emergerà dalle indagini sui conti esteri del Biscione, è vero». Le sanzioni previste? Chiusura immediata di Canale 5, Italia 1 e Rete 4.

Per effetto del decreto uscirono dal carcere 2700 persone, tra cui anche l'ex ministro Francesco De Lorenzo, implicato nello scandalo della sanità, e i coniugi Poggiolini (lui era nel settore farmaceutico), diventati famosi perché in una perquisizione furono trovati soldi della corruzione nascosti persino nei divani di casa. Ne beneficiarono anche gli inquisiti Fininvest, persino i latitanti, da Ferdinando Mach di Palmstein e Gianfranco Troielli (entrambi implicati nella vicenda Craxi) all'ex presidente della Comit, Enrico Braggiotti (vicenda Gardini). Protestarono Bossi, Fini, Maroni (addirittura "Bobo" Maroni disse di essere stato «ingannato» e di aver firmato un altro testo), il *pool* di Mani pulite (Di Pietro e gli altri magistrati, tutti in maniche di camicia, apparvero sul Tg3 per annunciare le dimissioni), tanti italiani che inviarono migliaia di fax alle redazioni dei giornali. Biondi fu così costretto a ritirare il decreto.

Fini telefonò poi al premier complimentandosi per avere cambiato idea e si sentì rispondere, racconta in *Il ventennio*, che si era trattato di «una retromarcia strategica» già ipotizzata. E ancora: «Sai Gianfranco, è la democrazia in diretta, e nessuno prima di me lo ha fatto… vedrai che gli italiani, adesso che rinunciamo al decreto, capiranno quanto sono false le accuse della sinistra contro di me…» Fini rimase stupito per quella frase: «Conobbi così per la prima volta un aspetto fondamentale della personalità di Berlusconi. Nessuno come lui è capace di rivoltare la frittata, perché per nessun ragione al mondo è disposto ad ammettere pubblicamente di aver commesso un errore». Gianfranco Miglio, racconta Travaglio in *Ad personam*, sosterrà invece in un'intervista a «l'Europeo»: «Berlusconi mi disse: "Dovevamo far passare quel decreto, i magistrati stanno perseguitando me e i miei amici, e vogliono quanto prima buttarci giù per comandare loro. Insomma, devo tentare di fermarli per evitare che diventino i padroni d'Italia, magari con Di Pietro al mio posto». Umberto

Bossi sarà ancora più chiaro nel febbraio 1995: «Biondi mi spiegò che Berlusconi, allarmato dalla possibilità di un arresto del fratello Paolo, aveva esercitato una pressione enorme perché si varasse un provvedimento del genere».

Comunque, tra una lite e l'altra con Bossi (Silvio lo invitò nella sua villa in Sardegna dove i due furono immortalati dalle telecamere uno vicino all'altro con il Senatùr in canottiera e infastidito per la mano che il Berlusca gli teneva sulla spalla), vennero varati un condono fiscale, un condono edilizio e una legge Tremonti che, secondo Travaglio, «fece risparmiare un po' di tasse alla Fininvest». Fu l'inizio di quel periodo che, raccontano Biondani e Porcedda in *Il Cavaliere nero*, «durerà per un ventennio», il ventennio berlusconiano in cui lui sarà più volte premier. Il periodo che Biondani e Porcedda chiamano delle «leggi vergogna» in quanto Berlusconi, «benché imputato sempre e soltanto per i suoi affari di imprenditore, mai per le sue idee, iniziative o manifestazioni politiche, ha esercitato il potere come mai nessuno prima di lui. Ha modificato le leggi, stravolto le procedure, abolito i reati, azzerato le prove, sospeso le udienze, ritardato all'infinito le sentenze. È il primo imputato che riesce a cambiare le regole delle sentenze».

Emerse anche il problema del forte conflitto di interessi tra il Berlusconi premier e il Berlusconi proprietario di televisioni, case editrici, giornali, società della grande distribuzione, banche (Programma Italia di Ennio Doris, proprio nel 1994, cambiò nome in Banca Mediolanum). Quando ne sentì parlare, racconta Vittorio Dotti, il Cavaliere sbottò incredulo: «Ma come? Io faccio gli interessi dei cittadini. Se nel fare gli interessi dei cittadini io faccio anche i miei, che male c'è?» In effetti non c'erano leggi in merito, così si pensò di riunire le aziende berlusconiane in un *blind trust*. Il progetto fu affidato allo studio di tre saggi di nomina governativa (Giorgio Crisci, Agostino Gambino, Antonio La Pergola) e ai primi di settembre il testo era pronto ma i partiti di maggioranza se la presero con molto comodo. Così non se ne fece niente. E Silvio poté continuare a essere presidente del Consiglio (quando era al governo) e "padrone" della Fininvest, che a un certo punto prese il nome di Mediaset. Aggiungendo un altro titolo al suo curriculum: dopo Palazzo Chigi, il "Dottore" divenne per molti il "Presidente".

Il premier trovò comunque sempre il tempo per raccontare barzellette. Anzi, secondo Simone Barillari in *Il Re che ride*, Berlusconi fu probabilmente il primo politico della storia della Repubblica a raccontare una barzelletta a un telegiornale nazionale. Il 12 agosto 1994 Silvio, seduto alla scrivania del suo studio ad Arcore, raccontò a un inviato del Tg3 la barzelletta che, ammise, gli piaceva tanto. Questa: «Il presidente del Consiglio cammina su una banchina insieme al papa. Il papa inciampa e perde il breviario, che cade in acqua. Sollecito, il presidente del Consiglio cammina sull'acqua, prende il breviario, ritorna camminando sull'acqua e lo consegna al papa». Nei giorni seguenti, scrive ancora Barillari, un comunicato del Vaticano fece sapere che papa Wojtyla aveva già sentito la storiella molti anni prima a Varsavia, poco dopo il colpo di Stato. L'unica variante? Il protagonista: era il generale Jaruzelski.

È stato sempre bravo nel raccontare barzellette, proprio nello stile dello showman che sta al centro del palco sotto i riflettori. In quel periodo un'altra barzelletta che gli piaceva, riportata da «Libero» in *Berlusconi tale e quale* e raccontata dal Cavaliere al premier egiziano Mubarak durante una cena a Villa Madama nel 1994, era quella che riguardava proprio una sua promessa fatta agli italiani, quella del milione di posti di lavoro, ma coinvolgeva anche alcuni Grandi della Terra. Eccola: «Dio è arrabbiato e convoca Clinton, Eltsin e Berlusconi. "Qui le cose vanno male," li rimprovera, "l'economia mondiale è allo sfascio. O vi date da fare o vi spedisco a spalare carbone!" I tre, profondamente turbati, tornano sulla terra e ognuno di loro fa il suo resoconto alla nazione. Clinton tiene il suo discorso davanti al Parlamento riunito: "Americani, ho due brutte notizie da darvi. Dio è arrabbiato con noi. Se non ci diamo una mossa, ci manda tutti a spalare carbone". Anche Eltsin parla davanti ai membri della Duma e del Consiglio russo: "Ho una bella notizia e una brutta. La bella è che Dio esiste, e quindi avevamo ragione noi riformisti. La brutta è che, se non mettiamo a posto l'economia, Dio ci manda tutti a spalare carbone". Berlusconi, a sua volta, convoca una conferenza stampa su Rete 4, distribuibile a tutti gli altri canali nazionali, e annuncia: "Gente! Ho due notizie bellissime da darvi. Primo: Dio esiste e mi ha convocato! Secondo: è pronto il milione di posti di lavoro che vi avevo promesso. Tutti a spalare carbone!"».

Proprio in quei mesi il Cavaliere incontrò Clinton ed Eltsin, insieme agli altri leader, al suo debutto internazionale al G7 di Napoli, accompagnato da una bellissima Veronica.

Bill Clinton e la moglie Hillary si fermarono prima a Roma (e la First Lady restò affascinata dalla Capitale) e poi nella città partenopea rimessa a nuovo in pochi mesi, un *restyling* costato un bel pacco di miliardi. Clinton fece jogging sul lungomare scortato dal questore Franco Malvano, in seguito andò nel centro storico dove fu immortalato mentre addentava una pizza, la sera si fece vedere con Berlusconi mentre entrambi guardavano il panorama notturno di Napoli. E Silvio se ne uscì con una delle sue battute che, racconta il supplemento di «Libero», Clinton accolse con una «risata di cuore»: «Attenti, se no stanotte aumentiamo la prole...» Una battuta con un po' più di stile rispetto a quella che talvolta raccontava ad Arcore alla fine di una giornata di lavoro con i suoi uomini della Fininvest: «Beati voi che adesso andate a casa a dormire, a me tocca invece ciulare». Il Cavaliere fece comunque a Clinton un insolito regalo: un quadro tratto da una foto recuperata in un archivio del padre del presidente, che aveva combattuto in Italia durante la guerra ed era stato fotografato nella reggia di Caserta. Dieci anni dopo, nella sua autobiografia *My life*, Clinton lo descriverà come «il primo politico italiano dell'era televisiva: carismatico, determinato e deciso a imprimere disciplina e direzione alla vita politica italiana, notoriamente instabile».

Nell'ottobre 1994, Berlusconi si incontrò nuovamente con Boris Eltsin a Mosca. E al giornalista della radio che lo intervistava confessò di essere emozionato, in quanto era il primo tra i capi del governo italiani a essere ospitato a dormire al Cremlino. Il giorno prima dei colloqui ufficiali lui e Veronica furono invitati a cena da Boris in compagnia della moglie Naina. Poi altra cena a quattro nella dacia di Eltsin appena fuori Mosca. Menù nella tradizione russa: zuppe, carne e pesce. Sullo sfondo un quartetto d'archi che eseguì musiche italiane del Settecento. Tre ore e mezzo di discussione con brindisi alla vodka uno dietro l'altro. Confidò il Cavaliere di non aver chiuso occhio quella notte. Colpa soprattutto della vodka...

Da Mosca Berlusconi disse anche qualche altra cosa che sollevò in Italia polemiche. Commentando la grande mobilitazione sindacale appena conclusa, dichiarò, come «uno zar rincoglionito» osservò Caccavale, che «bisognava smetterla di continuare a parlare della mafia perché è un argomento che proietta all'estero un'immagine negativa dell'Italia e danneggia l'immagine internazionale del nostro Paese. [...] Quello di Cosa Nostra è un fenomeno marginale, un centinaio di mafiosi su 57 milioni di cittadini». Puntigliosa la reazione di Sandra Bonsanti, commissaria dell'Antimafia: «Lei ha avuto l'occasione, frequentando personaggi della P2, di sapere, o per le meno di sospettare, quali fossero o quali potessero essere i rapporti tra mafia e massoneria... Vorrei sapere perché lei non ha mai fatto denunce. Lei ha avuto la mafia in casa sua, ad Arcore, [...] non abbiamo mai sentito la sua voce in passato. Perché?»

Il primo governo Berlusconi non durò molto, poco più di nove mesi. Il 22 novembre Silvio era a Napoli a un convegno delle Nazioni Unite sul crimine organizzato, cui partecipavano le delegazioni di centoquaranta Paesi. «Avrebbe dovuto essere» – scrive Friedman – «un momento di prestigio internazionale», perché «occupare la scena con gli altri leader mondiali era per il nuovo premier una specie di medaglia al valore» dopo aver già incontrato gli altri presidenti al G7, da Clinton e Eltsin a Kohl e Mitterrand. La sera del 21 ricevette telefonicamente un invito a comparire a Roma per la notifica di un provvedimento giudiziario. Il mattino dopo, Berlusconi lesse sul «Corriere della Sera» la notizia di essere indagato per corruzione, tangenti versate da sue società alla Guardia di Finanza. Negò tutto: «Ho una serenità interiore, non ho mai corrotto nessuno. Giuro sui miei figli che io di queste cose non sapevo nulla». Lo disse anche quando il 13 dicembre 1994 – una settimana dopo le improvvise dimissioni dalla magistratura (solo in un secondo tempo si saprà che era sotto una ispezione ministeriale) di Di Pietro – si presentò davanti ai magistrati della Procura di Milano per essere interrogato. Per la prima volta, puntualizza Alan Friedman, «un presidente del Consiglio in carica aveva ricevuto un invito a comparire, l'anticamera di un rinvio a giudizio per corruzione». Berlusconi cominciò a parlare di «complotto», di «ribaltone», di «colpo di Stato», di «dimissioni» per quella fuga di notizie, finendo per coinvolgere anche il capo dello Stato, Scalfaro, ma solo alcuni giorni più tardi, il 22 dicembre, l'esecutivo cadde davvero perché la Lega ritirò la sua fiducia durante un dibattito sulla riforma delle pensioni. Bossi fu piuttosto duro, anche in Parlamento, paragonò Silvio a Mussolini e sostenne che il gruppo Fininvest era legato alla mafia. Ne disse quattro anche a Fini, definendolo fascista. Anni dopo Bruno Vespa confermò la versione di Silvio in *Nel segno del Cavaliere* domandando a Bossi perché aveva fatto quel «ribaltone». «Perché mi garantiva Scalfaro» fu la risposta.

In quel periodo lo scambio di "tenerezze" tra Berlusconi e Bossi raggiunse l'apice. Gli azzurri, con alle spalle le reti televisive berlusconiane, definirono di volta in volta il leader della Lega «Giuda», «traditore», «venduto ai comunisti», «matto da legare». E in effetti qualcuno lasciò la Lega per confluire in un nuovo raggruppamento guidato da Gianfranco Miglio. Il Senatùr non fu da meno, accusò Forza Italia di essere una «banda di ricattatori» e Berlusconi, chiamato «il piccolo dittatore», di essere un «grande corruttore e che per avere la legge Mammì ha corrotto mezzo Parlamento». Bossi disse anche qualcos'altro alla Camera in quel dicembre 1994: «I patti richiedevano l'immediata approvazione di una legge antitrust che eliminasse il monopolio della Fininvest e favorisse il rinnovo strutturale della Rai Tv, restituendo ai media la loro libertà e la funzione democratica di informare imparzialmente e obiettivamente l'opinione pubblica. I patti richiedevano la netta separazione tra gli interessi personali del capo del governo e la sua funzione di altissimo pubblico ufficiale». Berlusconi fece un ultimo discorso televisivo registrato nella sua villa di Arcore, giurando ancora sulla testa dei suoi figli, racconta Friedman, «di essere innocente di qualunque reato». Ma, osserva sempre Friedman, non nascose di essere «umiliato e furibondo» per quelle accuse simili per lui a una «nuova forma di tortura». Con quel primo capolinea governativo, il suo io mostrò qualche crepa.

A metà degli anni Novanta, nel suo spettacolo chiamato *Tutto Benigni*, il popolare attore toscano si esibì in questa canzone molto scherzosa ma anche dissacrante: «Io sono il Leader, il Salvatore, la Provvidenza, sono l'Unto dal Signore. La Standa è mia. Il Milan è mio e la Marini, la Cuccarini le cucco io! Mentana, Fede, Paolo Liguori, la Fininvest, Publitalia, Mondadori. Vittorio Feltri, i due Vianello e, se obbediva, forse Indro Montanelli. C'ho "Panorama", assicurazioni, Milano 2, Milano 3, "Sorrisi e Canzoni". Villa in Sardegna, palazzi a Milano, un conto a Hong Kong, due a Singapore e tre a Lugano. Aerei, navi, banche e libretti, sei elicotteri, duecento doppiopetti. [...] Il Padre nostro è solo mio, e Cosa Nostra non è vostra, è cosa mia! Di aziende e banche ho fatto il pieno, basta così domani compro il Mar Tirreno! Ma io compro tutto, dalla A alla Z, ma quanto costa questo cazzo di pianeta? Lo compro io! Lo voglio adesso! Poi compro Dio, sarebbe a dire compro me stesso».

# 14.

# La traversata del deserto

«Accusare di corruzione me è come arrestare madre Teresa di Calcutta perché una del suo istituto ha rubato una mela.»
Berlusconi su «La Stampa», ottobre 1995

«Scalfaro fu sistematicamente contro Berlusconi e il suo governo, sostenuto in questa azione dal segretario generale del Quirinale Gaetano Gifuni, un'autentica eminenza grigia.»
Fabrizio Cicchitto in *Storia di Forza Italia*

«Ora capisco cosa significhi avere tre televisioni a disposizione per distruggere i propri nemici»
Vittorio Dotti su «La Stampa», 1996

Berlusconi rimase a lungo ferito nell'intimo per quella sconfitta. E per capire come la botta fosse stata forte, basta ricordare due frasi che pronunciò ancora nel 1994: «Tutto quello che ho fatto, l'ho fatto bene» (in marzo al «Messaggero») e «nessuno al mondo ha fatto quello che ho fatto io» (in ottobre al «Sole 24 Ore»). Un "io" portato all'accesso tanto da far dire ad Augusta Forconi, una lessicografa, in *Parola del Cavaliere*: «Chi volesse cimentarsi nella redazione di un lessico di frequenza berlusconiano, vedrebbe una paroletta di due lettere guizzare rapida per andare a insediarsi al primo posto, da dove poi guarderebbe rotonda e sicura più in basso, verso le altre: la parola in questione è il pronome personale di prima persona singolare, quell'io che faceva esclamare al Carlo Emilio Gadda della *Cognizione del dolore*: "L'io, l'io!... Il più lurido di tutti i pronomi"».

Del resto, già nel giugno 1993, l'allora direttore dell'«Espresso», Claudio Rinaldi descrisse così il «potere berlusconiano» che non poteva ammettere le sconfitte: «Imperiale e discreto, duro e candido, spietato e amichevole. Vuole essere in cielo, in terra e ogni luogo». E se «nell'irresistibile marcia si profila un intoppo, un passo indietro, una rinuncia, allora smette di essere gentile. Perché vuole tutto. Quello di Berlusconi è uno dei poteri più intrusivi che si siano mai conosciuti». E Rinaldi, penna corrosiva che aveva lasciato la Mondadori quando la casa editrice era diventata del Cavaliere, picchiò duro: «L'ipertrofia dell'ego di Berlusconi stride con la dozzinalità delle idee professate, con il balbettare di liberismi e statalismi, con la desolante banalità dei valori».

Silvio reagì alla bruciante umiliazione della sconfitta sostenendo che «non mi hanno fatto lavorare» e continuando a parlare di «colpo di Stato» ai suoi danni, di «cospirazione», di «professionisti della mistificazione». Lo fece anche quando, nel gennaio 1995, il suo ex ministro del Tesoro, Lamberto Dini, indicato dallo stesso Cavaliere su richiesta di Scalfaro, diventò presidente del Consiglio con l'appoggio di Pds, Ppi, partiti di sinistra, Lega Nord e con una sola donna al governo, Susanna Agnelli ministro degli Esteri. Berlusconi fece il nome di Dini e subito dopo gli negò l'appoggio perché Scalfaro, sostenne, aveva cambiato le carte in tavola. Cominciando così a percorrere quella che lui stesso chiamò (e lo farà anche in seguito, nei momenti di difficoltà politica) «la mia traversata del deserto», Berlusconi ricorse ancora una volta al principio a cui si era sempre richiamato: se non sei mio amico, allora sei mio nemico. I magistrati, quelli «rossi», e Oscar Luigi Scalfaro, «presidente di sinistra», chiarì, erano annoverati tra i principali nemici, legati ai tradizionali avversari di sinistra, «i nipotini di Stalin».

Bruno Vespa in *Quirinale* cerca di spiegare i motivi di quella avversità nei confronti di Scalfaro, nata già quando il Cavaliere era diventato presidente del Consiglio: il capo dello Stato fece una mossa «clamorosa e del tutto irrituale» scrivendogli «una lettera di galateo istituzionale». Poi, quando Dini prese il suo posto, Scalfaro gli tese, sostiene ancora Vespa, «una trappola»: Berlusconi gli raccontò che l'accordo con Scalfaro prevedeva «due clausole». La prima era il voto stabilito per l'11 giugno 1995, accorpando le elezioni politiche anticipate alle regionali. La seconda era che Dini si limitasse nel suo programma a «tre punti: nuova legge elettorale regionale, manovra economica, legge sulla *par condicio* televisiva». E invece, racconta Vespa, Scalfaro indossò «la divisa di Diabolik»: redasse la lista dei ministri senza includervi Letta come voleva il Cavaliere e telefonò a Cossiga per offrirgli il posto già assegnato a Dini ricevendone un rifiuto; inoltre Dini annunciò in televisione l'impegno per la riforma delle pensioni che non rientrava tra gli accordi e le elezioni anticipate non si tennero. Non solo. Secondo Fabrizio Cicchitto in *Storia di Forza Italia*, «il lavorio di Scalfaro si combinò con quello della magistratura» col risultato che Berlusconi si ritrovò da parte della Procura di Milano «diciassette inchieste nel 1994 e ventitré nel 1995». Insomma, anche per Cicchitto (ex deputato socialista, quindi "fulminato" sulla via di Arcore), «il *pool* dei Pm di Milano si muoveva come un soggetto politico». Un tema, questo della magistratura politicizzata, mai chiuso in un cassetto.

Oltre all'umiliazione, Berlusconi era anche, sostiene Travaglio in *Ad personam*, «terrorizzato»: non solo per il rischio del processo di corruzione della Guardia di Finanza, ma soprattutto per la decisione della Corte costituzionale del 7 dicembre 1994 con cui stabiliva che la legge Mammì, quella che permetteva alla Fininvest di possedere tre reti televisive, violava l'articolo 21 della Costituzione sul pluralismo delle voci nel settore televisivo e quindi la Fininvest doveva cedere, entro un anno e mezzo, Rete 4 o trasferirla su satellite. In ogni caso il segnale analogico dell'emittente andava spento. Oltretutto, c'erano anche vari referendum sulle tivù promossi da Acli, Arci e alcuni giornalisti raccolti sotto la sigla di Gruppo di Fiesole: volevano rimettere in discussione la legge Mammì lasciando alla Fininvest una sola rete e ridimensionandone la raccolta pubblicitaria. Quando vide che le elezioni anticipate erano sfumate, Berlusconi giocò d'astuzia: promise nell'estate 1995 di vendere le sue televisioni («purché non sia un esproprio») a Rupert Murdoch, racconta sempre Travaglio, e trattò «in segreto con la nuova maggioranza in cambio della finta opposizione al governo Dini».

Gianni Letta condusse le trattative anti-referendum (l'11 giugno gli italiani votarono per il 55% a favore del no), il governo Dini fece le orecchie da mercante sulla decisione della Corte costituzionale, tacque anche il ministro delle Poste che era un fedele del Cavaliere, Agostino Gambino, già difensore di Sindona, quindi legale della famiglia Formenton alleata di Berlusconi, infine componente del trio che doveva preparare il famoso *blind trust*, cioè il modo per evitare i conflitti di interesse separando il patrimonio dal proprietario e affidando la gestione a terzi. Una soluzione finita invece in un nulla di fatto. Una volta con le spalle protette, Silvio si tenne ben strette le televisioni e sferrò il colpo: la legge Mammì non si toccava. Se ne uscì anzi con un'idea originale che raccontò a Vespa quando il giornalista televisivo gli fece notare come, mantenendo il controllo delle sue aziende, il conflitto di interessi sarebbe rimasto identico: «Proviamo una volta tanto a considerare questa polemica sul conflitto di interessi da un punto di vista diverso. In realtà, chi soffre in questa situazione non è l'interesse pubblico, che da parte mia ho la certezza di non aver mai fatto soffrire, ma il mio gruppo». Ed elencò tutta una serie di iniziative negative che il suo gruppo era costretto a sopportare, dalle licenze che i «Comuni rossi» non davano alla Standa ai guai per le attività edilizie del fratello sino alla pubblicità diminuita per motivi politici a opera degli enti pubblici. Arrivò a questa conclusione: «Mi chiedo se paradossalmente non sarebbe il caso di varare una legge speciale per difendere il mio gruppo da questo conflitto di interessi tanto paventato dalla sinistra».

Il conflitto di interessi era invece vistoso, come rilevò lo stesso Franco Tatò, amministratore delegato della Fininvest con il compito di rimettere a posto i conti troppo sbalestrati del gruppo. Ma la nomina, spiegò Tatò ai magistrati e come riportano Biondani e Porcedda in *Il Cavaliere nero*, «serviva a dare un segnale di rigore gestionale alle istituzioni finanziarie, principalmente le banche, nella fase di grande incertezza che precedette le elezioni del 1994. Dopo le elezioni e la vittoria di Berlusconi non ci fu sostanzialmente più bisogno di una figura come la mia al vertice dell'azienda e il potere ritornò in mano ai più stretti collaboratori di Silvio, prima di tutto a Confalonieri». E quindi allo stesso Cavaliere. Perché, spiegò ancora Tatò, «Berlusconi continuava a seguire in modo molto stretto le attività delle aziende. Ognuno dei vertici delle società operative aveva un rapporto diretto con Berlusconi, il quale in definitiva aveva l'ultima parola su tutte le questioni di una certa rilevanza. In sostanza, anche dopo l'ingresso in politica e anche dopo le elezioni, il potere che gli derivava dal fatto di essere proprietario era rimasto intatto».

Padrone e premier contemporaneamente. Un esempio raccontato sempre da Tatò: nella seconda metà del 1994, il manager aveva concordato la cessione della Standa, di cui faceva parte anche Euromercato, all'Ifil del gruppo Agnelli dopo una trattativa con il presidente, Gabriele Galateri di Genola. L'offerta era di mille miliardi di lire. A quel punto Tatò si recò da Berlusconi per ottenere il via libera, chiarendo come la parte acquirente avesse accettato il prezzo. Il Cavaliere volle parlare al telefono con Galateri, chiese un prezzo più alto e la trattativa finì in fumo. In seguito Tatò si rese conto che «parallelamente alle mie trattative, c'era un altro gruppo di dirigenti, guidati da Foscale, che stava cercando un acquirente per l'Euromercato. E questa fu infine la soluzione prescelta da Berlusconi». Furono così venduti prima l'Euromercato e poi la Standa. Anche sui diritti televisivi e l'acquisto dei film Tatò si trovò di fronte a un muro: «Parli con Bernasconi», gli disse Silvio. Ma Carlo Bernasconi continuò a riferire della sua attività direttamente al Cavaliere, il quale, già in quegli anni Novanta, riuscì a mettere in sesto i bilanci aziendali diventando, come ricorda più volte Friedman nel suo *My Way*, miliardario.

Un padrone miliardario che non perse mai d'occhio il suo gruppo. Lo confermarono, una decina d'anni più tardi, il 23 gennaio 2006, quando Mediaset era stata già da tempo quotata in Borsa riuscendo a scaricare sul mercato un bel po' di debiti, il banchiere Cesare Geronzi – uno degli uomini di banca più influenti, all'epoca presidente di Capitalia, vicepresidente di Mediobanca, consigliere di amministrazione di Rcs – e don Verzé. Si incontrarono quella mattina nell'ufficio del San Raffaele di don Verzé, una stanza da qualche mese piena di microspie in seguito a un'indagine della magistratura milanese in una vicenda che riguardava la malavita organizzata. I documenti di quei colloqui, registrati e in seguito pubblicati da Mario Gerevini e Simona Ravizza in *I segreti di don Verzé*, mettevano in luce retroscena sulle scalate bancarie e sulle manovre del Sismi. In una di queste conversazioni c'era il colloquio tra Geronzi e il fondatore del San Raffaele. A un certo i due cominciarono a parlare di Berlusconi; il banchiere disse di aver conosciuto Silvio già nel 1978, all'inizio della sua avventure televisiva, don Verzé gli chiese («perché gli voglio troppo bene come persona») se il gruppo Mediaset avesse problemi finanziari. E Geronzi: «Ti do una cifra. Mediaset è una corazzata che fabbrica soldi, non ha una lira di debito. Se tu mi chiedessi quanto vale economicamente Silvio Berlusconi, oggi, ti do una cifra: 8 miliardi di euro». Il sacerdote chiese anche informazioni sulla gestione delle imprese del gruppo e il banchiere: «Lui cerca di dare piena libertà a Pier Silvio e Marina, però non gli sfugge nulla... Non si muove foglia». E don Verzé: «Eh, lo so». Insomma, pur avendo messo alle spalle di Marina un consulente di primo piano, Bruno Ermolli, non si muoveva foglia se non lo voleva Silvio.

Berlusconi pose sempre il conflitto di interessi in secondo piano, tanto da far dire ancora in quegli anni del primo governo berlusconiano a Marco Vitale come il Paese stesse trasformandosi in «una Signoria». Vitale fece anche una attenta analisi dei fattori che in quel periodo fermarono il governo. Innanzitutto, i grandi errori commessi dal Cavaliere: dalla totale mancanza di «una decenza elementare» che lo aveva portato a proporre Previti come ministro della Giustizia alla «sgangherata squadra» di governo, dalla «violenza istituzionale» con attacchi alla Banca d'Italia e alla Rai, a una «sconcertante politica economica, marcatamente peronista». Cosa peraltro sottolineata anche da Paul Samuelson, il Nobel per l'economia.

Altri fattori, sostiene ancora Vitale, furono da una parte «l'ostilità del mondo sindacale con le grandi mobilitazioni di massa contro il governo», dall'altra «un abnorme peso politico dei sindacati che è un'anomalia in una economia post-industriale e digitale e non ha riscontro in altri Paesi evoluti». Ma anche «l'ostilità internazionale, perché sul piano internazionale la plateale commistione tra interessi privati e interessi pubblici che Berlusconi incarna, era e continua a essere considerata (a differenza del disinteresse che mostra la grande maggioranza degli italiani) un fatto pericoloso». Addirittura il giornale tedesco «Die Zeit» scrisse all'epoca che il Cavaliere «impersonifica la fine della democrazia parlamentare se si considera come cuore di questa la divisione dei poteri». In effetti, commenta Vitale, «è sempre più chiaro che il regime di Berlusconi sarà molto più simile a una signoria cinquecentesca che a una moderna democrazia. Ma la maggior parte degli elettori, pur ben consapevoli di questo, ha deciso che la signoria del principe è meglio della signoria dei sindacati».

Già nel marzo 2001 Montanelli, pochi mesi prima della sua scomparsa, scrisse sul «Corriere» che «nei Paesi seri l'incompatibilità fra interessi pubblici e interessi privati è affidata non a una legge (che si può sempre aggirare: e figuriamoci se il Cavaliere non ne conosce i mezzi), ma alla sensibilità degli elettori. Ecco perché né un Morgan né un Ford né un Du Pont si sono mai presentati per la Casa Bianca. Lo fece Rockefeller, dopo aver messo il suo patrimonio sotto controllo pubblico, credo si trattasse di un *blind trust*. Anche in Italia si usava farlo ai tempi dei galantuomini. Sonnino e Sella, prima di accettare la carica di ministri, liquidarono tutte le loro azioni, e ne misero il loro ricavato in buoni del Tesoro. Ora purtroppo gli elettori italiani sembrano seguire un'altra logica. "Se ha fatto bene i suoi affari privati, farà bene anche quelli pubblici." E una simile mentalità non c'è legge che basti a combatterla».

E Umberto Eco: «Conflitto di interessi? Tra gli interessi di Berlusconi e la sua carica politica non c'è conflitto, c'è identità. Si ha vergogna quando si è fuori dall'Italia. Come se avessimo un Menem, come se fossimo in Argentina».

Oltretutto, proprio in quel periodo esplose lo scandalo della corruzione dei giudici nella vicenda Mondadori e Sme. Quando poi testimoniò davanti ai magistrati milanesi Stefania Ariosto, la compagna di Dotti, Berlusconi s'infuriò proprio con Dotti. E partì al contrattacco. In effetti la testimonianza dell'Ariosto era stata pesante. Disse che Previti, l'avvocato che sbandierava tranquillamente che «non avremmo fatto prigionieri», aveva «molti magistrati» sul suo libro paga, che pagava anche giornalisti e molte donne. Furono anche pubblicate su «l'Espresso», racconta Stille in *Il Cavalier miracolo*, fotografie scattate sul *Barbarossa*, lo yacht di Previti, che mostravano molti magistrati (tra cui quelli denunciati) in compagnia dell'avvocato romano. Lei disse anche che Berlusconi regalava gioielli alle mogli dei giudici e che «avrebbe dovuto vergognarsi». Fu messa sotto scorta, ricevette ugualmente un pacco regalo con un coniglio sventrato, fu al centro di attacchi indecorosi delle tivù berlusconiane. Berlusconi volle che Dotti smentisse pubblicamente l'Ariosto e la definisse una mitomane, lui rifiutò, i loro rapporti s'incrinarono. E così Dotti fu escluso dalle liste per le elezioni del 1996, scoprendo cosa significasse essere considerato un "traditore" dal gruppo berlusconiano: Dell'Utri smise addirittura di salutarlo. E finì anche la tormentata relazione tra l'avvocato e l'Ariosto.

Finì anche il rapporto tra Berlusconi e uno dei suoi avvocati, Raffaele Della Valle. Era stato politicamente sempre un po' autonomo nei confronti del Cavaliere capo-partito, secondo una tradizione liberale che non l'aveva abbandonato. E così fece quello che secondo Silvio non avrebbe dovuto fare in occasione della crisi e prima ancora della nomina di Dini alla guida del governo: «Osa ventilare – ricorda Michele Caccavale – l'ipotesi di indicare al Capo dello Stato un nome di premier che non sia quello di Berlusconi. Reo di lesa maestà, viene subito coperto di insulti dai colleghi previtiani e di Publitalia». E Della Valle si trovò costretto a dichiarare alla stampa: «In Forza Italia c'è la furia islamica... Quando qualcuno vuole ragionare, dibattere o discutere, molti insultano. Se continua così, io non so che fine farà questo movimento... Io intendo la politica come servizio al Paese, i colleghi che mi insultano non hanno spessore, non hanno dietro niente: io sono un celebre penalista, ma loro cosa facevano prima di diventare politici?» Addirittura uno di questi deputati rispose dandogli dell'arrogante e dello spocchioso per essersi definito «celebre penalista». E Della Valle nel 1996 lasciò la politica tornando al suo studio monzese.

Lasciò Forza Italia ritornando all'attività accademica anche Stefano Podestà, ex ministro dell'Università. E se ne andò, racconta Caccavale, «sbattendo la porta». Con motivazioni pesanti: «Tra il programma di Forza Italia e ciò che il suo Presidente ha voluto realizzare c'è di mezzo il mare. [...] Ma perché Berlusconi ha scelto questa strada da Conte Ugolino? [...] Perché è incapace di gestire contemporaneamente troppe persone: è un padrone, non un imprenditore, la sua leadership gli deriva dai mezzi finanziari (e di comunicazione) che possiede. [...] Quando

Berlusconi si esprime a favore del presidenzialismo all'americana, evita di precisare che il ruolo del Congresso negli Usa è rilevante, mentre il Parlamento è a suo avviso pleonastico. Da mille indizi ho la certezza che Berlusconi, se riuscisse a realizzare il presidenzialismo all'americana, farebbe di tutto per neutralizzare il Parlamento e i suoi poteri di controbilanciamento. Per le consultazioni, gli bastano Ferrara e Letta...»

In questo panorama, dopo che già le amministrative della primavera del 1995 non erano andate bene per Forza Italia («una Caporetto», disse Dotti), nel gennaio 1996 Dini si dimise dopo le tante mozioni di sfiducia («saranno contenti, finalmente...» si sfogò) e un mese più tardi ci fu il brevissimo tentativo di Antonio Maccanico di formare un nuovo governo bipartisan con Berlusconi e il segretario del Pds Massimo D'Alema, che era convinto del bisogno di una riforma costituzionale. Nell'aprile 1996 le elezioni parlamentari portarono alla vittoria l'Ulivo di Romano Prodi, un'ampia coalizione che andava dall'ex centro democristiano ai progressisti. Prodi condusse una campagna elettorale innovativa girando l'Italia con un pullman, il suo sorrisone e la sua *s* emiliana. Il Cavaliere andò giù piatto, definendolo in quei mesi uno «con la faccia larga e pastosa di un dottor Balanzone...» Su «la Repubblica» allargò il tiro: «D'Alema è un vecchio statalista che considera lo Stato come il garage di sua zia... Napolitano è il peggiore perché sembra un inglese e invece si comporta da stalinista... Prodi è un burattino nelle mani di D'Alema». L'Ulivo sconfisse il Polo delle Libertà formato da Forza Italia, Alleanza nazionale e un paio di partitini centristi; corsero invece da soli la Lega (fu addirittura affisso, mentre Bossi tuonava sempre contro «il mafioso di Arcore», un falso manifesto con il volto di Berlusconi e lo slogan «Votate per me, non voglio andare in galera»), i radicali e Rifondazione comunista.

Tra Prodi e Berlusconi fu davvero un testa a testa. L'Ulivo ebbe il 43% dei voti, il Polo delle Libertà il 42%. Soprattutto Forza Italia tenne molto bene, dal 21% scese al 20,6%. Con in lista ben tre candidati piuttosto chiacchierati: Dell'Utri, già imputato a Torino per false fatture a Publitalia e a Palermo per concorso esterno in associazione mafiosa; Massimo Maria Berruti, ex ispettore della Guardia di Finanza accusato di tangenti a favore di colleghi finanzieri per tenere la bocca chiusa sul bilancio Fininvest; Cesare Previti, nonostante la vicenda di corruzione dei giudici. Una indicazione molto chiara di voler assicurare, in quello che sarà anche chiamato «il partito degli inquisiti», l'immunità parlamentare. E di considerare il Parlamento un luogo dove dare rifugio agli indagati.

Dell'Utri, Berruti e Previti furono tutti e tre eletti e Forza Italia resse alle elezioni. Come mai? Alexander Stille lo spiega in questo modo: «La coalizione di centrosinistra scelse di evitare l'argomento dei problemi legali dell'ex premier. I suoi leader erano convinti che attaccare Berlusconi fosse controproducente». Durante la campagna elettorale, Prodi confidò proprio a Stille in *Il Cavalier miracolo* che toccare quel tasto «potrebbe addirittura aiutare Berlusconi. L'Italia è un Paese in cui i rapporti tra il cittadino e lo Stato sono molto fragili. La gente ha una enorme sfiducia nel governo. E lui è molto bravo a fare il martire». E poi c'era D'Alema con la sua riforma costituzionale che richiedeva il consenso unanime tra maggioranza e opposizione. Così Prodi prese la guida del governo accettando anche, osserva Travaglio, «il primo inciucio su tivù e giustizia». Il giorno dopo il voto degli italiani contro il referendum, Massimo D'Alema, grande manovratore, buona dialettica, rassicurò infatti il Cavaliere: «Il Pds non voterà mai una legge antitrust che non sia votata anche dal Polo».

Nel febbraio 2002, sette anni più tardi, Luciano Violante svelò in un dibattito alla Camera sulla legge Frattini in merito al conflitto di interessi, «i retroscena – riporta Travaglio in *Ad personam* – di quell'incredibile suicidio del centrosinistra». Rispondendo a un parlamentare che accusava i Ds (ex Pds) di voler espropriare il Cavaliere, Violante disse che prima di parlare doveva sentire Berlusconi, «perché lui sa per certo che gli è stata data garanzia piena – non adesso, nel 1994 quando ci fu il cambio di governo – che non sarebbero state toccate le televisioni. Lo sa lui e lo sa l'onorevole Letta. A parte questo la questione è un'altra. Voi ci avete accusato di regime nonostante non avessimo fatto la legge sul conflitto di interessi, avessimo dichiarato eleggibile Berlusconi nonostante le concessioni. [...] Durante i governi di centrosinistra il fatturato di Mediaset è aumentato di 25 volte!»

D'Alema fu il promotore di una nuova linea politica sulla giustizia in senso garantista. Dichiarò all'Associazione nazionale costruttori, proprio nel periodo in cui Berlusconi era anche indagato per frodi fiscali nell'acquisto dei terreni attorno alla residenza di Macherio, che «occorre una netta demarcazione tra la politica e l'attività giudiziaria. [...]. Bisogna consentire al Paese di riprendere lo sviluppo, smettendola di criminalizzare un pezzo di economia italiana o solo la classe politica». E, racconta ancora Travaglio, l'ex presidente della Lega delle cooperative (le cosiddette «coop rosse») e deputato del Pds, Lanfranco Turci, fu ancora più esplicito: «Gli equilibri politici non possono essere più influenzati dall'azione giudiziaria. Una strada può essere quella di una sanatoria per le aziende che, come Publitalia, hanno fondi neri. Diciamoci la verità: quasi tutte le imprese italiane hanno commesso qualche peccato. [...] Bisogna uscire dall'emergenza per non vivere sotto il ricatto di un avviso di garanzia che può raggiungere chiunque. E credo che alla fine il discorso di D'Alema porti proprio a questo». Insomma, tutte le aziende peccano, lasciamole continuare a peccare...

E da parte del fronte berlusconiano? Ci pensò Dell'Utri poco dopo essere stato rimesso in libertà a metà giugno dal carcere di Torino: «Se vogliamo uscire da questa guerra continua che avvelena il Paese, l'urto frontale deve finire. E ho la sensazione che D'Alema sia il più disponibile, quello che cerca il dialogo, che lancia messaggi, il più sensibile. Sì, anche rispetto a Forza Italia o al Polo. È il politico maggiormente disponibile e responsabile. [...] Berlusconi non si deve guardare da lui, ma semmai da quelli come Bossi». E alla convention di Publitalia, attorniato da cartelli con scritto «Bentornato da noi», Dell'Utri allargò ancora di più le braccia: «Considero D'Alema il migliore degli avversari, meglio di tanti altri del Polo. [...] D'Alema ha capito che così non si può andare avanti e ha cambiato atteggiamento». In *Ad personam* Travaglio poi chiarirà come in quel periodo anche D'Alema fosse indagato dalla Procura di Bari per finanziamento illecito.

In questo panorama, quasi all'insegna del "vogliamoci bene" propugnato dai postcomunisti, ex comunisti, paracomunisti guidati da D'Alema da una parte e dai berlusconiani (Previti compreso) dall'altra, la vita dell'Ulivo si rivelò insoddisfacente. E questo nonostante, spiega Paul Ginsborg in *Berlusconi*, un po' dovunque «il pendolo della politica» si stesse spostando dal conservatorismo neoliberale. Quindi questo parziale cambiamento avrebbe dovuto dare una qualche spinta anche a Prodi che, dipinto come «un diesel» da Corrias, mostrò buona volontà dicendo: «Dureremo cinque anni». Bill Clinton aveva vinto negli Stati Uniti (il Professore andò a trovarlo a New York sfoderando un inglese che poteva permettersi chi si era specializzato alla London School of Economics, ad Harvard e a Stanford), poi lo seguiranno Tony Blair in Gran Bretagna, Lionel Jospin in Francia, Gerhard Schroeder in Germania. Ma la coalizione che dette vita all'Ulivo era troppo frammentaria, non aveva una maggioranza stabile, alla Camera doveva contare sull'appoggio esterno di Rifondazione comunista di Bertinotti.

Prodi era riuscito a mettere in piedi una buona squadra di governo: Dini agli Esteri, Ciampi al Tesoro, Giovanni Maria Flick alla Giustizia, Giorgio Napolitano agli Interni, Vincenzo Visco alle Finanze, Nino Andreatta alla Difesa, persino per pochi mesi Di Pietro ai Lavori pubblici. E poi Pierluigi Bersani all'Industria, Walter Veltroni ai Beni culturali (e in più vicepresidente con il vizietto, comune anche ad altri, di andare spesso in televisione al punto che Aldo Grasso sul «Corriere» lo implorò: «Non vorremmo che le esigenze delle telecamere soppiantassero quelle della Camera»), Tiziano Treu al Lavoro, Franco Bassanini alla Funzione pubblica, Antonio Maccanico alle Poste, Luigi Berlinguer all'Istruzione, Augusto Fantozzi al Commercio, Carlo Burlando ai Trasporti. Nel governo anche tre donne: Anna Finocchiaro (considerata tra l'altro dai colleghi «maestra di eleganza»), Livia Turco, Rosy Bindi.

Tra i provvedimenti presi in due anni e mezzo di governo l'eliminazione della patrimoniale sulle imprese, l'introduzione dell'Irap, l'istituzione delle agenzie fiscali, una nuova *Authority* indipendente per le garanzie nelle comunicazioni, una riduzione del disavanzo pubblico portato sotto la soglia del 3% in modo da rientrare nei parametri del Trattato di Maastricht. E per mettere a posto i conti e riuscire a entrare nell'euro, fu privatizzata nel 1997 Telecom, la quarta impresa italiana per fatturato e la sesta al mondo, senza debiti netti, una trentina di partecipazioni internazionali, un importante patrimonio immobiliare: i ricavi furono di 26.000 miliardi di lire, circa 14 miliardi di euro, ma per l'azienda di telecomunicazioni iniziò una vita difficile, così sottoposta a "scalate" e piena di debiti era facile preda. Venticinque anni più tardi Milena Gabanelli, Daniele Manca e Francesco Tortora dedicheranno a Telecom Italia una pagina sul «Corriere della Sera» parlando di «storia di un delitto». Grazie anche alla buona crescita dell'economia italiana di quel periodo, furono comunque creati nuovi posti di lavoro. Forse non proprio un milione come, a suo tempo, aveva promesso il Cavaliere ma qualcosa di molto vicino. Il problema del conflitto di interessi scivolò invece via.

Del resto c'era chi remava contro: oltre a Berlusconi, comparve anche Massimo D'Alema con la sua idea di riforma costituzionale. Così nel marzo 1996 il segretario del Pds disse a «l'Unità» che «Mediaset è un patrimonio per l'Italia, è un'impresa strategica che deve poter affrontare serenamente il futuro in un quadro di regole certe e all'altezza di un Paese europeo». Salutata come una delle «corbellerie» pronunciate da D'Alema, Marco Travaglio fa notare in *Slurp* come al segretario del Pds «sfugga che il patrimonio dell'Italia sono le frequenze, cioè l'etere, che è un bene pubblico. Mediaset, che ha le frequenze in concessione dallo Stato, è un patrimonio privato, di Berlusconi». Nell'aprile 1996, due settimane prima delle elezioni, D'Alema si recò alla sede di Mediaset, a Cologno Monzese, dove venne accolto – racconta sempre Travaglio – da Confalonieri oltre che dal Gabibbo, fu portato nello studio dove di solito si registrava *Stranamore* e per due ore fu sottoposto alle domande dei dirigenti dell'azienda. Rassicurandoli: «Sono qui per sottolineare questo messaggio. Voi non dovete aver timore del giorno dopo. Non ci sarà nessun *day after*». E ribadì ancora una volta che Mediaset «è una ricchezza per il Paese».

Ci fu anche, nel giugno 1996, il via libera del Tesoro alla quotazione in Borsa di Mediaset (7000 lire ad azione con un incasso attorno ai 1800 miliardi di lire, mantenendo comunque la maggioranza del capitale) nonostante, osserva puntiglioso Travaglio in *B. come Basta!*, le indagini della

Procura milanese sui reati fiscali e contabili del gruppo «con l'intero comparto estero che ruota attorno alla All Iberian (utilizzata per la maxi tangente a Craxi e per molte operazioni occulte) e ad altre 63 società totalmente sconosciute al bilancio consolidato. Così gli enormi debiti del gruppo vengono scaricati sul mercato azionario». E poi anche il rinvio *sine die* del problema di Rete 4 sul satellite. Pungente il commento di Travaglio: «In cambio di tanta generosità Berlusconi fa un'opposizione perlopiù finta». Uno dei tanti voltafaccia del Cavaliere che mesi prima aveva detto a Bruno Vespa in un incontro a Palazzo Grazioli: «Prodi non ha la mentalità e la cultura per sostenere l'economia italiana e indirizzarla allo sviluppo. Saremo inflessibili sull'occupazione, il fisco, la giustizia».

Il governo Prodi cadde il 21 luglio 1998 per un solo voto in una discussione in aula in seguito al passo indietro di Fausto Bertinotti, perché lo riteneva un provvedimento non abbastanza di sinistra e voleva per legge l'orario lavorativo di 35 ore. Pochi mesi più tardi il Professore sarà nominato presidente della Commissione europea.

# 15.

# Coppi e Bartali

«Quello era il clima che si respirava in Italia. Berlusconi appariva come un uomo nuovo, l'uomo del fare, capace di parlare alla pancia del Paese, suscitando emozioni e quindi anche tanti consensi.»
Romano Prodi, *Strana vita, la mia*

«Le sinistre usano ancora le strategie di Stalin e Lenin, quella dell'utilizzo dell'utile idiota. [...] Hanno bisogno della mascherina del professor Prodi come specchietto per le allodole e acchiappavoti.»
Silvio Berlusconi a *Porta a Porta*, aprile 1995

Li chiamavano Coppi e Bartali, Berlusconi e Prodi, i due quasi nemici, ma a lungo non si è saputo chi dei due fosse Coppi e chi Bartali anche se a naso ci è sempre sembrato che il Professore assomigliasse di più a quel toscanaccio di Gino. Poi nel 1996 Ferdinando Adornato, ex Pci, ex Alleanza democratica, direttore di «Liberal», se ne uscì sostenendo che «Romano Prodi è il Fausto Coppi della sinistra». Più di vent'anni dopo lo abbiamo chiesto direttamente a Prodi. Chi tra i due? E lui: «Bartali». Con una piccola deviazione a ogni modo: come racconta Vittorio Monti sul «Corriere», nell'agosto 1998, in occasione dei festeggiamenti per i 59 anni del Professore, all'epoca presidente del Consiglio, la pasticceria Boni di Reggio Emilia, il capoluogo della provincia dove è nato Prodi, gli offrì una torta con una scritta in lettere di cioccolata: «Buon compleanno al Pantani della politica». Marco Pantani, altro grande ciclista...

Comunque sia, Prodi e Berlusconi sono stati i «carissimi nemici» per mezzo secolo. Se uno vedeva rosso, l'altro vedeva puntualmente nero e, sulla scia dello stile dell'Avvocato, quando si doveva avviare un colloquio, il Cavaliere ricorreva al «mi consenta», il Professore al «guardi». Insomma, sono sempre stati (o quasi) agli antipodi e l'emiliano è riuscito a conquistare diversi fan proprio grazie al suo grande antagonismo con Silvio tanto che, si legge nel saggio che lo stesso Professore ha scritto con Marco Ascione (*Strana vita, la mia*), i "rossi" del Veneto (e in particolare un operaio di Porto Marghera) dicevano sul suo conto: «El xe democristian, però el xe contro Berlusconi». Se con Bruno Vespa il Cavaliere è stato molto soft, quando ha voluto dare un giudizio sull'antagonista emiliano, Prodi è stato molto più sincero: «Il rapporto istituzionale è perfetto, il rapporto privato è "di privato imbarazzo"».

In un'intervista che ci ha concesso, il Professore è stato particolarmente chiaro nel fotografare le differenze tra lui e il grande rivale: «Ci sono state sempre frizioni dirette e indirette. Abbiamo continuato a pascolare su prati diversi perché diversi sono stati i nostri programmi e il tipo di formazione. E soprattutto le campagne elettorali ci hanno obbligato a scontri molto duri. Sylos Labini diceva che, con il suo comportamento, Silvio ha finito per togliere alla politica certi valori etici. È stato un campione del populismo e degli slogan e ha vinto una grande scommessa approfittando della crisi profonda dei partiti». Nei rapporti con il Cavaliere, Prodi ricorda in particolare quello che considerò un brutto scherzo: quando, cioè, al termine della campagna elettorale del 2006, nell'ultimo duello in onda sulla Rai con Bruno Vespa, verrà data a Silvio la possibilità di concludere il dibattito anziché a Romano, anche se il sorteggio aveva detto il contrario.

Berlusconi ebbe così l'ultima parola inscenando un grande show e lanciando la proposta di abolire l'Ici sulla casa, una cancellazione che Prodi considerava il suo vero asso nella manica. Il suo fu un finale molto scoppiettante, anche se quella proposta non riuscì poi a ribaltare i sondaggi che erano a favore della sinistra. Il Professore ritornò così a Palazzo Chigi. Abbiamo chiesto a Vespa come fossero andate davvero le cose in quel dibattito televisivo del 2006. La sua risposta: era successo che nel primo duello, moderato da Franco Mimun, avrebbe dovuto concludere Berlusconi e non Prodi ma, per un errore, accadde l'opposto. Ecco perché, per rimediare all'errore precedente, Silvio concluse il secondo round. Due anni dopo Berlusconi si rifece, comunque, con gli interessi nelle elezioni del 2008. Ma nel frattempo si era anche preso una piccola rivincita. In occasione del suo compleanno (71 anni), nel settembre 2007, gli fu regalato (qualcuno disse dal suo staff, qualcun altro da un'attrice dai capelli color miele e gli occhi verdi) un cucciolo di persiano che lui chiamò Miele e che gli stava spesso sulla spalla. Così ne parlò per la prima volta il «Corriere» e poi anche Vespa nel suo *L'amore e il potere*: Berlusconi seduto nel suo studio a Palazzo Grazioli mentre assisteva l'andamento di una votazione alla Camera e accarezzava il micino. Nello studio circolava anche un piccolo topolino meccanico che veniva inseguito dal gatto. Un topolino a cui Berlusconi dette «il nome del presidente del Consiglio, ovvero Romano». Gli scherzi del Cavaliere...

Una lunga telenovela, quella di Silvio e Romano, ma quando ebbe inizio? Tutto cominciò a Milano, alla fine degli anni Sessanta, durante un convegno della Dc con Giovanni Marcora, ministro dell'Agricoltura. Allora Prodi era solo un professore ancora con la "p" minuscola mentre Berlusconi era un imprenditore rampante che, in quel convegno, aveva parlato sul piano urbanistico di Milano che lui stesso aveva messo in cantiere. Quella volta, però, non si era avverato il vecchio adagio che dice che il buon tempo si vede dal mattino, perché allora il futuro Cavaliere aveva fatto un'ottima impressione a Romano. *Vis à vis* si rividero quando Prodi era alla presidenza dell'Iri nel 1994: parlarono soprattutto di Rai. Quell'incontro servì a far aprire gli occhi all'economista di Scandiano che prese le distanze dall'altro, tanto che subito dopo l'elevazione a premier di Berlusconi, in quello stesso anno, il Professore – che, prima di approdare al vertice della *holding* pubblica (ci stette dal 1982 fino al 1989 per poi tornarci nel 1993), aveva ricoperto il ruolo di ministro dell'Industria nel governo Andreotti del 1978-79 – lasciò di corsa via Veneto. Così ha spiegato il suo rapido forfait in *Strana vita, la mia*: «Berlusconi, ancor prima di vincere le elezioni, aveva avanzato feroci critiche nei miei confronti sia sotto l'aspetto professionale che sotto quello personale. Arrivato lui a Palazzo Chigi, non potevo restare io».

E, pochi mesi dopo, anche il Professore fece il grande salto politico per cercare di sbarrare la strada a Silvio. Per quale motivo decise di opporsi al Cavaliere? Lo ha raccontato sempre ad Ascione: «Non parlo dell'aspetto politico, ma per come si propone, trovo che Berlusconi assomigli straordinariamente a Benjamin Netanyahu e a Donald Trump. Politici con una incredibile capacità di parlare agli istinti. Una capacità che hanno esercitato in modo formidabile. Una dote che non mi appartiene, ma che riconosco essere una forza. Ho riscontrato in tutti e tre la stessa capacità di sollevare le paure e indicare un nemico. [...] Riconosco che queste sono doti effettive e sono doti che non posseggo, ma riconosco anche che sono doti che rovinano un Paese». Il Cavaliere si mostrò ancora più pesante sul conto del suo rivale parlando di «utile idiota», parole di fuoco che confermano una rivalità profonda tra i due personaggi.

Il lungo duello tra il Prof. e il Cav. raggiunse lo zenit il 21 aprile 1996, allorché, dopo aver girato in pullman l'Italia in lungo e in largo e aver avanzato, osserva Nicola Tranfaglia in *Vent'anni con Berlusconi*, una proposta politica «capace di far coincidere alcune culture: l'umanesimo cattolico, il riformismo laico, la cultura laburista», Romano vinse con l'Ulivo le elezioni e diventò capo del governo per due anni, cinque mesi e quattro giorni. Corsi e ricorsi storici: dopo essere tornato a Palazzo Chigi dieci anni dopo, Prodi venne poi sconfitto nel 2008 con la grande rivincita di Silvio che ridivenne premier. Altre battaglie, altri scontri ma, alla fine, durante il brindisi natalizio del 2016, Sua Emittenza riconobbe i meriti dell'allievo di Nino Andreatta e ammise: «Prodi ha governato bene, ha fatto tante cose buone, tranne che sulle tasse». Eppure i motivi di scontro tra i due erano stati davvero tanti già prima che i novelli Cric e Croc si affrontassero nell'agone politico. Tutto cominciò appunto con la vendita della Sme che l'Iri guidato dal Prof. aveva ceduto a Carlo De Benedetti provocando la nascita, sollecitata da Bettino Craxi, di una cordata avversaria che comprendeva Barilla, Ferrero, Confcooperative e lo stesso Berlusconi. Tanti furono gli strascichi giudiziari di quella vicenda perché, in quell'occasione, l'Ingegnere si sentì molto danneggiato: in effetti, la Sme restò all'Iri. Ci rimase fino agli anni Novanta quando il "panettone di Stato" venne fatto a fette tra tanti acquirenti.

«La vicenda Sme – dice Prodi – è la conferma di come Berlusconi si servisse della politica. Un po' come successe con la legge Mammì ma in modo diretto». Resta il fatto che proprio il primo governo Prodi, ricorda Bruno Vespa in *Il Cavaliere e il Professore*, finì per lanciare una ciambella di salvataggio a Silvio quando la Corte costituzionale, dieci anni dopo il varo della legge Mammì che riconosceva ai privati il diritto di trasmettere via etere, bocciò il punto che consentiva a Mediaset di controllare tre delle dodici reti che potevano trasmettere sul territorio nazionale. La minaccia di oscuramento di Rete 4 venne scongiurata proprio dal governo Prodi e ulteriormente ritardata dalla legge firmata da Antonio Maccanico, anche lui ministro delle Poste. Tanti dispettucci tra i due ma anche qualche aiuto reciproco.

Tra Silvio e Romano si è pure combattuta, anche se in modo indiretto, la grande battaglia dell'euro. Una battaglia campale che aveva visto vincitore in Europa proprio Prodi, capace di ottenere il disco verde di Bruxelles per la nostra liretta che entrava così nel grande consesso della moneta comune. Fu un traguardo importante e ancora oggi il Professore ricorda con orgoglio quella notte di Capodanno del 2001 quando a Vienna brindò al varo della divisa europea assieme al cancelliere austriaco Wolfgang Schüssel. Proprio il Belpaese – sostiene l'economista da tempo diventato bolognese e ribattezzato "Mortadella" (un termine che in un primo tempo poteva sembrare dispregiativo ma che, afferma lo stesso Romano, è stato poi ampiamente rivalutato perché il salume emiliano è sulla cresta dell'onda e piace a tutti) – riuscì a compiere un salto di qualità grazie all'euro. Eppure la nascita della valuta Ue suscitò all'inizio anche molte polemiche perché, con il cambio tra le due monete, i prezzi di tanti prodotti di prima necessità salirono alle stelle.

Di chi fu la responsabilità di quella *escalation*? Prodi non ha dubbi: «Ero assolutamente convinto, così come lo era Ciampi, che all'inizio fosse necessario un severo controllo sul cambio tra le due divise. Per almeno sei mesi i prezzi dei principali prodotti avrebbero dovuto essere indicati in lire e in euro e sarebbe stato necessario creare dei comitati provinciali per la sorveglianza sui listini, ma sia l'Italia che la Grecia non si mossero e il governo Berlusconi ebbe così le sue responsabilità». E qualche ragione il Professore ce l'ha, considerando che il secondo esecutivo guidato dal Cavaliere restò in carica dal 2001 fino al 2005. Ha aggiunto lo stesso Prodi in *Strana vita, la mia*: «Purtroppo la crisi finanziaria e i mutamenti politici, che hanno rafforzato i movimenti antieuropei e hanno trasferito il potere dalla Commissione al Consiglio, e quindi agli Stati, hanno reso impossibile il raggiungimento di quegli obiettivi che gli artefici dell'euro volevano perseguire. Tutto ciò ha finito col rendere molto più difficile la strada della moneta unica, che ha potuto mantenere il proprio ruolo solo per la vigorosa politica adottata dalla Bce sotto la presidenza di Mario Draghi». Ecco, sul futuro politico del Cavaliere, così come su quello del Professore, spunta la "variabile Supermario". Allora, colui che gli americani chiamavano ancora *unitalian*, venne in soccorso di "Mortadella" sul fronte dell'euro. E dopo?

Il duello tra Prodi e Berlusconi andò avanti con la vicenda Telekom Serbia. Il caso scoppiò dopo le dichiarazioni del consulente finanziario Igor Marini che nel 2011 venne poi condannato a dieci anni per aver accusato Prodi, Fassino e Dini, nascosti dietro gli pseudonimi di "Mortadella", "Cicogna" e "Ranocchio", di aver ricevuto tangenti in modo da portare a buon fine l'acquisto di Telekom Serbia da parte di Telecom Italia. Una macchina del fango contro il Professore che sarebbe stata alimentata dal centrodestra, tanto che era stato proprio il governo Berlusconi a istituire, nel 2008, una commissione d'inchiesta per ricostruire la vicenda che non approdò a nulla. Racconta Prodi ad Ascione: «Quando nel 2004 il magistrato di Torino che indagava su Telekom Serbia mi ascoltò, io arrivavo da Bruxelles come presidente della Commissione Ue. Mi chiese: "Lei torna a Bologna? Passi allora dalla Madonna di San Luca, per grazia ricevuta, perché proprio ieri è arrivata da Montecarlo la rogatoria che chiarisce l'origine di quei documenti (che accusavano Prodi & C. di aver incassato tangenti, *N.d.A.*), provando senza ombra di dubbio la loro totale falsità e quindi la completa estraneità ai fatti da parte sua e di tutti gli altri accusati"». Non sappiamo se poi il Professore sia salito veramente a San Luca perché, alla fine, la vicenda Telekom Serbia si è rivelata una grande vittoria per lui, in quanto fu in grado di respingere tutte le accuse. Sulla vicenda restano comunque molti punti interrogativi e lo stesso Prodi, nell'intervista che ci ha rilasciato, sottolinea: «Resta un mistero chi ha falsificato le carte a Belgrado e Montecarlo. Si tratta di falsi riconosciuti da tutti i magistrati e dalle rogatorie contro di me e contro altri».

Nonostante i tanti incidenti di percorso nella corsa a ostacoli tra il Cavaliere e il Professore, proprio il fondatore dell'Ulivo ha mandato, nel corso degli anni, anche qualche ramoscello d'ulivo all'avversario di sempre. Certe volte si sono persino trovati sullo stesso fronte per combattere avversari comuni: è il caso di Enrico Cuccia, il grande tessitore di Mediobanca che non fu certo amato da nessuno dei due. Ci spiega lo stesso Prodi: «Eravamo per diversi motivi fuori dal ristretto establishment di Cuccia, ben deciso a mantenere quegli equilibri esistenti che due *outsider* come Berlusconi e il sottoscritto volevano cambiare». Famoso fu l'incontro di congedo, il 29 settembre 1989, tra il banchiere di origine siciliane e Romano che lasciava per la prima volta la guida dell'Iri. In quell'occasione, l'economista di Reggio Emilia venne accolto all'ingresso di via Filodrammatici dal Grande Vecchio che, con una certa aria sarcastica, lo salutò in francese: «*C'est la visite d'adieu, monsieur le President!*»

Ma oltre agli avversari, i due «carissimi nemici» hanno

anche avuto qualche amico in comune, a cominciare dal premier russo, Vladimir Putin, che divenne per entrambi, ricorda Prodi, il simbolo di una politica europea (la guerra in Ucraina era ancora lontana…) decisa ad aprirsi ai Paesi dell'Est. Coppi e Bartali furono vicini anche a un altro personaggio molto controverso, il dittatore libico Gheddafi. Se Berlusconi fece innalzare una tenda per lui a Villa Pamphili quando il *raìs* venne in visita a Roma nel 2009, anche Prodi cercò di sdoganare il Colonnello. Ma con lui ebbe pure qualche problema perché, quando era premier, non aveva firmato l'accordo italo-libico non ritenendo sufficienti certi impegni presi da Tripoli. Uno stallo che venne poi superato dal suo successore a Palazzo Chigi: Silvio Berlusconi. Ora il Professore è pronto ad ammettere che quell'intesa raggiunta dal Cavaliere sia stata giusta. Prodi si riabilitò agli occhi di Gheddafi da presidente dell'Unione europea quando l'invitò a Bruxelles e fece allestire pure lui una tenda per Mu'ammar. Il compito del Professore non fu comunque facile perché, ha spiegato ad Ascione, «sono tutti capaci di parlare con san Francesco, ma la cosa difficile è dialogare con il lupo».

Abbiamo chiesto al Professore un commento finale sul suo grande nemico. Il suo giudizio su Silvio è *tranchant* ma non troppo: «Potentissimo protagonista della politica italiana, è stato il primo che ha deviato una democrazia imperfetta verso il populismo, giocando sulle imperfezioni della stessa democrazia. Un populismo fatto di slogan che è ormai diventata una prassi consolidata. Lui ha avuto buon gioco approfittando della crisi dei partiti. Il rispetto della persona, da parte mia, c'è sempre stato, anche se mi sono scappate alcune battute nei suoi confronti. In fondo sono stati solo pochi momenti di volgarità». Berlusconi sarà meno diplomatico perché l'8 febbraio 2007, riporta in *Così parlò il Cavaliere*, disse a proposito di Prodi: «È un uomo cattivo, vuol togliere pubblicità a Mediaset e favorire Murdoch, ma in fondo mi fa pena. Circondato da tutti quei partitini... So io quant'è dura governare in quel modo».

# 16.

# Il patto della crostata

«Noi e Forza Italia siamo partiti confinanti, decisi a modernizzare il Paese. Questo non è un inciucio, ma antagonismo collaborante.»
Massimo D'Alema, dicembre 1996

«Caro Massimo, per fortuna che c'è lei. Con lei si può parlare.»
Silvio Berlusconi, ottobre 1996

«Sono stato come la Fata Smemorina della favola di Cenerentola: erano zucche e li ho trasformati in principi.»
Silvio Berlusconi sui vertici di An, 1997

La casa di Gianni Letta, alla Camilluccia a Roma, venne individuata come l'ambiente più tranquillo per le discussioni che furono, annotano Arena e Barone nella loro biografia su Letta, «defatiganti», e per le cene a tre tra il padrone di casa, grande tessitore di trame, il leader di Forza Italia e il segretario del Pds che da sempre si è considerato uno dei maggiori strateghi della sinistra italiana. Non solo stratega, a dire il vero, ma anche un buon cuciniere di risotti e in seguito, quando avrà la barca, anche un buon velista. C'è a proposito del risotto un delizioso ritratto in *Slurp* che risale all'ottobre 1997, quando Bruno Vespa inaugurò una nuova stagione di *Porta a Porta* con quella che Travaglio chiama «esclusiva mondiale»: D'Alema in grembiule intento a rimescolare un risottino nella cucina del fedelissimo Nicola Latorre. Davvero uno spasso, anche se Travaglio non perde poi l'occasione di sferrare uno dei suoi colpi: mentre D'Alema si esibisce ai fornelli, «in studio lo chef dalemiano Gianfranco Vissani elogia con perizia le sue mosse e i suoi condimenti. E il consigliere Claudio Velardi e il portavoce Fabrizio Rondolino annuiscono radiosi. Purtroppo per il risotto, D'Alema usa il vino rosso anziché il bianco: "Gli amici in casa non avevano di meglio" si giustifica. Ma il magnanimo Vissani, dopo un affettuoso rabbuffo, lo perdona. Vespa, in estasi, svolazza da un capo all'altro dello studio: non sa più dove leccare».

Alle cene segrete a tre alla Camilluccia per realizzare il progetto chiamato "Cosa 2", che di fatto avrebbe dovuto seppellire l'Ulivo prodiano, fu ben presto aggiunto un altro coperto per Franco Marini, da poco nominato segretario del Ppi, mentre a Gianfranco Fini venne assegnato il ruolo di convitato di pietra: non c'era ma veniva informato. D'Alema avrebbe voluto con sé anche Giuliano Amato, descritto con arguzia anni dopo da Pino Corrias «finissimo giurista, arguto politico, sapiente economista, pregevole tennista, svelto nel dire e nel disdire, fisico minuto con una forsennata ambizione»; fu invece fermato sull'uscio, ricorda Travaglio più di vent'anni dopo su «Il Fatto Quotidiano», «da un fax di Hammamet» in cui Craxi ne diceva di cotte e di crude sul suo ex collaboratore: «Tutto può fare salvo che ergersi a giudice delle presunte malefatte del Psi, di cui egli, al pari degli altri dirigenti, porta per intero la sua parte di responsabilità. Ma guarda caso, forte delle sue amicizie e altolocate protezioni, a lui non è toccato nulla di nulla. Buon per lui...» Craxi lo definì anche «becchino del Psi», «voltagabbana», «un opportunista che strisciava ai miei piedi e ora striscia a quelli degli altri per salvarsi la pelle».

Nel progetto "Cosa 2" chi voleva il semipresidenzialismo alla francese, chi non lo voleva, chi preferiva il presidenzialismo, chi chiedeva un'assemblea costituente al posto di una commissione bicamerale. Bruno Vespa, di fatto anche lui un convitato di pietra nel suo ruolo di quasi ombra del Cavaliere, racconta molti dettagli di quegli incontri che si estesero anche all'abitazione romana di Berlusconi, Palazzo Grazioli, con un tavolo allargato di volta in volta a Casini, Mastella, Buttiglione e anche Fini, questa volta in carne e ossa. All'inizio del 1997, in gennaio, quindi ancora con il governo Prodi in piedi, D'Alema venne nominato presidente della Bicamerale, i pareri conversero alla fine sull'ipotesi di una elezione diretta del primo ministro ma, in giugno, il tavolo saltò: stava per prevalere in commissione l'idea del premierato con 31 voti a favore e 30 contrari quando si misero di traverso i sei commissari della Lega che fino a quel momento avevano disertato i lavori. Bossi non voleva, fra l'altro, un governo di larghe intese tra Berlusconi e D'Alema, in quanto il suo potere di interdizione sarebbe fortemente diminuito. Vinse così la soluzione del semipresidenzialismo con 36 voti contro 31.

Fu necessario un fine lavoro di ricucitura che si concluse la sera del 18 giugno 1997 con una cena (segreta nelle intenzioni ma in realtà non lo fu, perché i giornalisti presero d'assedio il portone di casa) nell'abitazione di Letta. Una cena a base di fusilli ai funghi e vitello tonnato. Ai soliti convitati si aggiunse anche Gianfranco Fini, accompagnato dall'inseparabile Pinuccio Tatarella (Vespa lo definì, con una felice battuta, «la coperta di Linus» del leader di An). Sempre nella stessa serata si aggiunsero alla cena anche i quattro esperti incaricati dello studio di una soluzione attuabile: Sergio Mattarella del Ppi, Giuliano Urbani di Forza Italia, Cesare Salvi del Pds e Domenico Nania di An. Quella sera Maddalena Letta preparò, ricorda Vespa, uno dei frequentatori di quella casa, «una delle sue memorabili crostate». L'intesa, piuttosto complicata e finita poi in niente – governo di tipo semipresidenziale e legge elettorale maggioritaria a doppio turno –, venne appunto chiamata «patto della crostata». Una frase entrata anche nella Treccani per indicare un accordo informale sulle riforme costituzionali tra maggioranza e opposizione. L'aspetto curioso, quasi un "giallo", è che Fini non si sia mai ricordato di quella crostata, anzi negò, in *Il ventennio*, che qualcuno l'avesse mangiata. Invenzione o no, il «patto della crostata» è comunque rimasto nella storia.

In quel periodo, nel maggio 1997, proprio durante la campagna elettorale per le amministrative, Berlusconi stette anche fisicamente male. Fu operato al San Raffaele di Milano per un tumore alla prostata. Umberto Scapagnini, il suo medico curante, fornì invece una versione edulcorata: «Si è trattato di un malanno provocato dallo stress, dalla fatica e dalla disidratazione. [...] Aveva un calcolo al rene, piuttosto piccolo, ma situato in modo che ne rendeva difficile l'espulsione». Una versione, racconta «Libero» in *Berlusconi tale e quale*, che resistette tre anni, fino a quando non la smentì nell'estate 2000 lo stesso Cavaliere a una ottantina di ragazzi ospiti di una comunità di recupero: «C'è stato un momento della mia vita in cui ho dovuto sfoderare tutta la mia forza d'animo. Sapete, ragazzi, ho avuto un cancro. Potete immaginare il mio stato d'animo quando i medici mi hanno dato la brutta notizia. Ho vissuto mesi da incubo ma ho continuato a lavorare senza far trasparire nulla. Poi sono stato operato, ho affrontato le terapie opportune e ce l'ho fatta. Quindi ho ricominciato con ancora più grinta». Ricordò anche un particolare della campagna elettorale del 1997: pochi giorni prima di essere operato, si trovava in piazza Duomo a Milano sul palco davanti a migliaia di persone per sostenere la candidatura a sindaco di Gabriele Albertini. Ammise: «Cercavo di non tradire alcuna emozione ma era dura».

Il «patto della crostata», che avrebbe dovuto dare vita a un «nuovo Rinascimento», come annunciò il Tg3, non schiarì invece l'orizzonte politico. E non portò affatto alla nascita di un nuovo Rinascimento, come invece stava pensando anche Licio Gelli che nell'aprile 1997, quindi pochi mesi prima del patto a casa di Letta, disse su «Il Borghese»: «Il mio Piano di rinascita democratica? Vedo che vent'anni dopo questa Bicamerale lo sta copiando pezzo per pezzo. [...] Meglio tardi che mai». D'Alema, che continuava a collezionare soprannomi per gli inciuci con Berlusconi, fu ritratto così su «La Stampa» da Massimo Romano: «Mi ricorda alcuni grandi della destra storica. È un collage tra Ricasoli, Minghetti e Sella. Di Ricasoli ha la grinta ma è più portato alla mediazione: non chiuderebbe mai la porta in faccia al popolo ex comunista, come Ricasoli fece con il re». D'Alema arruolò poi Di Pietro, offrendogli il collegio senatoriale blindato del Mugello; al congresso di Firenze, nel febbraio 1998, trasformò il nome del partito da Pds, Partito della sinistra, in Ds, Democratici di sinistra; alla caduta di Prodi per mano di Bertinotti, diventò presidente del Consiglio, un incarico che aveva sempre desiderato. E lo resterà per due anni (con un rimpasto a fine 1999), sino all'aprile 2000. D'Alema sosterrà tra l'altro l'intervento della Nato nella guerra del Kosovo chiedendo che si bombardassero le postazioni antiaeree del dittatore serbo Slobodan Milošević senza, ricorda Vespa, «nemmeno informare il Parlamento» e «suscitando le critiche dell'ala pacifista della sua coalizione».

Contemporaneamente scese un freddo gelido tra Berlusconi e Fini, uno più anticomunista dell'altro. Addirittura a una festa di An a Verona, racconta Vespa in *Nel segno del Cavaliere*, Berlusconi spese di tasca propria poco meno di trenta milioni di lire per acquistare con lo sconto dalla sua Mondadori 2600 copie del *Libro nero del comunismo*, edito in Francia da un gruppo di studiosi. Dalla platea Berlusconi ne parlò molto bene, i libri andarono a ruba, Fini rimase infastidito e lo sentirono dire: «Ma cosa gli è saltato di venire a casa mia a darmi lezioni di anticomunismo?» E l'indomani, scrive sempre Vespa, disse tre "no" a Berlusconi: «in Italia il comunismo non c'è più» e quindi non si può più fare una politica anticomunista; le riforme vanno approvate «perché le richiedono gli italiani»; la separazione delle carriere dei magistrati «non può essere pregiudiziale». Berlusconi, racconta Vespa, «la prese malissimo» sbottando: «Fini mi considera al tramonto, ritiene che mi penda sulla testa come un macigno il rischio delle condanne giudiziarie, giudica imminente il mio ritiro. E allora vuole proporsi come interlocutore naturale e vuole fare lui l'intesa costituzionale per spazzare via ogni residuo antifascista».

In effetti, Fini aveva tutti i motivi per sentirsi infastidito da quell'agitarsi un po' troppo a ruota libera di Silvio che ancora nell'ottobre 2000 disse all'Ansa: «Mi si accusa di aver detto che i comunisti mangiano i bambini. Ma se volete posso organizzare un convegno in cui dimostrerò che i comunisti hanno realmente mangiato i bambini e fatto anche di peggio». E pochi mesi più tardi, nel febbraio 2001, ritornò sull'argomento, riportano Rizzo e Stella su *Così parlò il Cavaliere*, nuovamente sull'Ansa e con una modifica: «Io ho letto di quando venivano fucilati nei gulag i bambini di cinque anni provenienti da famiglie borghesi, perché si pensava che potessero essere indirizzati a compiere reati antisovietici. Dunque non li mangiavano, ma li fucilavano». Nel marzo 2006, c'era stato un altro cambiamento con una dichiarazione sempre all'Ansa in cui passava dai gulag sovietici a quelli cinesi dopo aver letto il *Libro nero del comunismo*: «Nella Cina di Mao i comunisti non mangiavano i bambini, ma li bollivano per concimare i campi».

Insomma, un chiodo fisso inserito in un vasto gioco di potere. Del resto, il Cavaliere si trovava bersagliato dalle accuse e condannato in primo grado per la vicenda della Guardia di Finanza, per la All Iberian e anche per i fondi neri della Medusa Cinema, una casa cinematografica in cui Codignoni aveva le mani in pasta. Ed entrò in ballo anche l'inglese David Mills, l'uomo che contribuì a creare il settore dei fondi esteri della Fininvest utilizzato per i fondi neri: fu chiamato a testimoniare in due processi chiave, quelli sulla Guardia di Finanza e sui fondi a Craxi. In *B. come Basta!* Travaglio racconta che «il Cavaliere gli promise una lauta ricompensa se mentirà per lui. Mills esegue e fra il 1999 e il 2000 riceve sui conti esteri della Fininvest una mazzetta di 600.000 dollari». Inoltre Dell'Utri era quasi in un angolo, accusato dal Gip di Palermo per le vicende di Cosa Nostra. E Berlusconi non trovò di meglio che candidarlo e farlo eleggere alle elezioni europee del 1999, nel collegio Sicilia-Sardegna, con il ritorno al successo di Forza Italia: ben 22 europarlamentari. Intanto che c'era, si fece eleggere anche lui (era uno dei 22) nella circoscrizione Italia centrale e nord-occidentale. Travaglio, puntiglioso in queste ricerche, riesce ad arrivare alle intercettazioni ambientali su alcuni uomini di Provenzano. Uno di loro, Carmelo Amato, raccomandava agli altri «picciotti» di votare Dell'Utri: «Lo dobbiamo aiutare perché se no lo fottono. Se passa lui e sale alle Europee, non lo tocca più nessuno». Dell'Utri fu eletto a Strasburgo ed entrò nella Commissione giustizia.

Alle elezioni regionali del 2000 altro insuccesso del centrosinistra che vinse in solo sette regioni rispetto alle otto conquistate dalla coalizione del centrodestra. Forza Italia ottenne il 25,3% dei voti, ritornando a essere il primo partito, i Ds (secondi) ebbero il 17,6%. E se in passato Prodi aveva utilizzato il pullman per la sua campagna elettorale in giro per l'Italia, Berlusconi ebbe un'altra idea: ricorse alla nave affittando un gigantesco traghetto di lusso della Grimaldi con una stiva capace di ospitare tremila persone.

La ribattezzò *Azzurra* e per un mese circumnavigò il Paese attraccando ogni sera in un porto con seguito di comizi affollati. Vespa andò a vederne uno, quello tenuto nel porto di Catania, e l'ha poi raccontato in *Nel segno del Cavaliere*: «Tremila spettatori a bordo, altrettanti sul molo che seguivano l'evento ripreso da sei telecamere. Il Cavaliere cantava l'inno nazionale con le Ragazze azzurre e al grido di "Siamo pronti alla morte, l'Italia chiamò!", saltava più in alto di loro». Nei suoi discorsi politici dissodò il terreno per il 2001 parlando della sinistra che «ha occupato tutti i posti chiave dello Stato e ha utilizzato contro di noi i suoi giudici e i suoi pubblici ministeri. La sua politica è esattamente il contrario della nostra concezione cattolica e liberale dello Stato. Perché per noi la verità viene prima dello Stato. È lo Stato a dover servire i cittadini e non il contrario». Rifiutò anche un dibattito televisivo con D'Alema. Disse al «Corriere» nell'aprile 2000: «Se Bartali ha quindici minuti di vantaggio su Coppi, perché mai dovrebbe fermarsi ad aspettarlo?» Un bartaliano anche lui alla pari di Prodi.

Discorsi che fecero breccia. Oltretutto c'era stato anche il ritorno a casa del «figliol prodigo» con il riavvicinamento politico tra Berlusconi e Bossi, formalizzato alla vigilia di Natale del 1999 con quello che fu chiamato il «patto di Linate». Il Cavaliere raccontò sul «Corriere» nell'aprile 2000 di avere saputo che in privato «Bossi aveva recitato un *mea culpa*. [...] In autunno invitai Bossi a cena ad Arcore... Mi buttò le braccia al collo. Da quel momento mi è sempre stato vicino. Mi ha telefonato per farmi i complimenti per le mie apparizioni in tivù, mi ha telefonato per chiedermi come stavo quando mi ha visto stanco, mi ha rassicurato dicendomi: "Guarda che vinciamo, il Nord è nostro, siamo forti"». Tutto senza grande pubblicità. All'inizio di dicembre – e qui la fonte è, ancora una volta, Bruno Vespa – il Cavaliere ospitò Bossi e Maroni sul proprio aereo privato in volo da Roma a Milano. "Bobo" Maroni, che non era del tutto pappa e ciccia con il leader del Carroccio, «scoprì proprio in volo la novità, Fini e Casini lo seppero al telefono da Berlusconi nelle ore successive». Il programma comune tra Polo e Lega fu steso da Giuliano Urbani e da Giulio Tremonti, l'economista di Forza Italia amico del Senatùr già dai primi anni Novanta, tanto da avere influito nel 1997 sulla rinascita di una vecchia testata, «L'Uomo Qualunque» di Giannini, affidandola a un valido ex inviato di guerra del «Giornale», Lucio Lami, con temi vicini al mondo liberaldemocratico e federalista. Tra i collaboratori economici Sergio Ricossa, Marco Vitale e anche Alberto.

D'Alema si dimise dal governo e fu sostituito per un anno da Giuliano Amato, l'ex braccio destro di Craxi, altro collezionista di soprannomi: "Dottor Sottile", "Tigellino", "Sir Biss", "professionista a contratto", "Giuda" (copyright, questo, di Bettino Craxi). Travaglio ci aggiunge del suo definendolo "il Picasso della politica" perché è stato praticamente tutto, da socialista ad anticomunista, da filoberlusconiano a filodalemiano. Sotto il suo governo (Enzo Bianco agli Interni, Lamberto Dini agli Esteri, Piero Fassino alla Giustizia, Vincenzo Visco al Tesoro, Sergio Mattarella alla Difesa, Ottaviano Del Turco alle Finanze, Enrico Letta all'Industria, Umberto Veronesi alla Sanità, Nerio Nesi ai Lavori pubblici, Pierluigi Bersani ai Trasporti, Giovanna Melandri alla Cultura) fu approvata la legge sulla *par condicio* per regolare l'accesso ai mezzi di informazione delle forze politiche.

Un centrosinistra decisamente deludente, un centrodestra in grande risveglio tanto che in quel periodo conquistò per la prima volta il Comune "rosso" di Bologna con una sua lista guidata da Giorgio Guazzaloca. Un bel personaggio, il "Guazza", capace di rivendicare il primato della buona amministrazione sulla politica e sulle esigenze dei partiti tanto da subire a un certo punto una sorta di guerriglia proprio da parte degli esponenti locali di Forza Italia. Dovette intervenire Berlusconi a sopire ogni polemica definendo, ricorda Alberto in *Guazzaloca. Una vita in salita*, «il nostro sindaco amatissimo, lo vorrei al governo». E dal momento che Guazzaloca era calvo, se ne uscì anche con una battuta: «Sei più bello di Yul Brynner». Sul deludente centrosinistra a livello nazionale Indro Montanelli dette questo giudizio a Curzio Maltese sul supplemento di «MicroMega» del 2001: «Hanno fatto poco, perché avevano una maggioranza ristretta e litigiosa. Ma quel poco era di qualità. Non hanno rubato, non hanno alzato la voce, hanno provato a riformare questo Paese allergico alle riforme. I ministri hanno lavorato senza passare le giornate in televisione. Di sicuro, non hanno punito né perseguitato il capo dell'opposizione, anzi gli hanno permesso di fare i suoi affari meglio di prima, hanno cercato tutti i mezzi per ammansirlo. Sono stati loro a sanare la situazione delle sue aziende». Ma anche nei vari governi di centrosinistra non mancarono le faide interne col risultato che in questo Paese è stato quasi impossibile varare un esecutivo in grado di durare tutta la legislatura. Due anni Prodi, due anni D'Alema, un anno Amato.

Molto più pesante il giudizio di Marco Vitale che aveva accolto la nascita dell'Ulivo e la leadership di Prodi come una «grande invenzione», perché avrebbe permesso agli italiani che non volevano votare per Berlusconi ma neanche per gli ex comunisti «di indirizzare il proprio voto a qualcosa che appariva potenzialmente capace di far emergere una nuova sintesi delle varie forze tradizionali, nell'ambito del centrosinistra». E invece, disse a quel tempo, «l'Ulivo è stato ucciso in fasce. Io non so di chi sia la responsabilità vera di questo infanticidio, ma so che è stata una grande sciocchezza e un grande atto di presunzione. Né è possibile resuscitarlo. Dovrà nascere un partito o un movimento di sinistra completamente nuovo. Ma ci vorrà molto tempo e una leadership completamente nuova. Questo nuovo partito dovrà fare quello che Clinton ha fatto in America: addolcire le punte del reaganismo; riproporre nuovi rapporti di solidarietà nello sviluppo; ripristinare alcuni diritti della persona troppo soffocati dal mercato esasperato. Ma senza negare, e anzi facendola propria, la carica liberatrice e produttivistica del reaganismo, passaggio necessario per passare dall'America statalista e umiliata degli anni Settanta all'America trionfante dell'inizio del nuovo secolo. Ma ci vorrà molto tempo per forgiare questo nuovo partito, perché la vittoria del berlusconismo rischia, in assenza di errori clamorosi che questa volta non sembrano probabili, di durare a lungo».

Mancò, diciamolo chiaramente, la buona politica. Alberto ha descritto in *Penne al vetriolo* un quadro davvero poco esaltante dell'Italia della fine degli anni Novanta: «La musica è sempre la stessa. Corruzione diffusa; criminalità organizzata estesa dovunque; gestione burocratica della spesa pubblica; casta politica tra le più costose e fameliche tanto che l'abolizione del finanziamento pubblico ai partiti sarà aggirata nel 1997; debito pubblico e spese per interessi fuori misura; commistione tra politica e affari, tra malapolitica e malaeconomia; parlamentari con l'unico obbligo dell'obbedienza al capo; giustizia che non funziona; irresponsabilità delle autonomie locali a cui si cercherà di rispondere con soluzioni centralistiche che non possono più funzionare in una società e in una economia complesse; disinteresse per la cultura e soprattutto per la ricerca. Mali che peggioreranno grazie a riforme sbagliate e alla complicità di stampa e televisioni spesso appecoronate ai potenti e, nel caso delle tivù berlusconiane, al padrone».

Marco Vitale è molto preciso nel significato di «buona politica». È quell'intesa, sostiene ancora nell'aprile 2000, «come strategia di fondo coerente con i bisogni della maggioranza del Paese», una strategia che non c'era nel centrosinistra. Una politica che con l'Irap massacra le piccole imprese e trasferisce fondi da queste a quelle più grandi e patrimonialmente più ricche, che penalizza le *brain companies* a favore delle *capital intensive companies*, e che con la politica sanitaria massacra un'intera classe professionale, non può anche nutrire la stravagante pretesa di vincere le elezioni in un Paese dove il popolo della partita Iva è in una percentuale molto più alta che in tutti gli altri Paesi sviluppati».

Era l'attenta analisi di un economista d'impresa che Berlusconi non si lasciò sfuggire. E nel 2000 dichiarò all'Ansa:

«Noi siamo diversi. Noi non ci faremo coinvolgere nella spirale dell'odio. Per noi la politica è una guerra contro la povertà, la disoccupazione, le tasse ingiuste. Noi non abbiamo nulla da osannare, nessuno da far fallire. Noi abbiamo solo valori di libertà che ci ispirano. Noi vogliamo un'Italia che sappia soprattutto amare». Disse ancora (e lo ripeterà spesso): «L'amore vince sempre sull'invidia e sull'odio. È stato per amore che sono sceso in campo». E anche alle elezioni politiche del maggio 2001 ricorse a un gesto che fece molto parlare: cinque giorni prima del voto si presentò a *Porta a Porta* dell'amico Vespa negli insoliti panni di notaio e firmò «il contratto con gli italiani». Un documento in cui si impegnava, in caso di vittoria elettorale, a varare una serie di riforme riassunte in cinque punti. Si impegnò anche a non ricandidarsi nelle successive elezioni politiche nel caso in cui non fossero stati realizzati almeno quattro punti.

L'idea del contratto, con un programma «per un'Italia più giusta, più moderna, più competitiva», non fu farina del suo sacco. La suggerì Frank Ian Luntz, un guru americano che aveva lavorato con Ronald Reagan e chiamato da Luigi Crespi e Deborah Bergamini a dare una mano alla loro campagna elettorale. Così Silvio copiò l'idea dal «contratto con l'America», il manifesto utilizzato nelle elezioni parlamentari statunitensi del 1994 dai repubblicani con l'impegno di realizzare un certo numero di riforme entro i primi cento giorni del mandato. E i repubblicani conquistarono il Congresso. Anche nel 2001 quell'*escamotage* risultò vincente. Anzi, nel maggio dello stesso anno Berlusconi stravinse le elezioni alla guida della Casa delle

Libertà, comprendente Forza Italia, gli altri partiti del centrodestra e anche la Lega Nord. Stravinse ricorrendo anche a quella che Alexander Stille definisce «un esempio astutissimo di marketing politico»: per aggirare il divieto, deciso dal governo di centrosinistra, di spot politici televisivi proprio per neutralizzare il vantaggio berlusconiano con le sue tivù, attuò «una campagna di *mailing marketing* senza precedenti». Pubblicò e spedì a sue spese in dodici milioni di case italiane un opuscolo (curato da Guido Possa e Sandro Bondi, un ex comunista convertito alla causa di Arcore) con poco testo e molte foto sue e della famiglia, «una storia italiana». Inoltre ricoprì l'Italia di grandi affissioni elettorali con lui sorridente e con slogan efficaci del tipo: "Meno tasse per tutti".

Ci furono anche alcune interviste molto polemiche trasmesse sulla Rai, dedicate alla legalità, ai vari processi in cui Berlusconi era imputato e ai rapporti tenuti dal suo entourage con la mafia. Daniele Luttazzi, un popolare comico, ospitò nella sua trasmissione *Satyricon*, trasmessa su Rai2 guidata da Carlo Freccero, il giovane Marco Travaglio a presentare il libro scritto con Elio Veltri, *L'odore dei soldi*, sui rapporti tra Berlusconi, Dell'Utri e la mafia. Esplose uno scandalo non solo per i rapporti con la mafia, ma anche perché Luttazzi chiuse la trasmissione sparando un petardo nel ringraziare Travaglio: «Mi chiedo in che Paese viviamo. Comunque volevo ringraziarti perché, scrivendo questo libro e parlando come fai, dimostri di essere un uomo libero. E non è facile trovare uomini liberi in quest'Italia di merda». Furono subito chieste le dimissioni di Luttazzi e dell'intero vertice Rai.

Il tema della legalità venne poi riproposto in altre trasmissioni da Enzo Biagi, Michele Santoro e Roberto Benigni. Un gruppo di intellettuali, da Norberto Bobbio ad Antonio Tabucchi, da Montanelli a Sylos Labini, da Paolo Flores d'Arcais ad Alessandro Galante Garrone, denunciò i rischi che correva la democrazia con un appello contro la faziosità politica. Altri intellettuali, da Franco Debenedetti a Luciano Cafagna, da Michele Salvati a Paolo Mieli e Augusto Barbera, risposero che «non era in atto uno scontro tra civiltà e barbarie. [...] L'enfasi emotiva, lo smodato attacco personale e la trasformazione della campagna elettorale in un conflitto finale in difesa della democrazia in pericolo sono strumenti di un vecchio arsenale ideologico che ha già recato gravi danni al Paese e alla credibilità delle sue classi dirigenti, politiche, intellettuali». Commenta Travaglio in *Slurp*: «Non disturbare il manovratore». Del resto, il centrosinistra se l'era quasi cercata quella sconfitta. Guido Crainz in *Autobiografia di una Repubblica* chiarisce i motivi della deludente esperienza dell'Ulivo: «Il governo Prodi, che pure aveva rimesso ordine nei conti pubblici e consentito l'ingresso dell'Italia nell'euro, mancò nel compito decisivo: delineare o perlomeno abbozzare possibili inversioni di tendenza su differenti terreni (economia, equità sociale, modalità stesse della politica), indicare e anche praticare regole e forme di etica pubblica, a partire dalla trasparenza e dal primato del merito delle nomine. Nulla di tutto questo fu fatto e neppure tentato». Un governo dal profilo non convincente.

Con un'affluenza alta (81%), alle elezioni del maggio 2001 la Casa delle Libertà ottenne alla Camera il 49,5%

dei voti (+7,4%) con 368 seggi e il 42,5% al Senato con 176 seggi; l'Ulivo, guidato da Francesco Rutelli in uno schieramento che andava da Fausto Bertinotti a Lamberto Dini, da Clemente Mastella a Pierluigi Castagnetti e Arturo Parisi, ebbe il 35,47% alla Camera e il 38,7% al Senato. Forza Italia fu il partito più votato (29,4%), seguito dai Ds (16,57%). Alleanza nazionale prese il 12,02%, la Lega poco meno del 4% così come l'Italia dei Valori di Di Pietro. Totale il successo in Sicilia: 61 collegi su 61. Dirà Renato Mannheimer: «Berlusconi non avrebbe vinto senza la Sicilia né nel 1994 né nel 2001». Nel libro *I volti della storia* Sergio Romano sosterrà: «Il 13 maggio hanno vinto i moderati e hanno perso i liberali». In *Lo Stato sono io* Federico Orlando, diventato dopo la chiusura de «La Voce» deputato del centrosinistra, definirà così quell'alleanza Polo-Bossi: «Buona macchina elettorale, pessima macchina di governo». Tra i commenti calorosamente positivi da segnalare quello, breve ma indicativo, di Roberto Colaninno, il finanziere mantovano che era stato un «capitano coraggioso della privatizzazione dalemiana della Telecom e all'epoca impegnato nel lancio del nuovo canale televisivo La7 con quasi tutti uomini della Fininvest: «Straordinaria la vittoria di Berlusconi». Suscitando il commento di Curzio Maltese per la nascita di quella rete televisiva: «Idea geniale, si sentiva proprio la mancanza della settima rete berlusconiana».

Berlusconi vinse ma non stravinse, come invece fece capire l'opposizione paralizzata da quella sconfitta perché, si disse, «gli italiani avevano votato per Berlusconi». Certo, ma bisogna anche passare i dati ai raggi X. Ed è Giorgio Galli a farlo nella nuova edizione di *I partiti politici italiani*:

«In realtà il Cavaliere, dopo sette anni di campagna elettorale, condotta con la strategia aziendale della conquista del mercato, aveva raggiunto risultati che non erano affatto eccezionali, proprio in termini numerici. [...] Il suo partito, dopo sette anni di ininterrotta campagna elettorale condotta con dovizia di mezzi e grazie al controllo diretto di metà del sistema televisivo, non aveva aggiunto neanche un milione di voti in più di quelli che aveva ottenuto già all'esordio (elezioni europee del giugno '94) e che erano comunque quelli di meno un italiano su quattro degli iscritti alle liste».

Berlusconi, attivissimo dopo la vittoria tanto da costringere segretarie e collaboratori a fare i turni e da indurre «il Giornale» a paragonarlo «all'omino delle pile Duracell», non riuscì a trattenere una battuta sui comunisti e disse all'Ansa: «Per la prima volta in Italia è accaduta una cosa mai successa prima. Da quando l'umanità ha conosciuto l'ideologia folle che si chiama comunismo, non era mai successo che, una volta al potere, lo avesse lasciato con libere elezioni: è successo in Italia per la prima volta il 13 maggio». E intanto che c'era, ricordano Rizzo e Stella, aggiunse anche una barzelletta: «Un contadino sta falciando il suo campo e vede arrivare una berlina da cui scende Berlusconi che gli dà subito un consiglio per raddoppiare la produttività: dotare il falcetto di un contro falcetto in modo da poter tagliare non solo da destra a sinistra ma anche da sinistra a destra, nel gesto di ritorno. Il giorno successivo stessa scena: allacciarsi alla vita un raccoglitore, sincronizzando i movimenti ondulatori della pancia con il gesto del braccio che falcia. Altro consiglio: calzare scarpini chiodati, stile calciatore, per poter contemporaneamente sarchiare il terreno. Il contadino, messi in pratica i suggerimenti, ne ricava soddisfazione, ottimizzazione della produttività e, soprattutto, dimezzamento del tempo di lavoro. Così torna a casa all'ora di pranzo anziché al tramonto. Ma trova la moglie a letto con un comunista della sezione accanto. Apriti cielo! La donna invoca in lacrime il perdono e solo dopo molte ore giunge il compromesso: "Va bene, ti perdono – le dice il marito – a patto però che non lo dici a Berlusconi perché se sa che ho le corna, chissà poi cosa mi ci fa fare con le corna..."».

La traversata nel deserto, almeno la prima, era conclusa. Cosa che, comunque, non fece gioire completamente il Cavaliere. Festeggiando nel settembre 2001 i suoi 65 anni, se ne uscì con questa frase: «Dentro mi sento un ragazzo, peccato che gli specchi in cui mi rifletto non sono più quelli di una volta».

# 17.

# Lo Stato sono io

«Io prendo l'impegno, nei primi cento giorni del mio governo, di approvare in Consiglio dei Ministri e inviare al Parlamento una regolamentazione del conflitto di interessi.»
Silvio Berlusconi sul «Corriere della Sera», maggio 2001

«La scorsa settimana il Parlamento italiano ha approvato una legge che riguarda il falso in bilancio. È una legge di cui si vergognerebbero persino gli elettori di una repubblica delle banane.»
«The Economist», agosto 2002

«Fino a ieri potevamo denunciare lo scandalo del conflitto di interessi. Ormai la fattispecie non esiste più. Abolita per legge.»
Giovanni Sartori, luglio 2004

Il «contratto con gli italiani» firmato da Berlusconi in televisione, con Bruno Vespa nei panni del finto notaio, poneva in evidenza cinque punti da realizzare entro i successivi cinque anni. Al francese «Le Figaro» il Cavaliere dichiarò di sentirsi «nel mio piccolo Giustiniano o Napoleone», perché contava di rivedere «tutti i codici giuridici, in particolare quello delle imposte». In effetti il primo punto del contratto riguardava proprio l'abbattimento della pressione fiscale. E anche in maniera dettagliata: l'impegno era di passare a un sistema a due aliquote, una al 23% per i redditi fino a circa 100.000 euro e una al 33% per i redditi superiori. Inoltre era prevista l'esenzione totale per i redditi fino a 11.000 euro annui; infine l'abolizione delle imposte sulle successioni e sulle donazioni. Secondo le stime del governo Berlusconi, la pressione fiscale dal 2001 al 2004 diminuì dello 0,4% (dal 42,2% al 41,8% del Pil), secondo l'Istat fu invece inferiore: 0,1% (dal 40,7% al 40,6%). L'imposta sulle successioni e sulle donazioni scomparve del tutto. Un'operazione quindi non semplice. Ancora nell'ottobre 2003, riporta «l'Unità», alla festa regionale della Lombardia di Forza Italia Berlusconi disse, riferendosi al ministro dell'Economia: «Appenderò Tremonti con un cappio a un albero del suo giardino se non ce la farà. Ma so che ce la farà». Sei mesi più tardi, nell'aprile 2004, era sempre in attesa: «Ho la speranza – dichiarò all'Ansa – di arrivare al 23% e al 33% entro la fine della legislatura. Se non ci riuscirò, non mi ricandido».

Il secondo punto del contratto riguardava la creazione nelle principali città del «poliziotto (o vigile) di quartiere» in modo da far calare i reati. Giustificò così il provvedimento: «Uno Stato che non garantisce la sicurezza non è legittimato a chiedere ai cittadini di pagare le tasse». Nell'agosto 2005 i vigili arrivarono a essere circa 2200, secondo il Censis il numero dei reati comunque aumentò. Il terzo punto era focalizzato sull'aumento delle pensioni minime, almeno fino a un milione di lire, poco più di 500 euro. Ne usufruirono circa due milioni di anziani sopra i 70 anni. Quarto punto: apertura dei cantieri, operazione che richiedeva comunque tempo. Fu calcolato che nel gennaio

2006 era stato effettuato il 21% degli investimenti previsti. Quinto punto: dimezzamento della disoccupazione con la creazione di un milione di nuovi posti di lavoro. Il tasso di disoccupazione scese, secondo l'Eurostat, dal 9 al 7% senza raggiungere l'obiettivo di dimezzarlo al 4,5% mentre, stando a «Il Sole 24 Ore», il milione di nuovi posti di lavoro era stato quasi raggiunto nel 2006.

Nel giugno 2001 nacque il secondo governo Berlusconi con Fini vicepresidente e Gianni Letta sempre nel ruolo di sottosegretario alla Presidenza del Consiglio. Agli Esteri andò un diplomatico napoletano arrivato alla direzione dell'Organizzazione mondiale del commercio e segnalato sia da Gianni Agnelli sia da Ciampi, Renato Ruggiero, che comunque si dimise (meglio: fu licenziato) sei mesi più tardi perché il suo europeismo e liberismo facevano a pugni con il localismo e l'estremismo di un partito al governo, la Lega (Bossi l'aveva salutato come «il ministro dei poteri forti» e in seguito aveva aggiunto che «a me dell'euro non frega niente»). C'era stato anche un altro motivo: Ruggiero era considerato da Berlusconi un po' troppo autonomo (mentre lo sponsor del ministro, Gianni Agnelli, intervistato da Ezio Mauro per «la Repubblica», disse riferendosi alla frase della «repubblica delle banane»: «Nel nostro Paese purtroppo non ci sono le banane. Ci sono soltanto fichi d'India»). Ruggiero venne sostituito da Franco Frattini, ex socialista e consigliere giuridico di Claudio Martelli prima di approdare in Forza Italia e appoggiare l'invasione dell'Iraq da parte degli americani sotto la presidenza di George W. Bush definendola «intervento legittimo» e fornendo appoggio logistico. Solo in un secondo tempo sarà inviato un contingente italiano di oltre tremila uomini con sede a Nassirya: il 12 novembre 2003 la base subì un attentato che causò la morte di 28 persone, di cui 19 italiani.

Agli Interni andò Claudio Scajola, coinvolto subito nei sanguinosi fatti di Genova («una situazione cilena», dichiarò Nando Dalla Chiesa presente nella città ligure) durante un G8 in cui un manifestante, Carlo Giuliani, restò ucciso da un colpo di pistola di un carabiniere che si difendeva dal lancio di un estintore effettuato contro di lui. Ma a Genova era stata data anche mano libera ai poliziotti violenti al punto che l'Italia finì poi sotto accusa da parte di Amnesty International e dalla Corte europea dei diritti dell'uomo per le violenze compiute dalle forze dell'ordine. In seguito Scajola fu al centro di un altro fatto sanguinoso, quello di Marco Biagi, professore universitario, consulente del governo: venne ucciso a Bologna la sera del 19 marzo 2002 da un commando delle Brigate Rosse dopo che da poco tempo gli era stata tolta la scorta. Parlandone con il «Corriere», a un certo punto Scajola definì Marco Biagi con una frase impietosa che sollevò tante proteste da costringerlo alle dimissioni; ma in fatto di gaffe, chiamiamole così, Scajola si esibirà anche anni dopo a proposito dell'acquisto di un appartamento a Roma di fronte al Colosseo: dirà che l'aveva avuto a sua «insaputa». Da allora si porterà dietro questa definizione. Agli Interni finì così nel 2002 Carlo Pisanu, un sardo capo della segreteria politica nazionale della Dc ai tempi di Benigno Zaccagnini, antidemitiano, chiacchierato per i rapporti con il faccendiere Flavio Carboni, quindi approdato in Forza Italia e definito, in *Il grande inganno*, «un sacrestano trafelato».

Giulio Tremonti, nel frattempo diventato anche il commercialista di Berlusconi, fu nominato ministro dell'Economia e delle Finanze, Antonio Martino ebbe la Difesa, Roberto Maroni il Lavoro, Umberto Bossi le Riforme istituzionali (giurando al Quirinale fedeltà alla Repubblica, sottolinea Vespa in *Nel segno del Cavaliere*, «caddero di schianto ventidue anni di sogno autonomista e andarono in frantumi tutte le ampolle con l'acqua sacra del dio Po»), Giuliano Urbani la Cultura, Antonio Marzano le Attività produttive, Gianni Alemanno gli Affari politici, Altero Matteoli l'Ambiente, Maurizio Gasparri le Comunicazioni. Quattro i "tecnici": Letizia Moratti all'Istruzione, Girolamo Sirchia alla Sanità, dopo che Umberto Veronesi decise di farsi da parte, Lucio Stanca all'Innovazione tecnologica, Pietro Lunardi alle Infrastrutture. Lunardi venne soprannominato, ricordano Rizzo e Stella in *La Casta*, "Pier veloce" «per la lingua troppo spesso più svelta del pensiero, come quando disse che "con la mafia e la camorra dobbiamo convivere" o confidò gagliardo che proprio lui, che aveva introdotto la patente a punti, amava "correre di notte a 150 all'ora e anche di più"». Talmente "Pier Veloce" da voler abolire, già pochi giorni dopo il giuramento, la legge con cui il suo predecessore, Nerio Nesi, aveva imposto il divieto europeo di costruire ancora gallerie a doppio senso di marcia. Tutto bene tranne un particolare: lo stesso Lunardi era titolare di una società di costruzioni di gallerie e autostrade, la Rocksoil.

Fu istituito il ministero per gli Italiani nel mondo affidato a Mirko Tremaglia; nel governo entrò alle Pari Opportunità anche una seconda donna, Stefania Prestigiacomo, avvenente imprenditrice siciliana e subito annoverata tra le miss del Parlamento. Alla guida del ministero della Giustizia, l'incarico considerato da Berlusconi il più delicato, finì un leghista di Lecco, Roberto Castelli, ingegnere che avrebbe preferito andare ai Trasporti in quanto esperto nella diminuzione dei rumori autostradali ma alla fine considerato il male minore anche se non era proprio in grande sintonia con codici e pandette. E gli fu subito messo al fianco qualcuno dello studio Previti. Alla Giustizia era stato inizialmente assegnato Marcello Pera, berlusconiano: venne invece eletto presidente del Senato (sottraendo la poltrona a Domenico Fisichella, che se ne andò sbattendo la porta), mentre alla presidenza della Camera andò Pierferdinando Casini. Allora al posto di Pera – docente e saggista toscano, socialista prima di trasmigrare in Forza Italia, dipinto da Pino Corrias con «lo sguardo perennemente annuvolato e carattere scostante» – Bossi aveva proposto Maroni, ma il suo nome fu bloccato da una campagna negativa del «Corriere» e dalle perplessità del Quirinale. Così Maroni venne spostato al Lavoro e alla Giustizia si ritrovò Castelli che fece buon viso a cattivo gioco.

Oltre a Previti, Dell'Utri, Berruti, Giorgio La Malfa, ondivago nel centrosinistra per poi approdare nella coalizione del centrodestra, entrarono in Parlamento anche alcuni protagonisti di Tangentopoli: da Aldo Brancher e Giampaolo Cantoni ad Antonio Del Pennino e Gianstefano Frigerio e a una sfilza di figli d'arte: Bobo Craxi, Chiara Moroni, Alessandro Forlani, Ivano Leccisi, Filippo Drago. Fu eletto anche un gruppetto di avvocati di Berlusconi: Gaetano Pecorella, ex militante di Potere Operaio, ex radicale, ex socialista, in Forza Italia da metà degli anni Novanta, presidente della Commissione giustizia della Camera, definito da Gianni Barbacetto in *Campioni d'Italia*, «personaggio multiplo»; Carlo Taormina, per sei mesi sottosegretario al ministero degli Interni, difensore di personaggi noti, da Craxi e Andreotti a Erich Priebke, Franco Freda e boss mafiosi, e in vicende importanti, dalla strage di Ustica al delitto di Cogne. Secondo Barbacetto «un camaleonte»: qualche anno più tardi, nel gennaio 2010, Taormina riconoscerà che «molte cose che ho fatto in quel periodo, non le rifarei più. Non ho imbarazzo a dire che ho vissuto una crisi morale, culminata quando ho visto come si stava strutturando l'entourage più ristretto del Cavaliere». E infine Niccolò Ghedini, padovano, quarantenne, ex Fronte della Gioventù ed ex Partito liberale prima di convergere in Forza Italia, talmente strenuo difensore del Cavaliere da diventarne l'avvocato personale.

Divenne sottosegretario alla Presidenza anche Paolo Bonaiuti, da circa cinque anni nuovo portavoce di Berlusconi dopo l'elezione al Senato nel 1996 di Jas Gawronski per il Polo delle Libertà, quindi europarlamentare nel 1999 nella lista di Forza Italia e riconfermato nel 2004, nella circoscrizione nord-ovest dopo la rinuncia di Berlusconi già capo del governo. Gawronski ottenne 35.000 preferenze, poco più di quelle ottenute da Iva Zanicchi, giunta terza e quindi non eletta. Per andare a Bruxelles la cantante dovrà attendere il

2008. Bonaiuti, figlio di un dirigente della Montedison, prima giornalista al «Giorno» e poi vicedirettore del «Messaggero», simpatizzante socialista craxiano e con un gran barbone da rivoluzionario, era stato autore di un editoriale al vetriolo contro il "licenziamento" di Montanelli dal «Giornale» intitolato *Va in onda la liberaldemocrazia* e in cui scriveva che «la durezza dell'intervento mostra lontane tentazioni da Minculpop e lascia sbigottiti». Poi si avvicinò, comunque, a Forza Italia grazie a Vittorio Dotti. I due, compagni di scuola al liceo Berchet di Milano, avevano ripreso i contatti dopo una ventina di anni di silenzio e un giorno Dotti lo presentò a Palazzo Chigi a Berlusconi. Bonaiuti si tagliò il barbone, ne diventò il portavoce mostrando, riporta Dotti in *L'avvocato del diavolo*, un volto costantemente «estasiato» stando un passo dietro il Cavaliere, fu anche eletto in Parlamento. Quando Dotti si allontanò da Berlusconi per la vicenda Sme-Ariosto, l'avvocato si ritrovò di fronte una persona diversa da quella dell'ex compagno: incontrandolo per strada poco lontano da Montecitorio, Bonaiuti «sobbalzò, si guardò attorno e mi venne incontro con fare circospetto, come se stesse camminando sulle uova. "Vieni," mi sussurrò nell'orecchio, "infiliamoci in un portone; presto, che altrimenti ci vedono". Imbarazzato e impaziente, sudava freddo. Ci rimasi di stucco».

Il rientro in scena di Berlusconi fu accompagnato da una famosa copertina dell'«Economist» con il titolo: *Why Silvio Berlusconi is unfit to lead Italy*, perché Berlusconi è inadatto a governare l'Italia. In molti, i cosiddetti "patrioti", si offesero, anche se quella frase riassumeva, sottolinea Friedman, «un parere molto diffuso nella stampa europea».

E senza rendersi conto che quella copertina, chiarisce a sua volta nel 2003 Marco Vitale durante la presentazione di un libro di Sylos Labini, *Berlusconi e gli anticorpi*, «se offensiva per Berlusconi, era in realtà estremamente positiva per l'Italia. La vera offesa per l'Italia sarebbe stata se quella copertina avesse detto: *Why Silvio Berlusconi is perfectly fit to lead Italy*. E temo che questa seconda versione sarebbe stata quella realistica e centrata». Oltretutto l'Italia non era affatto il Belpaese: l'Italia vera, secondo Vitale, era «quella che nega i problemi o li rinvia o pensa che si risolvano con trucchi e marchingegni, siano essi di fatto o consentiti da leggine speciali, formulate da un Parlamento ormai solo una cassa di compensazione delle varie lobby e delle varie leggine richieste dai vari gruppi. Una mano lava l'altra e tutte e due portano a casa il malloppo. Per tutti gli altri la parola d'ordine è che non ci sono più soldi».

Inutili rimasero anche le forti argomentazioni di Giovanni Sartori, ormai stabile a New York, sul conflitto di interessi: «Una caratteristica dei sistemi industriali». Aggiungendo, ricorda Federico Orlando, «che ogni conflitto crea l'incompatibilità. Non si possono avere governo e monopolio, non si possono avere due mogli, è incompatibile. Resta la strada della dimissione, e non è vero che è incostituzionale. Se Berlusconi vuole tenersi le tivù se le tenga, ma non può fare il capo del governo. E viceversa. Non capisco perché ne faccia una tragedia. Se vuole restare a Palazzo Chigi, deve solo cambiare investimento: vendere le tivù e affidare il ricavato a un *blind trust*, un fondo cieco, che in questo caso funziona. Tutto resta a lui e nessuno gli toglie niente».

In questo realistico panorama, Silvio cercò invece di curare in tutti modi la propria immagine politica e privilegiò due aspetti della sua azione: quello giudiziario sul fronte interno, per tener testa alle varie indagini e sentenze della magistratura che gli piovevano addosso, e quello internazionale, in modo da essere annoverato tra i Grandi della Terra tanto da chiamare «amico» i due leader all'epoca più potenti del mondo, George W. Bush e Vladimir Putin. E li convinse il 28 maggio 2002 a incontrarsi a Pratica di Mare dove stabilirono un patto di mutua assistenza e consultazione tra Russia e Occidente. Berlusconi lo considerò sempre un suo capolavoro, anche se gli americani sollevarono qualche mugugno con Bonaiuti. Non sempre i suoi paragoni furono felici: nel settembre 2003 un Silvio formato estivo – con addosso una specie di pigiama bianco e trasparente, i capezzoli sporgenti, ricevette a Porto Rotondo due giornalisti inglesi del settimanale «Spectator»: uno, biondo e tracagnotto, era il direttore e si chiamava Boris Johnson, sì proprio quello che, sedici anni dopo, si trasferirà a Downing Street come primo ministro britannico; l'altro, moro e allampanato, era Nicolas Farrell, Nic per gli amici, che si trasferirà invece armi e bagagli in Italia, in Romagna, e scriverà pure un libro assieme a Giancarlo (*Il compagno Mussolini*).

I due giornalisti erano molto diversi tra loro: «Sembravamo Stanlio e Olio», dirà Farrell. Complici un paio di bottiglie di champagne (ma Farrell poi smentirà: «Abbiamo bevuto solo tè!»), il Cavaliere si lasciò andare: parlò delle oltre 500 visite della Guardia di Finanza al suo gruppo; sostenne di aver avuto oltre 90 indagini e che solo l'8% dei suoi connazionali aveva fiducia in quella magistratura di sinistra; disse che l'80% dei giornalisti italiani era di sinistra. Parlò anche di Mussolini in versione buonista. L'intervista venne pubblicata, con ampio risalto, dallo «Spectator» che titolò: *Forza Berlusconi*. Ma il contenuto di quell'articolo, nonostante le lodi al premier, venne poi smentito da Silvio che parlò di una conversazione *off the records*, cosa, secondo Farrell, non vera. Resta il fatto che quell'intervista fu comunque un'ottima lezione per il futuro politico di Boris che così descriverà Berlusconi: «È un punto di riferimento nella politica moderna». E poi spiegherà che le battute erano studiate per essere in sintonia con i suoi elettori e per distinguerlo dal «panorama dei noiosi leader europei in grisaglia».

Un mese più tardi, nell'ottobre 2003, il Cavaliere si definì «l'erede di De Gasperi» durante la cerimonia per il cinquantenario della morte dello statista. Chiarì anche: «Ci muoviamo sulla stessa strada. Anche noi, nel 1994, ci siamo trovati di fronte a una crisi della democrazia che nessuno poteva prevedere negli anni precedenti. Comunisti nel '48, comunisti e toghe rosse nei primi anni Novanta». Nicola Mancino, ricorda Felice Froio, se ne uscì con una battuta: «Allora io potrei dire di essere l'erede di Carlo Magno». Le figlie di De Gasperi, Maria Romana e Paola, fecero sapere «di non condividere affatto né la sua analisi del pensiero e dell'opera di nostro padre, né la sua pretesa di esserne l'erede». Pesante anche l'affondo di Francesco Merlo che su «la Repubblica» calcò la mano sul bisogno del Cavaliere «di imbellettarsi, che lo porta sempre più a ridicolizzarsi con la storia, avant'ieri Napoleone, ieri Mussolini, oggi De Gasperi. Berlusconi non ci scandalizza né ci esaspera ma ci immalinconisce».

Quindici giorni più tardi, il 3 novembre 2003, il «Corriere» pubblicò il ritratto del Cavaliere realizzato da una giornalista americana, corrispondente europea del «New Yorker», Jane Kramar, dopo una serie di interviste. Emerse un Paese allo sbaraglio, diverso quindi da quello disegnato da Berlusconi, e con una democrazia sacrificata agli interessi di un solo individuo. Le testimonianze furono, è riportato in *Il Cavaliere incantatore*, davvero pesanti. L'antropologa Mariella Pandolfi sostenne «che il fascino di Berlusconi è in parte legato al modo in cui parla. La sua grammatica è orribile, sbaglia tutti i congiuntivi, dategli tre secondi in tv e fa quattro errori, ma poi scopri che tutti amano i suoi errori. Questo è il suo potere». Ferruccio de Bortoli sostenne che «il livello di legalità in Italia adesso è più basso rispetto al 1997, quando ho assunto la direzione del "Corriere". Siamo l'unica nazione in Europa che soffre di questa anomalia»; Enrico Mentana, direttore all'epoca del telegiornale di Canale 5, scelse nei riguardi di Jane Kramar la strada dell'ironia: «Se fai tv in Italia oggi, puoi essere due cose: l'uomo di Berlusconi oppure l'uomo di Berlusconi».

Con lo stesso slancio dimostrato sempre nelle sue iniziative, il premier affrontò anche i problemi del mondo giudiziario. Per varare quelle che saranno conosciute come «leggi *ad personam*», il Cavaliere ebbe tutto il tempo che voleva. Infatti il secondo governo Berlusconi, con l'appendice anche del terzo, nato da un semplice rimpasto, è stato il più longevo della storia della Repubblica italiana e il secondo dall'Unità d'Italia dopo il governo Mussolini. E lui si mosse come se si fosse trovato davvero in una Signoria del Cinquecento, quella degli Sforza e dei Medici, dove, sostiene ancora Marco Vitale, il potere era tutto nelle mani del principe-proprietario, quindi il conflitto di interessi non aveva senso e ciò che andava bene per il principe andava bene per la città, di conseguenza ciò che andava bene per Berlusconi andava bene per il Paese: «Una coincidenza di interessi che porta al massimo a una confusione di interessi, come negli Sforza, non a un conflitto di interessi». E in un dibattito con Sylos Labini, sostiene anche la difficoltà di una «regolamentazione del conflitto di interessi che, per la sua vastità, totalità, pervasività, non può essere seriamente regolamentato. Resta solo da decidere se vogliamo restare e consolidare o meno la Signoria».

Restare nella Signoria significherebbe fare un balzo indietro nella storia di cinque secoli, osserva Alessandro Amadori in *Mi consenta 2*: «Il Cavaliere ha talmente tanti interessi diffusi che è molto difficile per lui evitare di "miscelare" i ruoli privati e quelli pubblici (ammesso che lo voglia fare). Ma a mio parere in questo stile di azione berlusconiano non c'è solamente il problema oggettivo del conflitto di interessi, c'è anche il piacere psicologico di proporsi come un moderno "sovrano", come un "re laico" la cui reggia è al tempo stesso un luogo pubblico e una residenza privata. "Lo Stato sono io" pensa in cuor suo Silvio Berlusconi. [...] I suoi problemi sono i problemi di tutt'Italia, i suoi conflitti devono diventare i nostri conflitti, le sue preoccupazioni le nostre, i suoi successi i nostri. Noi siamo Lui, e Lui è noi». Nel luglio 2004 venne approvata la legge sul conflitto di interessi che lasciava a Berlusconi premier tutte le sue proprietà editoriali e televisive. Molte le critiche. Giovanni Sartori osservò: «Fino a ieri potevamo denunciare lo scandalo del conflitto di interessi. Ormai la fattispecie non esiste più. Abolita per legge». Nel marzo 2008 il Cavaliere riassumerà così il problema dicendo ad Alfonso Signorini su «Chi»: «La questione del conflitto di interessi l'hanno risolta gli italiani, che dal 1994 mi rinnovano la loro fiducia».

La macchina da guerra sul fronte delle giustizia fu subito messa in moto, sollevando la fortissima critica del procuratore generale di Milano, Francesco Saverio Borrelli, in occasione dell'inaugurazione dell'anno giudiziario nel gennaio 2002, l'ultimo prima della pensione. Difendendo l'indipendenza dei giudici, toccando i punti più caldi, dalla separazione delle carriere ai ritardi nei processi, e parlando di «riforme punitive», l'ex capo di Mani pulite esclamò: «Resistere, resistere, resistere, come sulla linea del Piave». I tre rappresentanti di Forza Italia, tra cui Cicchitto, si alzarono e se ne andarono. Poi da Roma la replica del ministro Castelli: «L'indipendenza della magistratura non è in discussione, ma non lo è neanche quella del governo». E la macchina ripartì con maggiore vigore. Le prime iniziative riguardarono il falso in bilancio, le rogatorie, il legittimo sospetto, il rientro dei capitali illecitamente esportati, tutte leggi collegate a processi in corso e anche agli interessi berlusconiani.

Nel febbraio 2002 Paolo Sylos Labini le chiamò «le leggi

della vergogna». La legge del governo sulle rogatorie stabilì che non erano utilizzabili i documenti acquisiti dall'estero in risposta a una rogatoria italiana con vizi di forma, come ad esempio la mancanza di un timbro in una pagina o se giunti via telefax o se allegati a una email. Una legge che si applicava anche alle rogatorie già fatte e già utilizzate nei processi in corso. Commenta Ilda Boccassini in *La stanza numero 30*: «Una normativa che violava ogni convenzione internazionale fino a quel momento ratificata dall'Italia». La prima di una «vergognosa sequela di atti legislativi che sarebbe poi stata giustamente definita come "difendersi dai processi" anziché difendersi nei processi». E per approvarla, la proposta fu inserita all'ultimo istante nell'ordine del giorno del Senato in cui era previsto il dibattito sulla legge finanziaria di Tremonti. Marcello Pera, il presidente, non batté ciglio e l'accettò.

Tra le proteste quella di Occhetto, riportata da Felice Froio in *Il Cavaliere incantatore*: «L'unico precedente è quello di Mussolini che nel novembre 1936 irruppe nella Camera fascista per istituire il grado di Maresciallo dell'Impero di cui fregiarsi». Ancora più pesante quanto scrisse Gail Edmond su «Business Week» a proposito delle rogatorie: «Dall'11 settembre, giorno degli attentati negli Usa, i dirigenti americani ed europei si sono affrettati a incrementare la cooperazione internazionale nel settore delle indagini penali e dello scambio di informazioni sui conti correnti utilizzati dalle reti dei terroristi e a rendere più severe le leggi in materia di riciclaggio di denaro sporco e di altri reati finanziari. Eppure c'è un Paese che si muove in direzione opposta, l'Italia, tra la costernazione delle autorità giudiziarie. [...] Berlusconi ha gridato ai quattro venti che vuol essere il miglior alleato europeo degli americani. Ma su tutti i fronti il primo ministro sembra un partner discutibile». Secondo Froio (*Il libro nero dell'Italia di Berlusconi*), la legge ha riguardato 252 rogatorie svizzere di Mani pulite, 7000 rogatorie di cui 810 per delitti di mafia, 1045 per traffico di droga, 746 per corruzione e 66 per delitti di terrorismo.

Nel marzo 2002 venne modificata la legge sul falso in bilancio, suscitando il commento acido dell'«Economist» sull'Italia equiparata a una repubblica delle banane. Antonio Di Pietro spiegò così a Froio il cambiamento: «C'è l'imprenditore Berlusconi che ha un processo per avere falsificato i bilanci Fininvest per 1500 miliardi di vecchie lire, soldi utilizzati per fini personali e per pagamenti illeciti, come i soldi passati dal conto All Iberian a quello Constellation Financière di Bettino Craxi. E c'è il presidente del Consiglio Berlusconi (sempre lo stesso) che cambia la legge. E come la cambia? In modo tale che il reato attribuito al "primo" Berlusconi non ci sia più per merito del "secondo" Berlusconi». Così Dell'Utri, condannato a Torino, evitò il carcere in merito al sistema di fatture false costruito nei primi anni Novanta, si salvò anche Silvio per il caso All Iberian con il risultato che fu assolto non essendoci più il reato, ne usufruì pure Paolo Berlusconi, destinato a essere ricordato semplicemente come "il fratello", in merito alle accuse relative a una sua società, la Paolo Berlusconi Finanziaria.

Fu poi la volta della legge sul legittimo sospetto (legge Cirami) varata con urgenza per far sospendere i processi di Milano nei confronti di Previti e Berlusconi e trasferirli a Brescia. Scesero in piazza per protesta quelli che venivano chiamati, con un nome molto in voga, «i girotondini», Andreotti dichiarò al Senato «che si può scivolare verso la dittatura», la Corte costituzionale annullò la decisione, i processi rimasero a Milano, il premier si trasformò, osserva Massimo Giannini, da «accusato in accusatore» e mandò in giro una dichiarazione registrata sostenendo che «il governo è del popolo e di chi lo rappresenta, non di chi, avendo vinto un concorso, ha indossato una toga e ha soltanto il compito di applicare la legge». Una protesta durissima (ma al di sopra delle righe) in cui di fatto sosteneva che, osserva Florio, «essendo stato eletto con una grande maggioranza, è autorizzato a fare quel che vuole, comprese le modifiche del codice per evitare il rischio di andare in carcere». Prima il vicepresidente del Csm, Rognoni, e poi il capo dello Stato, Ciampi, intervennero per ricordare tra le altre cose che «la giustizia è il valore fondante di ogni società democratica». Insomma, una tiratina di orecchie a chi fa il furbetto dimenticando la Costituzione. Nell'ottobre 2004 la legge fu bocciata anche dalla Corte di giustizia europea perché non conforme al diritto umanitario.

Ma gli uomini berlusconiani non si fermarono. Il ministro della Giustizia Castelli inviò una serie di ispezioni alla Procura di Milano per controllarne le spese, dalle parcelle per i consulenti tecnici ai costi per le intercettazioni. Nel giugno 2003 fu approvato dal Senato il "lodo" Maccanico-Schifani che sospese i processi nei confronti delle cinque più alte cariche dello Stato (e l'unica carica dello Stato in quel momento sotto processo era proprio il premier) e allargò l'immunità parlamentare anche alle intercettazioni telefoniche tra senatori e deputati. Una decina di giorni più tardi il lodo venne anche approvato dalla Camera. Così i processi furono sospesi sino a quando l'imputato Berlusconi fosse rimasto a Palazzo Chigi. Ciampi – pone in rilievo Travaglio in *B. come Basta!* – «firma in meno di 24 ore, giusto il tempo per impedire alla Boccassini di iniziare la requisitoria e chiedere la condanna del premier. Il Tribunale solleva un'eccezione di incostituzionalità della norma dinanzi alla Consulta, poi congela il processo-stralcio al Cavaliere. In quello principale Previti approfitta dei 45 giorni concessi dal nuovo patteggiamento allargato: non per patteggiare ma per far slittare la sentenza a dopo l'estate e comunicare, alla fine, che non patteggia».

In dicembre venne approvata definitivamente la legge Gasparri per salvare Rete 4, la rete berlusconiana che, secondo la Consulta, entro il 31 dicembre 2003 avrebbe dovuto essere spenta sull'analogico terrestre e trasferita sul satellite. Ciampi non firmò la legge per alcuni aspetti di incostituzionalità, fu subito presentato un decreto legge che prorogava la scadenza e che venne firmato dal premier Berlusconi in difesa di una proprietà del Berlusconi imprenditore: al momento del voto, il Cavaliere uscì comunque dall'aula del Consiglio dei ministri. Nell'aprile 2004 fu poi presentata la legge Gasparri 2, quasi una fotocopia, afferma Travaglio in *B. come Basta!*, della prima versione, che perpetua la permanenza sul terrestre di Rete 4 due anni dopo la sentenza della Consulta che ne raccomandava lo spegnimento o il trasloco sul satellite. Il Cavaliere ottenne anche due condoni, quello edilizio e la proroga dello scudo fiscale del 2001. Fu approvata la legge Frattini che, nell'aprile 2004, non proibì il conflitto di interessi di Berlusconi ma lo legalizzò con qualche «amenità», sottolinea Travaglio: una «recita che chi va al governo possedendo aziende, ma ne è soltanto il "mero proprietario", non è in conflitto di interessi e non deve cederle. L'unico sacrificio per il "mero proprietario" Silvio Berlusconi saranno le dimissioni da presidente del Milan». Commenta amaramente Federico Orlando: «Un'Italia bizantina che s'affanna attorno al suo Principe».

Inoltre nel 2005 il ministro Castelli, nei panni del *marine* d'assalto, presentò una legge delega sull'Ordinamento giudiziario approvata in luglio dal Parlamento, molto simile a quella proposta in precedenza e bocciata da Ciampi. Questa volta il provvedimento passò, ripristinando vecchi meccanismi e riportando la giustizia indietro di anni. Mancherà comunque il tempo per rendere attuativa la controriforma e allora ci penserà nel 2006-2007 il centrosinistra con Mastella. In novembre fu invece approvata quella che Travaglio chiama «l'ennesima legge salva-Berlusconi e salva-Previti»: furono ridotti i termini della prescrizione.

Silvio riuscì persino a consumare una delle sue vendette: dopo essersi già liberato di un giornalista a lui sgradito, Ferruccio de Bortoli, dalla direzione del «Corriere», durante una visita ufficiale a Sofia denunciò l'«uso criminoso» della tivù pubblica emettendo quello che sarà poi noto come «l'editto bulgaro» contro Enzo Biagi, Michele Santoro e Daniele Luttazzi. E mentre le trasmissioni dei due giornalisti e del comico furono chiuse, aggiunse anche che la nuova dirigenza della Rai aveva «il preciso dovere» di evitare il ripetersi di questi fatti. Agostino Saccà, subito nominato direttore generale dopo la direzione del Tg1, si presentò al «Corriere»: «Io sono un aziendalista. Un uomo che ha il senso delle radici. Mio padre era socialista, io sono socialista. Resto uomo di sinistra, è la sinistra che si è spostata. Per questo voto Forza Italia. Io e tutta la mia famiglia votiamo Forza Italia». Risposta fulminante di Biagi: «Il mio pensiero è corso subito alla nonna e alle zie». Già poco tempo prima era stata nominata vicedirettrice del marketing strategico della Rai Deborah Bergamini, fino ad allora assistente personale di Berlusconi. Non passò molto tempo e il Dottore se ne uscì con una delle sue maggiori aspirazioni, quella di andare al Quirinale, presentando – ricorda Froio in *Il Cavalier incantatore* – uno dei libri di Vespa: «Stiamo lavorando al progetto per cui gli italiani possano eleggere direttamente il loro presidente perché il Senato si trasformerà in Senato delle autonomie e la Corte costituzionale sarà in sintonia con queste trasformazioni». Domandò Vespa: «Pronto a cambiare cappello?» E Berlusconi: «Sì, anche se il cappello sarebbe lo stesso, perché sono già presidente del Consiglio e il capo dello Stato sarà il responsabile del governo». Giorgio Bocca commenterà così i continui attacchi a testa bassa contro la magistratura: «Per il capo del governo, l'unico vero ostacolo sulla strada che porta alla presidenza della Repubblica, cioè a una Repubblica regale, con un capo dello Stato al di sopra di ogni inquisizione, assolutamente protetto da ogni possibile "lesa maestà" a opera della magistratura, con quegli ordinamenti sovversivi quali l'obbligatorietà dell'azione penale, la divisione tra inquirenti e giudicanti, l'autonomia dei giudici. Dei nemici politici Berlusconi non si preoccupa, anche se continua a pestarli e a irriderli».

In quel ruolo di premier il Cavaliere realizzò anche un accordo con cui Banca Mediolanum (poco più del 36% in mano a Ennio Doris, poco meno del 36% tenuto da Berlusconi con la figlia Marina nel consiglio di amministrazione) poté servirsi della rete di sportelli delle Poste Italiane. Cioè Mediolanum si ritrovò di colpo in tutt'Italia 14.000 uffici, tutti controllati dal ministero del Tesoro, dove i clienti potevano fare le operazioni con il solo aggravio di una telefonata. Un accordo senza gara. La Cgil si mostrò perplessa ma niente di più. E continuarono a fioccare gli elogi sul Dottore: Pietro Lunardi, ministro dei Trasporti, ammise che «Berlusconi ha sicuramente una marcia in più e riesce a trascinarci e a trascinare l'intero Paese... Il governo è come la Ferrari e Berlusconi è Schumacher». Don Gianni Baget Bozzo se ne uscì sostenendo che Berlusconi è «l'uomo della Provvidenza». Don Luigi Verzé non volle essere da meno: «Berlusconi è un dono di Dio epocale, non solo per il mio ospedale e per il Milan, ma anche per questo Paese. Grazie a te, Silvio, che porti la croce in questi tempi nel nostro caro Paese».

In questa Signoria del ventunesimo secolo, come venne definita l'era berlusconiana, l'Italia si divise naturalmente in guelfi e ghibellini. Pino Corrias sostiene in *Le banane della Repubblica* che Silvio «si è circondato di mille e mille servi per occultare e insieme raccontare la sua avventura alla nazione. I primi mille addetti alla custodia dei suoi segreti, gli altri alla manutenzione della sua gloria». Oreste Scalzone, l'ex leader di Autonomia Operaia e Potere Operaio, latitante a Parigi dopo essere stato condannato a nove anni per associazione sovversiva e banda armata, volle dire la sua dichiarando (è riportato in *Slurp*) che era «sbagliato focalizzarsi contro Berlusconi» come faceva quella che definì «la Compagnia della Buona Morte» e cioè «la cordata dei Travaglio-Montanelli-Luttazzi-Eco-Bocca-Tabucchi-Freccero-Flores d'Arcais-Biagi». Alessandro Amadori parla in *Mi consenta 2* di «berlusconidi», ovvero di un «esercito dei cloni» che attorniava Berlusconi anche se il Cavaliere sapeva difendersi da solo: nell'aprile 2003, dopo la prima condanna di Previti nel processo Imi-Sir/Mondadori, sbottò sul «Foglio» di Ferrara (in realtà controllato dal 1997 dalla moglie del Cavaliere, Veronica Lario) definendo i giudici dei «golpisti». Un sistema di «berlusconidi», spiega comunque Amadori, «coordinato e integrato di "voci" che, come in una formazione polifonica, contribuiscono alla diffusione continuativa del Verbo dell'Unto del Signore». Ne fa anche una godibile descrizione ricorrendo alle diverse tipologie di cloni. Almeno sei.

La prima tipologia è quella dei «megafoni». Ovvero coloro con il compito di «amplificare, il più possibile fedelmente, le posizioni ufficiali del Principe, talvolta interpretandone in chiave "stemperante" le eventuali "incontinenze verbali", capitate con una certa frequenza nella caldissima estate del 2003». Ne facevano parte Sandro Bondi, Enrico La Loggia, Renato Schifani, Elio Vito. Bondi, stile signorile e moderato, quasi curiale, ex sindaco comunista di un paesino toscano, affascinato da Berlusconi nel 1994, pieno di zelo; da comunista convinto a forzista convinto per vent'anni fino a quando, nel 2014, ruppe dichiarando che il progetto politico di Forza Italia era fallito. La Loggia, figlio di un presidente della Regione Sicilia e deputato a Roma, compagno di scuola e di politica di Leoluca Orlando, look britannico ma facilmente irritabile, soprannominato da Francesco Merlo, dopo la sua conversione ad Arcore, «il Dobermann del Cavaliere». Divenne nota una sua tipica reazione pronunciata in toni rabbiosi: «Questo è un golpe!» Schifani, siciliano di Palermo, occhiali, atteggiamento mite ma con la grande capacità di considerare tutte le sue dichiarazioni dirette a demolire gli avversari; un'assoluta abilità, tanto da ottenere da Amadori il soprannome di essere «il megafono più realista del re». E finirà per occupare il ruolo di presidente del Senato. Infine Elio Vito, sociologo napoletano, ex pannelliano, deputato dal 1992 e autodefinitosi «un mastino» che, quando azzanna, non molla mai la presa.

Nella seconda tipologia rientrano i «propagandisti silenziosi». Ovvero coloro che, secondo Amadori, «fanno politica a favore del Principe ma evitando di comparire troppo e soprattutto di venire distolti dal loro maggiore compito che è la cura maniacale del proprio territorio politico o governativo di riferimento». E vi include Giancarlo Galan, Maurizio Gasparri, Pietro Lunardi, Giuseppe Pisanu, Alfredo Vito. Amadori pone in questa categoria anche Gianni Letta, noi preferiamo invece inserirlo tra i più vicini collaboratori del Cavaliere, insieme a Confalonieri e Dell'Utri. Del resto, lo stesso Berlusconi dirà nel 2009 con una battuta felice: «Io di Internet a casa non ho bisogno. Ho il mio Internet umano, che è Gianni Letta».

Nella terza categoria figurano i «fini cantori», le voci soliste con autentico lirismo di alto livello: Pera e Scajola. Nel quarto compaiono i «controcantori», perfettamente organici allo schieramento berlusconiano ma capaci anche di qualche critica: Baget Bozzo, Giuliano Ferrara, Antonio Martino. Quindi, secondo Amadori, ecco i «guastatori d'assalto», ovvero le «teste di cuoio della comunicazione» con il compito delle missioni più pericolose: Luigi Crespi, Cesare Previti, Carlo Taormina, Giulio Tremonti. In un ruolo a parte Vittorio Sgarbi (anche perché lui sostiene di non far parte di nessun gruppetto, «Sgarbi è soltanto di Sgarbi»), critico d'arte, intelligente, provocatore, ottimo parlatore, definito da un grande esperto della comunicazione come Oliviero Toscani l'«incendiario mediatico» e da Amadori «il Vate» perché capace di fare il controcanto a Berlusconi «con un'indubbia "aura" di superiorità, di aristocraticità culturale, di esclusività e unità; un po' come nel periodo fascista faceva Gabriele D'Annunzio».

Nonostante il robusto apparato, Berlusconi perse nelle elezioni europee del 2004 (Forza Italia si fermò al 20% con un calo del 4% di voti e sei europarlamentari in meno). Una sconfitta pesante: un milione di voti in meno rispetto alle europee del 1999 e 4 milioni rispetto alle elezioni del 2001. Sandro Bondi dichiarò a Vespa: «Abbiamo sbagliato strategia di comunicazione. Una campagna elettorale tutta centrata su slogan che richiamavano una nuova concezione della politica, sul mantenimento degli impegni presi, sulle riforme realizzate». Non fu l'unico scivolone: nelle elezioni suppletive alla Camera dell'ottobre 2004 altra sconfitta: sette seggi a zero a favore del centrosinistra. In quel periodo comunque uno tra i principali capisaldi della coalizione governativa, Umberto Bossi, ebbe problemi di salute: un ictus cerebrale che lo costrinse a una lunga e faticosa convalescenza con strascichi pesanti, dal momento che non si riprese del tutto con un braccio indebolito, difficoltà a camminare e a parlare. Al governo venne sostituito da Roberto Calderoli, i suoi collaboratori vollero invece che rimanesse ancora alla guida della Lega, addirittura lo candidarono alle europee di quell'anno. E il Senatùr finì per essere eletto a Strasburgo. Tornerà alla vita politica gradualmente.

Berlusconi perse anche nelle regionali del 2005, dove dodici delle quattordici regioni in cui si votò finirono alla coalizione dell'Unione: il centrosinistra tolse agli avversari Abruzzo, Calabria, Lazio, Liguria, Puglia e Piemonte, mentre Lombardia e Veneto restarono alla Casa delle Libertà del centrodestra. L'Udc e Alleanza nazionale chiesero di aprire la crisi di governo, il Cavaliere andò al Quirinale a dimettersi e poi formò il terzo governo Berlusconi con il rimpasto di qualche ministro tra cui Francesco Storace alla Salute, Mario Landolfi alle Comunicazioni, Rocco Buttiglione alla Cultura, Giorgio La Malfa alle Politiche comunitarie. Ma in vista delle elezioni politiche del 2006 il Dottore corse ai ripari: dal momento che i sondaggi attribuivano al centrosinistra una sostanziale maggioranza in Parlamento in base al sistema elettorale maggioritario, reintrodusse una quota di proporzionale. Berlusconi calcolò, sostiene Alexander Stille, che «se il centrosinistra avesse vinto, il sistema proporzionale avrebbe frammentato il voto, lasciando gli avversari con una coalizione divisa e instabile che non avrebbe potuto governare senza l'appoggio del centrodestra». Un progetto così complesso che lo stesso autore, il leghista Roberto Calderoli, ministro per le Riforme, ammise: «La legge elettorale? L'ho scritta io, ma è una porcata». Sarà infatti chiamata "Porcellum".

Alle elezioni politiche del 2006 il centrosinistra vinse di stretta misura: il 49,81% alla Camera contro il 49,74% del centrodestra (ma l'Unione sottrasse a Berlusconi e soci 87 seggi); il 48,96% al Senato contro il 50,21% (ma 24 seggi in più al centrosinistra e 20 in meno al centrodestra). Così Romano Prodi tornò al governo con una maggioranza divisa alla Camera in ben nove partiti rispetto ai tre-quattro precedenti e al Senato con la maggioranza di un solo voto. Il Professore si trovò con le mani legate proprio nel momento in cui l'economia era in crisi; di conseguenza le promesse di un'alternativa di governo rimasero in gran parte promesse, restarono in vigore tutte le leggi "chiacchierate" (Travaglio le definisce «leggi vergogna») di Berlusconi, tra i pochi provvedimenti ci fu anche (ministro della Giustizia era Clemente Mastella) un indulto dovuto al sovraffollamento delle carceri (uscirono in 26.000) ma, riporta Stille in *Il Cavalier miracolo*, l'indulto ebbe anche l'effetto «di evitare il carcere o ridurre la carcerazione di molti colletti bianchi e di qualche imputato eccellente. Come Cesare Previti, condannato per corruzione nel processo Imi-Sir». Fu anche varata all'unanimità la cosiddetta «legge-bavaglio», firmata da Mastella, che vietava la cronaca giudiziaria sulle inchieste dei magistrati. Un panorama politico instabile tanto da indurre Beppe Grillo, il comico genovese, a organizzare i V-Day di protesta, riunendo migliaia di ragazzi a Bologna e in altre decine di piazze collegate, avvisaglie della nascita del Movimento 5 Stelle. E Nanni Moretti diresse un film su Berlusconi chiamandolo *Il Caimano*, che si aggiunse così alla lunga lista di soprannomi del Cavaliere. Lo riconobbe lo stesso Silvio parlandone ironicamente a Napoli: «Abbiamo avuto il piacere di avere sulla Rai un ottimo regista italiano che ha raccontato una fiaba. E mi ha dato un soprannome che mi mancava: signori, io sono il Caimano».

Alla fine di dicembre di quell'anno, Berlusconi-Caimano si sottopose a un intervento chirurgico. Secondo la versione ufficiale, volò a Cleveland, negli Stati Uniti, per un intervento al cuore considerato di routine: l'impianto di un *peace-maker*. L'operò il professor Andrea Natale, il quale poi annunciò che il paziente «sta bene, abbiamo corretto un difetto, uscirà tra un paio di giorni, starà meglio di prima». E Bonaiuti confermò dall'Italia che Silvio godeva di ottima salute in quanto aveva voluto sapere al telefono se c'erano novità politiche. E con l'entusiasmo di sempre, Bonaiuti confermò ai giornalisti: «È in grandissima forma». L'intervento procurò comunque una piccola crepa all'immagine che due anni prima Umberto Scapagnini, l'endocrinologo personale del Cavaliere, anche sindaco di Catania, aveva fornito con tanto affetto ad Aldo Cazzullo sul «Corriere della Sera»: «Berlusconi geneticamente è eccezionale. Un profilo neuroendocrino eccellente. Un cervello veramente straordinario. È un tipo previsivo, dall'intelligenza fuori dalla norma, che gli consente di prevedere come andranno le cose. Ha una costanza, una capacità di concentrazione e di lavoro incredibili. Non molla mai. E sa controllare lo stress. Sa dormire. Gli bastano 3-4 ore a notte, più mezz'ora strategica al pomeriggio, che gli consente di recuperare il 40% delle energie. È sbalorditiva la sua capacità di dormire ovunque e in qualunque momento, in auto, in aereo». Marco Travaglio non ha resistito a questo punto a una sua battuta in *Slurp*: «Il Cavaliere come Eta Beta, che dorme sui pomelli dei letti e segue una dieta a base di naftalina».

Seguirà poi, tra Natale e Capodanno del 2007, anche il *lifting* in una clinica svizzera. Alla fine «la Repubblica» lo descrisse così: «Ecco il nuovo Berlusconi, a *lifting* eseguito. Le borse sotto gli occhi sono praticamente sparite. I solchi profondi sulla fronte sono stati spianati e riempiti. Anche gli zigomi sembrano più pronunciati, ridefiniti dalle mani del chirurgo» E lui, il 23 gennaio 2008: «Ho fatto un piccolo tagliando». Non sarà l'unica volta. «Il desiderio dell'eterna giovinezza», osserva Federico Boni in *Il superleader*. E Giuliana Parotto in *Sacra officina*: «Il corpo diventa il centro del discorso politico, viene esplicitato nella sua funzione di paradigma attraverso cui si mostrano qualità morali e personali, è fonte e ispirazione di metafore politiche. Espliciti sono gli inviti a coltivare la propria immagine attraverso la cura di sé: i candidati, i membri del partito, i seguaci ma anche le persone comuni sono indotti a prendersi cura del corpo, considerato il veicolo principale di trasmissione di messaggi. [...] I capelli devono essere corti, non bisogna portare la barba, attenzione alla forfora, niente mano sudata». L'inizio di un lungo percorso, fa capire la Parotto, verso «l'imbalsamazione del corpo». E Marco Belpoliti: «Berlusconi tenta la mummificazione in vita, dato che per lui la morte è impensabile, se non come continuazione della vita stessa».

# 18.

# Il lettone di Putin

«Putin, come persona, è il contrario di come viene dipinto dalla stampa occidentale. È sensibile, aperto, ha il senso dell'amicizia, ha rispetto per tutti, soprattutto per le persone umili, e una profonda comprensione della democrazia.»
Silvio Berlusconi all'Ansa, ottobre 2010

«Berlusconi? L'ultimo dei Mohicani.»
Vladimir Putin in *My way*

«Io sono il Gesù Cristo della politica, una vittima, paziente, sopporto tutto, mi sacrifico per tutti.»
Silvio Berlusconi all'Ansa, febbraio 2006

Il 13 giugno 2001, poche ore dopo il giuramento al Quirinale, Berlusconi conobbe in un vertice della Nato a Bruxelles il presidente americano George W. Bush. E a Friedman ha raccontato: «Ci siamo subito piaciuti. È scattato un feeling tra noi, si è creata una buona atmosfera. Credo di essermi sentito attratto da lui, dalla sua visione». Il giorno dopo, il feeling crebbe in un nuovo incontro a Göteborg, in Svezia, al vertice dell'Unione europea alla presenza, tra gli altri, di Schröder, Chirac e Blair. All'aperitivo scattò quella che Friedman chiama «attrazione fatale»: Bush entrò nel salone con il suo stile da cowboy, vide Berlusconi e si fece largo tra le persone per raggiungerlo: «Ehi Silvio!

Silvio Berlusconi!» Uno degli assistenti del Cavaliere, Valentino Valentini, un deputato che lo accompagnava all'estero facendogli da interprete e considerato uomo chiave nei rapporti con la Russia, commenta in *My way*: «Da come parlavano e scherzavano durante l'aperitivo, si capiva benissimo che si erano piaciuti a prima vista». Berlusconi sarà poi, sempre a Göteborg, l'unico primo ministro europeo a sostenere la posizione americana. E lo sarà ancora di più dopo il drammatico attentato dell'11 settembre 2001 alle Torri Gemelle, offrendo soldati e mezzi italiani per la lotta a Osama Bin Laden. Commentò sul «Giornale» Marco Ventura: «Bruxelles. Debutto poliglotta per Berlusconi. Il presidente parla francese con Chirac, inglese con Bush, italiano nel discorso ufficiale e latino per ribadire il rispetto del protocollo di Kyoto... [...] Sorrisi con Chirac, al quale fa il gesto di spazzar via dalla giacca un capello... Un debutto senza sbavature».

Le sbavature arrivarono più tardi, di varia natura. Il 30 gennaio 2003 Berlusconi fu ricevuto da Bush nello Studio Ovale della Casa Bianca. Sorrisi, Silvio pronunciò davanti alle telecamere qualche parola in inglese (che non era proprio dei migliori), in privato cercò di convincere il numero uno della Casa Bianca a trovare un'alternativa alla guerra, suggerì anche di mandare Saddam in esilio in Libia, dato che Gheddafi sembrava disposto ad accoglierlo. Un'oretta più tardi i due andarono a pranzo al piano superiore. C'erano, riporta Friedman, i collaboratori più stretti di Bush: il consigliere per la Sicurezza nazionale Condoleeza Rice, il segretario di Stato Colin Powell, l'ambasciatore americano a Roma Mel Sembler, il capo dello staff Andy Card; da parte di Berlusconi c'erano il consigliere diplomatico Giovanni Castellaneta, l'ambasciatore italiano a Washington Ferdinando Salleo e Paolo Bonaiuti. Continuarono a parlare di Iraq e Saddam gustando una cernia ai funghi e uno Chardonnay californiano, al momento del dessert (torta di mele) Berlusconi fece un racconto di una decina di minuti per cercare di far capire («in maniera amichevole e ironica», affermò) che quella azione militare non aveva una copertura legale dopo che non erano state trovate armi di distruzione di massa. Una storia, preparata e ripetuta più volte sull'aereo prima di giungere negli Stati Uniti, che riguardava un leone e un lupo dove il leone azzanna un lupo e continua ad azzannarlo anche quando il lupo gli ha lasciato la sua preda.

Su quella storia Friedman scrive in *My way*: «Era lunga. Era complicata. Era un po' tirata per i capelli. Alle persone sedute a tavola il premier italiano parve estremamente animato, pronto a interpretare le parti dei diversi animali e a mimare varie scene di una foresta di fantasia. L'intera situazione deve essere sembrata vagamente surreale». Quando Berlusconi finì di raccontare la sua storia, «gli ascoltatori alla Casa Bianca risero educatamente». Tutti guardarono il presidente. E Bush sbottò nei confronti di Saddam: «*I'm gonna kick his ass!*», lo prenderò a calci in c…! Non aveva cambiato idea. E Berlusconi: «Non ha nemmeno riso». Secondo Alexander Stille in *Il Cavalier miracolo*, l'atteggiamento di Silvio, che sulla scena internazionale «poteva creare anche qualche imbarazzo», era dovuto al fatto che «in ambito diplomatico rivelava la sua natura profondamente provinciale».

Una delle più clamorose sbavature fu quella del luglio 2003, quando toccò all'Italia il turno della presidenza temporanea dell'Unione europea. Il giorno dell'insediamento, a Bruxelles, dinanzi all'Europarlamento al completo, Berlusconi investì (con una frase che lui definì «ironica» ma in realtà era velenosa) il capo della delegazione socialdemocratica tedesca, Martin Schulz, che lo aveva praticamente accusato di occupare quella poltrona a causa delle lungaggini burocratiche sulle sue vicende giudiziarie. Quando riprese la parola, il Cavaliere affermò con il sorriso tra le labbra: «Signor Schulz, in Italia c'è un produttore che sta preparando un film sui campi di concentramento nazisti, la proporrò per il ruolo di kapò». Gli europarlamentari (e Schulz) rimasero di ghiaccio, poi si scatenò la *bagarre*. E lui disse agli eurodeputati contestatori di essere «turisti della democrazia». Una giornata piuttosto frizzante.

Stille e Travaglio riportano nei loro diversi lavori altri episodi considerati altre sbavature da parte del premier, che portarono il mondo «a conoscere gradualmente il fascino giovanilistico e lo stile leggero con cui Berlusconi aveva conquistato tanti cuori in Italia». Così, mentre nel 2002 posava per una fotografia ufficiale di gruppo a un vertice Ue in Spagna, fece sorridendo il gesto delle corna dietro la testa del ministro degli Esteri spagnolo, Josep Piqué. Poi disse che «stava scherzando» per fare sorridere un gruppetto di scout che assisteva alla scena, e che comunque questi incontri servivano proprio «a creare amicizia, simpatia e rapporti affettuosi». In un'altra occasione, nel settembre 2003, in un'intervista al britannico «The Spectator», definì i magistrati milanesi «tre volte matti e antropologicamente diversi dal resto della razza umana». Tirò persino in ballo Mussolini con una frase molto forte: «Non ha mai ucciso nessuno, anzi mandava la gente in vacanza al confino». Un'altra volta, dopo aver tenuto un discorso alla Fao, «interpretò il ruolo del *latin lover*» ringraziando «tutti voi ma in particolare le bellissime delegate». E questa debolezza verso il sesso femminile emerse anche quando, rispondendo a un giornalista francese sul perché lui non fosse tanto amato in Francia, rispose che non era vero: «Io sono molto popolare in Francia, basta contare il numero di fidanzate francesi che ho avuto».

Sempre in tema di donne, Berlusconi si esibì in un affondo riportato dal «Corriere della Sera» il 6 luglio 2007. Disse a proposito di Margaret Thatcher: «Se fosse stata una bella gnocca, me ne ricorderei». La stampa britannica reagì negativamente e, ricordano Rizzo e Stella in *Così parlò il Cavaliere*, il quotidiano «The Independent» dovette spiegare ai suoi lettori che quella parolina «si pronuncia *nyokka*», significa vulva ed è usata da italiani di ogni classe per descrivere donne attraenti. È noto, conclude il giornale, che il magnate di Mediaset ama il linguaggio dell'uomo della strada ma l'espressione usata per la Thatcher «supera persino i suoi standard abituali». Una volta comunque Berlusconi nei panni di premier si giustificò per certe sue esternazioni fuori dalle righe: E a «Time» disse: «Non sono un politico tradizionale e ho il senso dello humor. Cercherò di attenuarlo e di diventare noioso, forse persino molto noioso, ma non sono sicuro di riuscirci».

Cercò di continuare a essere spiritoso un po' con tutti, in particolare con i Grandi della Terra. Berlusconi raccontò a

Bruno Vespa, cerimoniere delle sue confessioni pubbliche (ma anche non pubbliche), di aver stilato addirittura una graduatoria tra i potenti suoi amici. Il numero uno era Vladimir Putin, il secondo Bush, il terzo Tony Blair. Fuori classifica, ma sempre "amico", Gheddafi. Silvio volò a Mosca per incontrare Vladimir in un vertice bilaterale Italia-Russia all'inizio del febbraio 2003, appena quattro giorni dopo aver incontrato Bush a Washington e aver raccontato la storiella del leone e del lupo. Putin lo portò nella sua dacia immersa nel cuore della foresta a poco più di cento chilometri a nord-est di Mosca e a trenta gradi sotto zero, gli donò un gran colbacco da cacciatore con paraorecchie di pelliccia, gli propose di cenare all'aperto davanti a un gran falò. Il freddo era tale che la zuppa di pesce e lo storione alla griglia arrivarono sui piatti dei commensali quasi freddi. Quindi rientrarono nella dacia e via con la vodka. Friedman racconta in *My way* che, come «con Bush era stato amore a prima vista» reso più facile dall'«ammirazione di Berlusconi per tutto ciò che è americano», così Silvio e Putin «si sono piaciuti e rispettati fin dal primo momento». Pur essendo, chiarisce, «una strana coppia»: lui miliardario *tycoon* alleato agli americani, l'altro ex agente del Kgb. Anzi, ex tenente colonnello del Kgb.

In effetti Putin ha sempre mostrato una grande stima per il Cavaliere, diciamo pure un'amicizia vera. E spiegando a Friedman perché avesse chiamato Silvio «l'ultimo dei Mohicani», disse: «Berlusconi è un uomo che ragiona non solo in funzione della campagna elettorale o del prossimo ciclo di elezioni. Ha una prospettiva strategica. Le nostre conversazioni non erano incentrate solo sui problemi contingenti. Certo, parlavamo anche di quelli, ma più spesso lui ha affrontato questioni a lungo termine riguardo all'Italia, all'Europa e alle relazioni internazionali nel loro complesso. In questo senso Berlusconi è certamente un uomo che ha una visione, un uomo di grande levatura, se posso esprimermi così». Con l'aggiunta di un particolare importante per un freddo come lui: il rapporto umano che il Cavaliere cercava di instaurare prima di parlare di lavoro. Un rapporto privilegiato, quindi. Un'amicizia che destò anche l'interesse di Vittorio Feltri che, dedicando ai due leader pagine del supplemento pubblicato da «Libero» (*Berlusconi tale e quale*), scrisse a questo proposito: «Ci sono di mezzo ragioni personali, simpatie insondabili. Forse anche perché non si capiscono (uno parla italiano e francese, l'altro il russo e il tedesco) ma la cosa funziona. A noi fa pure comodo: Putin ha in mano il rubinetto del gas, ed è meglio averlo amico».

Cominciarono a vedersi almeno due volte all'anno, al di fuori delle visite di Stato. Poi gli incontri aumentarono, anche ogni due o tre mesi. E Berlusconi fu il primo leader occidentale a essere ricevuto da Putin, chiamato familiarmente Volodia, nella villa di Sochi. Putin, racconterà Sebastiano Messina anni dopo, nel 2022, su «la Repubblica», «gli faceva trovare una limousine Zil lunga sei metri e mezzo, organizzava uno spettacolo di danza del ventre o uno spettacolo di cosacchi, lo portava ad assistere a bordo del ring a una sfida di arti marziali tra russi e americani, lo sfidava a pesca nel Valdaj, poi senza preavviso si metteva al volante di una Mercedes e, rompendo il protocollo, lo portava a cena in riva al mare». Su «La Stampa» Mattia Feltri aggiungerà un altro particolare: «Erano in dacia. Neve ovunque. "Andiamo, Silvio, solo io e te." Niente scorta né bracci destri. Avvertirono un'ombra. Putin fece fuoco. Aveva abbattuto un cervo sul colpo. Prese il coltello, gli estrasse il cuore ancor caldo e lo porse all'ospite come gesto supremo. Silvio stramazzò».

Berlusconi, che all'inizio aveva appoggiato Putin sui problemi dell'Ucraina e della Crimea, e volendo che la Russia entrasse nell'Unione europea (così come disse anche ad Ariel Sharon per Israele), lo invitò in Sardegna a Villa Certosa, con il parco di 50 ettari trasformato in una meraviglia verde, costellato da ben 400 cactus di tutti i tipi, da grandi maschere immerse tra i fiori e con un piccolo anfiteatro naturale. Gli mostrò la sua collezione di magnifici esemplari di farfalle, lo portò con il suo yacht a fare il bagno al largo della costa (a distanza la scorta dell'amico: l'incrociatore lanciamissili Moskva, il cacciatorpediniere Smetlivy e una nave appoggio), una sera gli organizzò uno spettacolo di fuochi d'artificio. Oltre al «caro Volodia», c'erano anche altri ospiti, da Andrea Bocelli, con la fidanzata, a Tony Renis. Solo che a un certo punto, racconta proprio Putin a Friedman, «alcuni razzi puntarono direttamente sulla terrazza dove eravamo noi». Fuggi fuggi generale, i pantaloni bianchi di Putin divennero meno bianchi per la cenere, il vestito della ragazza di Bocelli rischiò di disintegrarsi. Berlusconi «ci è rimasto male, ma questo non rovinò la festa, Lui mette il cuore e l'anima in ogni cosa che fa».

A volte c'era con lui Veronica, che aveva legato con la

moglie di Putin, Ljudmila; a volte si recava a Mosca da solo. E, in una di quelle visite, il Cavaliere ricevette in dono un lettone a tre piazze che poi divenne famoso sui media italiani come «il lettone di Putin» per avere ospitato anche giovani fanciulle ed escort. Del lettone di Putin ne parlò anche George Clooney, intervistato nell'ottobre 2011 da Rick Stengel per il «Times»: «Sono stato una sera da Silvio Berlusconi ed è stata una delle serate più sbalorditive della mia vita. Ero andato a parlare del Darfur, è stata una conversazione incredibile. Berlusconi mi ha mostrato la sua stanza da letto, con il letto che gli ha regalato Putin. Ci sono stati tanti scherzi in così poco tempo».

Nel novembre 2010 esplose poi lo scandalo WikiLeaks, cioè la diffusione di circa 250.000 documenti segreti statunitensi. In questi rapporti riservati c'erano anche, riporta *My way*, quelli inviati a Washington dagli ambasciatori americani a Roma. In uno, intitolato *Relazioni Italia-Russia: visto da Roma* e inviato nel gennaio 2009 a Hillary Clinton, pochi giorni dopo il suo insediamento al Dipartimento di Stato, l'ambasciatore Ronald Spogli, banchiere d'affari californiano e finanziatore di Bush, ventilò che alla base dell'amicizia tra Berlusconi e Putin ci fossero anche interessi personali legati ai rapporti sempre più solidi tra l'Eni e la Gazprom. Voce diffusa anche da Catherine Belton, all'epoca corrispondente da Mosca del «Financial Times» e poi ripresa nel suo voluminoso volume *Gli uomini di Putin*. La Belton ha intervistato anche Antonio Fallico, il banchiere siciliano che a Mosca era a capo di Banca Intesa, indispensabile *trait d'union* tra le grandi e medie imprese italiane e i colossi dello

Stato moscovita, da Rosnefet a Gazprom, che tenevano l'Italia appesa al rubinetto del gas. Secondo la giornalista inglese, Berlusconi era «membro di una rete finanziaria e di influenza che risale all'epoca sovietica. Alla fine degli anni Ottanta la sua casa editrice Fininvest ottenne dalla televisione di Stato sovietica uno spazio per trasmettere film italiani» e poi ha lavorato con Antonio Fallico, che «conosceva intimamente le operazioni di finanziamento all'estero del Partito comunista».

La Belton, che in seguito ha lavorato anche con i documenti emersi con WikiLeaks, parla di una società di intermediazione, la Centrex,«un altro avamposto dell'impero commerciale Gazprom, che cominciò a guadagnare centinaia di milioni di euro attraverso oscuri meccanismi commerciali e opachi e strutture proprietarie». Ebbene, «nel 2005 la Centrex si trovò coinvolta negli scandali quando il Parlamento italiano scoprì che era implicata in un'operazione per incanalare fondi verso un caro amico del primo ministro italiano Silvio Berlusconi. La Gazprom si era accordata con Eni per vendere gas all'Italia attraverso un'altra società sospetta, posseduta per il 41% dalla Centrex e per il 25% dal braccio esportazioni della Gazprom, Gazexport, mentre il restante 33% era detenuto fra due società dell'amico di Berlusconi. Quando scoprirono il collegamento, i legislatori italiani si indignarono per il fatto che una parte del miliardo di dollari dei profitti aziendali previsti per quell'anno sarebbero finiti a questo amico, che credevano non fosse altro che un prestanome del premier italiano. Questo affare venne poi bloccato ma in seguito componenti del partito di Berlusconi confidarono all'ambasciatore americano in Italia che credevano stesse approfittando "alla grande" di altri accordi energetici segreti. Gli uomini di Putin si stavano di nuovo basando su connessioni forgiate molto tempo prima in epoca sovietica, quando Berlusconi era stato uno degli intermediari collaboratori del Politburo».

Versione, quella almeno di WikiLiks, smentita da Berlusconi quando i documenti diventarono pubblici finendo sulle pagine di tutti i giornali. Così come Silvio smentì un altro rapporto, scritto da David Thorne, il nuovo ambasciatore nominato da Barack Obama, in cui si parlò di «party sfrenati» nelle dacie di Putin. E non solo di quelli: scrisse anche che «gli scandali sessuali, le indagini della magistratura, i problemi familiari e le preoccupazioni finanziarie sembrano avere un pesante impatto sulla salute personale e politica di Berlusconi e anche sulle sue capacità decisionali».

L'amicizia con Tony Blair si consolidò nell'estate del 2004 quando il Cavaliere, vestito di bianco e con il capo fasciato da una insolita bandana, invitò il primo ministro britannico insieme alla moglie Cherie nella villa in Sardegna. Ai suoi ospiti disse di avere qualche problema in testa: tormentato dal suo cruccio di rimanere senza capelli, si era infatti deciso a farsi innestare i bulbi piliferi dal tricologo Piero Rosati, un esperto del settore. Anni dopo Cherie Blair racconterà: «Quando siamo arrivati siamo stati un po' sorpresi nel vedere Silvio con questo "sciarpone", quella bandana famosa. Avrebbe dovuto essere una visita privata. Ma eravamo in barca e lui ci ha detto: "Ora, prima di andare tra la gente, mi cambio". Mio marito sperava che si togliesse la bandana. Invece se n'è messa un'altra più intonata al colore della camicia. Allora Tony mi ha detto: "Qualsiasi cosa succeda, stai tu nel mezzo, così non mi fotografano vicino a Silvio con la bandana. Sennò la stampa britannica ci uccide». Furono immortalati dai fotografi a Porto Cervo, lei in mezzo a Silvio (per una volta con le labbra chiuse) e Tony invece con un sorriso smagliante. Si parlerà molto della bandana, come se si trattasse di una nuova moda. Giorgio Bocca ammise nel gennaio 2005 su «l'Unità»: «Berlusconi mi mette in difficoltà. Non so mai dove comincia e dove finisce la sua recita, non so dove voglia arrivare con il *lifting*, con la bandana, con le tasse, non so se neppure lui si renda conto di quanto ci prenda in giro». A ogni modo il Cavaliere non si salvò dalla graffiante penna di Marco Travaglio: «Il 29 settembre, quando compie 68 anni, dopo vent'anni di persecutoria calvizie, Berlusconi ha di nuovo i capelli».

Sembra curioso questo suo atteggiamento maniacale contro la perdita dei capelli quando la maggior parte degli uomini, arrivati sulla cinquantina, si ritrova con una calvizie più o meno accentuata. Marco Belpoliti ha una risposta nel suo *Il corpo del Capo*: per Silvio si tratta di un «simbolo sessuale». E ricorda quando nel settembre 2006, subito dopo il trapianto, Berlusconi si presentò in abbigliamento casual, maglioncino sulle spalle e aria soddisfatta per il suo nuovo look sulla tribuna del Meeting di Rimini di Comunione e Liberazione. Esibendosi in questa scenetta: «Girato di spalle, braccia distese e palmi aperti, come un Cristo in croce ma in versione gioiosa, produce un abbraccio al contrario: "Guardate bene!" Una postura che a ben rifletterci contiene anche un significato sottilmente osceno, vista l'esibizione della nuova peluria ricresciuta sul capo del *tycoon* che allude ad altri peli del corpo. Gli antropologi e gli psicologi ci ricordano che toccare la testa è un gesto interdetto agli estranei, concesso solo alle persone considerate intime, o che si vorrebbero tali». Insomma, per lui la presenza della capigliatura è legata alla sessualità.

Comunque, tornando ai Grandi della Terra, Blair e il Cavaliere ebbero un ruolo importante nella mediazione tra Mu'ammar Gheddafi e gli Stati Uniti dopo l'attentato terroristico compiuto dai libici nel 1988, quando fecero esplodere sui cieli della Scozia, a Lockerbie, un aereo Pan Am con 270 persone a bordo, in maggioranza americani. All'epoca Ronald Reagan bollò il dittatore libico come «il cane idrofobo del Medio Oriente». Poi, col tempo, prevalse l'interesse a collaborare a causa del petrolio libico. E le sanzioni furono revocate. Blair riuscì a convincere Bush al perdono e Berlusconi si attribuì gli stessi meriti di Blair. «Dissi al presidente Bush – racconta Silvio a Friedman – che stavamo addomesticando Gheddafi. L'avevamo sedotto, l'avevamo educato, l'avevamo intrappolato. E ognuno fece la sua parte». Secondo quello che Friedman chiama «Berlusconi *style*». E cioè i gesti sopra le righe, l'empatia, la parlantina, la bonomia del venditore. Lo stesso Silvio riconosce: «La chiave per spingere Gheddafi a essere più razionale era diventare suo amico».

Un lungo corteggiamento che gli fece affermare ancora nel 2004 (lo riporta l'Ansa) che Gheddafi «è un grande amico mio e dell'Italia, è il leader della libertà», quindi chiese ufficialmente «scusa» per quanto commesso dagli italiani nel periodo coloniale, alla fine propose al leader libico di buttare alle spalle il passato e di trasformare in "Giorno dell'Amicizia" il loro "Giorno della Vendetta" commemorativo per i morti libici dovuti al colonialismo. E poi annunciò, dimenticando (o facendo finta di dimenticare) che nel 1970 Gheddafi aveva adottato misure molto restrittive nei confronti dei 35.000 italo-libici che ancora vivevano in quella terra, un piano di riparazioni da 5 miliardi di dollari in vent'anni per i danni del periodo coloniale. In cambio Gheddafi promise di bloccare il flusso di migranti verso le coste italiane.

Berlusconi si recò più volte in Libia, accolto nella tenda in cui Gheddafi riceveva i suoi ospiti con lo sfondo suggestivo del deserto della Sirte. Una volta Mu'ammar gli regalò persino una famiglia di cammelli, padre, madre e piccolino. Poi nel marzo 2009 la firma del trattato. Tre mesi più tardi, Gheddafi volò a Bruxelles, quindi si fermò a Roma in quella che era la sua prima visita ufficiale in Italia. In alta uniforme nera e galloni dorati incontrò al Quirinale il capo dello Stato Giorgio Napolitano, regalandogli una sella da cammello ma affermando anche «che sono state le vostre "scuse" a permettermi di poter venire qui». Gheddafi installò anche nello splendido parco di Villa Pamphili la sua tenda arredata con dodici poltrone dai piedi dorati, divanetti, lampade al neon, tavoli, stufe elettriche in caso di freddo, grandi incensieri per profumare l'ambiente. E custodita da un corpo speciale di guardie personali, tutte donne in divisa. Poi si dirà che era il suo harem. Comunque a Roma il leader libico non dormì sotto la tenda, ma nella villa seicentesca restaurata per ospitare capi di Stato e di governo.

Nel luglio 2009 Gheddafi, dopo essere già stato all'Onu, partecipò al G8 dell'Aquila. I funzionari della Casa Bianca chiesero che il presidente Obama non fosse messo al tavolo insieme a Gheddafi e che non ci fossero foto ufficiali tra i due. Berlusconi tanto brigò nella scelta dei posti che alla fine si ritrovò da un lato Gheddafi e dall'altro Obama. E poi, al termine della cena, li costrinse a posare davanti ai fotografi stringendosi le mani e con le sue poste sopra le loro. Come già aveva fatto in passato con Bush e Putin. Del resto volava già alto nel ruolo di garante internazionale, qualche tempo prima aveva addirittura detto, riportano Rizzo e Stella: «Io sono il Gesù Cristo della politica». Ma commise anche altre gaffe. Così nel 2008 in una conferenza stampa a Mosca disse di Barack Obama, appena eletto presidente degli Stati Uniti: «È giovane, bello e anche abbronzato». Una parola offensiva che suscitò una risposta piccata di Carla Bruni, la ex top model e cantante italiana sposata con il presidente francese Sarkozy. E un'altra volta, in occasione di un G8 in terra francese, la Bruni accolse con un bacio sulla guancia tutti i partecipanti all'ingresso di un elegante ristorante di Deauville: Obama, la Merkel, il presidente russo Medvedev. Tutti tranne Berlusconi: a lui solo una stretta di mano.

Del resto, tra Silvio e Sarkozy non era scattato nessun feeling anche se facevano finta di essere più o meno amici. Il Cavaliere affermò che «Sarkozy aveva una vera ossessione per la ricchezza, un'invidia profonda per quelli che hanno i soldi. Era geloso perché io ero ricco e lui no». Dimenticando di aver fatto una gaffe anche con lui: in un altro vertice all'inizio del 2009 e giocando sulle origini italiane della *première dame*, sussurrò davanti alle telecamere di avergli «dato» la moglie («*Moi, je t'ai donné ta femme*»). Le cronache riportano che Sarkozy parve sobbalzare. Quando la gaffe venne alla luce, i media francesi assegnarono a Berlusconi «il premio Oscar della volgarità». In effetti tra i due ci furono varie diversità nei loro percorsi politici, li ha messi in evidenza Pierre Musso, esperto francese della comunicazione, autore prima di *Berlusconi, le nouveau prince* e in seguito inventore di un neologismo che ha posto come titolo del suo secondo libro sul Cavaliere: «sarkoberlusconismo».

In sintesi, Musso sostiene che «Berlusconi è un antipolitico che scopre la politica nel momento in cui sceglie di entrare a farne parte, Sarkozy è un politico di professione che desidera rompere con un certo modo di fare politica. Berlusconi è un imprenditore esterno alla politica, Sarkozy un politico che vuole riformare la politica introducendovi un referente mutuato dal mondo aziendale. Berlusconi ha fatto entrare in politica il management e i media per fare l'antipolitico della politica; con gli stessi metodi, Sarkozy intende restaurare l'autorità della politica». In conclusione, afferma Pierre Musso, «nel centauro sarkoberlusconiano si ritrovano le due figure del principe individuate da Machiavelli: il politico di professione e l'uomo venuto dal privato».

Comunque ci furono altri scivoloni. Nel 2011 se ne uscì con una parola molto volgare che scandalizzò il mondo intero, finendo poi per essere vista anni dopo come una *fake news*: la frase che dava della «culona» ad Angela Merkel. Il «Die Welt» tedesco si rifiutò di pubblicarla. E fece bene perché certe parole, vere o false, non dovrebbero finire sui media. Resta comunque una domanda: come mai Silvio non è mai riuscito a dare un taglio alle sue gaffe? Una risposta l'ha fornita Giuliano Ferrara commentando nel novembre 2008 su «Il Foglio» la battuta su Obama abbronzato: «Berlusconi è Berlusconi e basta. E l'uomo di *Drive In,* sia in quanto editore televisivo della satira pop scosciata sia in quanto spiritello meneghino consanguineo al cabaret del senso comune, alla barzelletta ammazzacaffè, alle corna depositate sulla testa del collega internazionale nella foto ricordo ufficiale. Per tacer del resto. Evidentemente il transito berlusconiano da *Drive In* a *West Wing*, la serie tivù di successo centrata sulle sgangheratezze della Casa Bianca, deve essere avvenuto nella più completa spensieratezza».

# 19.

# Il predellino

«Berlusconi era convinto fin dall'agosto 2007 che si sarebbe votato presto. Togliti dalla testa che cambi idea. Sta già preparando le liste elettorali, i manifesti, gli spot...»
Gianni Letta in *Nel segno del Cavaliere*

«Io dedico la mia vita a lui. Mi sono innamorato di Berlusconi perché ho visto in lui una naturalezza e genuinità della politica che non avevo visto prima. È un grande stratega e un grande leader.»
Renato Schifani su «Libero», settembre 2007

«Le immagini di piazza San Babila stracolma di gente che lo circonda e lui, Silvio, che sale sul predellino dell'auto per salutare, mi ricordano l'arrivo di Lenin in Russia a bordo del treno piombato...»
Fedele Confalonieri sul «Corriere», novembre 2017

«Oggi nasce ufficialmente un nuovo grande partito del Popolo delle Libertà: il partito del popolo italiano. Anche Forza Italia si scioglierà in questo movimento. Credo che la gente sia tutta con questa idea di unità. Gli elettori sono più avanti di noi. Gli italiani che amano la libertà vogliono dire basta alla vecchia politica. Invitiamo tutti a venire con noi contro i parrucconi della politica in un nuovo grande partito del popolo.» Era il 18 novembre 2007 a piazza San Babila, nel pieno centro di Milano. Un signore di 71 anni, appena tonificato da alcuni giorni di relax e di massaggi nel suo centro benessere preferito di Merano dopo un interventino al cuore in gennaio per l'immissione di un *peace-maker*, era salito sul predellino di una Mercedes blindata per il suo "discorso del balcone" davanti a una piazza gremita. Silvio prese così tutti in contropiede: 2 a 0 e palla al centro.

Eppure, solo due giorni prima del discorso di Berlusconi del predellino, Gianfranco Fini aveva preso pubblicamente le distanze dall'ottimismo del Cavaliere che già dall'estate precedente aveva vaticinato la caduta imminente del secondo governo Prodi e mobilitato la sua squadra di centrodestra. Sino alla fine dell'estate 2007, il leader di Alleanza nazionale, così come Bossi, l'altro alleato di Forza Italia, erano andati (più o meno) d'amore e d'accordo con Silvio, ma poi c'era stato un raffreddamento. Fini, in particolare, si era fatto pubblicare dal «Corriere della Sera» una lettera in cui era stato particolarmente duro con il "numero uno" della coalizione: «Anziché tirare le cuoia come assicurato da Berlusconi, Prodi tira a campare e si prepara ad anestetizzare le prossime fibrillazioni della sua coalizione: protocollo, *welfare*, decreto sicurezza, legge elettorale...» E aveva aggiunto: «Per il centrodestra è davvero doveroso riflettere e cambiare strategia. [...] Al centrodestra serve una strategia semplice e chiara che parta da un dato politico tanto ovvio quanto fin qui pervicacemente negato da Berlusconi. [...] L'attesa dell'implosione della maggioranza rischia di essere l'attesa di... Godot se il centrodestra non contribuisce alla sollecita rimozione del macigno che sbarra la strada alle nuove elezioni: l'attuale legge elettorale...»

Fini rincarò poi la dose proprio nel giorno del predellino, il 18 novembre, con un'intervista a «la Repubblica»: «... È arrivato il momento in cui questo centrodestra è in grado di trovare una soluzione unitaria, di ridarsi una missione, di rioffrire al Paese un progetto, oppure si prende atto che la coalizione non c'è più e ognuno va per la sua strada. *Tertium non datur...*» Detto e fatto: la risposta di Silvio al segretario di An arrivò, a stretto giro di posta, il giorno stesso. Per il Cavaliere la misura era ormai colma, anche perché c'era stata un'altra contestazione nei confronti del suo partito: il vicecoordinatore nazionale di Forza Italia, Fabrizio Cicchitto, era stato fischiatissimo dai quadri di An nel corso di un convegno che si era svolto ad Assisi proprio il giorno precedente al discorso di San Babila. E a Casini, che già veleggiava per conto proprio, non parve vero di rincarare la dose: parlando all'ora di pranzo del 19 novembre al programma di Lucia Annunziata su Rai3 disse, senza mezzi termini, che Prodi sarebbe rimasto a Palazzo Chigi. Il dado era ormai tratto e, a quel punto, il Cavaliere stava davvero rischiando grosso: ne erano convinti i suoi stessi alleati, pronti a tagliare definitivamente i ponti con Arcore. Ma Berlusconi aveva un asso nella manica: si chiamava Clemente Mastella, leader dell'Udeur che da avversario diventò, sia pure per poco, il miglior alleato di Silvio.

La "bomba" scoppiò la mattina del 16 gennaio 2008 quando un flash d'agenzia annunciò che la moglie del ministro della Giustizia Mastella, Sandra Lonardi, presidente del Consiglio regionale della Campania, era stata messa agli arresti domiciliari per concussione dalla magistratura di Santa Maria Capua Vetere. E lo stesso

Clemente, che proprio quella mattina doveva leggere alla Camera la sua relazione sullo stato della giustizia in Italia, era stato indagato per il medesimo reato. E così, al termine del suo intervento, il Guardasigilli annunciò le sue dimissioni: tra l'amore per la famiglia e il potere, disse, aveva scelto il primo. In quell'occasione Mastella – che all'indomani confermò il suo ritiro in un discorso che tenne a Benevento – citò anche alcuni versi di *Ode alla vita* («lentamente muore / chi diventa schiavo dell'abitudine») che attribuì a Pablo Neruda, ma che era invece della brasiliana Martha Medeiros. Il governo così cadde con 161 voti contrari e 156 favorevoli. Nove anni più tardi, racconta Giancarlo Perna in *Il Ring*, «Sandra e Clemente Mastella furono assolti da tutto con le formule più perentorie: il fatto non sussiste, il fatto non è reato. Un'intera nazione subì un terremoto politico, la caduta di un governo, l'interruzione di una legislatura. Il ritorno alle urne, per nulla. Nessuno ha pagato, nessuno si è scusato».

In effetti, quella vicenda scatenò un vero terremoto che, a sorpresa (ma non per Silvio), aprì la crisi del governo Prodi perché il ministro della Giustizia, in contemporanea al suo forfait, aveva anche spedito una lettera al presidente del Consiglio in cui annunciava l'uscita dell'Udeur dalla maggioranza: le antenne del Cavaliere avevano funzionato ancora. Una lettera, quella inviata a Prodi, che, a distanza di tanti anni, non è stata ancora del tutto digerita dal Professore, che a Giancarlo ha detto: «È bastata una piccola mossa di Mastella per mandare giù un governo che andava bene. E, per metterci in crisi, non sarebbe stato neppure necessario mangiare mortadella in Parlamento come in segno di spregio era successo allora quando il salume non era un prodotto di gran moda come è diventato oggi». In effetti, anche i tentativi portati avanti dal presidente della Camera, Franco Marini, per evitare le elezioni anticipate andarono a vuoto. Berlusconi aveva visto giusto perché il voto era ormai alle porte: *rien ne va plus*...

Dei giorni che precedettero la campagna elettorale neppure Mastella ha un ricordo bello. Al di là dei guai giudiziari, c'era pure un'altra ragione: Silvio non avrebbe mantenuto i patti. Il leader dell'Udeur si era, infatti, tirato indietro con Prodi anche perché si era già messo d'accordo con Berlusconi per passare sul fronte del centrodestra con tanto di lettera d'intesa firmata in casa del senatore di Forza Italia Giampiero Cantoni, che assicurava a Clemente il reclutamento di dieci parlamentari. Ma l'intesa era solo virtuale per una ragione molto semplice: l'immediata nascita del Popolo delle Libertà, sulle ceneri di Forza Italia e Alleanza nazionale, finiva per annullare tutte le precedenti intese compresa quella con Mastella. La situazione precipitò, infatti, meno di un mese dopo il forfait di Clemente, il 16 febbraio, quando Pierferdinando Casini annunciò di restare fuori dal Pdl.

In quel giorno, il leader dell'Udc fece una telefonata a Berlusconi e poi partecipò a una manifestazione a Mestre: al termine del suo intervento, lesse una frase che si era appuntato, racconta Vespa in *Nel segno del Cavaliere*, su un foglietto: «Dopo quattordici anni di collaborazione, all'onorevole Berlusconi voglio dire una cosa semplice e chiara: in Italia non tutti sono in vendita. Faremo la campagna elettorale con il nostro simbolo e le nostre bandiere. I partiti e le bandiere si sciolgono quando c'è qualcosa di cui vergognarsi: le nostre possono dispiegarsi al vento per costruire un'Italia migliore». In molti intervennero per cercare di allentare il conflitto delle forze cattoliche nei confronti di Silvio e, in tal senso, si mosse pure il cardinale Camillo Ruini, vicario di Roma, che già era intervenuto nel 1993 per evitare la scissione nella Dc. Non ci fu nulla da fare soprattutto dopo il riavvicinamento di Fini al Cavaliere. A favorire la ripresa dei rapporti tra i due capi fu un doppio lutto: la morte delle rispettive madri. Berlusconi chiamò allora Gianfranco per fargli le condoglianze e decisero così di rivedersi subito. Fu un incontro a quattr'occhi e solo in un secondo momento vennero fatti entrare anche Gianni Letta ed Altero Mattioli. Proprio Letta fece subito un altro tentativo per ricucire con Casini: lo chiamò al telefono mentre il segretario dell'Udc era in treno per tornare a Bologna. Quella telefonata finì con una fumata nera e, a quel punto, Berlusconi e Fini uscirono dalla stanza e, ai giornalisti che aspettavano fuori, annunciarono l'accordo appena raggiunto tra i due.

Il Cavaliere aveva le idee chiare e, abbandonate al loro destino Udc e Udeur, cominciò subito una campagna acquisti così frenetica che neppure ai tempi d'oro del Milan aveva mai fatto. Era il 14 dicembre del 2007, neppure un mese dopo il discorso del predellino: a uno dei due autori di questo libro, successe un episodio che merita di essere raccontato, aprendo una piccola parentesi, perché serve a comprendere meglio il nostro personaggio. In quel giorno, Giancarlo era nel suo ufficio di direttore del «Quotidiano Nazionale» di Bologna, proprio in quell'ufficio dove, quarant'anni prima, giovane cronista, aveva incontrato per la prima volta il Berlusca che aveva fatto visita a Franco Di Bella, il responsabile di allora del giornale (alla domanda di Giancarlo chi fosse mai quel tizio, la vecchia segretaria di redazione gli rispose: «È un certo Berlusconi, un piccolo imprenditore brianzolo che farà molta strada»).

Nel pomeriggio di quel giorno quasi natalizio del 2007 Giancarlo stava scrivendo l'articolo di fondo per l'indomani, quando ricevette una telefonata inaspettata. All'altro capo del filo c'era proprio il Cavaliere: «Sono Berlusconi, sono a Bologna: posso venire a trovarla?» Giancarlo (lo ha raccontato in *Compagni di Camera*) pensò allo scherzo di un vecchio collega molto bravo nelle imitazioni che già in passato gli aveva causato qualche problema. Un dubbio che aveva anche una sua logica perché, quando Berlusconi era l'editore di fatto del «Giornale» (l'editore di facciata era diventato Paolo Berlusconi che, allorché faceva l'ingresso nel suo ufficio romano, s'inginocchiava per scherzo, ma non tanto, davanti al ritratto del fratello maggiore), lui e Alberto avevano appunto "divorziato" dal Cavaliere per seguire Indro Montanelli nella nuova avventura della «Voce». Ma dall'altro capo del telefono, di fronte all'incertezza di Giancarlo, venne ribadito: «Sono veramente Berlusconi...» Così fu fissato l'appuntamento all'ex presidente del Consiglio che, come se nulla fosse, appena entrato in redazione, gli offrì un seggio in Parlamento alle elezioni che sarebbero state a stretto giro di posta. E lui rispose di sì, anche perché il suo interlocutore sembrava particolarmente motivato.

Silvio gli disse che era molto amato dalla gente e, senza pensarci due volte, improvvisò uno spogliarello: si tolse la giacca e la camicia e in canottiera, come fece Bossi quando lo visitò in Sardegna, gli fece vedere i lividi neri sulle braccia. Era il segno inequivocabile, disse, dell'incontenibile affetto dei suoi fan. Ma, al di là dei fan, Giancarlo si pentirà presto di quella scelta che l'aveva allontanato dal giornalismo. Un episodio, in particolare, gli farà aprire gli occhi: come ha scritto l'ex parlamentare Enzo Raisi (*La casta siete voi!*), nel 2010 la segreteria emiliano-romagnola del Partito delle Libertà aveva indicato all'unanimità Giancarlo come candidato presidente della Regione ma, all'indomani, Silvio in persona aveva clamorosamente disatteso il voto del suo organismo di partito per proporre il nome della deputata Annamaria Bernini, figlia dell'ex ministro bolognese. Non è mai troppo tardi, insomma, per farci ricredere nelle scelte politiche.

Nel febbraio 2008, pochi mesi prima delle elezioni, morì a 97 anni – lo abbiamo accennato – nella sua casa di Milano Rosa Bossi Berlusconi, la mamma di Silvio. Donna dal fisico minuto ma dal carattere forte (una volta Francesco Cossiga, uscendo da una cena nella villa di Berlusconi in Sardegna, la definì «eccezionale» al punto che «non mi meraviglierebbe se, ancora oggi, in qualche circostanza, lei dovesse mollare un paio di schiaffoni al figlio»), vedova dal 1989, orgogliosa della carriera di Silvio, capace di dire quel che pensava. Ancora ai tempi della campagna elettorale del 2001, riportò «Il Giornale», se ne uscì definendo in dialetto Francesco Rutelli, il concorrente del figlio a Palazzo Chigi, «un cretin» che «se met lì cume se fuss un concorso di bellezza». In un'altra occasione, poco prima delle elezioni del 2006, difese Silvio da chi lo detestava perché ricco: «Ma che cosa si gode della sua ricchezza? Niente, proprio niente», aggiungendo che il figlio aveva persino rifatto a Palazzo Chigi, a proprie spese, i bagni e abbellito gli interni. Spesso era lo stesso Silvio a citarla pubblicamente: avvenne nel 2004 di fronte alle polemiche per il rincaro dei prezzi. In quell'occasione Berlusconi, presidente del Consiglio, ricordò che, quando era piccolo, accompagnava la mamma al mercato, lei faceva il giro di tutti i banchetti per comprare la frutta solo dove costava meno. Un sistema, ricorda sempre «il Giornale», che, se applicato da tutti i consumatori, avrebbe secondo lui potuto abbassare l'inflazione. E se la portò con sé quando Silvio ebbe un breve incontro con papa Benedetto XVI. Alla morte di mamma Rosa, emergerà molti anni dopo, nel 2022, tra le carte di un processo, che Berlusconi versò all'infermiera che si era presa cura della madre un generoso compenso.

Ma come finirono le elezioni del 2008 che videro su fronti contrapposti il Pdl di Berlusconi e Fini e il Pd di Walter Veltroni? Il voto si risolse in una grande vittoria del nuovo partito di Silvio e Gianfranco (Fini dovette ammettere che il Cavaliere era «imbattibile nell'allestire e guidare una formidabile macchina elettorale»), che guadagnò un milione e mezzo di consensi rispetto a quanto avevano preso nel 2006 Forza Italia e Alleanza nazionale sommando i loro voti. Il centrodestra raggiunse 17 milioni di voti, il 3,5% in più del Partito democratico. In particolare, l'accoppiata di centrodestra ottenne un ottimo risultato al sud, ebbe una buona tenuta al centro mentre non andò molto bene al nord, nonostante l'alleanza con la Lega di Bossi. Se parte del Settentrione restò una roccaforte del "potere rosso", a dispetto del Carroccio, al sud, vecchio feudo della Dc, il Popolo delle Libertà ebbe subito disco verde: i giochi erano davvero fatti e Silvio Berlusconi tornò così in sella. E riportò in Parlamento, dopo averlo già fatto nel 2006, anche Mariella Bocciardo, la prima moglie di Paolo Berlusconi. Rizzo e Stella ricordano in *La Casta* che, dopo il divorzio, «la piacente Mariella si era cimentata in varie attività. All'inizio un negozio di estetica. Poi una società di gestione di centri di benessere. Quindi un ristorante, il Mangia e Ridi di Milano, venduto nel 2001 a una società con dentro l'ex marito, l'amministratore delegato del Milan Adriano Galliani e il parlamentare Paolo Romani». Società in seguito liquidata perché perdeva troppo. E lei fu così dirottata a occupare un seggio a Roma. Uno dei tanti «favori di famiglia» compiuti all'ombra del Parlamento tanto da far dire a Massimo Gramellini su «La Stampa»: «E poi dicono che nelle famiglie italiane non c'è dialogo».

Gianfranco Fini pone anche in evidenza, nel suo *Il ventennio*, certe incongruenze del Cavaliere. Perché se era vero «che il Pdl senza Berlusconi è nulla, alla prova del governo il presidente del Consiglio si rivelava indeciso e altalenante; e la sua immagine dell'uomo del fare, deciso a realizzare a ogni costo un nuovo miracolo italiano, svaniva progressivamente, anche nella percezione di tanti italiani che pure l'avevano votato. Il suo insopprimibile bisogno di essere amato e la sua grande capacità di convincere e di ottenere consenso erano l'arma migliore di Berlusconi come candidato premier, ma diventavano il suo tallone di Achille nel momento in cui era chiamato a onorare gli impegni presi. Perché se doveva prendere una decisione difficile, apparentemente impopolare e quindi tale da far calare il suo indice di gradimento, tentennava e finiva per non decidere». Come successe anche nel 2002 in occasione del braccio di ferro con Sergio Cofferati sulla riforma limitata dell'articolo 18 dello Statuto dei lavoratori. La perdita di consenso aveva per lui un prezzo così alto da pagare, osserva Antonio Polito in *In fondo a destra*, da evitare «di comportarsi da uomo politico di convinzioni, pronto cioè come la signora Thatcher a sfidare il consenso pur di introdurre riforme liberali necessarie al Paese».

A fare le spese di quella vittoria del centrodestra fu soprattutto Veltroni, che per tutta la campagna elettorale evitò di attaccare direttamente il Cavaliere e nemmeno lo nominò chiamandolo semplicemente «il principale esponente dello schieramento avversario». In compenso si prese del «comunista». Veltroni inoltre, dopo avere aperto, in vista delle elezioni, all'Italia dei Valori di Antonio Di Pietro, cominciò a battibeccare con lui perché tirava sempre in ballo il conflitto di interessi. Dopo la sconfitta elettorale l'ex magistrato prese le distanze da quell'alleanza, una scelta che, comunque, il segretario del Pd non rinnegò neppure dopo la sconfitta elettorale. Diverso l'atteggiamento dell'ex Pm che disse di quel "matrimonio" in un'intervista a Bruno Vespa dell'autunno 2008 (*Viaggio in un'Italia diversa*): «Siamo arrivati al patto elettorale dopo due soli incontri. Riconoscemmo allora – e riconosciamo tuttora – che Veltroni ha la leadership dell'alleanza, ma constatammo con amarezza che, dopo aver sottoscritto il patto, la frase chiave di Walter era: andiamo da soli. Ma come, se siamo in due?» Comunque, al di là delle strategie politiche, Berlusconi vinse e decise tra l'altro, si legge in *La Casta*, che tipo di scorta darsi: trentun uomini. Più la massima tutela a Roma, Milano e Porto Rotondo. Più sedici auto, di cui tredici blindate. E continuò poi a far varare dai suoi leggi *ad personam*.

Comunque Fini cominciò a nutrire molto presto perplessità sul premier: «Quando ravvisava fosse davvero necessario e urgente adottare un provvedimento, Berlusconi si trasformava in implacabile decisionista. Ma i casi in cui fu risoluto e sfidò apertamente l'impopolarità furono quasi sempre relativi a provvedimenti di legge sulla giustizia o sulle sue televisioni. [...] Tutta la legislatura fu condizionata dallo stridente contrasto tra l'intransigente decisionismo di Berlusconi sulle questioni che lo riguardavano direttamente e la sua eccessiva prudenza sui temi su cui si giocava la credibilità del centrodestra. Tra questi c'era sicuramente la gestione della crisi economica, la capacità di garantire la coesione sociale, il varo di riforme strutturali». Resta il fatto che, dopo quelle elezioni, ci fu l'ennesimo salto degli italiani sul carro del vincitore tanto da costringere il «Financial Times» a parlare di «un'adulazione vicina ai livelli nordcoreani».

# 20.

# «Che fai, mi cacci?»

«Il mestiere di deputato, a farlo con coscienza, è un mestiere da rendere cheto l'uomo lo più svegliato, a capo di tre anni!»
Ferdinando Petruccelli della Gattina, 1861

«Credo sinceramente di essere stato e di essere, di gran lunga, il miglior presidente del Consiglio che l'Italia abbia potuto avere nei 150 anni della sua storia. Lo dico sulla base di ciò che ho fatto e faccio.»
Silvio Berlusconi all'Ansa, settembre 2009

«Se trovo chi ha fatto le nuove serie televisive della *Piovra* e chi scrive libri sulla mafia, che vanno in giro per tutto il mondo a farci fare una bella figura, giuro che li strozzo.»
Silvio Berlusconi, 28 novembre 2009

L'inizio della nuova legislatura, cominciata nella primavera del 2008, si dipinse di rosa per il centrodestra con un Cavaliere in grande spolvero: aveva ottenuto la più ampia maggioranza nella storia della Repubblica, con il Senato blindato e 70 seggi di scarto alla Camera, e tornò così per la quarta volta a Palazzo Chigi. Berlusconi accettò la *premiership* senza riserve e presentò immediatamente la lista dei ministri: in modo così rapido era successo solo nel 1953 quando venne varato l'esecutivo guidato da Giuseppe Pella. Nella nuova compagine chiamò, tra gli altri Roberto Maroni all'Interno, Franco Frattini agli Esteri, Giulio Tremonti all'Economia, Sandro Bondi alla Cultura, Ignazio La Russa alla Difesa, Ferruccio Fazio alla Salute, Claudio Scajola allo Sviluppo economico, Angelino Alfano alla Giustizia. E Alfano, sulla scia di quanto aveva già detto Schifani, se ne uscì nel settembre 2009 su «Libero» con una dichiarazione di amore per il Capo: «Sono unilateralmente innamorato di Silvio Berlusconi... Non ho la sindrome del prediletto e nei confronti di Berlusconi ho grandissimo affetto e gratitudine. Mi sono innamorato di lui guardandolo alla tivù nel momento della sua discesa in campo. L'unico effetto collaterale del vivere con Berlusconi è che non smette mai di lavorare».

Gli altri ministri: Andrea Ronchi alle Politiche europee, Renato Brunetta alla Pubblica amministrazione, Raffaele Fitto ai Rapporti con le Regioni, Roberto Calderoli alla Semplificazione normativa, Maurizio Sacconi al Lavoro, Gianfranco Rotondi all'Attuazione del programma governativo, Aldo Brancher alla Sussidiarietà, Elio Vito ai Rapporti col Parlamento, Luca Zaia alle Politiche agricole. E cinque rappresentanti femminili: Maria Stella Gelmini all'Istruzione, Stefania Prestigiacomo all'Ambiente, Giorgia Meloni (a 31 anni il più giovane ministro nella storia dell'Italia unita) alla Gioventù, Michela Vittoria Brambilla (rossa di capelli, imprenditrice e grande amante degli animali) al Turismo, Maria Rosaria Carfagna (ex miss, ex modella, ex showgirl televisiva) alle Pari opportunità. Tra i ministri senza portafoglio spiccava il nome del segretario leghista Umberto Bossi, che avrebbe dovuto occuparsi delle riforme per il federalismo. Presidente del Senato fu eletto

Casini, presidente della Camera Fini che era già un po' ai ferri corti con il Cavaliere soprattutto sulla giustizia, un tema su cui Silvio non era disposto, scrive Francesco Merlo in *La conversione di Fini*, «a tollerare la pur minima fronda».

Berlusconi era volato tanto in alto alle elezioni anche perché era riuscito a sfruttare gli ultimi passi falsi commessi dal governo Prodi che, a parte il disimpegno di Mastella & C., era scivolato sulla legge finanziaria del 2008 bocciata un po' da tutti: dall'Unione Europea al Fondo monetario internazionale, dalla Banca d'Italia (guidata da Mario Draghi) alle agenzie di *rating*. Il Professore era quindi stato costretto a dimettersi dopo essere stato sfiduciato al Senato con i voti contrari degli uomini di Lamberto Dini – che era subentrato come premier nel 1995 al primo governo Berlusconi – e, ovviamente, dello stesso Mastella. Appena insediato, Silvio si fece subito apprezzare dall'opinione pubblica vincendo a Napoli la «battaglia della spazzatura», grazie al lavoro di Guido Bertolaso, potente sottosegretario alla presidenza del Consiglio con delega proprio ai rifiuti. Affrontò con la stessa decisione l'emergenza del devastante terremoto che colpì L'Aquila nel 2009. E, sempre in quell'anno, a luglio, ottenne anche consensi internazionali per l'ottima riuscita del G8 che si svolse proprio nella città terremotata. Tanto da dire poco dopo con un certo sussiego: «Mai nella storia il nostro Paese ha avuto il rispetto e il peso che ha oggi sulla scena internazionale». Si allargò anche un tantino negli auto-elogi: «Abbiamo fatto tante cose che nessun governo nella storia repubblicana potrà equipararsi a questo per la mole di lavoro che noi e voi siamo stati capaci di svolgere».

L'Abruzzo sembrò diventare una grande passerella per il Cavaliere: lui, considerato da sempre (ancora nel 2022) "divisivo", riuscì a passare come *super partes*. Successe, in particolare, il 25 aprile 2009, a Onna, un paese vicino al capoluogo abruzzese, quando partecipò alla festa della Liberazione con il fazzoletto dei partigiani attorno al collo ricevendo applausi bipartisan. Giorni che portarono all'apice l'orgoglio di Michaela Biancofiore, definita dalla stampa la «*pasionaria* altoatesina di Forza Italia», la «valchiria azzurra» e dallo stesso Berlusconi «*sturm und drang*». Lo confida nella sua biografia, *Il cuore oltre gli ostacoli*. E ammette anche: «Sul display del mio telefonino tengo la foto più bella secondo me fatta a Berlusconi mentre consola tra le sue braccia una vecchina in lacrime con il casco di sicurezza in testa. Quello è Berlusconi. Non ho mai visto altri politici avere quella umanità». Ma proprio il giorno dopo, una domenica primaverile, vennero alla luce le prime storielle femminili di Silvio perché, alla sera, il premier partecipò a Casoria, vicino a Napoli, alla festa per i 18 anni di Noemi Letizia. Su Italia 1 apparve addirittura in *Studio aperto* una foto di Silvio che con un bicchiere in mano brindava insieme a questa misteriosa Noemi, capelli lunghi e biondi, e ai genitori di lei.

Si aprirà pubblicamente un nuovo filone della storia di Berlusconi che in quel periodo si sentiva sempre più assediato, quasi soffocato, dalle accuse della magistratura nei suoi confronti. Proprio per attenuare le pene giudiziarie, già dal 2008 (il 23 luglio), quando il premier era appena stato condannato a risarcire Carlo De Benedetti con 560 milioni per la vicenda Mondadori e aveva in corso tre procedimenti (quello per la corruzione dell'avvocato Mills, quello per diffamazione aggravata dall'uso del mezzo televisivo sulle relazioni tra le cooperative rosse e la camorra, quello per la compravendita dei diritti tivù) era arrivata una nuova legge: il Lodo Alfano. Il provvedimento, che aveva preso il nome dal ministro della Giustizia, consentiva di sospendere tutti i processi che riguardavano le quattro più alte cariche dello Stato per tutta la durata del mandato. L'ultima misura, secondo Alfano, si differenziava dalla precedente del 2003, chiamata Lodo Schifani e da cui aveva preso le distanze il partito della Margherita che, a sua volta, aveva presentato una modifica al testo (il Lodo Maccanico).

Per vincere la partita, racconta una decina d'anni dopo Marco Travaglio sul «Fatto quotidiano», Berlusconi fece qualche mossa. Incontrò un paio di giudici costituzionali e – si scoprì nel 2010 – ebbe l'appoggio della loggia P3 «con gli amici Marcello Dell'Utri, Denis Verdini e Flavio Carboni, il faccendiere, una loggia attiva per condizionare i supremi giudici». Ma anche il Lodo Alfano, firmato dal capo dello Stato Napolitano, venne bloccato nel 2009 dalla Suprema Corte in quanto incostituzionale. Su quella bocciatura, Alessandro Sallusti ha intervistato in *Lobby&logge* Luca Palamara, il presidente di quegli anni dell'Associazione nazionale magistrati, che racconta come la casta togata fosse, allora, «forza d'opposizione» del governo quasi surrogando la sinistra che, politicamente, era molto debole. Secondo quanto afferma Palamara, il 26 settembre Fabio De Pasquale, in quel momento pubblica accusa in due processi che coinvolgevano il Cavaliere, sollevò un dubbio di costituzionalità sul lodo che venne accolto dai giudici e poi dalla Consulta.

Quella bocciatura fu, per il premier, un pessimo segnale. E la maggioranza cercò così di ricorrere ai ripari sostituendo, ricorda ancora Travaglio, quel lodo «con altre leggi *ad personam*»: innanzitutto far diventare il lodo una legge costituzionale, idea quasi subito accantonata; quindi la legge "sul processo breve" che estingue i dibattimenti se durano più di tre anni dalla richiesta di rinvio a giudizio alla sentenza di primo grado fino ad arrivare a un anno e mezzo per la Cassazione (e qui Travaglio ricorda che nel 2021 Marta Cartabia, Guardasigilli nel governo Draghi, «la copierà pari pari peggiorandola un po'»): infine la "prescrizione breve" (approvata nel 2020) che accorcia ancora di più i termini di estinzione dei reati e «consente ai membri del governo di addurre impegni governativi ai Tribunali per non comparire in udienza per sei mesi di seguito, prorogabili fino a un massimo di diciotto, senza che il giudice li possa verificare o contestare».

Berlusconi cercava comunque di restare onnipresente, supportato dagli *ultràs* azzurri che gridavano «meno male che Silvio c'è» facendogli superare, tra le altre cose, il continuo cruccio dell'altezza tanto da dire nell'aprile 2008 in un incontro con la Coldiretti: «Sono più alto di Putin, più alto di Aznar, sono un metro e settantuno come Prodi, ma per la stampa di sinistra continuo a essere un nano...» C'è comunque un piccolo episodio che dimostra come nulla sfuggisse ancora alla sua attenzione: a Giancarlo – quasi un "contentino" per essere stato tolto di mezzo dalla corsa per le Regionali emiliano-romagnole – venne chiesto dal Pdl di candidarsi per le elezioni comunali di Bologna, dove avrebbe avuto maggiori possibilità di successo considerando lo scandalo che aveva coinvolto il sindaco uscente Flavio Del Bono (il «Cinzia-gate»). Ma, stavolta, Giancarlo non aveva tanta voglia di scendere in campo e, a togliere tutti i suoi dubbi, fu lo stesso Berlusconi che, approdato sotto le due Torri per un giro elettorale, gli sussurrò in un orecchio: «Ma chi te lo fa fare?» Ergo: discorso chiuso.

Resta il fatto che la luna di miele del governo con gli italiani stava finendo e se ne accorse materialmente anche Silvio quando il 13 dicembre 2009 fu colpito al volto da una miniatura del Duomo di Milano lanciatagli da un uomo. Conseguenza: il volto divenne una maschera di sangue. A quel punto cominciarono a esplodere anche certi conflitti con alleati e ministri, in particolare con Fini e Tremonti. Con il primo, il divorzio avvenne in modo clamoroso durante un summit del Pdl che si tenne a Roma nell'aprile 2010, quando già i loro rapporti erano diventati molto tesi in seguito a un incontro avvenuto una settimana prima nello studio di Fini alla Camera. Con il Cavaliere, sorridente e amichevole come al solito all'inizio di ogni incontro, c'era anche Letta. A un certo punto, racconta Fini in *Il ventennio*, Silvio «andò al sodo e ingranò la quarta: con dovizia di argomenti, tratti dal solito repertorio pseudogarantista e con copiose motivazioni giuridiche confezionate *ad hoc*, insistette sulla "necessità assoluta" di convincere l'onorevole Giulia Bongiorno, all'epoca presidente della Commissione giustizia della Camera. Io avrei dovuto garantirgli che la Bongiorno si uniformasse alle proposte del Pdl, che avrebbero reso di fatto impossibili le intercettazioni telefoniche, argomento di cui in Parlamento si discuteva da mesi. Inoltre, la prova d'amore che Berlusconi mi chiese fu ancor più indecente. Avrei dovuto favorire il percorso parlamentare di tutto ciò che fosse finalizzato ad abbreviare i tempi per la prescrizione dei reati».

Fini rimase sulle sue, Berlusconi si arrabbiò, alzando la voce e sostenendo che si sarebbe «amaramente pentito» per quell'«atteggiamento grave e irresponsabile». Fu, racconta sempre Fini, «solo un attimo, poi tornò ai toni suadenti e mi ribadì che comunque lui con me non voleva "in alcun modo litigare"». Il clima era ormai glaciale. Letta era costernato, il presidente della Camera cercò di metterci in qualche modo una pezza suggerendo di riparlarne, il premier se ne andò via «furente e gli occhi stretti in una fessura», a stento gli dette la mano. Il giorno dell'assemblea la rottura ufficiale in diretta televisiva. Fini tenne un intervento che lui stesso definì «aspro, a volte polemico, ma tutto sommato propositivo», sostenne che «era puerile nascondere la polvere sotto il tappeto», che c'era bisogno di «luoghi di vera discussione» perché il Pdl stava rischiando «di perdere la propria originaria vocazione», propose la convocazione degli Stati generali per l'economia. Dopo di lui avrebbe dovuto intervenire Scajola, ma Berlusconi prese il microfono e gli rispose: «Se vuoi fare politica, dimettiti da presidente della Camera!»

Fini, che era seduto in sala in prima fila, si alzò in piedi come un fulmine e se ne uscì con il famoso: «Se no che fai, mi cacci?» Sì, Berlusconi e il vertice del Pdl lo cacciarono espellendolo tre mesi più tardi, in luglio, dal partito per «incompatibilità». Inoltre tre deputati finiani – Bocchino, Briguglio e Granata – furono deferiti ai probiviri per «deviazionismo». Il commento di Fini fu molto duro: affermò che la prosa utilizzata per annunciare la sua espulsione «non aveva nulla da invidiare allo stile degli *Apparatnik* comunisti al tempo delle grandi purghe, altro che partito dell'amore...» Fini fondò poi un nuovo partito, Futuro e Libertà, che non ebbe comunque grande fortuna. Tanto più che la maggioranza dei parlamentari ex Alleanza nazionale rimase con Berlusconi; da Gasparri a Matteoli, da Alemanno a La Russa.

Con l'aggravarsi della situazione economica, si raffreddarono sempre più anche i rapporti tra lo stesso Silvio e il ministro dell'Economia Tremonti, descritto in un abile ritratto da Amadori in *Mi consenta* come «testa d'uovo», «il principe dei commercialisti» (anche per le dichiarazioni dei redditi), «trasformista culturale» già consulente dell'ex ministro Franco Reviglio e poi vicino a Mario Segni, «creatore di parafulmini». Ma il governo non fu capace di contenere la bolla speculativa che, come un nuovo '29, si era diffusa un po' ovunque nei cinque continenti sulla scia del crollo di Wall Street e del fallimento, nel settembre del 2008, della Lehman Brothers, una delle maggiori banche d'affari del mondo. Una crisi finanziaria che aggredì l'Italia, colpita da una recessione senza fine che fece andare alle stelle lo spread e che provocò la frattura all'interno dell'esecutivo, spaccato tra il premier – con i suoi "fedelissimi", a cominciare da Brunetta, sempre pronti ad aprire i cordoni della borsa nonostante l'*escalation* del debito pubblico e i severi richiami dell'Europa – e Tremonti ben deciso, invece, a battersi per il rigore e per arginare la crescita esponenziale del debito pubblico. E proprio il ministro – dichiarerà a Vespa (*Il Palazzo e la piazza*) – diventò quasi il capro espiatorio esibito per giustificare le successive sconfitte elettorali del centrodestra nelle elezioni amministrative del maggio 2011 a Milano (Giuliano Pisapia sbaragliò con il 55% Letizia Moratti) e a Napoli (sindaco Luigi De Magistris con il 66%).

Screzi personali e politici che, nonostante il già cattivo andamento dell'economia, non avevano impedito certe misure volute dal Cavaliere. Nell'ottobre 2009 il Parlamento aveva così varato il terzo scudo fiscale del ministro Tremonti. Un provvedimento giustificato dal governo in questo modo: «Non crediamo che la criminalità si servirà di questo strumento. I capitali criminali o sono in Italia perfettamente sbiancati o continueranno la loro attività all'estero». Invece erano rientrati i capitali depositati all'estero, il denaro sporco, quasi cento miliardi. Lo Stato ne aveva incassati appena cinque, poco più quindi dei quattro miliardi di euro dati in occasione della cessione della parte sana dell'Alitalia ai cosiddetti «capitani coraggiosi» guidati da Roberto Colaninno. Anna Finocchiaro, ricorda il trio Di Nicola-Pitoni-Proietti in *Parassiti*, fu molto polemica: «Era più onesto il cartello di Medellín. In violazione di tutte le norme, si fanno rientrare capitali sulla cui costituzione nessuno indagherà mai e si garantisce l'anonimato, in spregio a qualsiasi norma di civiltà giuridica». Al momento del voto finale, mancarono in aula numerosi parlamentari, anche tra la sinistra. E Napolitano si affrettò a firmare subito il decreto, nonostante molti gli avessero chiesto di non farlo.

In un modo o nell'altro, il braccio di ferro tra Berlusconi e Tremonti andò avanti sino alla caduta del governo tanto che lo stesso titolare del dicastero economico definì i suoi colleghi «ministri senza portafoglio». Un rigore, quello di Giulio, reso necessario dalla gravissima situazione congiunturale che provocò forti contraccolpi: il 5 agosto 2011, nel pieno della crisi di tutte le Borse europee, il governo italiano ricevette una severa lettera di richiamo firmata dal presidente uscente della Bce, Jean Claude Trichet, e da Mario Draghi, che stava per trasferirsi dalla Banca d'Italia a Francoforte al posto del francese e che era entrato in rotta di collisione con lo stesso Tremonti. Fu, quello, un vero e proprio ultimatum all'esecutivo italiano: venivano chieste drastiche misure per contenere la crescita esponenziale del nostro debito pubblico anche attraverso la cura dimagrante dell'intero settore pubblico perché le privatizzazioni, decise ai tempi dei governi Prodi, non erano bastate.

Secondo un'indiscrezione, il contenuto della lettera venne anticipato a Berlusconi da Daniele Franco, allora alla Banca d'Italia, che era in grande sintonia con Super Mario e non altrettanto con Tremonti. E, infatti, nello stesso giorno in cui era stato consegnato il cartellino rosso europeo, Silvio e il suo ministro dell'Economia tennero una conferenza stampa per anticipare il varo di una manovra straordinaria che il premier, suo malgrado, era stato costretto ad accettare. Anche Tremonti aveva, comunque, criticato la lettera europea perché aveva ritenuto «folle» la richiesta di Trichet e di Draghi di anticipare di un anno, al 2013, il pareggio di bilancio. I rapporti tra Silvio e Giulio si guastarono sempre di più tanto che il Cavaliere, a un certo punto, pensò seriamente di "commissariare" il suo ministro con l'istituzione di un tavolo presieduto dal titolare dello Sviluppo economico, Paolo Romani.

Una tentazione molto forte ma alcuni dietrologi pensavano anche che lo stesso Tremonti fosse pronto a sostituire Silvio come premier: questa domanda venne posta a Giulio da un giornalista durante una conferenza stampa e il Cavaliere replicò al posto del suo ministro sostenendo che il problema non si poneva affatto. Del resto, Silvio sembrava a volte crearsi un mondo tutto suo, senza problemi. Così nel dicembre 2010 disse al «Corriere della Sera»: «Sono una star: tutti vogliono farsi una foto con me perché sono un *tycoon*. Insomma, il presidente del Consiglio ha acquisito nel mondo un prestigio tale che ormai è insostituibile per guidare l'Italia in un frangente così difficile». E nell'aprile 2011, riferì l'Ansa, dichiarò a una manifestazione del Pdl a Gubbio: «L'Italia ha messo alle proprie spalle il picco della crisi meglio degli altri Paesi europei ottenendo anche la fiducia dei mercati. Abbiamo realizzato una vera e propria *mission impossible*».

Non era proprio così. L'immediata risposta del governo italiano alle sollecitazioni di Trichet e di Draghi non era servita ad attenuare la diffidenza nei nostri confronti degli altri partner. C'era, anzi, un certo sarcasmo che si manifestò clamorosamente durante il vertice dei capi di Stato e di governo, svoltosi a Bruxelles nell'ottobre del 2011, quando la cancelliera di ferro Angela Merkel e il francese Nicolas Sarkozy, alla domanda di un giornalista se fossero stati rassicurati dall'Italia, avevano risposto entrambi guardandosi con un sorrisetto di sarcasmo mentre Berlusconi era davanti a loro. Quel sorrisetto valeva più di mille parole. Il nostro Paese era sempre più isolato e la conferma arrivò dal vertice di Cannes in cui Berlusconi rifiutò l'offerta di aiuto che, nonostante le sue smentite, era stata avanzata dal Fondo monetario internazionale, diretto dalla francese Christine Lagarde destinata a succedere, nel 2019, a Draghi alla guida della Bce. Il Fmi era pronto a intervenire in soccorso dell'Italia.

Il *redde rationem* finale arrivò l'8 novembre 2011 quando il governo, pur non essendo stato sfiduciato, perse la maggioranza assoluta (mancarono otto voti) alla Camera sull'approvazione del rendiconto dello Stato che passò con 308 voti nonostante i franchi tiratori. Il destino dell'esecutivo sembrava ormai segnato, anche se Berlusconi cercò fino all'ultimo di restare aggrappato alla poltrona di Palazzo Chigi nonostante l'impennata dello spread che schizzò al record storico di 575 punti. Ma i giochi erano praticamente fatti perché il premier non godeva più della fiducia del presidente Napolitano, con il quale c'erano anche state alcune frizioni: la sera dell'11 novembre Silvio fu così costretto a salire al Colle per rassegnare le dimissioni con tanto di folla acclamante davanti al Quirinale che festeggiava la sua uscita di scena. Se ne andò da una porta secondaria. Uno spettacolo di lazzi e frizzi che proseguì, subito dopo, sotto le finestre di Palazzo Grazioli: la manifestazione andò avanti fino a notte inoltrata. Il settimanale «Time» fece una copertina con Berlusconi che esibiva un sorriso sghembo e il titolo *Ecco l'uomo che sta dietro l'economia più pericolosa del mondo*.

Al suo posto, il presidente della Repubblica dette l'incarico di formare un governo tecnico all'economista Mario Monti che aveva nominato senatore a vita appena quattro giorni prima, il 9 novembre 2011. Proprio quel Monti che era stato designato, nel 1994, commissario europeo dal primo governo Berlusconi e, quando quell'esecutivo cadde, l'allora presidente Scalfaro pensò di dargli l'incarico che invece finì, di fronte alle resistenze del Cavaliere, a Lamberto Dini. Diciassette anni dopo, Monti, il bocconiano professore in loden, prese la sua rivincita. In un certo senso la ebbe anche Berlusconi quando, pochi mesi prima, Emanuele Filiberto di Savoia, nipote di Umberto, l'ultimo re d'Italia, aveva detto in un programma di Radiodue, *Un giorno da pecora*: «Silvio è oggi molto più di un re». Politicamente Emanuele Filiberto non contava nulla, ma aveva pur sempre un bel nome. E quel riferimento al sovrano, finiva per accostare il Cavaliere a Gianni Agnelli, per antonomasia "il re" della Repubblica italiana. Da sempre uno dei sogni di Silvio.

# 21.

## E Veronica si stizzì

«La solidità del nostro rapporto si è costruita nel tempo. Siamo come il Duomo di Milano, in cui i lavori non finiscono mai.»
Veronica Lario in *L'amore e il potere*

«La strada del mio matrimonio è segnata, non posso stare con un uomo che frequenta le minorenni.»
Veronica Lario su «la Repubblica», aprile 2009

«Sono una persona giocosa, amo la vita e amo le donne.»
Silvio Berlusconi all'Ansa, ottobre 2010

Indro Montanelli, un anno prima della sua scomparsa, rispondendo a un lettore sul «Corriere», fece notare come tra i protagonisti contemporanei della scena politica, Berlusconi compreso, non ci fosse nessuno della statura di un Cavour. Verissimo, ma il conte Benso Cavour, uno dei "grandi" del nostro Risorgimento, e Silvio avevano qualcosa in comune: la «diplomazia delle lenzuola». Se lo statista sabaudo la utilizzava a fini politici (con la contessa di Castiglione che "convinse" Napoleone III a schierarsi a fianco del Piemonte contro gli austriaci nella seconda guerra d'indipendenza), il Cavaliere l'avrebbe usata a fini anche personali considerando gli strascichi giudiziari per avere frequentato minorenni: l'ora delle "veline".

Fin da ragazzo, Silvio ebbe una particolare predisposizione nei confronti del gentil sesso: dopo le prime avvisaglie adolescenziali, tutto ebbe inizio quando, giovane di belle speranze, trascorse le prime estati sulla costa adriatica, tra Rimini e Cattolica, dove allora erano di moda le teenager svedesi: se i suoi idoli nel calcio, soprattutto Liedholm e poi Ibrahimović, sono stati scandinavi, a maggior ragione, al mare, in Romagna, era diventato tifoso delle fanciulle che provenivano da Stoccolma e dintorni. Lui che, alla sera, intratteneva il pubblico e cantava nei caffè-concerto della riviera, certamente si faceva valere anche con il gentil sesso nonostante la concorrenza dei tanti "galletti" locali. Creandosi nel tempo una fama di *tombeur des femmes,* «irriducibilmente sensibile – scrive Maria Latella in *Tendenza Veronica* – al fascino di un certo tipo di giovane donna». Dopo il divorzio dalla prima moglie, Carla Elvira Dall'Oglio, e il matrimonio con la seconda, Veronica Lario, questa attrazione per la bellezza femminile continuò. Del resto frequentava un mondo, quello televisivo e dello spettacolo, popolato di donne belle, anche molto belle. Oltretutto era ancora piacente nonostante la statura poco alta, che cercava di compensare portando scarpe ortopediche. E piaceva: nel novembre 2003 Serena Grandi, l'attrice, affermò sul «Corriere»: «Sarò fedele solo quando incontrerò un campione, uno che abbia il potere economico e quello fisico, ma che sia superdotato, uno come Berlusconi».

Veronica Lario preferì restare quasi sempre defilata anche quando Silvio divenne presidente del Consiglio. Si recò al G7 di Napoli del luglio 1994 facendosi fotografare accanto a Hillary Clinton, accompagnò nell'ottobre di quell'anno Silvio a Mosca a incontrare Putin, accolse a Palazzo Chigi il nuovo zar russo quando Vladimir si recò a Roma nel novembre 2003, c'era anche lei quando i coniugi Blair andarono a trovarli in Sardegna a Villa Certosa e Berlusconi si fece immortalare con la bandana in testa: che si sentisse davvero un corsaro? E, in effetti, in quegli anni, a Silvio vennero attribuiti tanti flirt, con crescente disagio da parte di Veronica che, racconta Maria Latella, «è stata una giovane moglie appassionata e anche gelosa». La giornalista le chiede di una storiella circolata ancora a metà degli anni Novanta quando, «gelosa di una fiamma del momento, Veronica si sarebbe presentata a Roma del tutto inattesa e, arrivata in via dell'Anima, sarebbe stata protagonista di una scenata impetuosa». Storiella smentita dalla Lario. E anche Gianni Barbacetto racconta in *Tutte le carte del Presidente* di una telefonata intercettata tra Marcello Dell'Utri e Fedele Confalonieri, i due amici-quasi fratelli del Cavaliere, riguardante «una scena di gelosia» di Veronica per qualche motivo. Già allora, comunque, il legame tra i due si stava sfilacciando.

In effetti Veronica Lario dovette sopportare, riconosce Mario Guarino in *Veronica & Silvio*, quel che in passato aveva già sopportato Carla Dall'Oglio: le relazioni extraconiugali di Silvio, marito "sciupafemmine". Non poche, tanto che nel 2009 un articolo di «Novella2000» uscì con questo titolo: *I dieci rospi ingoiati da Veronica*. E di seguito dieci foto di belle donne. Pubblicamente la prima lampadina rossa si accese ancora nell'ottobre 2002 in occasione della visita a Palazzo Chigi del primo ministro danese e presidente del Consiglio europeo, Anders

Fogh Rasmussen. Un uomo descritto sui giornali come avvenente, sposato da più di vent'anni e padre di tre figli. Ebbene, nel corso della conferenza stampa Berlusconi sorprese tutti con una frase poco felice: «Rasmussen è il primo ministro più bello dell'Europa. Penso di presentarlo a mia moglie perché è anche più bello di Cacciari. Con tutto quello che si dice in giro… Povera donna…» Poi, rivolgendosi a Rasmussen, gli sorrise dicendogli nel suo inglese *made in Italy*: «*You don't know the history, I'll tell you after…*» Massimo Cacciari, il filosofo progressista ex sindaco di Venezia, replicò più tardi piuttosto seccamente di non capire «cosa significhi, mi sembra una stupidaggine totale». E così, grazie a un pettegolezzo finito sui giornali, Veronica si trovò in pasto ai media. Molti anni dopo Cacciari, ospite a *La Confessione* di Peter Gomez, ribadì di non aver nemmeno «mai incontrato la Lario».

Le cose precipitarono – Bruno Vespa è stato molto prolifico su questo argomento parlandone in *Donne di cuori*, *L'amore e il potere* e *Soli al comando* – quando Silvio partecipò nel 2007 (lo stesso anno in cui Cesare Previti venne dichiarato decaduto dall'aula di Montecitorio per due condanne definitive per corruzioni giudiziarie) alla consegna dei *Telegatti*, gli Oscar della tivù assegnati da Canale 5. All'indomani, i giornali riportarono due frasi che, si racconta, il Cavaliere rivolse, in particolare, a una giovanissima Mara Carfagna che, l'anno successivo, divenne sua parlamentare e, in seguito, anche ministro. Le avrebbe detto (ma lui smentì): «Se non fossi già sposato, ti sposerei subito». E poi: «Con te andrei ovunque». Ma in quell'occasione Veronica manifestò pubblicamente il suo disappunto con una lunga lettera a «la Repubblica», da sempre il giornale più polemico nei confronti del marito.

Chiese ufficialmente le scuse di Silvio ponendosi anche un interrogativo: così come il personaggio raccontato da Catherine Dunne, avrebbe dovuto considerarsi «la metà di niente»? Una domanda, questa, che non era stata fatta a caso perché anche la protagonista del romanzo della scrittrice irlandese era stata abbandonata dal marito dopo essere diventata, pure lei, mamma di tre figli. Silvio non digerì affatto il contenuto di quella lettera data in pasto ai giornali, ma Paolo Bonaiuti, il suo portavoce ufficiale, e l'amico Gianni Letta, di fronte al "terremoto" provocato dall'accusa di Veronica, convinsero il Cavaliere a pubblicare le sue scuse ufficiali con una nota inviata alle agenzie di stampa in cui sosteneva di non aver mai fatto proposte di matrimonio ad altre: la sua richiesta di perdono a Veronica era, quindi, solo la «testimonianza pubblica» del suo orgoglio che cede alla moglie «come un atto d'amore».

La richiesta di perdono servì a calmare le acque per un po' di tempo, ma tutto precipitò di nuovo all'indomani della grande passerella abruzzese del 25 aprile 2009 dove Silvio, dopo aver stravinto nel 2008 le elezioni per la terza volta in quindici anni alla guida di un'alleanza con An e Lega Nord, prese parte alla festa della Liberazione di Onna portando al collo il fazzoletto dei partigiani della Brigata Maiella: il premier si recò quindi a Napoli per presiedere una riunione di partito che avrebbe dovuto completare la lista dei candidati della Campania per le elezioni europee. Approfittò, però, di quel viaggio per partecipare, la sera di domenica 26 aprile, a una festa a Casoria per i 18 anni di

Noemi Letizia, una ragazza bionda e statuaria che sognava di entrare nel mondo dello spettacolo. Noemi aveva già avuto una piccola storia d'amore con un giovane (un ex operaio che poi darà una sua versione sulla presenza del Cavaliere creando, così, nuove polemiche). E Berlusconi? Lei lo chiamava «papi», un epiteto che fece epoca. Come regalo di compleanno Silvio non badò a spese: un *collier* d'oro con un ciondolo prezioso.

Mal gliene incolse perché, il giorno dopo, «la Repubblica» pubblicò due articoli su quella serata di Casoria: uno scoop che al Presidente costò caro. Scoppiò, infatti, una nuova tempesta anche perché sul sito della Fondazione FareFuturo, vicina a Gianfranco Fini, apparve un articolo della politologa Sofia Ventura in cui veniva denunciato «l'impoverimento della qualità democratica del Paese» a causa del «fenomeno del velinismo in politica». Emerse così l'indiscrezione che Berlusconi, in vista delle Europee, avrebbe incluso alcune "veline" nelle liste elettorali. E in *Francesca e il Cavaliere* Nico Pirozzi mette insieme un bel gruppetto di nomi, da «Barbara Matera, la "letteronza" di *Mai Dire Domenica*» ad «Angela Sozio, la rossa del *Grande Fratello*», da «Cristina Ravot, la bella *vocalist* sarda accompagnatrice di Mariano Apicella alle feste di Arcore» a «Giovanna Del Giudice, l'ex "meteorina" di Rete 4». E qualcun'altra ancora. A quel punto, Veronica venne allo scoperto facendosi intervistare dall'agenzia Ansa la sera di martedì 28 aprile. La signora Berlusconi, riferendosi a quelle candidature, parlò di «ciarpame senza pudore». E, a proposito dello scoop di «la Repubblica» sulla partecipazione del marito alla festa di compleanno di Noemi, disse:

«Che cosa ne penso? La cosa ha sorpreso molto anche me, perché non è mai venuto a nessun diciottesimo dei suoi figli pur essendo stato invitato». Disse anche di più: «Mio marito è un uomo malato, non posso stare con un uomo che frequenta minorenni e vergini che si offrono al drago». E chiese la separazione.

Per Silvio, che nel frattempo si era recato a Varsavia in visita ufficiale, si trattò di un altro colpo nello stomaco. All'indomani, il premier respinse l'accusa di aver candidato "veline" e, a proposito di Noemi, disse che non c'era stato con lei nulla di piccante: se fosse stato davvero così, non si sarebbe certo fatto fotografare alla festa per i diciotto anni della ragazza. Lei poi dirà di frequentarlo da quando aveva 14 anni e di avergli fatto compagnia: «Lui mi chiama quando ha qualche tempo libero e io lo raggiungo. Poi cantiamo assieme, Papi Silvio al pianoforte o al karaoke». Circoleranno tante di quelle voci e Berlusconi cercherà di giustificarsi sostenendo di essere amico del padre della ragazza, ex autista di Craxi (ma venne smentito subito da Bobo, il figlio di Bettino). A quel punto, comunque, la situazione era ormai fuori controllo e il Cavaliere ne trasse le conseguenze: lunedì 4 maggio, rilasciò due interviste al «Corriere» e a «La Stampa» nelle quali ribadiva che il caso era stato montato sul nulla. Ma aggiunse che erano venute meno le condizioni per proseguire nel rapporto con Veronica, perché lei non aveva creduto alle sue parole e aveva divulgato fatti riservati. Il matrimonio tra Silvio e Veronica sarà poi sciolto nel febbraio 2014 con una sentenza del Tribunale di Monza e un sostanzioso assegno per la ex moglie.

Berlusconi tornò sull'argomento il 24 maggio di quel burrascoso 2009 (in quei giorni circolarono anche foto di giovani donne sedute sulle ginocchia del premier a Villa Certosa) quando, allo stadio di San Siro, disse ai giornalisti che aveva visto Noemi solo quattro volte, nel corso di incontri "ufficiali", come del resto avrebbe potuto confermare lo stesso padre della ragazza. Quasi tredici anni dopo, nel febbraio 2022, Noemi, in versione bruna, divorziata, madre di tre figli, riapparve intervistata da *Report* su Rai 3 dichiarando che «il Cavaliere telefonava a me e a mio padre per spiegare cosa dovevamo dire. Lui è un potente, contro chi ti vai a mettere?» A ogni modo, nel 2009, il «ciarpame» delle "veline" aveva ormai inquinato la campagna per le Europee. Ergo: si registrò una marcia indietro elettorale del centrodestra, che risentì anche dell'attacco diretto fatto sull'argomento dal segretario del Pd, Dario Franceschini, che parlò di «decenza ormai superata», nonostante la discesa in campo, per difendere il papà, della figlia più grande del Berlusca, Marina.

A complicare l'ingarbugliata situazione, c'era stata anche la recente amicizia del Cavaliere con un imprenditore nel settore della sanità, Gianpaolo Tarantini, un pugliese dipinto dagli amici come un grande amante della vita e che, nell'agosto 2022, potevi vedere seduto in un paio dei più rinomati caffè di Cortina. Poco prima dell'incontro con Silvio, Tarantini aveva affittato in Costa Smeralda una villa non lontana da quella, a Porto Rotondo, dove il premier trascorreva le vacanze estive. Partecipò, così, a una cena a casa Berlusconi, la prima di diciotto riunioni conviviali che si svolsero tra la Sardegna e Roma: veri e propri festini, con tanto di giovani fanciulle che, in qualche caso, sarebbero anche state pagate per la loro presenza ai party. A completare il quadro, ci fu pure un'intervista, in quelle settimane, di Patrizia D'Addario, quarantenne, attraente, che raccontò di aver preso parte, su invito di Tarantini, a due cene a Palazzo Grazioli. Ad *Annozero*, Patrizia rivelò che Berlusconi sapeva che lei era una escort e spiegò anche perché era andata alla cena: voleva ottenere un aiuto finanziario per poter ristrutturare il suo residence nelle Puglie. Aggiunse che, in quell'occasione, le fu chiesto di candidarsi alle elezioni europee ma che poi non se ne fece nulla perché, nel frattempo, era scoppiato lo scandalo delle «cene eleganti» di Villa Certosa. In effetti, in seguito, Patrizia venne inserita nella lista di Raffaele Fitto per le amministrative di Bari e, assieme a lei, fu anche candidata un'altra ragazza portata a cena da Tarantini a Villa Certosa. Proprio l'imprenditore pugliese venne indagato nell'estate 2009 per sfruttamento della prostituzione: nell'interrogatorio, lui parlò di una trentina di escort che avrebbe portato a casa del premier. Nel 2021 la Cassazione, rigettando i ricorsi della Procura generale di Bari e della difesa, ha condannato in via definitiva Tarantini a due anni e dieci mesi per aver reclutato le ragazze dei "festini".

Anche Berlusconi venne tartassato dai guai giudiziari per il "capitolo veline": la situazione precipitò nel 2010, il 27 maggio, quando la polizia bloccò a Milano, sospettata di furto, Karima el-Mahrough, ribattezzata poi dai media "Ruby Rubacuori", una bella ragazza marocchina che era ancora minorenne e che aveva partecipato a varie «cene eleganti» (così le definiva il Cavaliere) che, nel frattempo, si erano trasferite ad Arcore. Quelle cene venivano chiamate «bunga bunga»: sul suo vero significato (era un termine tribale) i quotidiani si sbizzarrirono per mesi. Alcune delle ragazze partecipanti ai "festini" furono rinviate a giudizio con il processo Ruby-ter. Le veline di Arcore, che poi coinvolsero anche Emilio Fede, il direttore di Rete 4, e il talent scout Lele Mora, furono ribattezzate «olgettine» perché venivano alloggiate in un residence, la Dimora Olgettina, che si trovava alle spalle di Milano 2. Ebbene, la sera di quel 24 maggio Berlusconi, a Parigi per un vertice internazionale, telefonò ben sette volte – ricorda Travaglio in *B. come Basta!* – al capo di gabinetto della Questura di Milano, Pietro Ostuni, per indurlo a rilasciare la diciassettenne Ruby, nel timore di una possibile crisi diplomatica con l'Egitto, in quanto la giovane marocchina era «la nipote di Mubarak». Così la Questura la lasciò andare affidandola alle mani di Nicole Minetti, una ragazza venticinquenne ma già consigliere regionale della Lombardia, giunta nel cuore della notte in seguito al favore chiestole dal premier, in attesa di trovare per la "nipote" un posto in una comunità per minori immigrati. La Minetti la portò invece da un'amica di Ruby, una escort.

Nicole Minetti, riminese, procace e sexy, anche lei proiettata verso il mondo dello spettacolo, aveva fatto la valletta di *Scorie*, una trasmissione satirica di Nicola Savino su Rai 2, e partecipato al programma *Colorado Café* su Italia 1. Berlusconi la conobbe a uno stand di Publitalia dove lei faceva la hostess, la rivide poi al San Raffaele di Milano dove lavorava come igienista dentale. E, dopo aver anche lei partecipato alle cene eleganti, la impose nel 2010 come candidata nel listino blindato (e quindi con elezione garantita) di Roberto Formigoni per la Regione Lombardia.

L'aspetto più sconcertante della vicenda fu quello che accadde il 5 aprile 2011: i tre capigruppo della maggioranza – Fabrizio Cicchitto (Forza Italia), Marco Reguzzoni (Lega) e Luciano Sardelli (Gruppo Misto) – inviarono una lettera al presidente della Camera, Gianfranco Fini, chiedendo di sollevare un conflitto di attribuzioni fra i poteri dello Stato; secondo loro, il Cavaliere, accusato di prostituzione minorile e di concussione, non poteva essere giudicato da un tribunale normale ma solo dal tribunale dei ministri in quanto il reato più grave, la concussione, era semmai stato commesso da Berlusconi come presidente del Consiglio nell'esercizio delle sue funzioni. Il premier aveva in sostanza telefonato in Questura agendo «nell'esercizio delle funzioni di governo» per la tutela di un «interesse dello Stato costituzionalmente rilevante», quello cioè di evitare un incidente diplomatico con il Cairo nonostante la ragazza fosse marocchina.

La Camera dette così credito a quella "bufala" e approvò la mozione «Ruby nipote di Mubarak» che sollevava presso la Consulta il conflitto di attribuzioni fra poteri dello Stato contro il Tribunale di Milano. La stessa scena si ripeterà poi il 15 settembre al Senato. Il 6 luglio 2011, ricorda Gianni Barbacetto sul «Fatto Quotidiano», la Corte costituzionale dichiarò ammissibile il conflitto sollevato dalla Camera. Ma il 14 febbraio 2012 «arrivò, con un comunicato di due righette, la decisione dei giudici: "In relazione al conflitto sollevato dalla Camera dei deputati nei confronti della Procura della Repubblica presso il Tribunale di Milano e del giudice per le indagini preliminari presso lo stesso Tribunale, la Corte ha respinto il ricorso"».

La vicenda giudiziaria per il caso Ruby andò avanti fino al 2015, quando la Cassazione confermò la sentenza d'appello che aveva mandato assolto Berlusconi per concussione («perché il fatto non sussisteva») e per induzione alla prostituzione minorile, perché l'imputato non sapeva che la giovane nordafricana fosse minorenne all'epoca dei fatti. Al primo processo del 2013 era stato invece condannato a sei anni più uno. Appena emessa la sentenza di assoluzione, Silvio fece pubblicare un comunicato stampa per spiegare che, grazie all'assoluzione, era «una bella giornata per la politica, per la giustizia, per lo stato di diritto». La nota aggiungeva che comunque restava «il rammarico per una vicenda che ha fatto innumerevoli danni non solo a me, alla mia famiglia e alle altre persone innocenti coinvolte, ma a tutti gli italiani, alla vita politica del nostro Paese, alla nostra immagine nel mondo». Solo che da questa costola ne nacquero altri, fino al Ruby-ter.

Nonostante tutto, Silvio, forse rammentando i bei tempi andati in cui faceva l'animatore nei locali della riviera romagnola, non perse l'abitudine di sciorinare le sue battute un po' salaci. Un piccolo esempio personale? Un giorno aveva convocato Giancarlo, ancora parlamentare, a Palazzo Grazioli assieme a un altro onorevole del suo partito, Santo Versace, il fratello dello stilista. Nel colloquio il Cavaliere si lamentò per la situazione politica che, dopo il trionfo del 2008, era molto peggiorata per il centrodestra, con scenari che si facevano sempre più grigi. Poi, all'improvviso, tacque e, a quel punto, concluse sorridendo: «Ragazzi, consoliamoci: finché c'è la lingua...» Nello stesso periodo, il 17 settembre 2008, in una conversazione telefonica (registrata a sua insaputa) espose a Gianpaolo Tarantini quel che poteva essere in quel periodo la sua filosofia in fatto di sesso: «La patonza deve girare...» Già, la patonza, quella che Gianni De Michelis, ex ministro degli Esteri nei governi Craxi e anche lui farfallone, chiamò nel modo corretto parlando con Confalonieri dello stile di vita del Cavaliere: «Digli di non pensare alla f...» In un'altra occasione, nel novembre 2010, Silvio susciterà un altro vespaio affermando alla Fiera di Milano: «Meglio essere un amante delle belle donne che essere gay».

Sul «Corriere» Sergio Romano commenterà: «Berlusconi sta distruggendo ciò che è riuscito a fare in questi anni. Conoscevamo il suo carattere, le sue debolezze, il suo conflitto di interessi, leggi *ad personam* e certi aspetti goliardici della sua personalità. Sapevamo che i suoi continui scontri con la magistratura rappresentavano un rischio per la tenuta delle istituzioni e l'equilibrio fra i poteri dello Stato». Su «La Stampa» Luigi La Spina parlerà della fine del «ventennio berlusconiano». E «Famiglia cristiana», svelando già allora il sogno ambizioso del Cavaliere di salire sul Colle, scriverà: «Non assistiamo soltanto a una tegola sulla testa del Berlusconi politico, primo ministro in carica e aspirante al Quirinale. Né stavolta si può parlare di complotto giudiziario, o tanto meno poliziesco». Il settimanale cattolico metterà in evidenza i problemi che quello stile di vita berlusconiano comportava: «La credibilità, meglio ancora la dignità, dell'uomo che governa il Paese; i riflessi sulla vita nazionale e sui rapporti con l'estero; l'esempio che dall'alto viene trasmesso ai normali cittadini». Parole al vento. Con Berlusconi fu introdotto ufficialmente agli occhi di tutti quel sistema che Paolo Guzzanti chiama «mignottocrazia». Termine recepito, anche questo, dalla Treccani. Nel maggio 2022 (quindi ben otto anni dopo il suo inizio, nel 2014) il Pm del processo Ruby-ter, una donna, Tiziana Siciliano, terrà a Milano una durissima requisitoria parlando persino di «odalische» e di «schiave sessuali» che allietavano le serate del «sultano».

Comunque, tutto quel trambusto causato anche dai vari processi in cui erano imputate le partecipanti alle cene eleganti, convinse Berlusconi a mostrare di avere messo la testa un tantino a posto. E nel gennaio 2011 dichiarò in un video-messaggio che «da quando mi sono separato... ho avuto uno stabile rapporto di affetto con una persona». Emerse così il nome di Francesca Pascale, napoletana di Fuorigrotta con tanta voglia di entrare nel mondo dello spettacolo per quanto, dicono, senza il fisico da top model. Ma, osservano Mariagiovanna Capone e Nico Pirozzi in *Francesca e il Cavaliere*, «ha carattere e perseveranza, [...] è tosta, furba, ambiziosa, battagliera, con il viso fotogenico», partecipava a un programma trash che nel 2003 sbancava nelle televisioni private, *TeleCafone*, quasi una parodia di *Drive In*. E sbancò anche un suo video *O' calippo* con lei sulla spiaggia e un gelato in mano. In seguito si trasformò politicamente in una *pasionaria* partecipando a Napoli agli incontri tra gli azzurri di Forza Italia, parlava con entusiasmo di Berlusconi anche se non aveva mai votato, insieme ad altre due ragazze napoletane partecipava, su indicazione di Fulvio Martuscello, fratello di Antonio, l'ex coordinatore di Forza Italia nella regione, a una serie di iniziative per attrarre stampa e televisioni. E qualcuno s'inventò la frase «Silvio ci manchi», una specie di tormentone a base di T-shirt, volantini, adesivi: una specie di "chiamata alle armi" femminile. Fu creata anche un'associazione con quel nome, la Pascale fu scelta come presidente, trovò anche un lavoro a Roma nella sede di Forza Italia. Nell'ottobre 2006 l'incontro con Silvio. E nel maggio 2009 sarà pure eletta al Consiglio provinciale di Napoli, presidente Luigi Cesaro, con il 36,7% delle preferenze.

Con Francesca si formò anche quello che fu chiamato il «cerchio magico» di Berlusconi, un gruppetto ristretto di donne considerate le «più fidate e affidabili». Un gruppetto, osserva Mariagiovanna Capone, che ha «accesso alle stanze del potere, lui si confida con loro sulle strategie di cui approfittare, traditori da epurare, discorsi e proclami da pronunciare possibilmente nelle vicinanze di una telecamera e di folle appassionate». La più ascoltata era Maria Rosaria Rossi, deputata e sulla quarantina, già animatrice nei locali notturni della Capitale, quindi organizzatrice di festicciole nel castello di Tor Crescenza con altre ragazze del partito (Annamaria Calabria, Jole Santelli, Gabriella Giammanco, e per questo motivo chiamate dalla stampa «crescentine»), ottima intelligenza, soprannominata "la badante" di Silvio, amica di Francesca Pascale. Aveva un potere tale da mettere quasi in secondo piano quello di Paolo Bonaiuti. Nel gruppetto c'erano anche, riporta *Francesca e il Cavaliere*, Alessandra Ghisleri, dal 2006 la sondaggista di Berlusconi, quasi invisibile ma sempre presente, e Michaela Biancofiore, la deputata di Bolzano.

Il fidanzamento con la Pascale fu annunciato ufficialmente nel 2012 a *Domenica Live* su Canale 5, l'ammiraglia del gruppo. E la conduttrice, Barbara D'Urso, chiese con gli occhi ammiccanti sapendo già la risposta: «Ma presidente, mi si è fidanzato?» E lui: «Sì, è ufficiale, mi sono fidanzato. È napoletana, una ragazza bella di fuori ma ancora più bella di dentro. [...] Ci conosciamo da sette anni ed è molto amica di mia figlia Marina». Sembra che solo Barbara, la prima figlia di Veronica e di un anno più grande della Pascale, abbia storto il naso all'annuncio. Tra i due fidanzati 49 anni di differenza, quasi mezzo secolo. E Francesca portò in famiglia anche un barboncino bianco, Dudù. Poi arriverà anche Dudina.

# 22.

# Il lungo autunno

«Il 9 novembre 2011 è il 18 brumaio, il giorno del colpo di Stato di Napoleone su cui scrisse Marx. La nomina di Monti è stata il 18 brumaio di Napolitano.»
Claudio Petruccioli, 2011

«Aveva talvolta la tendenza a rinviare le riforme strutturali, a cominciare da quelle sulle pensioni... e sulle liberalizzazioni.»
Mario Monti in *Il Palazzo e la piazza*

«Diciotto anni fa sono entrato in campo, una follia non priva di saggezza, ora preferisco fare un passo indietro per le stesse ragioni d'amore che mi spinsero a muovermi allora...»
Silvio Berlusconi, 25 ottobre 2012

La situazione economica del Belpaese si fece particolarmente critica nel 2011 tanto da far paventare un nuovo 1929. Due i fatti principali che avevano fatto suonare l'allarme rosso: nel giugno 2011 Standard & Poor's, la società di *rating*, aveva indicato con il pollice all'ingiù la situazione dell'Italia; inoltre la Deutsche Bank aveva preferito vendere tutti i nostri Btp in suo possesso per complessivi 6 miliardi di euro. Se fino a quel momento non eravamo ancora considerati tra i *Pigs*, i Paesi europei economicamente più deboli (Portogallo, Irlanda, Grecia e Spagna), a quel punto precipitammo anche noi nel baratro. Napolitano giocò tutte le sue carte su Monti, anche perché era stato convinto a fare quel passo dai tanti apprezzamenti internazionali nei confronti dell'ex commissario europeo. Così il «Ft Deutschland» descrisse il professore in loden: «Asciutto, obiettivo, ligio alle regole e un po' rigido. Monti ha tutte le qualità che mancano a Berlusconi».

Il governo di Monti fu il secondo governo tecnico nella storia repubblicana dopo quello di Lamberto Dini. Il senatore a vita aveva un background di alto prestigio: bocconiano, specializzazione a Yale con il Nobel James Tobin, docente già a 33 anni prima a Trento, poi a Torino, quindi a Milano con l'obbligo per gli studenti di dare del lei e di indossare la cravatta, rettore della Bocconi dopo la morte di Giovanni Spadolini, commentatore del «Corriere», consigliere della Fiat, della Banca Commerciale, di Coca-Cola, Goldman Sachs, Moody's, collaboratore della Banca d'Italia, commissario europeo per il mercato interno nel periodo Santer, commissario europeo per la concorrenza nel periodo Prodi cominciando a obbligare, ricorda Pino Corrias in un suo ritratto dell'economista pubblicato su «Il Fatto Quotidiano» nel dicembre 2021, «persino la Microsoft di Bill Gates e la General Electric a pagare multe per centinaia di milioni di dollari». Insomma, «un sacerdote del rigore». E con l'occhio attento a non perdere colpi.

Definì il suo governo «di impegno nazionale». E scelse personalità al di fuori della politica attiva, con tre donne nei posti chiave: Paola Severino, avvocato di vip e di grandi imprese, alla Giustizia (è la prima donna nella storia italiana in quell'incarico); Anna Cancellieri, prefetto, all'Interno;

Elsa Fornero, economista, al Lavoro. E poi Piero Gnudi al Turismo, Fabrizio Barca alla Coesione territoriale, Enzo Moavero Milanesi agli Affari europei, Filippo Patroni Griffi alla Pubblica amministrazione, Andrea Riccardi alla Cooperazione internazionale, l'ambasciatore Giulio Terzi di Sant'Agata agli Esteri, l'ammiraglio Giampaolo Di Paola alla Difesa, Francesco Profumo all'Istruzione, Lorenzo Ornaghi alla Cultura. Ministro dello Sviluppo economico (con ampia delega alle telecomunicazioni e ai trasporti, settori in cui aveva operato in passato, facendogli quindi assumere il ruolo di controllore anche di società da lui guidate) fu il banchiere Corrado Passera: un *McKinsey boy* che era stato capo di Banca Intesa (l'istituto in prima fila nell'iniettare quattrini al gruppo Mediaset) e in passato a lungo il "delfino" di Carlo De Benedetti. Proprio a fianco dell'Ingegnere, Passera aveva combattuto la «guerra di Segrate» contro Berlusconi per la conquista della Mondadori. Con questi precedenti, alla fine del 2012 Passera boccerà l'ipotesi di una nuova discesa in campo di Berlusconi, sostenendo su «Il Sole 24 Ore» che un ritorno al passato agli occhi del mondo non sarebbe stato considerato un bene per l'Italia: «Dobbiamo dare la sensazione che il Paese va avanti».

Il ruolo di ministro dell'Economia toccò a Vittorio Grilli, ex direttore generale del Tesoro con Domenico Siniscalco, Tommaso Padoa-Schioppa e anche con Tremonti. Eppure proprio Grilli ha paradossalmente avuto qualcosa in comune con Berlusconi: anche lui ha dovuto sostenere un divorzio miliardario dalla moglie, l'imprenditrice Lisa Lowenstein. Vittorio e Silvio erano accomunati dal fatto che la Cassazione, proprio per la vicenda coniugale che riguardava Grilli, emise nel maggio 2017 una sentenza che stabiliva un precedente: il matrimonio non avrebbe più potuto essere considerato una sistemazione economica definitiva. In altre parole, con quella sentenza, non veniva più garantito il mantenimento del tenore di vita goduto durante la convivenza e poteva essere applicata, *tout court*, anche per il divorzio di Silvio con Veronica Lario. Detto e fatto: un sospiro di sollievo per il Berlusca, considerando quanto la fine del rapporto con la ex moglie gli stesse costando in soldoni. Anche un miliardario dà ogni tanto un'occhiata ai suoi conti… per quanto Berlusconi avesse già pensato a tutelare parte del suo patrimonio. Nell'aprile 2016 un consorzio internazionale di giornalisti investigativi (in inglese ICIJ) rivelò un elenco riservato di oltre 214.000 società offshore (comprese le identità degli azionisti e degli amministratori), quotate a Panama da un fornitore di servizi, Mossack Fonseca. Esplose così lo scandalo dei *Panama Papers*. Nella lista comparve il nome di Berlusconi insieme a quello di Adriano Galliani.

Quel governo dei tecnici cercò davvero di voltare pagina, a cominciare dalle riforme – dalle pensioni alle liberalizzazioni – sempre rinviate dall'ultimo esecutivo dell'ex premier. Senza accorgersi (o facendo finta di non accorgersi) di un paradosso messo in evidenza da Marco Travaglio in *Berlusmonti*: nel novembre 2011 definì un'«avventura» quella di Monti perché «chiamato a saltare più alto della classe politica che gli ha dato la fiducia dopo averla data ai governi che ci hanno trascinati nelle sabbie mobili, soprattutto l'ultimo di Berlusconi. Visti i livelli raggiunti dalla corruzione e dall'evasione, Monti dovrà fare leggi anticorruzione e antievasione, ma soprattutto farle approvare da quei partiti che da diciassette anni non ne hanno mai voluto sapere (dal 1999 si sono alternati tre governi di centrosinistra e due di centrodestra, ma nessuna maggioranza ha neppure tentato di ratificare la convenzione anticorruzione siglata a Strasburgo nel 1999 da tutti gli Stati membri del Consiglio d'Europa, Italia compresa)».

Una strada quindi tutta in salita. E in effetti la riforma sulle pensioni creò molte polemiche, perché congelò per due anni le pensioni più basse di migliaia di italiani. Un prezzo da pagare molto alto che costrinse Elsa Fornero, una delle più grandi esperte in materia previdenziale, a interrompersi e a commuoversi mentre spiegava davanti alla tivù il provvedimento. Un colpo di scena da parte di una donna capace di dominare le emozioni davanti ai suoi studenti. E invece quel giorno, mentre stava cominciando a pronunciare la parola «sacrificio», il suo tono cambiò: riuscì a dire «abbiamo dovuto, e questo ci è costato anche psicologicamente, chiedere un sacr...», non riuscì a finire la parola e poi il volto si rigò di lacrime. Monti, accanto a lei, intervenne subito: «Posso?» Il ministro fece di sì con il capo. E lui: «...interpretare il sacrificio, così efficacemente trasmesso dal ministro Fornero, riguarda la deindicizzazione delle pensioni». E col volto tirato, lei riprese poco dopo a spiegare il provvedimento che venne accolto male da molti italiani.

Monti tentò anche di avviare la riforma del mercato del lavoro ma senza i risultati sperati e quell'insuccesso accese la spia rossa sulla tenuta del suo esecutivo tanto che il «Wall Street Journal», davanti alla versione finale della riforma, titolò nell'aprile 2012: *Resa all'italiana*. Un grande risultato l'ottenne sul fronte europeo quando, tra il 27 e il 28 giugno 2012, il senatore pose una specie di *aut aut*: l'Italia avrebbe approvato il piano di crescita solo se ci fosse stato un accordo per l'adozione di uno scudo europeo anti-spread; nell'occasione, Mario Monti, "Super Mario 1", trovò l'appoggio di Mario Draghi, "Super Mario 2", che si era appena trasferito a Francoforte alla guida della Bce. Per superare quell'*impasse*, il presidente del Consiglio europeo, l'olandese Herman Van Rompuy, organizzò all'ultimo momento una cena verso le dieci di sera tra i partecipanti all'eurosummit e, prima di andare a tavola, Monti e Draghi ebbero quindi il tempo di poter vedere assieme in tivù la partita Italia-Germania degli Europei di calcio: in quel modo i due autorevoli interlocutori poterono fraternizzare. Ma chi contribuì a farli entrare in grande sintonia? Un altro Mario, Balotelli, che giocava nella squadra azzurra e che attirò l'attenzione di entrambi i telespettatori. Tutto bene, tranne un particolare: chi sarebbe diventato il grande sponsor del terzo Mario? Proprio Berlusconi che, poco tempo dopo, avrebbe portato il calciatore di origini ghanesi nella sua squadra, il Milan, e successivamente, nel 2020-2021, anche nel Monza che era diventato di sua proprietà. In un modo o nell'altro, insomma, l'ombra del Cavaliere ha continuato ad aleggiare dietro le grandi manovre dell'Italia.

Comunque sia, la promessa di Draghi di aprire i cordoni della Bce (*«whatever it takes»*) con acquisti illimitati di debito pubblico nei Paesi che l'avessero richiesto, servì a calmare i mercati e lo spread italiano. Nello stesso tempo era cominciato il lungo autunno di Berlusconi, che non si sentiva più a suo agio nei nuovi scenari della politica italiana. Troppi rimescolii di carte, troppi colpi di scena, troppe incursioni giudiziarie, era anche scoccata l'ora di un famoso comico, Beppe Grillo, che aveva dato vita al partito dei grillini, i Cinque Stelle. Per Silvio la misura era davvero colma e il 24 ottobre 2012, in un'intervista tivù a Palazzo Grazioli, annunciò la sua decisione: era pronto a un passo indietro, aprendo la fase delle primarie nel partito. Angelino Alfano avrebbe dovuto essere il suo successore. Ma, ancora una volta, non aveva fatto i conti con la giustizia perché, appena due giorni dopo quell'intervista che preannunciava il suo parziale disimpegno dalla politica, il Tribunale di Milano emise il verdetto del processo per frode fiscale negli acquisti da parte di Mediaset dei diritti televisivi durante gli anni Novanta: per Silvio 4 anni di carcere (di cui 3 condonati per l'indulto del luglio 2006, quando non era più in carica il terzo governo berlusconiano), 5 anni d'interdizione dai pubblici uffici ridotti in seguito a due. Il Cavaliere non riuscì a frenarsi ed esplose: «Condanna politica, incredibile e intollerabile, da Paese barbaro e incivile».

A quel punto, Berlusconi ci ripensò e convocò il 27 ottobre i giornalisti a Lesmo (in quella Villa Gernetto che lui aveva ristrutturato due anni prima) e dichiarò che, anche se non si sarebbe candidato a diventare premier al posto di Monti (aveva appena ricevuto un secco no dal professore in loden alla sua offerta di diventare il leader dei moderati durante una cena a Palazzo Chigi), sarebbe, comunque, rimasto in campo per contrastare quella che lui definì la «magistratocrazia», la dittatura dei magistrati. L'indomani il Pdl perse ben venti punti alle regionali in Sicilia, scendendo al 12,9%, mentre i Cinque Stelle diventarono il primo partito con il 14,9%. Due mesi dopo, nel dicembre di quello stesso anno, Berlusconi cambiò di nuovo idea: niente più primarie, perché si ricandidava come prossimo premier. Convinse pure Alfano a dichiarare «conclusa l'esperienza del governo Monti». L'esecutivo tecnico restò in carica per 529 giorni fino al 28 aprile 2013. E perse la maggioranza per un motivo molto semplice: il berlusconiano Pdl si era fatto da parte quattro mesi prima. L'ex rettore della Bocconi dovette issare bandiera bianca ma fino a un certo punto, perché già in precedenza, nel febbraio 2013, aveva deciso di candidarsi con una propria lista, Scelta Civica, alle imminenti elezioni politiche. Non ebbe molta fortuna. Ma andò peggio al Pdl guidato da Berlusconi: perse sei milioni e mezzo di voti. E non andò neppure bene al Pd di Pierluigi Bersani che aveva promesso di «smacchiare il giaguaro».

Se Roberto Napoletano in *Il Cigno nero e il Cavaliere bianco* ha parlato di una pista tedesca (quella della Merkel) abbinata a una pista francese (formata da Sarkozy, da Trichet, il predecessore di Draghi alla Bce, e dalla direttrice del Fmi, Christine Lagarde) che contribuirono alla caduta del Berlusconi IV, il *de profundis* dell'esecutivo dell'ex commissario europeo venne così suonato proprio dal Cavaliere con il passo indietro del suo partito. I rapporti personali tra Silvio e Monti saranno anche stati buoni per un certo periodo, ma resta il fatto che, a togliere l'ossigeno al governo dei tecnici, fu proprio il partito del Cavaliere: una vendetta a scoppio ritardato? A ogni modo con le nuove elezioni nessuno aveva più i numeri per governare. Così Napolitano congelò la crisi fino alla nomina del suo successore sul Colle (al Quirinale resterà lui dopo che erano state "bruciate" le candidature di Franco Marini e Romano Prodi), mentre Berlusconi dette vita a una scena che Travaglio definisce in *B. come Basta!* «degna del film di Nanni Moretti *Il Caimano*»: fece sfilare sulle scalinate del Tribunale di Milano, alla guida del neosegretario Alfano, un centinaio di deputati appena eletti per protestare contro i giudici che stavano concludendo il processo Ruby; Silvio non c'era, era stato ricoverato al San Raffaele per una uveite.

Alla fine il riconfermato Napolitano dette l'incarico di formare il nuovo governo a Enrico Letta, nipote di Gianni ma militante nel Pd. Con Alfano vicepresidente e ministro dell'Interno, Fabrizio Saccomanni all'Economia, Emma Bonino agli Esteri, la Cancellieri sempre alla Giustizia, Mario Mauro alla Difesa. E, per la prima volta nella storia repubblicana, una donna di colore, Cécile Kyenge, congolese, all'Integrazione (qualche tempo dopo le vennero lanciate addosso bucce di banana durante un dibattito pubblico, a Cervia, moderato da Giancarlo). Un governo chiamato delle «larghe intese», l'unico del resto possibile dopo l'esito delle elezioni, che vide il Pd di Pierluigi Bersani con la maggioranza alla Camera ma non al Senato. Un governo che Gianfranco Fini definì invece, in *Il ventennio*, delle «piccole intese, figlio della impotenza della politica più che come scelta consapevole». Di fatto un governo Letta-

Berlusconi. Infatti Silvio ne fu contento, disse di Enrico Letta: «Appartiene a una famiglia che conosciamo bene, certamente anche Letta nipote è un'ottima persona». Poi il Cavaliere tornò alla sua guerra contro la magistratura, dicendo che i giudici «vogliono farmi fuggire come Craxi» e che stavano preparando un «nuovo piazzale Loreto». Già, perché si stava avvicinando il tempo del verdetto della Cassazione sul processo Mediaset. Più di una volta Ghedini lo avvertì: «Ti faranno fare la fine di Silvio Pellico».

Friedman descrive così in *My Way* le ore prima della sentenza, il 1° agosto 2013, un giovedì, a Palazzo Grazioli: «L'umore, al quartier generale romano di Berlusconi, era funereo. [...] Gli assistenti correvano avanti e indietro dallo studio del presidente al piano nobile dell'imponente palazzo barocco a pochi passi da piazza Venezia. Domestici in livrea giravano con piccoli vassoi d'argento per offrire caffè e acqua minerale ai numerosi ospiti, Asserragliato nel suo studio, Berlusconi riceveva una processione di delegazioni politiche, collaboratori, consiglieri, amici e familiari. Era barricato da giorni nel suo ufficio presidenziale, quello con le pareti damascate e le consolle dorate su cui sono esposti ricordi di lui con gli amici Bush e Putin. Riceveva un ospite dopo l'altro». Nel pomeriggio arrivò anche Marina, la figlia maggiore, presidente di Fininvest e di Mondadori; lui era sempre nel suo studio con Niccolò Ghedini e Gianni Letta. Al primo piano del palazzo i collaboratori principali di Berlusconi, con Angelino Alfano, ministro dell'Interno e segretario del Pdl, e ritratto da Friedman con una pennellata corrosiva: «Non si poteva dire che brillasse per carisma».

Berlusconi rimase per un'ora da solo con Marina, quindi cominciò a scrivere a mano il testo del video-messaggio di nove minuti da trasmettere sulle reti televisive in caso di condanna. Poi fece sistemare la stanza per la registrazione e si sedette con la figlia sul divano davanti al televisore: alla fine arrivò la sentenza della Corte di Cassazione pronunciata in diretta televisiva. Colpevole, condanna definitiva per le frodi fiscali Mediaset perché, spiegherà la motivazione della sentenza, Berlusconi fu l'ideatore, l'organizzatore e il beneficiario del sistema di frodi fiscali nei paradisi offshore da lui creato e sviluppato fin dagli anni Ottanta. Fu firmata da tutti i cinque giudici della Corte, anche se poi uno – rileverà Travaglio in *B. come Basta!* – «si dissocerà privatamente visitando lo stesso Berlusconi». L'indomani mattina due carabinieri ritirarono a Silvio il passaporto. Raccontò a Friedman l'emozione del dopo sentenza: «Più che un'emozione, provai una specie di incredulità. [...] Quella sentenza è un'assurdità, un obbrobrio. È una ferita profonda, inferta non solo a me ma all'intera giustizia italiana». Parlò anche di «un colpo di Stato giudiziario». Fu, rileva Alan Friedman, «non solo una sconfitta per un uomo da sempre abituato a vincere, per Berlusconi rischiava di essere l'inizio della fine».

Neppure un mese e mezzo più tardi, il 17 settembre 2013, un'altra mazzata: la Fininvest fu condannata dalla Cassazione a versare 494 milioni di euro come risarcimento danni e interessi a Carlo De Benedetti per la «guerra di Segrate». Nella causa penale erano stati condannati Previti e il giudice Metta, mentre Berlusconi era stato assolto; la causa civile pose forti problemi di liquidità al gruppo. E

Silvio cominciò un'altra attraversata nel deserto decidendo comunque, racconta Friedman, «di reinventarsi politicamente». Lo fece con rabbia. Commenta Gianfranco Fini in *Il ventennio*: «Il governo Letta è la fotografia impietosa di una democrazia che ha perso la bussola, che gira a vuoto e su se stessa. La sentenza della Cassazione e la definitiva condanna di Berlusconi hanno innescato il cortocircuito finale del nostro fragile sistema politico-istituzionale: il consolidato bipolarismo muscolare ha subito un'ulteriore metamorfosi e ha assunto sembianze degne di un romanzo di fantapolitica». Già, perché la condanna di Berlusconi lo rendeva ineleggibile, lo privava del diritto di voto, lo faceva decadere da senatore in base alla legge Severino. Ma con immutato vigore il Cavaliere (perse persino questo titolo) ripartì a 77 anni per una nuova crociata: fece chiedere la grazia a Napolitano che si barcamenò ma poi non la dette, provò qualche altra strada perché non venisse votata la sua decadenza, chiese («ordinò», sostiene Friedman) a tutti i suoi parlamentari, ministri compresi, di dimettersi. Si sfogò: «Sono 55 notti che non dormo, ho perso 11 chili, uno per ogni anno di galera che vorrebbero farmi fare per Mediaset e Ruby. C'è un'operazione eversiva contro di me, la democrazia non c'è più». Uscì anche dalla maggioranza spaccando il Pdl, perché quattro dei suoi cinque ministri (Alfano, Beatrice Lorenzin, Maurizio Lupi, Nunzia De Girolamo) ritirarono le dimissioni e fondarono il Nuovo Centrodestra continuando ad appoggiare Letta.

Gustavo Zagrebelsky, il costituzionalista, parlò nell'ottobre 2013 con Liana Milella di «un'Italia prigioniera del berlusconismo». E disse caustico su «la Repubblica»: «In

Italia esiste solo una messinscena della politica. La politica comporta il confronto tra idee e progetti. Oggi mancano le idee e i progetti, e a maggior ragione manca il confronto. Dunque, manca la politica. Venendo meno la politica, la democrazia stessa deperisce. Perché mai i cittadini si dovrebbero impegnare, anche solo nella cabina elettorale, se tanto tutto è destinato a restare quello che è? Viviamo da alcuni anni in stato di necessità. Ma la democrazia è lo stato della libertà». E alla domanda se Berlusconi fosse ancora vivo politicamente o già finito in archivio, aggiunse: «A me non interessa tanto questo; mi interessa piuttosto che, Berlusconi o non Berlusconi, ci si occupi dei problemi del nostro Paese, la cui gravità Berlusconi ha contribuito ad accentuare e che rimarranno tali e quali davanti a noi, anche senza di lui».

Il 27 novembre Silvio venne espulso dal Senato, resuscitò Forza Italia, passò all'opposizione del governo Letta. Negli stessi giorni Matteo Renzi, un giovanotto ambizioso dallo sguardo furbo e dalla buona parlantina, ex sindaco di Firenze, vinse le primarie del Pd diventando segretario del partito. A metà gennaio 2014 Renzi e Berlusconi si incontrarono a Roma nella sede del Pd, in largo del Nazareno. E si misero d'accordo per la riforma elettorale e la riforma costituzionale. L'intesa, chiamata il «patto del Nazareno», consentì a Berlusconi di ritornare platealmente sulla scena politica nonostante la condanna. Il 22 febbraio altro colpo di scena: dopo aver giurato che non avrebbe fatto cadere il governo Letta (gli rivolse una frase diventata celebre: «Stai sereno»), Renzi, che non era nemmeno parlamentare, cambiò idea, lo buttò a mare (rimase famosa anche la cerimonia dello scambio delle consegne con Letta jr. dal volto rabbuiato e Renzi dal sorriso smagliante) ed entrò a Palazzo Chigi con la stessa maggioranza. Cambiarono i ministri con una robusta presenza femminile: Pier Carlo Padoan all'Economia, Federica Mogherini agli Esteri, Renata Pinotti alla Difesa, Federica Guidi allo Sviluppo economico, Marianna Madia alla Pubblica amministrazione, Maria Carmela Lanzetta agli Affari regionali, Maria Elena Boschi alle Riforme costituzionali, Maurizio Martina all'Agricoltura, Gianluca Galletti all'Ambiente, Giuliano Poletti al Lavoro, Stefania Giannini all'Istruzione, Dario Franceschini alla Cultura. Del vecchio governo rimasero Alfano agli Interni, Andrea Orlando spostato alla Giustizia, Maurizio Lupi alle Infrastrutture, Beatrice Lorenzin alla Salute.

Il governo Renzi durerà tre anni e mezzo. E Forza Italia (con Berlusconi che avrà una decina di incontri con il neo-premier) voterà la stragrande maggioranza dei suoi provvedimenti. Tanto più, riferisce Travaglio sul «Fatto Quotidiano» nel gennaio 2022, che furono «copiati dal programma berlusconiano: *Jobs Act*, abolizione dell'articolo 18 dello Statuto dei lavoratori, "Buona Scuola", responsabilità civile dei giudici, soglie di impunità più alte per la frode e l'evasione fiscale, aumento a 3000 euro della soglia per i pagamenti in contanti, riforma costituzionale per un premier più forte e un Parlamento più debole (col Senato ridotto a dopolavoro per sindaci e consiglieri regionali), legge elettorale "Italicum" (deputati non eletti ma ancora nominati dai capi-partito e premio di maggioranza abnorme, peggio del "Porcellum"), abrogazione dell'Imu sulle prime case dei ricchi, rilancio del Ponte di Messina». A Renzi, «il finto ribelle che serviva per mantenere lo *status quo*» osserva Andrea Scanzi in *Renzusconi*, verrà attribuito il soprannome di «rottamatore».

Berlusconi comunque si ritrovò anche con altri problemi. Il 10 aprile, un mese prima dell'udienza del suo processo in Cassazione, Marcello Dell'Utri fuggì in Libano. E Silvio s'inventò una delle sue per coprirne la latitanza: «L'ho mandato io a Beirut perché il presidente russo Putin mi ha chiesto di sostenere la campagna elettorale di Nadim Gemayel». Per molti una storiella un po' tirata. Comunque, il 9 maggio la Cassazione condannò definitivamente Dell'Utri latitante in Libano a 7 anni per concorso esterno in associazione mafiosa e, una volta ottenuta l'estradizione, fu tradotto nel carcere di Parma dove, annota sempre Travaglio, «era recluso anche Totò Riina». Travaglio annota anche che, nelle motivazioni della sentenza, la Cassazione citò «137 volte» il nome di Berlusconi il quale, dal canto suo, iniziò il 14 maggio il periodo di servizi sociali all'ospizio per anziani Sacra Famiglia di Cesano Boscone, alle porte di Milano. Una visita settimanale di qualche ora, di solito il venerdì, al reparto occupato da una sessantina di malati di Alzheimer. A loro Silvio porterà dolcetti e Maurizio Crozza lo imiterà nelle sue trasmissioni, anche in maniera un po' troppo cruda.

Berlusconi avrà avuto tanti difetti ma anche i suoi critici più accesi non potranno negare la sua grande capacità di ripartire: lui è sempre stato pronto a voltare pagina. E anche questa volta cominciò ad attorniarsi di facce più o meno nuove: Maria Rosaria Rossi, "la badante", Valentino Valentini che già da tempo gli teneva i rapporti con Mosca, l'ex Rai Deborah Bergamini. E licenziò improvvisamente Paolo Bonaiuti, con lui da una ventina d'anni. Per Bonaiuti fu un fulmine a ciel sereno. Racconterà Giorgio Lainati, ex parlamentare berlusconiano e primo capo ufficio stampa di Forza Italia: «Venne fatto fuori dalla mattina alla sera, per essere sostituito da persone che non erano giornalisti. Si vide tolto l'ufficio che aveva a Palazzo Grazioli nel giro di poche ore. Paolo non se n'è mai capacitato, vive la lealtà più di tutti». Forse aveva compiuto qualche scivolone ma in effetti Bonaiuti era molto leale con Silvio, lo paragonava di volta in volta a Fausto Coppi, John Wayne, persino a Rocky, «un pugile che non si dà mai per vinto», al punto che la stampa lo prendeva quasi in giro disegnandolo con aria sognante mentre guardava parlare il suo capo. Cosa che accadeva spesso. E con dolore se ne andò con Angelino Alfano. Una brava persona, possiamo confermarlo: Alberto aveva lavorato con lui a «il Giorno», Paolo ci chiamava i "*Mazuk boys*". Se ne andò invece volontariamente un altro che aveva quasi beatificato Berlusconi, l'ex ministro Sandro Bondi. Nell'aprile 2014 inviò una lettera a un giornale dicendo che «il progetto politico di Forza Italia era fallito». Passò poi al Gruppo Misto.

Un'altra grande uscita fu quella della mitica Marinella, l'onnipresente segretaria andata in pensione dopo tanti anni tra Arcore e Roma. Marinella è stata una vera stakanovista e, racconta Vittorio Testa in *B*, era solita dire ai giornalisti che le chiedevano un giudizio su Silvio: «Il Dottore è la persona che dopo mia madre ho amato di più al mondo. Gli sarò eternamente grata». Entrò invece a far parte del cerchio magico Giovanni Toti, ex socialista, ex giornalista Mediaset, quindi europarlamentare con qualche chilo di troppo che Berlusconi cercò di far smaltire, quindi presidente della Regione Liguria, per poi staccarsi da Forza Italia e fondare un piccolo partito, Cambiamo!

Nel gennaio 2015, alla soglia dei novant'anni, Napolitano si dimise da capo dello Stato dopo appena un anno e mezzo dalla seconda nomina. E al suo posto venne eletto Sergio Mattarella senza i voti del centrodestra. Berlusconi, che voleva invece Giuliano Amato dietro la promessa, a quanto si disse, della eventuale grazia per Dell'Utri, s'infuriò con Renzi per quel presidente non "condiviso" e fece saltare il patto del Nazareno. E poi, una volta terminati i servizi sociali e in attesa di poter ricandidarsi nel 2019, nell'ottobre 2015 rilevò da Rcs la Rizzoli Libri per 127 milioni e mezzo di euro dando vita a un'altra grande concentrazione in campo editoriale. Silenzio da parte dell'Antitrust. Andarono invece male le elezioni comunali del giugno 2016: il centrodestra perse tutte le grandi città con i democratici Sala e Merola a Milano e Bologna, le "grilline" Raggi e Appendino a Roma e Torino, l'ex Pm De Magistris a Napoli. E proprio durante la campagna elettorale, Berlusconi fu costretto per lo stress a farsi ricoverare d'urgenza al San Raffaele dove venne operato per una grave insufficienza della valvola aortica.

In quel periodo, annota Alan Friedman, Silvio era «col morale a terra, l'inquietudine è palpabile. È preoccupato per i suoi problemi giudiziari, è preoccupato per le perdite accumulate dal Milan, ed è preoccupato per il suo futuro politico. È allarmato soprattutto dallo stato disperato delle finanze del sue partito». In effetti, i debiti erano alle stelle e dal momento che la nuova legge elettorale sul finanziamento ai partiti vietava contributi individuali superiori ai centomila euro, quei soldi doveva metterli di tasca sua. Lo disse a Friedman «con una smorfia», tanto più che in quel periodo il partito era squassato dalle defezioni, da Fitto a Denis Verdini. Si rese anche conto che quell'intesa con Renzi si era trasformata per lui in un boomerang, in quanto molti elettori di Forza Italia non vedevano di buon occhio le idee dell'ex sindaco fiorentino. Disse sempre a Friedman: «Renzi sembrava così simpatico all'inizio, e invece non è simpatico per niente. Vuole semplicemente il potere». E in una cena a tavola a base di minestrina insieme a Francesca Pascale, Mariarosaria Rossi e Deborah Bergamini, ebbe l'idea che gli sembrava vincente: «Dobbiamo seguire l'esempio dell'America, la più grande democrazia del mondo. In Italia ci sono già i democratici, ci vogliono i repubblicani. [...] Creare un grande Partito repubblicano come quello americano, un grande contenitore, una grande tenda per moderati e conservatori che vada oltre Forza Italia».

Decise anche un'altra cosa: liquidare un po' di partecipazioni per rafforzare finanziariamente il gruppo, nonostante la sua ricchezza fosse in quel periodo superiore agli otto miliardi di euro. Ridusse la quota in Mediolanum, cedette la società responsabile dei ripetitori, Ei Towers, vendette una catena di multisala, nell'aprile 2017, dopo esserne stato il proprietario per trentun anni, al termine di una lunga trattativa cedette per 740 milioni di euro anche il suo amato Milan a un investitore cinese, Yonghong Li.

Non fu una scelta felice: nel 2018 l'uomo d'affari di Pechino venne destituito dall'incarico di presidente della società rossonera per non avere onorato i crediti con il fondo d'investimento statunitense Elliot. E nel 2022 il Milan passò agli americani dopo aver incuriosito anche gli arabi.

Cadde il governo Renzi dopo il clamoroso flop del referendum di revisione costituzionale (l'ex sindaco di Firenze disse allora che avrebbe lasciato la politica per poi ripensarci), nel dicembre 2016 subentrò con un governo di centrosinistra Paolo Gentiloni, famiglia nobile alle spalle (tra i suoi avi quello del famoso patto Gentiloni) ma anche l'eskimo in gioventù, fondatore con Francesco Rutelli di un altro partito, La Margherita, ex ministro degli Esteri proprio con Renzi, parlata lenta e quasi soporifera tanto, ricorda in uno dei suoi ritratti Pino Corrias, da essere soprannominato a suo tempo "Estintore". Con lui Alfano agli Esteri, Marco Minniti all'Interno, Andrea Orlando alla Giustizia, Pier Carlo Padoan all'Economia, una donna, Rosaria Pinotti, alla Difesa. Poi la Finocchiaro, le solite Madia e Lorenzin, quindi Delrio, Poletti, Franceschini, Carlo Calenda, anche Luca Lotti. E nell'ottobre 2017, a cinque mesi dalle elezioni, nacque il "Rosatellum", dal nome di chi lo propose, il democratico Luigi Rosato, che mandò in soffitta il "Porcellum" e l'"Italicum", ma si rivelò un sistema elettorale così complicato (un po' uninominale secco, un po' proporzionale, sbarramenti, necessità di coalizioni) da rendere di fatto ingovernabile il Paese. Votarono tra gli altri a favore Forza Italia, Lega e Pd, si schierarono contro il M5S, l'ala di Bersani fuoriuscita dal Pd, Fratelli d'Italia. Alle elezioni vinsero poi i "grillini" con il 32,6%, il Pd ebbe il 18%, la Lega salì al 17,%, Forza Italia il 14%.

Nel maggio 2018, un mese dopo lo sbarco nelle sale cinematografiche di tutt'Italia della prima parte di *Loro*, il film di Paolo Sorrentino su Berlusconi, arrivò per Silvio anche la fine del periodo buio: il 12 maggio il Tribunale di sorveglianza di Milano riabilitò Berlusconi ripulendogli la fedina penale dalla condanna definitiva. E nonostante avesse ancora qualche pendenza giudiziaria in giro per l'Italia e la Corte dei diritti dell'uomo di Strasburgo avesse archiviato, senza nemmeno esaminarlo, il ricorso avanzato da Silvio ancora nel 2013, acquistò in settembre il Monza Calcio, allora militante in serie C. Poi, a 82 anni, si candidò nel maggio 2019 alle elezioni europee. Fu eletto con 594.000 preferenze, risultando il candidato più votato in Italia alle spalle di Salvini. Forza Italia però crollò all'8,8%, mentre la Lega balzò al 34,3%, il M5S precipitò al 17% e il Pd salì al 22,7%. Disse comunque: «Me ne andrò dopo aver vinto un'altra volta».

Berlusconi tornò in pista nel febbraio 2021, quando fu eletto il governo Draghi dopo due esecutivi di Giuseppe Conte, un avvocato non parlamentare portato a Palazzo Chigi dai grillini. E con loro Silvio non andò mai d'accordo, rimanendo all'opposizione. Con Draghi invece i suoi uomini tornarono al governo. E Alessandro Sallusti scrisse su «Libero»: «È ufficialmente finita una traversata nel deserto che Silvio Berlusconi e Forza Italia iniziarono, loro malgrado, nell'estate del 2013 con prima la condanna e poi la sciagurata espulsione del Cavaliere dal Senato, grazie all'utilizzo retroattivo della Severino. Berlusconi è rientrato – invitato e riverito come pochi – nel palazzo del potere e lui, i suoi uomini e le sue donne sono tornati dopo otto anni alla guida del Paese, questa volta a fianco di Mario Draghi. Ne è passata di acqua sotto i ponti della politica da quel 2013 e se oggi accade quel che accade è anche perché con pazienza Berlusconi ha saputo costruire nel tempo una possibile alternativa ai governi dell'"uno vale uno"».

E ha saputo portare sullo stesso obiettivo anche lo scalpitante e scoppiettante Matteo Salvini e la leader di Fratelli d'Italia, Giorgia Meloni, ritratta da Pino Corrias «con il carattere ferreo e la strategia della coerenza», rimasta comunque all'opposizione nel governo Draghi ma pronta a perseguire gli stessi obiettivi. Non solo una "rivoluzione" dei conservatori ma anche l'elezione diretta del capo dello Stato. Alla Meloni, che nel suo libro *Io Giorgia* si definisce «madre, di destra, cristiana, italiana», abbiamo anche chiesto un suo giudizio su Silvio. La sua risposta è stata molto chiara: «Nei riguardi di Berlusconi ho una grande considerazione e con lui ho sempre avuto un rapporto franco e leale. Non sempre l'ho compreso sulle scelte contingenti, a volte abbiamo perfino discusso, ma gli riconosco molti pregi e, tra questi, il principale è aver governato l'Italia avendo come baricentro la difesa dell'interesse nazionale italiano. Penso allo spirito di Pratica di Mare e a quanto quella dimensione sia oggi lontana. E immagino che molti, a guardarsi indietro, ora dovrebbero rivedere le tante critiche che gli mossero soprattutto in tema di politica estera».

Lo spirito giusto, quello della Meloni, per proseguire

sulla stessa strada di Silvio e anche di Salvini: il traguardo comune dei tre, partorito una sera a cena ad Arcore assieme al cerchio magico, sarà quello di costruire un nuovo raggruppamento sulla falsariga del partito repubblicano *made in USA*. E per Berlusconi anche il raggiungimento di un vecchio sogno, quello che Massimo Giannini chiama la sua «magnifica ossessione»: il Quirinale, un sogno che non ha mai abbandonato. E se proprio non si può realizzare, almeno il laticlavio a senatore a vita. In politica mai dire mai…

# 23.

# «Whatever it takes»

«L'ho fortemente voluto io, questo governo Draghi. L'ho invocato subito, al primo insorgere dei contagi. E, poi, dopo averne parlato con il presidente Mattarella, l'ho sostenuto pubblicamente e con forza con una serie continua di interventi, di articoli e di interviste.»
Berlusconi in *Perché Mussolini rovinò l'Italia*

«Berlusconi può fare il capo dello Stato.»
Matteo Salvini su «L'Arena», gennaio 2021

«"Berlusconi ha detto che se rinascesse vorrebbe essere Kakà. E lei?"
"Io vorrei essere Berlusconi."»
Urbano Cairo in *Cara Bombo* (Sky Calcio Show)

A vederli a cavallo delle feste natalizie del 2021, Berlusconi e Draghi sembravano quasi una riproposizione della coppia Bartali-Coppi che era stata alla ribalta ai tempi del grande duello tra il Dottore e Romano Prodi. Ma, questa volta, a differenza della precedente sfida con il Professore, Silvio pareva una controfigura di Gino mentre Draghi, con il suo vecchio *aplomb* inglese, appariva un Fausto-bis. Proprio in quei giorni di dicembre, mentre nel mondo stava imperversando la pandemia con le sue diverse varianti, tanti mass media finirono per collocare il tandem milanese-romano su opposti fronti: i due venivano in effetti considerati i maggiori papabili nella corsa per la presidenza della Repubblica in programma negli ultimi giorni del gennaio 2022 al termine del mandato settennale di Sergio Mattarella. E così andò in onda una specie di *Ok Corral* all'ultimo sangue tra l'imprenditore-editore e l'ex banchiere. Non appena le grandi manovre per il Quirinale entrarono nella fase calda, la rivalità tra l'ex premier e quello in carica emerse chiaramente, come sarà confermato dal guanto di sfida che Berlusconi lancerà al possibile avversario il 10 gennaio 2022. Un vero e proprio *aut aut*, il suo: se Draghi lascerà Palazzo Chigi, disse, per salire al Colle, si andrà subito alle elezioni politiche anticipate perché, a quel punto, con un altro governo in carica senza più Super Mario a Palazzo Chigi, Forza Italia non si sarebbe sentita ancora vincolata a sostenere il nuovo esecutivo.

E pensare che, fino alla grande sfida per il Colle, i futuri Davide e Golia erano sempre andati a braccetto. Di più: Berlusconi era stato in diverse occasioni il grande padrino dell'allievo prediletto del Nobel Franco Modigliani. La prima volta che il Cavaliere spese una parola a favore del futuro avversario fu nel 2005 quando, da presidente del Consiglio, dette via libera alla nomina di Draghi alla guida della Banca d'Italia in un momento particolarmente delicato per Palazzo Koch, perché il governatore Antonio Fazio aveva dovuto dimettersi dopo aver ricevuto un avviso di garanzia per *insider trading* nella vicenda della Banca Popolare Italiana e della Banca Antonveneta. E quella fu certamente una grande scommessa che Silvio vinse per una ragione molto semplice: nonostante l'esperienza al Tesoro e una certa familiarità di Draghi con la banca centrale (suo padre, che morì quando lui aveva appena 15 anni, era anche stato ispettore alla vigilanza in via Nazionale), Super Mario veniva ancora considerato quasi uno straniero in Italia perché aveva fatto carriera soprattutto negli Stati Uniti: non è un caso che gli stessi americani l'avessero ribattezzato «*the unitalian*» tanto sembrava così poco italiano.

Ma il vero capolavoro compiuto da Silvio a favore di Draghi è stato il giorno in cui lo sponsorizzò per la presidenza della Bce, la Banca centrale europea. Tutto cominciò nel settembre 2009 quando, nonostante alcuni dissidi con il governatore, l'esecutivo targato Berlusconi, attraverso le parole del ministro degli Esteri Franco Frattini, fece il nome di Draghi indicandolo come l'uomo giusto per salire al piano più alto del grattacielo di Francoforte. Frattini disse che l'Italia sarebbe stata «onorata» di vedere il timoniere della Banca d'Italia ai vertici della Bce. Un desiderio, quello italiano, di non facile realizzazione perché, sottolineano Jana Randow e Alessandro Speciale in *Mario Draghi. L'artefice*, la Merkel puntava, per quella poltrona, sul presidente della Bundesbank, Axel Weber, da lei ritenuto l'uomo giusto per rimpiazzare il francese Jean Claude Trichet. Ma il vento cominciò a soffiare a favore del nostro candidato, quando Weber annunciò le dimissioni dalla guida della banca centrale tedesca perché si era opposto all'acquisto di titoli di Stato deciso dalla Bce e varato a cominciare da maggio 2010. A quel punto, non c'erano più ostacoli sul nome indicato dal nostro esecutivo tanto più che anche l'opposizione in Italia stava insistendo su quella candidatura, con lo stesso Prodi chè si espresse così in quei giorni particolarmente caldi: «Lo dico chiaro, Draghi è una scelta di prim'ordine».

E già una settimana dopo le dimissioni del numero uno della Bundesbank, il *bookmaker* irlandese Paddy Power indicò al 69% le probabilità di ascesa di Draghi al soglio europeo. A quel punto, due settimane dopo il via libera di Parigi, con il sì di Sarkozy, anche la cancelliera di ferro dette l'ok a Draghi, nonostante i ripetuti bracci di ferro con Berlusconi emersi clamorosamente con il sorrisetto sarcastico fatto in pubblico a Silvio da *Frau* Angela e dal suo collega transalpino. E così, nel maggio del 2011, l'Eurogruppo, che comprende i ministri delle Finanze dei Paesi Ue (allora c'era Giulio Tremonti per l'Italia), disse di sì alla designazione del governatore italiano. Una volta insediato a Francoforte, Draghi si comporterà sempre in modo obiettivo senza alcun occhio di particolare riguardo nei confronti del suo Paese. Del resto, già nell'estate del 2011, ancora prima di approdare all'ultimo piano del grattacielo in Germania, aveva scritto – assieme al suo predecessore a Francoforte, Jean-Claude Trichet – una lettera in cui veniva chiesto al governo Berlusconi di attuare numerose misure di *austerity*.

La lettera provocò in Italia molte proteste e si parlò apertamente di ingerenza dei banchieri nella politica economica nazionale, ma Silvio non se la prese più di tanto: nonostante tutto, lui ha continuato ad appoggiare la gestione di Draghi sul fronte continentale. E verso la fine del mandato di Super Mario a Francoforte, nella primavera del 2019, il Dottore, prima delle elezioni europee di maggio, «con il solito fiuto per gli umori popolari» (sottolineano

Jana Randow e Alessandro Speciale), aveva sondato quali fossero le future intenzioni di Draghi dichiarando, in un'intervista, che «sarebbe stato l'uomo giusto per un incarico di alto profilo». Del resto, quando ancora l'ex governatore era alla Bce, Silvio l'aveva candidato nel 2013 proprio per quella poltrona quirinalizia che li ha visti in seguito potenziali concorrenti. Ma il futuro premier declinò l'offerta perché era troppo preso, disse, dai problemi europei con la recessione in atto e con tutti gli interventi di salvataggio, il famoso «*whatever it takes*», che stava varando.

Berlusconi ci riprovò anche nel 2017 quando, con il governo Gentiloni che stava traballando, propose un esecutivo di larghe intese guidato dallo stesso Draghi che ancora una volta disse di no per poter completare l'opera a Francoforte. E invece non si tirò indietro all'inizio del 2021, quando in molti, Silvio tra i primi, gli chiesero di guidare un governo di larghe intese (Forza Italia compresa) che fosse in grado di combattere l'emergenza Covid: questa volta lo "sventurato", ormai pensionato da più di un anno a Francoforte, rispose di sì. Per lui il «*whatever it takes*», a ogni costo, poteva essere applicato anche in chiave pandemica. Una mossa, quella di Draghi, che prese in contropiede anche il segretario del Pd, Enrico Letta come lui stesso confessò a Bruno Vespa (*Perché Mussolini rovinò l'Italia*): «La sera del 3 febbraio era una di quelle in cui ero solo a Parigi. Stavo seguendo gli sviluppi della crisi attraverso la televisione e rimasi a bocca aperta quando ci fu l'annuncio altamente drammatico di Mattarella». Per il Dottore, invece, quella scelta si rivelò una vittoria perché era stata da lui fortemente voluta. E, allo stesso Vespa così Silvio fece l'identikit della coalizione che reggeva il governo guidato dall'ex banchiere: «... Naturalmente, ogni tanto i temi identitari emergono, com'è fisiologico che sia, ma devo dire che Draghi è molto bravo a procedere con pragmatismo, scavalcando tutte le difficoltà. Anche per questo ha il nostro sostegno».

Una mano a Berlusconi la dette sorprendentemente anche Carlo De Benedetti ancora nel luglio 2020. L'Ingegnere, che non poteva sopportare, alla pari di Silvio, i grillini, disse al «Foglio»: «Sono pronto a tutto, anche a mandare Berlusconi al governo, pur di liberarci di Conte e dei 5Stelle... Conte è il vuoto pneumatico, incapace di decidere, beneficiato dal Covid. Berlusconi rappresenta nel mondo dell'economia e della politica quel che Sordi è stato nel cinema, l'arci-italiano, ma comunque un grande. Sempre sul pezzo, non perde mai un'occasione, non si ferma mai. E in questo è straordinario». Conte, comunque, impallinato da molti mentre era alla guida del governo e costretto a imporre il lockdown in tutto il Paese a causa della pandemia, riuscì a portare in Italia dopo la battaglia al Consiglio europeo sul *Recovery Fund,* 209 miliardi di euro. Nei sondaggi la popolarità di Conte s'impennò, ma fu solo una breve parentesi anche se tutto il Parlamento l'aveva applaudito e persino Berlusconi gli aveva telefonato per complimentarsi: «Sei stato molto bravo».

In quel momento Silvio si era rifugiato, per cercare di evitare la pandemia, a una trentina di chilometri da Nizza, a Châteauneuf-Grasse, nella villa della figlia Marina. Dove si prese ugualmente il Covid. Ma si trovava in buona compagnia, con la fidanzata che non era più la stessa:

dopo ben dieci anni era finita la lunga storia con Francesca Pascale. Si consoleranno tutti e due: lei sposerà civilmente a Montalcino la cantante Paola Turci (entrambe vestite di bianco, entrambe in pantaloni), lui si fidanzerà con Marta Fascina, calabrese, laureata in lettere e filosofia alla Sapienza di Roma, esperienza all'ufficio stampa del Milan, anche lei bionda, anche lei molto giovane (32 anni) e in più dal 2018 deputata di Forza Italia per la Campania. Con un particolare: come fecero prima di lei la Pascale e Sabina Began, un'attrice tedesca che dichiarò a Sky Italia di essere stata l'amante del Cavaliere e che il nome del «bunga bunga» sarebbe derivato dal suo pseudonimo, si fece tatuare sull'anulare le lettere S.B., Silvio Berlusconi ovviamente. Da lì a non molto comunque il cerchio magico subì un'incrinatura: Mariarosaria Rossi, la "badante" di Silvio, fu scalzata da Licia Ranzulli, milanese, senatrice dopo essere stata europarlamentare, considerata da «Le Figaro» una donna molto influente.

Dopo essere stato contagiato, il maturo miliardario e la giovane fidanzata preferirono trascorrere la quarantena ad Arcore. Anche perché Berlusconi continuava a stare male: il 4 settembre 2020 venne ricoverato al San Raffaele nel reparto rianimazione del professor Alberto Zangrillo per una polmonite bilaterale. Fu dimesso undici giorni più tardi e all'uscita dichiarò ai giornalisti: «È stata la prova più pericolosa della mia vita. I medici mi hanno assicurato che la mia era la carica virtuale più alta tra le decine di migliaia osservate al San Raffaele». Un mese più tardi partecipò nella villa di Macherio con la Fascina e tutta la famiglia al matrimonio di Luigi – poco più che trentenne, il più giovane e quinto figlio di Silvio, il terzo avuto da Veronica Lario – con Federica Fumagalli: i due ragazzi si erano conosciuti all'Università Bocconi. E un anno più tardi, con la nascita del loro primo figlio, Berlusconi sr. si troverà bisnonno e nonno di quindici nipotini della terza generazione. Bisnonno perché Pier Silvio, da tempo alla guida di Mediaset, era diventato nonno a soli 52 anni in seguito alla nascita della piccola Olivia, primogenita della sua prima figlia Lucrezia Vittoria Berlusconi, nipote del Dottore. Insomma, una tribù di Berlusconi con il capostipite comunque un tantino acciaccato: nel gennaio 2021 fu ricoverato al Centro cardiotoracico di Montecarlo per un grave problema di aritmia cardiaca.

Ma un mese dopo, alla vigilia del giuramento del nuovo governo Draghi, il Dottore si era già ripreso dai suoi malanni (puntigliosamente Travaglio elencherà le entrate e uscite dagli ospedali che erano quasi sempre vicine a qualche udienza penale che verrà così regolarmente rinviata) e andò subito a trovare l'ex banchiere a Montecitorio nel suo secondo giro di consultazioni. Una scenetta ripresa dai fotografi mentre entrambi indossavano le mascherine anti-contagio, si salutavano con i gomiti anziché stringersi le mani, si scambiavano battute. Del resto, fin dall'inizio il Berlusca aveva sempre visto con simpatia l'allievo di Modigliani e anche con i suoi fedelissimi aveva sempre tratteggiato al meglio la figura del futuro premier. L'ha raccontato a Monica Setta (*Il Presidente. La nuova Italia di Draghi*) Michele Perini, un imprenditore brianzolo vecchio amico di Silvio: «Me ne ha parlato sempre molto bene, anche con simpatia umana oltre che con immensa stima. Lo colpiva soprattutto la calma di Draghi, il suo essere distante anni luce dall'irascibilità. È un uomo pacato, prudente e razionale. Di lui ci si può fidare». E, a quel punto, la Setta conclude: «C'è un po' di Silvio anche in Draghi...»

Berlusconi ha pure tracciato il cammino del nuovo esecutivo: «Alla fine dell'emergenza, le elezioni consegneranno il governo a una delle due parti del bipolarismo italiano, quello che è nato nel 1994 con la mia discesa in campo». Il messaggio era chiaro: Draghi dovrà restare a Palazzo Chigi fino a quando l'epidemia del Covid non sarà debellata. Il che, a quel punto, voleva dire per Silvio: nessun ostacolo insuperabile lungo il cammino per il Colle. Anche Alessandro Sallusti su «Libero» chiarì come doveva intendersi l'appoggio di Silvio al governo: «L'alleanza di Forza Italia è con Mario Draghi, non con il Pd né con i Cinque Stelle e neppure con Matteo Renzi, con i quali ci si confronterà nelle urne appena possibile. Tutto il resto al momento poco interessa, non conta. Per leggere il senso e la prospettiva di questo nuovo governo è necessario cambiare le lenti con le quali abbiamo letto la politica degli ultimi anni, altrimenti non ci si può raccapezzare. Il governo Draghi, soprattutto, può essere il punto di ripartenza dell'azione riformatrice liberale che proprio Silvio Berlusconi insegue spesso in splendida solitudine – fin dalla sua discesa in campo nel 1994 – e la cordialità con cui il premier incaricato lo ha ricevuto a Palazzo Chigi è certamente un buon inizio. È tutto oro quel che luccica? No, non dico questo, dico che non andare convintamente su questa strada sarebbe una follia che ributterebbe i moderati nel mezzo del deserto da dove

Berlusconi, ultraottantenne, ci ha tirati fuori nonostante – strada facendo – abbia subito un intervento a cuore aperto e un Covid devastante».

Nel governo dell'ex banchiere furono solo tre i ministri di Forza Italia: l'immancabile Renato Brunetta alla Pubblica amministrazione, Mariastella Gelmini (nota per la gaffe sugli eurini) agli Affari regionali, Mara Carfagna al Sud e alla coesione territoriale. Agli Esteri andò Luigi Di Maio, agli Interni Luciana Lamorgese, alla Giustizia Marta Cartabia e alla Difesa Lorenzo Guerini, all'Economia Daniele Franco, all'Innovazione tecnologica Mario Colao, al Lavoro Andrea Orlando, all'Istruzione Patrizio Bianchi, allo Sviluppo economico il leghista Giorgetti, all'Università e Ricerca Maria Cristina Messa, ex rettrice dell'Università Bicocca-Milano. Nessun esponente di Fratelli d'Italia di Giorgia Meloni, che restò all'opposizione e in estate si recò comunque a trovare Berlusconi nella sua villa in Sardegna in compagnia di Ignazio La Russa (separatamente ci andarono anche Pier Ferdinando Casini e Matteo Salvini che si fece fotografare in tenuta del Milan). Poi La Russa raccontò un particolare curioso: «Silvio si è messo a guidare la macchinetta elettrica come un pazzo in giro per il parco, prendendo le curve come un pilota di Formula 1». La cosa non passò inosservata ai giudici che continuavano a rinviare vari processi per l'indisponibilità fisica («motivi di salute») di Silvio. Così, di fronte a un ennesimo rinvio, il 9 settembre il Tribunale di Milano dispose una perizia medico legale per stabilire le reali condizioni fisiche dell'imputato: «Questa estate abbiamo visto l'imputato scorrazzare in kart nella sua Sardegna, prendere in mano la situazione dell'Italia, venire fotografato con altri leader. Le sue patologie sono compatibili con la vecchiaia».

Berlusconi si accese come un fiammifero. Anche Prodi definì la richiesta «una follia». Il Dottore rispose una settimana più tardi con una lettera indirizzata proprio al Tribunale di Milano: «La perizia psichiatrica è lesiva della mia storia e onorabilità» e «dimostra, per ciò che ho fatto nella vita in molteplici settori, fra cui l'imprenditoria, lo sport, la politica, un evidente pregiudizio nei miei confronti e ben mi fa comprendere l'esito di questo ingiusto processo». Quindi, «si proceda in mia assenza». Il 29 settembre Silvio raggiunse il traguardo degli 85 anni e lo festeggiò con la famiglia. Sul suo compleanno una pennellata di Renato Farina su «Libero»: «Fanciullo, bambino. Questo è sempre stato Berlusconi, anche nella maturità. I bambini amati sono convinti di essere onnipotenti. Ogni volta partono per l'avventura, sapendo di essere alla pari degli altri, non si mettono sopra o sotto. Alcuni bambini vincono la cuccagna, e lui sempre. Berlusconi è stato ed è un bambino che afferrata la cuccagna distribuisce le caramelle con altri. Si sente senza peccato. Non lo ritiene un merito, semplicemente è così».

Farina racconta anche di un episodio che risale al 1999, quando lui lavorava al «Giornale» e aveva condotto una campagna per liberare dal carcere «una splendida donna somala, a nome Sharifa, vestita in azzurro, accusata ingiustamente dalla Procura di Milano di commerciare bambini, arrestata all'aeroporto in transito per Londra. Erano invece suoi figli e li voleva salvare dal genocidio». In quei mesi Farina visse intensamente a fianco del Dottore, intervenuto per aiutare la somala, farla liberare e trovare un asilo a Londra dove viveva la sorella della donna. Portò a buon fine l'intera operazione facendo in modo che Massimo D'Alema e Tony Blair si mettessero d'accordo per dare asilo alla donna nel Regno Unito e poi portando Sharifa e la sua nidiata «con il suo aereo più bello, quello con le maniglie d'oro» nella capitale britannica. Confida Farina: «Ero colpitissimo dalla sua energia e dalla volontà gratuita di far del bene. Gli dissi citando Manzoni: "Dio perdona molte cose per un'opera di misericordia". Risposta: "Ma io non ho niente da farmi perdonare, ho soltanto lavorato". Nessuna vanteria, lui è fatto così».

Nonostante l'età, Berlusconi non smise di sognare. E proprio a cavallo degli 85 anni riprese con forza quella che su «Libero» Renato Farina chiamò «l'ultima follia»: la corsa al Quirinale. Hanno raccontato che solo a sentire pronunciare quella parola gli si illuminavano gli occhi. Ne parlò (ma non solo da allora), con Matteo Salvini e Giorgia Meloni, i suoi alleati, incontrandoli a Villa Grande, la sua nuova residenza romana, sull'Appia Antica. E cominciarono le grandi manovre. Volò a Bruxelles per il vertice del Ppe, il Partito popolare europeo, e andò a pranzo con Angela Merkel. Le disse: «Cara Angela, all'Europa mancherai molto». E lei: «Anche tu Silvio hai governato molti anni...» Il direttore di «Libero», Alessandro Sallusti, scrisse una lettera aperta al capo dello Stato per chiedere, come ultimo atto della sua presidenza, di «riabilitare» Berlusconi in modo da «mettere fine alla più grande guerra, giocata nei tribunali e nei media, intrapresa contro un solo uomo. [...] Riconoscere che il "berlusconismo" è stata una pagina importante e forse unica nella storia della democrazia italiana». Il direttore del «Giornale», Augusto Minzolini, dedicò due pagine intere al discorso di una ventina di minuti che Berlusconi tenne tanti anni prima, il 1° marzo 2006, al Congresso americano con il titolo *Statista internazionale*. Le televisioni berlusconiane mandarono in onda una serie di servizi su di lui in cui, tra le altre cose, fu messo in rilievo il suo impegno svolto a Pratica di Mare per porre fine «alla guerra fredda» (fu chiamata proprio così, quando la guerra fredda era in realtà terminata nel 1989 con la caduta del Muro di Berlino) tra Stati Uniti-Occidente e la Russia. E cominciarono ad arrivare pubblicamente gli *endorsement* a suo favore, tra cui quelli di Letizia Moratti e Arrigo Sacchi: «Farebbe cose buone».

«Libero» pubblicò in quel periodo anche una lettera contenente un quesito interessante e nello stesso tempo curioso: *La differenza tra Agnelli, De Benedetti e Berlusconi*. La domanda era: «Negli anni Ottanta e Novanta i simboli primari del capitalismo italiano sono stati Gianni Agnelli, Carlo De Benedetti e Silvio Berlusconi. I primi due sono stati osannati quali esempi di etica e correttezza negli affari, che predicavano anche loro stessi, continuamente, in convegni e conferenze, Il terzo è stato perseguitato dal Pm Fabio De Pasquale e poi condannato per evasione fiscale di qualche milione di euro, con una sentenza contestata anche da alcuni autorevoli magistrati. In questi ultimi anni è emerso invece un numero di conti *offshore* di Agnelli superiori alle sue amanti. Quanto a De Benedetti, mentre predica la patrimoniale per chi sta in Italia, ha trasferito da anni la propria residenza a Lugano, non credo soltanto per motivi turistici».

Un chiarimento. Agnelli e De Benedetti non erano comunque stati osannati come esempi di etica e correttezza negli affari, lo ricordano molto chiaramente Marco Borsa e Luca De Biase in un libro molto critico, *Capitani di sventura*; lo ricorda anche Alberto in *Penne al vetriolo*. La risposta al quesito fu a ogni modo questa: «La differenza? È quella tra chi ha sempre strizzato l'occhio alla sinistra e chi prima ha appoggiato Bettino Craxi e quindi ha sfidato il Pci e i partiti suoi eredi in prima persona. Agnelli pensò bene di godersi i privilegi del proprio *status* regale, lasciando il lavoro "sporco" a Vittorio Valletta e Cesare Romiti, chiamato ad affrontare quell'Enrico Berlinguer che davanti ai cancelli di Milanofiori aveva schierato il partito in favore dell'occupazione della Fiat. [...] E De Benedetti, usando il quotidiano "la Repubblica" come strumento di *lobbying*, è stato bravo a crearsi l'*allure* di imprenditore progressista e illuminato. Ognuno, insomma, si era creato il proprio lasciapassare. Avrebbe potuto averlo anche Berlusconi: gli sarebbe bastato trasformare le reti Fininvest nel megafono della sinistra, come gli consigliavano di fare i suoi manager di sinistra. Ecco perché c'è un gesto di follia all'origine dell'entrata in politica del Cavaliere».

Comunque in quel periodo Silvio fu anche costretto a risolvere la frattura scoppiata all'interno del suo stesso partito dopo aver nominato già da qualche mese coordinatore unico nazionale di Forza Italia Antonio Tajani, europarlamentare, ex commissario europeo, ex presidente del Parlamento europeo, da sempre legato a Berlusconi. Gli affiancò come vice un'altra fedelissima, Anna Maria Bernini. I tre ministri berlusconiani cominciarono infatti a scalpitare: la Gelmini si sfogò di brutto («non mi sento più berlusconiana e noi ministri siamo corpi estranei»), Brunetta e la Carfagna si schierarono con lei; Brunetta poi chiarì che la Gelmini aveva «denunciato un malcontento diffuso», mentre la Carfagna alzò il tiro contro i filo-salviniani («dicono a Berlusconi parte della realtà. Far finta che tutto funzioni non fa bene al partito»). A sua volta Salvini se la prese in maniera pesante con la Meloni, accusandola che «c'è modo e modo di fare opposizione. Si può concordare una quota comprensibile di rottura di coglioni, che però vada a minare Pd e 5S e non sia fatta scientemente per mettere in difficoltà la Lega».

Insomma, animi molto tesi. Possiamo, quindi, immaginare la sorpresa di Berlusconi allorché, alla conferenza stampa di Natale, il premier Draghi disse che il più era ormai fatto dal suo governo e che, a quel punto, la strada appariva in discesa, a prescindere da chi sarebbe andato a Palazzo Chigi al suo posto. Come dire: sono pronto a salire sul Colle nel gennaio 2022. In realtà, il quadro che si prospettava in quel momento per l'Italia non era molto roseo: oltre alla variante Omicron che stava mietendo contagi in tutte le regioni, anche sul fronte economico le prospettive erano, per certi versi, ancora più nere di quelle registrate nel 2020, il primo anno della pandemia in Italia, con il caro energia che aveva fatto lievitare l'inflazione (e non era ancora scoppiata la guerra ucraina con le sanzioni alla Russia) e con il rischio incombente di un nuovo spread alle stelle. Draghi sembrava, comunque, avere cambiato cavallo e i suoi progetti, a quel punto, rischiavano di sbarrare per sempre la strada presidenziale di Silvio dopo il disco verde di tutto il centrodestra: l'ascesa al Colle di Berlusconi diventava, così, una scalata al Mont Ventoux.

Scattò la controffensiva berlusconiana: da una parte il Dottore mise in campo tanti dietrologi per confermare che il trasloco di Draghi sembrava inopportuno, dall'altra fece partire quella che lui stesso ha chiamato «l'operazione scoiattolo» per rastrellare voti anche fuori dal centrodestra. E cominciò a dire che «dopo la conferenza stampa di Natale, Draghi non è più amato come prima. La gente ha capito che ha fatto un azzardo e che deve rimanere a Palazzo Chigi». Aggiungendoci una spruzzata del "fattore P": la paura, perché «se sarà eletto Draghi, si andrà a votare, con me invece la legislatura finisce nel 2023». E tanti *peones* entrarono in fibrillazione. Al punto da mettere in moto la macchina per la loro conquista (un'operazione definita da Daniele Luttazzi «il bracconaggio dei Cip e Ciop residui») e da far dire al Dottore, attento al pallottoliere dei parlamentari, di avere «150 preferenze in più del previsto». Insomma, il sogno di poter sostituire Mattarella al Quirinale ebbe il sopravvento anche su un particolare non proprio secondario, sollevato da Lavinia Rivara, giornalista di «la Repubblica», l'ex quotidiano di Scalfari passato nel frattempo sotto il controllo degli Agnelli-Elkann. E cioè: «Se Berlusconi dovesse diventare presidente della Repubblica, si ritroverebbe anche a ricoprire il ruolo di capo del Csm, a governare quella stessa magistratura contro cui si è scagliato per un ventennio, accusandola di usare la giustizia a fini politici, e dalla quale ha cercato di sfuggire con tutte le armi che ha avuto a disposizione, comprese le cosiddette leggi *ad personam*». Già, l'Italia come una Signoria…

# 24.

## Silvio per sempre

«Berlusconi è un santo puttaniere, ma passerà alla storia come uno statista.»
Gianfranco Rotondi, settembre 2011

«Silvio Berlusconi, come politico e come uomo, occuperà sicuramente un posto di tutto rispetto nella storia d'Italia.»
Vladimir Putin in *My way*

«Sono profondamente deluso e addolorato dal comportamento di Putin. Pensavo fosse uomo di pace. Peccato, davvero peccato. Io torno in campo come 28 anni fa.»
Silvio Berlusconi, aprile 2022

«Ormai è fallito il progetto liberale di Forza Italia.»
Giuliano Urbani sul «Corriere», maggio 2022

La partita per la corsa al Quirinale di Berlusconi si fece arroventata già nei primi giorni del gennaio 2022 con i litigi nel centrodestra per la nomina dei 33 delegati regionali a loro disposizione da spedire a Roma come grandi elettori nell'elezione del capo dello Stato. E poi c'era il problema, stando al pallottoliere di Silvio, di trovare un'altra cinquantina di voti per raggiungere, al quarto scrutinio, la soglia necessaria di quota 505. Già il 5 gennaio Renata Polverini, ex sindacalista, ex presidente della Regione Lazio, ex An, quindi Forza Italia con un breve soggiorno nel Gruppo Misto per poi appoggiare «con senso di responsabilità» il governo di Giuseppe Conte, rispose alla domanda di un giornalista del «Fatto Quotidiano», Giacomo Salvini, se Berlusconi avrebbe potuto farcela: «Qualche mese fa sembrava una *boutade*, oggi la sua candidatura è lì. Ed è il candidato più autorevole del centrodestra: lui lo ha fondato e ha portato al governo forze, come An e Lega, che senza di lui non ci sarebbero arrivate». E aggiunse anche rispondendo alla domanda se il Dottore fosse divisivo o no: «La storia di Berlusconi parla per lui: ha governato il Paese con grandi risultati. Il Pd non può porre veti: Prodi non era divisivo?» La Polverini volle essere molto chiara: «L'elezione di Berlusconi potrebbe rappresentare la pacificazione nazionale. Negli ultimi 25 anni l'Italia si è divisa su di lui. Se venisse eletto, il Paese si rimetterebbe in pace con se stesso. Si ricomincerebbe da capo. Siamo in un nuovo 1994». Anche Antonio Lopez, lo storico segretario del Partito popolare europeo, si mostrò d'accordo in un'intervista a Paolo Guzzanti sul «Giornale» e poi ripresa da qualche canale televisivo Mediaset: «Berlusconi al Colle è una vittoria per l'Italia e per l'Europa».

Ma l'Italia tornò nuovamente a dividersi proprio sul nome di Berlusconi al Quirinale. Addirittura Mariarosaria Rossi, la ex "badante" passata al Gruppo Misto per poi votare a favore del Conte 2 e confluire nel movimento di Toti, fece un accorato appello su «La Stampa» per chiedere a Silvio di «fare un passo indietro» a favore di Draghi. Mentre cominciarono a circolare i nomi di altri possibili candidati, dall'onnipresente Pierferdinando

Casini e Marcello Pera a Letizia Moratti e al presidente del Senato Elisabetta Casellati, il «Fatto Quotidiano» lanciò una petizione online contro l'ipotesi del Dottore al Colle (in poco tempo oltre 220.000 firme), subito rintuzzata da un contro-appello di «Libero» in favore di Silvio con il titolo *No a chi vuole rubarci il Quirinale*. A metà gennaio poi «il Giornale» dedicò a Berlusconi (ma non fu il solo) una intera pagina pubblicitaria, una sorta di manifesto firmato «Forza Seniores», i veterani del partito con tanto di bandierina di Forza Italia e intitolato *Chi come lui?*. Un elenco di benemerenze, considerate a volte anche esagerate: Berlusconi è «una persona buona e generosa», «padre di cinque figli e nonno di quindici nipoti», «un amico di tutti, nemico di nessuno», «tra i primi contribuenti italiani», «tra i primi imprenditori italiani per la creazione di lavoro», «un *self made man*. Un esempio per tutti», «l'inventore e costruttore delle città "sicure" con tre circuiti stradali differenziati», «il primo editore d'Italia e il più liberale», «il fondatore della tv commerciale in Europa», «il fondatore con Ennio Doris della banca del futuro».

E ancora: «Il fondatore del centrodestra liberale, cristiano, europeista e garantista», «il presidente del Consiglio che ha governato più a lungo nella storia della Repubblica», «l'ultimo presidente del Consiglio eletto democraticamente dagli italiani (2008)», «il presidente del Consiglio che in soli sei mesi ha ridato una casa ai terremotati dell'Aquila (2009)», «il presidente del Consiglio che mise fine alla Guerra Fredda realizzando l'accordo di Pratica di Mare tra George Bush e Vladimir Putin (2002)», «il leader occidentale più apprezzato e più applaudito (8 minuti) nella storia del Congresso americano», «l'italiano più competente nella politica internazionale, ascoltato e apprezzato, autorevole e umano, capace di intessere e coltivare le amicizie personali più profonde con i più importanti leader mondiali», «e soprattutto l'eroe della libertà che, con grande sprezzo del pericolo, è sceso in campo nel '94 per evitare a tutti noi un regime autoritario e illiberale».

Un manifesto così elogiativo che si rivelò però un boomerang perché non citò gli aspetti più negativi della storia del Dottore. E così Gianni Barbacetto, che non ha mai avuto un grande feeling con lui, rispose voce dopo voce sul «Fatto Quotidiano» parlando di «culto della personalità capace di insidiare quello di ogni "Piccolo Padre", "Lider Maximo", caro "leader" di tutto il mondo e di tutta la storia». Un puntiglioso contro-manifesto in cui il giornalista mise in evidenza dimenticanze (tipo quella di essere anche «l'uomo con più processi a carico, più prescrizioni, più leggi *ad personam*»), svarioni storici (la guerra fredda), bugie («il miracolo dell'Aquila, rimasta una città fantasma»). E sull'«eroe della libertà» Barbacetto fece il controcanto: «Qui il culto della personalità raggiunge il culmine. Nel 1994 Berlusconi bevve "l'amaro calice" di fondare un partito e "scendere in campo", spinto soprattutto da Marcello Dell'Utri, perché capisce che la fine della cosiddetta Prima Repubblica lo lascia privo del sostegno politico che gli arrivava da Bettino Craxi e dalla destra Dc. Sa che i magistrati di Mani pulite prima o poi arriveranno anche a lui, visto le tangenti che ha pagato come e più di tanti altri imprenditori di Tangentopoli. La sua Fininvest, poi, in quegli anni è in situazione prefallimentare, con 71.140 miliardi di lire di debiti nel 1992. Berlusconi diventa “l’eroe della libertà” per risolvere i suoi problemi politici, giudiziari e finanziari».

A metà gennaio, venerdì 14, mentre il capo dello Stato, che da tempo aveva avvertito di non voler essere rieletto al Colle, stava già trasferendo parte dei suoi mobili in un appartamento a Roma preso in affitto dove andare a vivere dopo il congedo dal Quirinale, la candidatura di Berlusconi diventò ufficiale. Dopo un mini-vertice nella sua Villa Grande, sull’Appia Antica, con Salvini e la Meloni e avere ottenuto il loro ok, il Dottore riunì a pranzo anche il gruppetto dei centristi (pranzo a base di parmigiana, branzino e calamari) dicendo: «Io ci sono e ci tengo molto. Mi metto in gioco ma siete voi che dovete darmi garanzie sui numeri e sulla vostra fedeltà». I centristi, da Maurizio Lupi a Lorenzo Cesa e a Luigi Brugnaro (alla guida di Coraggio Italia, un gruppo nato da poco e in cui era confluito Giovanni Toti) dissero di sì, anche Gianni Letta fu d’accordo: «I leader della coalizione hanno convenuto che Silvio Berlusconi sia la figura adatta a ricoprire in questo frangente difficile l’alta carica con l’autorevolezza e l’esperienza che il Paese merita e che gli italiani si attendono. Gli chiedono pertanto di sciogliere in senso favorevole la riserva». E la riserva fu sciolta. Si trattava ora di trovare i voti di una cinquantina di parlamentari, quelli che mancavano per la quota necessaria per poter essere eletto al quarto scrutinio, considerando anche una quota fisiologica, più o meno, il 10%, di franchi tiratori. Se alla vigilia della quarta votazione non avesse raggiunto il numero sufficiente, Berlusconi avrebbe comunque potuto fare un passo indietro. Il pallottoliere fu affidato a Vittorio Sgarbi.

Per Berlusconi quale migliore occasione, quella del Quirinale, per concludere da trionfatore la propria carriera politica? Del resto era il sogno di una vita. Ma lo vide infrangersi quando si rese conto nella settimana decisiva di essere ancora divisivo per il Paese. Proprio in quei giorni venne infatti pubblicato a cura della Fondazione Basso un appello di giuristi e intellettuali tra cui tre ex presidenti della Corte costituzionale, Valerio Onida, Gustavo Zagrebelsky, Gaetano Silvestri. Un appello molto forte: «Riteniamo un'offesa alla dignità della Repubblica e di milioni di cittadini italiani il fatto che venga candidato a Presidente della Repubblica Silvio Berlusconi». E ne spiega il motivo: «Il Presidente della Repubblica deve essere espressione dell'unità nazionale, come richiede l'articolo 87, primo comma della Costituzione. È garante di questa Costituzione e deve assicurare fedeltà a essa come impone l'articolo 91. L'ufficio di Presidente della Repubblica è incompatibile con qualsiasi altra carica, come è preteso dall'articolo 84, secondo comma. Egli presiede il Consiglio superiore della magistratura a garanzia dell'autonomia e indipendenza dell'ordine della magistratura da qualsiasi altro potere, come è scritto negli articoli 87 e 104». Oltretutto Berlusconi, «protagonista di uno scontro che per lunghi anni ha diviso il nostro Paese, titolare tuttora di un vistoso conflitto di interessi, condannato per gravi reati, prosciolto per prescrizione da delitti di corruzione e tuttora imputato in procedimenti penali, non ha i requisiti per poter svolgere le funzioni di capo dello Stato». Tra i firmatari anche Dacia

Maraini, Carlo Ginzburg, Lorenza Carlassare, Paolo Caretti, Mario Dogliani, Riccardo Guastini, Francesco Pallante, Roberto Romboli, Massimo Villone, Mauro Volpi, Marco Revelli, Nadia Urbinati.

Il 22 gennaio, nell'immediata vigilia del voto a Montecitorio, Berlusconi fu così costretto ad alzare bandiera bianca. E lo fece convocando via Zoom, tramite la fedelissima Ronzulli, il vertice del centrodestra. In quella dichiarazione, letta dalla stessa Ronzulli, disse di «aver verificato l'esistenza dei numeri» (affermazione messa in dubbio da alcuni dei suoi stessi alleati) e poi annunciò: «Rinuncio per responsabilità nazionale e per evitare polemiche o lacerazioni che oggi la nazione non può permettersi». Una marcia indietro, quindi, per il bene dell'Italia. Ma nello stesso tempo si prese una piccola soddisfazione: fuori lui, ma fuori anche Draghi. Venne infatti ribadito il concetto che il premier non si sarebbe potuto trasferire al Quirinale, perché avrebbe dovuto restare alla guida del governo avendo ancora molto da fare a Palazzo Chigi (e la crescita dell'inflazione, a cominciare dai rincari della benzina e delle bollette, non era ancora del tutto prevedibile): in particolare avrebbe dovuto attuare con i fondi europei il piano di interventi per far ripartire il Paese dopo l'emergenza Covid.

Come dire: *mors mea, mors tua*. In sostanza, la rinuncia di Silvio non avrebbe dovuto servire a far decollare la candidatura di Draghi per il Quirinale. Ma lo stress di quei giorni costò caro all'ex premier. Il giorno dopo l'annuncio, Silvio venne ricoverato al San Raffaele per quella che il suo medico, Alberto Zangrillo, definì un ricovero dovuto a «controlli clinici periodici programmati da tempo». Vi restò una settimana. Ma al di là della motivazione di un normale check-up, in realtà Berlusconi non stava proprio bene, tanto che il fratello Paolo, andato a trovarlo in clinica, disse: «Silvio ha passato giorni molto brutti, è stata una batosta. Ora si sta riprendendo». E aggiunse: «La salute è molto più importante, poi la politica sappiamo che è un teatrino». La Ronzulli garantì che «il presidente è un leone e tornerà presto a ruggire». Gianluca Veneziani, ricordando su «Libero» i precedenti ricoveri del Dottore, quelli almeno più recenti e cioè dal 2016, commentò: «Sulla base di questo scenario si può sostenere che Berlusconi abbia fatto un scelta corretta a rinunciare alla candidatura al Quirinale non tanto per il bene del Paese, quanto per il proprio bene».

Per trovare il nuovo inquilino del Quirinale, non bastarono sette votazioni in Parlamento: tante fumate nere, tante battaglie verbali, tante manovre sotterranee, tanti machiavellismi, tanti candidati (tra cui Giuliano Amato che proprio in quei giorni, il 29 gennaio, fu alla fine nominato presidente della Corte costituzionale), tanti nomi bruciati (tra cui quello della berlusconiana Casellati, che a un certo punto ci aveva fatto un pensierino), tanti registi, o presunti tali, clamorosamente falliti, tanti furbi e furbetti. Alla fine l'*habemus Papam* si risolse con un bis: fu rieletto Sergio Mattarella. E lui accettò per «senso di responsabilità». Un po' come successe nel 2013 quando Giorgio Napolitano, a furore di popolo, restò al suo posto sul Colle per altri due anni dopo la scadenza del suo mandato. Solo che, a differenza d'allora, il quadro generale era meno roseo, tra quarta ondata del Covid, emergenza economica e guerra in Ucraina in vista. Quando poi ci fu la proclamazione ufficiale di Mattarella, Berlusconi commentò che era «una splendida notizia» proprio mentre il centrodestra usciva dalla tornata quirinalesca con le ossa rotte, tra Fratelli d'Italia di Giorgia Meloni che prendeva sempre più le distanze da Lega e Forza Italia e il leader del Carroccio, Matteo Salvini, che veniva messo sotto accusa per aver fallito nel suo ruolo di *king maker*.

Nemmeno un mese più tardi, il 24 febbraio, il «Corriere della Sera» rivelò l'ordinanza di 51 pagine in cui la Corte d'appello di Brescia dichiarava ancora il 30 novembre 2021 «inammissibile» la possibilità di avviare un nuovo processo per ribaltare la sentenza che nel 2013 aveva condannato Berlusconi in via definitiva a 4 anni di carcere (sentenza comunque estinta) per frode fiscale sui diritti tivù Mediaset. La richiesta di revisione, affermavano i giudici bresciani, non era «sostenuta da alcuna prova nuova» e pertanto un nuovo processo si sarebbe risolto in un «inammissibile quarto grado di giudizio». Per il Dottore una pallonata nello stomaco. Anzi, forse qualcosa di più perché l'ordinanza era stata tenuta segreta per tre mesi permettendogli di muovere le sue pedine nella scacchiera per il Quirinale. Una doppia sconfitta. L'ultima spiaggia per Silvio è così rimasta la decisione della Corte europea dei diritti dell'uomo, a cui si era rivolto, per quanto il suo giudizio non potrà comunque ribaltare la condanna.

Nel lontano 1917, Giuseppe Prezzolini aveva lanciato un *j'accuse* che, a distanza di oltre un secolo, sembra ancora d'attualità: «L'italiano – disse – è un popolo che si fa guidare da imbecilli, i quali hanno la fama di essere machiavellici». E l'essere «machiavellici» rientra nella mentalità di Berlusconi. Così, quando la Russia invase l'Ucraina con morti, feriti, profughi, e tutto il mondo prese posizione in un senso o nell'altro, in Italia molti notarono invece il silenzio iniziale di Berlusconi, l'amico di Putin. Non una parola, almeno pubblicamente. E il 15 marzo 2022 ha provato Alessandro Giuli su «Libero» a rispondere a chi rimproverava il silenzio dell'ex premier per non essere intervenuto sulla guerra ucraina «in quanto amico dello Zar». Ebbene, ha scritto, «la verità è che quello di Berlusconi è il silenzio dell'innocente: non c'è *photo opportunity* o dichiarazioni di stima e di affetto verso Putin – gli antipatizzanti ne hanno ripescate diverse – che possa inchiodarlo anche solo al sospetto dell'intelligenza con l'illiberalità». Il giornalista ha poi ricordato l'incontro di Pratica di Mare, nel maggio 2002, quando Silvio era premier, e venne varato il patto di mutua assistenza tra Bush e Putin. Poi, nel novembre 2011, quando il Dottore si era dimesso, «la faglia tra Occidente e Russia prese ad allargarsi, con l'occupazione della Crimea e l'invio di mercenari in Libia da parte dello Zar, si rafforzò la Cina e la Russia fu isolata, alimentando quel dispotismo asiatico che il pacifico Berlusconi era riuscito a imbrigliare in amichevoli e fioriti festoni diplomatici. Di qui, azzardiamo, l'attuale silenzio dell'innocente».

Una specie di afasia, quella di Berlusconi, che durerà quasi due mesi dallo scoppio del conflitto ucraino, sino ai primi di aprile del 2022, quando uscirà dal silenzio in una convention all'hotel Parco dei Principi a Roma con oltre un migliaio di fan, quadri, dirigenti del partito. Silvio parlerà il 9 aprile per una quarantina di minuti di «guerra inaccettabile», di «aggressione senza precedenti» che anziché portare «la Russia in Europa, l'ha portata nelle braccia della Cina. Peccato, davvero peccato». E poi tirerà in ballo il Cremlino: «Non posso e non voglio nascondere di essere profondamente deluso e addolorato dal comportamento di Putin, che si è assunto una gravissima responsabilità di fronte al mondo intero». Quindi, riporta il «Corriere della Sera», la confessione con voce sicura: «L'ho conosciuto vent'anni fa. Mi era apparso un uomo di buonsenso, di democrazia, di pace. Peccato davvero...» E a quel punto annuncerà di voler scendere di nuovo in campo, sommerso da un'ovazione dei suoi. Tajani si lascerà prendere dall'entusiasmo: «Da 28 anni non sbaglia mai una parola, una dichiarazione». Qualche settimana più tardi il Dottore avrà comunque un qualche ripensamento sulla vicenda ucraina, creando una mezza bufera nel suo partito. Dirà anche che «Putin è prigioniero dei comunisti» e che «doveva solo sostituire con un governo perbene il governo Zelenskij».

In precedenza, il 19 marzo 2022, un sabato, Silvio si era esibito in un'altra performance. Quel giorno c'è stata gran festa nella Villa Gernetto, a Lesmo, per il "quasi matrimonio", meglio per la "promessa d'amore", tra Berlusconi e la sua nuova fidanzata Marta Fascina. Avevano già provato a sposarsi con tanto di sacerdote, ma c'era stata una mezza sollevazione della famiglia di Silvio per i problemi ereditari. Così i due "promessi" avevano fatto ricorso a un matrimonio simbolico, senza il certificato ufficiale, che non intaccava l'eredità ma sanciva ugualmente il loro patto d'amore. Nella cappella privata di Villa Gernetto lei, vestita in abito bianco di pizzo francese con strascico di quattro metri, era stata accompagnata sino all'altare dal padre, mentre Berlusconi l'attendeva in abito blu Armani. Dopo lo scambio delle fedi, portate dalla figlia di Licia Ronzulli, l'organizzatrice dell'evento, Silvio aveva detto: «Il mio per te, Marta, è un amore grande. È qualcosa che non ho mai provato prima, e ora per me tu sei indispensabile. Tu mi completi, non potrei vivere senza di te, riempi la mia vita». Poi nel giardino della villa, con 150 statue e al centro una fontana con zampilli, c'era stato il taglio della torta a tre piani. Come nelle nozze vere. E musiche di Gigi D'Alessio.

Tra i presenti le famiglie di lei e di lui (non c'era comunque Pier Silvio), e tutti gli amici di una vita: Gianni Letta, Confalonieri, Dell'Utri, Galliani. E poi l'avvocato Ghedini (pochi mesi più tardi, nell'agosto 2022, a 62 anni, sarà stroncato da una leucemia), il primario Zangrillo, Antonio Tajani, la Bernini, Vittorio Sgarbi e Matteo Salvini. Non c'era invece Giorgia Meloni, nemmeno invitata, non c'erano neppure i ministri di Forza Italia, segnale chiaro questo dell'esistenza di due linee nel partito di Berlusconi. Poi il Dottore si era esibito al pianoforte insieme a Confalonieri. A un certo punto, tra un «Forza Milan» e «Viva Silvio», la sorpresa: Berlusconi se n'era uscito con una dichiarazione forte dicendo che Salvini «è l'unico leader vero che c'è in Italia. È sincero, è una persona sincera, per questo lo ammiro e gli voglio molto bene». La sua frase lascerà «esterrefatti» molti "azzurri" che la vedranno come una specie di investitura al capo della Lega per portare avanti l'idea di un partito repubblicano all'americana. In seguito smorzerà un po' i toni: «È bravo, ma non ha mai lavorato». Comunque, alla convention degli "azzurri" a

Roma, Berlusconi si presenterà con la fede nuziale al dito; in prima fila ad ascoltarlo Marta Fascina, anche lei con la fede. Sollevando così un interrogativo della sempre attenta Natalia Aspesi: «Ma non è che si sono sposati per davvero e non lo sa nessuno?»

Marco Garzonio, presidente della Fondazione culturale Ambrosianeum di Milano dopo anni da giornalista al «Corriere della Sera», sostiene che la celebrazione di quel non-matrimonio è diventato «un modo per ridimensionare i non-fasti della non-elezione a capo dello Stato. Cercare di far sopravvivere il mito a se stesso». Garzonio ricorda anche l'imbarazzante maglietta indossata da Salvini qualche tempo prima con la scritta: «Due Mattarella per mezzo Putin». Dando alla fine ragione a Prezzolini: i leader dei partiti sono sempre troppo machiavellici. A ogni modo, le frasi pronunciate in quelle settimane da Berlusconi, dal mezzo ripensamento sul conto di Putin alla innegabile spinta data a Salvini, agitarono Forza Italia. Pesante fu Mariastella Gelmini che nel maggio 2022 ha rimproverato a Silvio, in un'intervista al «Corriere», di «non gestire più il partito, di essersi appiattito sulla Lega» e di aver preso posizioni in politica estera «ambigue» su Putin che «recano danno all'Italia». Il Dottore, dicono, s'infuriò mostrandosi offeso per quelle parole.

La Gelmini lasciò poi il partito, se ne andò anche la Carfagna dopo vent'anni di militanza in Forza Italia (ha sostenuto, nel luglio 2022, che far cadere il governo Draghi è stata «una scelta irresponsabile»), si fece da parte anche Renato Brunetta. Anzi, decise di non ripresentarsi alle successive elezioni. Nello stesso periodo anche Giuliano

Urbani, l'ex ministro tra i fondatori di Forza Italia, ottantaquattrenne, uscì sul «Corriere» con un'intervista ancora molto più pesante dicendo di condividere le critiche della Gelmini: «Berlusconi ha pronunciato quelle parole ambigue senz'altro per il rapporto di amicizia che evidentemente lo lega ancora a Putin. Ma come si può pensare che quella posizione sia conciliabile con un approccio liberale? Stiamo parlando di Putin, l'uomo che verrà ricordato come il responsabile del massacro di vite più inutile della storia recente». Urbani dà un giudizio molto pesante su Putin, conosciuto in occasione dell'Anno della cultura italiana in Russia: «Uomo senza cultura; meglio, interessato alla cultura solo come strumento di propaganda». Un giudizio indirettamente altrettanto pesante anche sul capo della Lega: «Su Salvini dico questo: l'unica che in questo momento mi sembra lucida, nel centrodestra, è Giorgia Meloni». Ancora più critico su Forza Italia: «Berlusconi ha concepito un partito a sua immagine, destinato a non andare avanti dopo di lui. Ha presente quello che si dice della morte, che se ne vanno sempre i migliori? In Forza Italia è stato così: i migliori se ne sono già andati… […] Mi verrebbe voglia di buttare via la mia vecchia tessera, ormai è fallito il progetto liberale».

A quel punto Tajani ha cercato di tamponare le ferite in qualche modo provando a reclutare alcuni parlamentari (come Michela Rostan, eletta con LeU, poi passata a Italia Viva e infine nel Gruppo Misto), mentre Silvio ha scritto una lettera al direttore del «Corriere», Luciano Fontana, in risposta a un articolo del giornale sullo sbandamento nel partito, affermando che il capo era sempre lui. Ma l'età ha un certo peso, anche lui – che ha sempre combattuto l'idea di dover invecchiare – deve essersene accorto. Soprattutto quando si è visto fotografare sonnecchiante nella partita del Monza promosso in A, mentre era seduto in tribuna con a fianco la Fascina e Galliani. Poi, dopo la promozione, si è fatto fotografare (sempre accanto a un Galliani dal sorriso smagliante) tenendo tra le braccia la maglia rossa della squadra con scritto in alto il nome «Berlusconi» e al centro il numero 1. A metà del 2022 si è forse accorto anche lui che gli anni (86 a settembre dello stesso anno) pesano. Ha così cominciato a diradare gli impegni, anche quelli importanti, dalla riunione a Rotterdam per il congresso del Ppe al tour programmatico *L'Italia del futuro*. Il partito ha ora una nuova linea, descritta con chiarezza da Paola Di Caro sul «Corriere»: «Silvio Berlusconi in panchina pronto a entrare solo quando servono il pareggio o la rimonta». La giornalista rileva anche una certa presa di distanza da Salvini, che Silvio aveva invece lodato poco tempo prima. Non è certo una rottura, ma «le voci su una possibile federazione sono sempre più flebili come lo è l'idea di ancorare l'immagine azzurra a quella del Carroccio». Resta il fatto che, molto probabilmente, anche Berlusconi è riuscito a trovare a questa veneranda età quella serenità che spesso non ha avuto a causa della sua vita frenetica. Del resto il suo nome è ormai impresso nella storia italiana.

Angelo Panebianco, l'editorialista del «Corriere», afferma in *La parabola della Repubblica*, scritta con Massimo Teodori, che «il merito maggiore di Berlusconi fu quello di aver mantenuto ben salda l'appartenenza del Paese al mondo occidentale». Ma scrive anche che il bilancio della sua azione di governo «ha più ombre che luci. Ci fu tanta improvvisazione. E, naturalmente, la preoccupazione di Berlusconi di sostenere il proprio impero mediatico-finanziario fu sempre ben visibile e ne condizionò l'azione di governo. Soprattutto, fu sempre assai elevato il divario fra i grandi propositi annunciati (la promessa di fare la "rivoluzione liberale", di ridurre drasticamente il peso dello Stato nella società) e le concrete realizzazioni». Giovanni Orsina mette in evidenza in *Il berlusconismo* i motivi per cui Silvio è riuscito a fare una novità del fenomeno berlusconiano: «In primo luogo perché è stato più coerente nel collegare il mito della società civile a un programma della riduzione della presenza dello Stato. Poi perché non ha avuto paura di collocarsi a destra, dove le praterie elettorali dell'antipolitica erano più vaste e ricche. Infine perché nel proporsi come rappresentante della società civile era assai più credibile di Craxi, Pannella, Segni o Occhetto, tutti professionisti della politica dalla testa ai piedi». Gerry Scotti, il popolare conduttore di *Striscia la notizia*, è talmente entusiasta del Dottore da dire in un'intervista: «Non sono berlusconiano, ma mi sento figlio suo».

In *Vent'anni dopo* Pietro Ignazi definisce Berlusconi un «Giano bifronte: immerso nelle radici anti-statali dell'Italia profonda», ma capace di ricevere «il neo-conservatorismo, e in particolare il neo-liberismo, quella corrente ideologica che ha attraversato l'Occidente a partire dai primi anni Ottanta e che da noi non aveva mai trovato interpreti». Il tutto, sostiene Ignazi, docente di politica comparata all'Università di Bologna, «avvolto in una confezione suadente e brillante, da maestro della comunicazione». Berlusconi sfonda perché è «rivoluzionario», perché «raccoglie le domande di una società civile in fermento, sia sul piano economico-sociale sia su quello politico. Raccoglie ciò che è stato seminato da altri: dal craxismo e poi dai referendari di Mario Segni e di Mani pulite», ma «la parabola del berlusconismo termina sotto il segno di tre fallimenti». Il primo è quello della creazione di un grande partito liberal-conservatore ridotto invece «a una formazione patrimoniale-populista con tratti carismatici, del tutto soggetta alle decisioni insindacabili del capo e aliena ai princìpi liberali». Il secondo fallimento riguarda «la modernizzazione del Paese, riportato indietro di anni se non di decenni, ben al di là dell'impatto esterno della crisi internazionale».

È infine «fallita la rivoluzione liberale». Secondo Ignazi il fallimento è dovuto a una serie di motivi: «Per l'adagiarsi su interessi settoriali, corporativi e persino personali visto il "benefit politico" aggiuntivo di 2,1 miliardi di euro alle sue televisioni per tutti gli anni in cui è stato al governo; per la radicalizzazione esasperata del conflitto politico, funzionale a eliminare potenziali concorrenti dell'area moderata, a incominciare da Mario Segni; per la confusione-irrilevanza del rapporto tra azione individuale e responsabilità collettiva; per l'abbattimento di ogni confine tra sfera pubblica e privata; per la diffusione di valori e prassi antitetici a quelli liberali». Qualcosa è comunque rimasto del berlusconismo: «Una cultura politica che in parte si è connessa con quel basso continuo della nostra storia nazionale di diffidenza/ostilità per l'imperio della legge e la legittimità delle istituzioni; in parte ha espresso un individualismo debordante, vitalista ma senza argini;

e infine ha infranto le barriere del reale e del razionale favorendo fughe in avanti e aspettative miracolistiche che solo un capo può soddisfare».

Antonio Scurati afferma in *Gli anni che non stiamo vivendo* che «il berlusconismo detiene da tempo l'egemonia culturale del nostro Paese. Un'egemonia organizzata da intellettuali organici, che oggi vive anche grazie a una supremazia intellettuale, in perfetta fedeltà al modello proposto dalla teoria dell'egemonia gramsciana. Berlusconi è, da questo punto di vista, l'autentico erede dell'insegnamento di Antonio Gramsci». Una provocazione? Non lo è, afferma. E cita una frase di Gramsci riportata in una scheda riassuntiva nell'opuscolo propagandistico di Forza Italia dal titolo *La vera storia italiana*. Ebbene, quella scheda «delinea perfettamente la linea strategica adottata dal berlusconismo per impossessarsi del potere: "La presa rivoluzionaria del potere si realizza non necessariamente attraverso la forza ma piuttosto tramite la capacità di direzione ideale delle classi alleate e subalterne che abitualmente sono soggette al controllo di alcuni apparati coercitivi, come la Chiesa, i partiti, i sindacati, la stampa, il cinema, la scuola. È allora necessario che una classe in ascesa eserciti un'egemonia su questi poteri e tenda in questo modo a diventare classe dirigente già prima di conquistare il potere"». Insomma, dice Scurati, è la descrizione del percorso attraverso il quale Berlusconi ha raggiunto il potere. Con una differenza rispetto a Gramsci: «Cambia solo il fatto che gli apparati coercitivi sono divenuti persuasivi e che il sistema integrato dei media li ha sostituiti tutti».

Comunque sia, l'ex direttore del «Corriere» Ferruccio de Bortoli ritiene nella prefazione del libro di Testa, *B*, che Berlusconi «una battaglia alla fine l'ha vinta. Ha vissuto più vite in una. Intensamente. Troppo intensamente». Esatto, tante vite: dall'uomo politico e per quattro volte premier all'uomo imprenditore, dallo sportivo al farfallone, dall'innovatore all'amico dei potenti, dal *gaffeur* all'insofferente delle regole. Dall'uomo partito da zero all'uomo diventato un magnate. Gustavo Zagrebelsky prova a darne una giustificazione in *Il gioco dei potenti*: «L'essere umano ha natura venale. Se può, arraffa; e se non può arraffare, finisce per rendersi venale vendendosi, cioè, in un certo senso, arraffando se stesso». Alberto Abruzzese e Vincenzo Susca ne danno una sintesi molto efficace nel titolo del loro libro: *Tutto è Berlusconi*. Perché tutto è Silvio? Gli autori riportano due spiegazioni interessanti. La prima è di Vittorio Sgarbi, sempre *tranchant* nei suoi giudizi: «Il maggior talento di Berlusconi è [stato] sfruttare l'idiozia della classe politica che ha inventato un sistema fatto per farlo vincere». Vero, il rifiuto dopo la fine della Dc di dare vita a un terzo polo.

La seconda spiegazione è di Franco Ferrarotti, sociologo, intellettuale poliedrico, negli anni Cinquanta tra i collaboratori di Adriano Olivetti ed ex deputato per il Movimento Comunità: «A un certo punto è arrivato un uomo che, senza preoccupazione di tipo intellettuale o etico, tranquillo, è riuscito a trasformare il tifoso in un elettore fedele, a creare la figura del tifoso fedele. Ha politicizzato la tifoseria calcistica e ha trasportato gli ottantamila fan di San Siro nelle cabine elettorali. Ha approfittato della crisi delle ideologie inventando un partito nuovo che si staglia su una realtà calcistico-economica che si fonda sugli abbonati e sull'industria dei gadget. Ed è riuscito a estendere questa rete in tutto il Paese». Silvio ha detto ad Alan Friedman: «Non possono costringermi a dimettermi da me stesso».

Marco Belpoliti è dell'idea che in Silvio prevalga «il complesso di Peter Pan, quello dell'eterno ragazzo [capace] di cavare dal proprio irresistibile repertorio attoriale l'ennesima maschera, che si calerà sul viso. Silvio è un eterno Zelig, un camaleonte che cambia sempre aspetto pur restando sempre se stesso». Talvolta Berlusconi si richiama a Erasmo da Rotterdam, uno dei suoi interessi giovanili, forse perché parla di denaro con citazioni riprese anche da Esiodo e da Aristotele. Giuliana Parotto riporta in *Sacra officina* una frase dell'*Elogio della follia* che colpì molto Berlusconi tanto da dire: «Ad affascinarmi nell'opera di Erasmo fu in particolare la tesi centrale della pazzia come forza vitale e creatrice: l'innovatore è tanto più originale quanto più la sua aspirazione scaturisce dalle profondità dell'irrazionale. [...] La vera genuina saggezza sta quindi non in un atteggiamento razionale, necessariamente conforme alle premesse e perciò sterile, ma nella lungimirante visionaria pazzia». Probabilmente deve essere sfuggita al Dottore (e alla stragrande maggioranza della classe politica italiana) una frase di Plutarco (I secolo d.C.) spesso ricordata da Marco Vitale ai suoi studenti all'università: «Quelli che si occupano di politica non solo debbono dare conto di quello che dicono e fanno in pubblico, ma si indaga anche con curiosità sul loro banchetto, sugli amori, sul matrimonio, su quanto fanno di scherzoso o di serio».

La realtà è che Berlusconi, nonostante i malanni fisici dovuti all'età, non è capace di farsi da parte. È diventato miliardario partendo dal niente, anzi uno dei principali miliardari italiani. Ha creato un impero che è il numero uno in Italia nel settore editoriale, televisivo, pubblicitario e uno dei primi in Europa, dove ha già acquisito una tivù tedesca e ha gli occhi puntati sulla Francia; ha aeroplani e yacht, ha più di una ventina di ville di proprietà (nel censimento del 2009 erano ventisette, una volta ha anche ammesso: «Ho ville sparse per il mondo che non ho mai visitato»), qualcuno ha scritto che anche all'ospedale San Raffaele ha una suite di 300 metri quadrati sempre a disposizione; ha cambiato nome a Mediaset, diventata Mfe, Media for Europe, e spostato (come hanno fatto anche gli eredi Agnelli con Exor) la quotazione alla Borsa di Amsterdam; la Fininvest, la storica cassaforte di famiglia, ha ripreso a distribuire dividendi dopo un periodo di secco nel 2020. La Fascina, la sua compagna che non parla molto lasciando il compito alla decisionista Ronzulli (ma che in un'occasione se ne è uscita dando delle «traditrici» alla Gelmini e alla Carfagna, accusa alla quale la Gelmini ha replicato dicendo: «Non siamo serve»), gli ha fatto una sorpresa per i suoi 86 anni: una mongolfiera su Villa San Martino mentre sul cielo di Arcore compariva la scritta: «Buon compleanno amore». E dopo un cuoricino rosso: «Ti amo. Marta». Pronto il fotografo: lui e lei seduti su una panchina mano nella mano e con gli occhi al cielo, Silvio in blu con un cagnolino bianco in braccio e il sorriso che molto spesso si trasforma in una smorfia. Ma lui niente, non riesce proprio a farsi da parte.

E così, dopo avere contribuito alla caduta del governo Draghi con conseguente scioglimento delle Camere da parte di Mattarella, ecco la sua ennesima "discesa in campo" nella nuova campagna elettorale. Nel settembre 2022, «la Repubblica» gli dedicherà uno speciale con un titolo molto chiaro: *Ancora lui*. Già, ancora Silvio, che si candida al Senato e rispolvera tutti i rituali del passato. Seduto dietro la scrivania, identico doppiopetto, identica cravatta a pallini, la libreria alle spalle con le fotografie della famiglia. E poi via in tutte le televisioni, sue e non sue, persino su TikTok, il social cinese che spopola tra i giovani. E alla sua prima volta, raccontando anche barzellette, perlopiù le solite, riesce a battere, dice al «Corriere della Sera», «ogni record al mondo. Ho raggiunto 8,5 milioni di visualizzazioni. Non so se porta voti, ma è piacevole e intendo continuare». A *Porta a Porta* ha raccontato a Bruno Vespa che quella era «la sua nona campagna elettorale», comprendendo anche quella del 1948, quando a dodici anni andava ad attaccare i manifesti della Dc sopra quelli del Pci e poi, una volta scoperto, se la dava a gambe levate. Continua a scherzare, ha battute più o meno felici, si fa fotografare con tre suoi nipotini e poi mette la foto su Twitter, rispolvera molti temi del passato: la riduzione delle tasse, il reddito di cittadinanza «per i nostri genitori e nonni», il ponte sullo Stretto di Messina, il presidenzialismo, la lotta alla giustizia «ingiusta» (ha sempre un neo che gli dà fastidio: il caso Ruby ancora aperto), l'abolizione degli appelli sulle sentenze di assoluzione di primo e di secondo grado, dimenticando che la stessa proposta gli era stata bloccata nel 2006 dalla Corte costituzionale.

Torna a essere regista del centrodestra, con una Meloni rampante e un Salvini un tantino ridimensionato. Dice di avere «un rapporto franco con loro, è come un rapporto «tra genitori e figli»; sostiene che la sua linea «è quella dell'Italia e dell'Europa» anche quando i parlamentari europei di Fratelli d'Italia e della Lega si mettono di traverso a una decisione di Bruxelles contraria all'Ungheria del primo ministro Viktor Orbán, famoso per il suo sovranismo; a una domanda di Marco Galluzzo sul «Corriere» a proposito della Meloni premier, risponde un po' seccato: «Lei crede davvero che una persona con la mia biografia professionale e politica potrebbe provare gelosia verso qualcuno?» E poi: «Il centrodestra vincerà perché Forza Italia ne fa parte. Senza di noi non vi sarebbe centrodestra, vi sarebbe una destra democratica, come c'è in altri Paesi, che raccoglierebbe un numero importante di voti, ma insufficiente a governare. Noi siamo i garanti del profilo liberale, cristiano, garantista, europeista, atlantico del futuro governo. Siamo il centro, quello vero, quel Partito popolare europeo che orgogliosamente rappresentiamo in Italia».

L'arte dell'ammaliare non ha più la stessa forza del passato, la voce è stanca, gli occhi sono spesso delle fessure, il sorriso è forzato, a volte si perde in risposte chilometriche, in altre occasioni rasenta il ridicolo come quando dice in televisione che «l'ultimo governo eletto dagli italiani è stato il mio, nel 2008». Facendo impazzire, rileva Pino Corrias, il pubblico dei social che chiede: «Prima o dopo Cristo?» Ma riesce a rendere presentabile il centrodestra e a dare nuovamente vita a quella federazione di partiti che, secondo il suo progetto, è l'equivalente del Partito conservatore repubblicano degli Stati Uniti.

E alle elezioni del settembre 2022 il centrodestra vince. Anzi, stravince, conquistando la maggioranza in Parlamento. Fratelli d'Italia di Giorgia Meloni è il primo partito con oltre il 25% dei voti. Il Pd di Enrico Letta scivola sotto il 20% (una batosta che costringerà Letta a farsi da parte); il Movimento 5 Stelle di Giuseppe Conte si ferma al 16% dopo essere stato frantumato da varie fuoriuscite tra cui quella del ministro degli Esteri nel governo Draghi, Di Maio, che non viene nemmeno rieletto; la Lega di Salvini crolla all'8,9% dopo avere ottenuto alle Europee del 2019 il 34,2%, suscitando forti mugugni nella base tanto da costringere Umberto Bossi, lo storico leader della Lega rieletto in Parlamento, a fondare a 81 anni suonati una corrente autonomista «per riconquistare gli elettori del Nord»; Forza Italia è molto lontana dai tempi migliori, fermandosi all'8% e suscitando l'immancabile ironia del «Fatto Quotidiano»: dal momento che le casse del partito sono vuote, scopre che la campagna elettorale di Silvio e della "quasi moglie" è stata anche finanziata dai cinque figli di Berlusconi (Marina, Pier Silvio, Barbara, Eleonora e Luigi) con centomila euro a testa. In più, un assegno di cinquantamila euro staccato dalla Fininvest, da sempre finanziatrice importante di Forza Italia, e un altro di quasi 94.000 euro da parte di Adriano Galliani, che ha deciso di non ricandidarsi e di dedicarsi alla squadra di calcio del Monza. E così, conclude il giornale di Marco Travaglio, Forza Italia «da partito azienda è ormai diventato roba di famiglia».

Comunque la Meloni annuncia: «Siamo pronti a governare». E va da Berlusconi ad Arcore «per un caffé», accolta da Marta Fascina e Licia Ronzulli. Silvio pone alcune condizioni («io referente», «alto profilo» e «no ai tecnici»), mentre riemergono vecchie figure del passato, da Marcello Pera a Giulio Tremonti, da Isabella Rauti (la figlia dell'ex segretario del Msi e fondatore di Ordine Nuovo, Pino, vince addirittura a Sesto San Giovanni, la ex Stalingrado d'Italia) all'intramontabile Daniela Santanché, che a Cremona batte l'ex commissario alla *spending review* Carlo Cottarelli. Addirittura, un fedele berlusconiano ed ex presidente del Senato, Renato Schifani, viene quasi contemporaneamente eletto nelle elezioni amministrative presidente della Regione Sicilia. E in un'Italia economicamente in crisi prima per la pandemia e poi per l'aumento del costo del gas dovuto alla guerra in Ucraina voluta da Putin, con l'inflazione balzata al 10% e la chiusura di numerose piccole aziende, Schifani se ne esce dicendo: «Faremo sicuramente il ponte sullo Stretto...»

Berlusconi, rieletto senatore (la Fascina ritorna invece alla Camera in un collegio siciliano), vuole lasciare la sua impronta sul nuovo governo. E continua nel frattempo a sognare. C'è sempre la voglia del Quirinale ma, riconosce, «ormai non ho l'età per andare al Colle». C'è anche il sogno di poter essere eletto presidente del Senato, ma si rende conto che l'incarico sarebbe per lui troppo faticoso. Si accontenta di essere nominato senatore a vita. Sogna anche un ruolo di mediatore con Putin: «Con la Merkel mi sentirei di tentare un convincimento». Insomma, un uomo dalle tante vite può permetterselo.

Ma in tutte queste vite berlusconiane, ci sarà comunque sempre qualcuno che si chiederà se siano stati alla fine privilegiati più gli interessi del Paese o più gli interessi personali. Piaccia o no, Silvio *forever* quindi. Può esserci a ogni modo d'aiuto Vasco Pratolini che, in chiusura del suo romanzo più famoso, *Cronache di poveri amanti*, scrisse: «Gli italiani non lo sanno ma la loro dote migliore è quella di essere capaci di ricominciare sempre da capo».

# RINGRAZIAMENTI

I fratelli Alberto e Giancarlo Mazzuca ringraziano in particolare le rispettive mogli, Anna Maria Nardi e Gabriella Giuliani, per il loro grande aiuto: senza il loro impegno, le loro critiche, le correzioni e le osservazioni, questo libro non sarebbe stato pubblicato. Un grande ringraziamento a Jacopo Viganò, presidente di Lorem Ipsum, per i tanti consigli che ha fornito. La gratitudine degli autori va poi a Giorgio Oliveri e Ilaria Pasca, che hanno riguardato con attenzione le bozze del libro, e a Ornella Matarrese che si è impegnata moltissimo nel difficile compito di diffondere il volume. Un nuovo ringraziamento anche a Lorenzo Capellini che ha fotografato assieme i due autori del libro. Ma il grazie finale va a tutti i lettori che da anni continuano a seguirci con tanta simpatia e affetto.

# BIBLIOGRAFIA


Abruzzese Alberto, Susca Vincenzo, *Tutto è Berlusconi*, Lupetti Editore, Milano 2004.

Amadori Alessandro, *Mi consenta*, Libri Scheiwiller, Milano 2002.

Id., *Mi consenta 2*, Libri Scheiwiller, Milano 2003.

Arena Giusy, Barone Filippo, *Gianni Letta. Biografia non autorizzata*, Editori Riuniti, Roma 2009.

Ariosto Stefania, *La Gazzella e il Leone*, Edizioni Larus, Bergamo 1996.

Barbacetto Gianni, *Campioni d'Italia*, Marco Tropea Editore, Milano 2002.

Id., *B. Tutte le carte del presidente*, Marco Tropea Editore, Milano 2004

Barbacetto Gianni, Gomez Peter, Travaglio Marco, *Mani pulite*, Chiarelettere, Milano 2008.

Barillari Simone, *Il Re che ride*, Marsilio, Venezia 2010.

Beatrice Luca, *Nati sotto il Biscione*, RCS Libri, Milano 2015.

Belpoliti Marco, *Il corpo del Capo*, Guanda, Milano 2009.

Belton Catherine, *Gli uomini di Putin*, La nave di Teseo, Milano 2020.

Biancofiore Michaela, *Il cuore oltre gli ostacoli*, Mondadori, Milano 2014.

Bocca Giorgio, *Piccolo Cesare*, Feltrinelli, Milano 2002.

Bondi Sandro, *Il sole in tasca*, Mondadori, Milano 2009.

Boni Federico, *Il superleader*, Meltemi, Roma 2008.

Bonsanti Sandra, *Il gioco grande del potere*, Chiarelettere, Milano 2013.

Caccavale Michele, *Il grande inganno*, Kaos Edizioni, Milano 1997.

Capone Maria Giovanna, Pirozzi Nico, *Francesca e il Cavaliere*, Edizioni CentoAutori, Villaricca (Napoli) 2013.

Cartotto Ezio, *"Operazione Botticelli". Berlusconi e la terza marcia su Roma*, Sapere, Roma 2008.

Ceri Paolo, *Gli italiani spiegati da Berlusconi*, Laterza, Roma-Bari 2011.

Colarizi Simona, *Storia politica della Repubblica (1943-2006)*, Laterza, Roma-Bari 2007.

Ead., *Passatopresente*, Laterza, Roma-Bari 2022.

Colombo Furio, Padellaro Antonio, *Il libro nero della democrazia*, Baldini+Castoldi, Milano 2002

Corrias Pino, Gramellini Massimo, Maltese Curzio, *Colpo grosso*, Baldini+Castoldi, Milano 1994.

Craveri Piero, *L'arte del non governo,* Marsilio, Venezia 2016.

Dalla Chiesa Nando, *La fantastica storia di Silvio Berlusconi*, Melampo, Milano 2004.

D'Anna Stefano, Moncalvo Gigi, *Berlusconi in concert*, Otzium Ltd, Londra 1994.

Da Rold Alessandro, *Lega SpA*, Edizioni CentoAutori, Villaricca (Napoli) 2012.

Di Nicola Primo, Pitoni Antonio, Proietti Ilaria, *Parassiti*, PaperFirst, Roma 2021.

Di Pietro Antonio (a cura di Giovanni Valentini), *Intervista su Tangentopoli*, Laterza, Roma-Bari 2000.

Dotti Vittorio, *L'avvocato del diavolo*, Chiarelettere, Milano 2014.

Facci Filippo, *La guerra dei trent'anni*, Marsilio, Venezia 2022.

Farinotti Pino, *I maghi del canale*, Rizzoli, Milano 1985.
Feltri Vittorio, Brunetta Renato (a cura), *Tutte le balle su Berlusconi*, Libero Free, Roma 2006.
Ferrari Giorgio, *Il padrone del Diavolo*, Camunia, Milano 1990.
Fini Gianfranco, *Il ventennio. Io, Berlusconi e la destra tradita*, RCS Libri, Milano 2013.
Fini Massimo, *Senz'anima*, TEA, Milano 2012.
Fiori Giuseppe, *Il venditore*, Garzanti, Milano 1995.
Fracassi Claudio, Gambino Michele, *Berlusconi. Una biografia non autorizzata*, Libera Informazione Editrice, Roma 1944.
Friedman Alan, *My Way*, RCS Libri, Milano 2015.
Froio Felice, *L'informazione spettacolo*, Editori Riuniti, Roma 2000.
Id., *Il Cavaliere incantatore*, Edizioni Dedalo, Bari 2003.
Id., *Il libro nero dell'Italia di Berlusconi*, Newton&Compton, Roma 2005.
Galli Giancarlo, *Tutti miliardari*, Rusconi, Milano 1984.
Galli Giorgio, *I partiti politici italiani (1943-2004),* RCS Libri, Milano 2001.
Id., *Il golpe invisibile*, Kaos Edizioni, Milano 2015.
Gambino Michele, *Il Cavaliere B.*, Manni, Lecce 2001.
Gandin Manuel, *Berlusconi's marachelle*, WLF Publishing, Roma 2010.
Gerevini Mario, Ravizza Simona, *I segreti di don Verzè*, RCS Media Group, Milano 2012.
Gervaso Roberto, *Il dito nell'occhio*, Rusconi, Milano 1977.
Id., *La mosca al naso*, Rizzoli, Milano 1980.
Gilioli Alessandro, *Forza Italia. La storia, gli uomini, i misteri*, Ferruccio Arnoldi Editore, Bergamo 1994.
Ginsborg Paul, *Berlusconi*, Einaudi, Torino 2003.
Gomez Peter, Travaglio Marco, *La repubblica delle banane*, Editori Riuniti, Roma 2001.

Gomez Peter, Travaglio Marco, *Bravi ragazzi*, Editori Riuniti, Roma 2003.

Gomez Peter, Travaglio Marco, *Lo chiamavano impunità*, Editori Riuniti, Roma 2003.

Gomez Peter, Travaglio Marco (a cura), *L'amico degli amici*, RCS Libri, Milano 2005.

Gomez Peter, Travaglio Marco, *E continuavano a chiamarlo Impunità*, Editori Riuniti, Roma 2007.

Gomez Peter, Travaglio Marco, *Se li conosci li eviti*, Chiarelettere, Milano 2008.

Grassi Giampaolo, *Commedianti*, Epoké, Novi Ligure 2018.

Guarino Mario. *Fratello P2 1816. L'epopea piduista di Berlusconi*, Kaos Edizioni, Milano 2001.

Id., *L'orgia del potere*, Edizioni Dedalo, Bari 2005.

Id., *Veronica & Silvio*, Edizioni Dedalo, Bari 2009.

Guzzanti Paolo, *Mignottocrazia*, Aliberti, Roma-Reggio Emilia 2010.

Ignazi Piero, *Vent'anni dopo*, Il Mulino, Bologna 2014.

Lillo Marco, Travaglio Marco, *Padrini fondatori*, PaperFirst, Roma 2018.

Madron Paolo, *Le gesta del Cavaliere*, Sperling&Kupfer, Milano 1994.

Martini Paolo, *TV sorrisi e milioni*, Gei, Milano 1985.

Id., *No, non è la Bbc*, Mondadori, Milano 1990.

Mazzuca Alberto, *I potenti del denaro*, Editoriale Nuova, Milano 1983.

Id., *Guazzaloca. Una vita in salita*, Medimond, Bologna 2008.

Id., *Penne al vetriolo*, Minerva, Bologna 2017.

Mazzuca Alberto e Giancarlo, *Gianni Agnelli in bianco e nero*, Baldini+Castoldi, Milano 2021.

Mazzuca Alberto e Giancarlo, *Indro Montanelli. Dove eravamo rimasti?*, Baldini+Castoldi, Milano 2021.

Mellone Angelo, *Cara Bombo... Berlusconi spiegato a mia figlia*, Marsilio, Venezia 2008.

Moncalvo Gigi, *Quando Berlusconi era Berlusconi*, Indipendent Publishing, Milano 2015.

Moroni Chiara, *Da Forza Italia al Popolo della Libertà*, Carocci, Roma 2008.

Musso Pierre, *Berlusconi, le nouveau prince*, L'Aube, La Tour d'Aigues 2004.

Id., *Sarkoberlusconismo*, Ponte alle Grazie, Milano 2008.

Mutarelli Donato, *Silvio Berlusconi e il senso dell'estate*, ASEFI, Milano 2003.

Orlando Federico, *Il sabato andavamo ad Arcore*, Edizioni Larus, Bergamo 1995.

Id., *Lo Stato sono io*, Editori Riuniti, Roma 2002.

Oxman Alice, *Sotto Berlusconi. Diario di un'americana a Roma (2001-2006)*, Editori Riuniti, Roma 2007.

Pagani Paolo, *Forza Italia. Come è nato il movimento che in 5 mesi ha cambiato la politica italiana*, Boroli Editore, Novara 2003.

Panebianco Angelo, Teodori Massimo, *La parabola della repubblica*, RCS Media Group, Milano 2022.

Parotto Giuliana, *Sacra officina. La simbolica religiosa di Silvio Berlusconi*, Franco Angeli, Milano 2007.

Pellegrini Bellavite Carlo, *Una storia italiana, dal Banco Ambrosiano a Intesa Sanpaolo* (con i diari di Carlo Azeglio Cimpi), Il Mulino, Bologna 2013.

Perna Giancarlo, *Facce da casta* 2, Panorama s.r.l., Milano 2021.

Id., *Il Ring*, Guerini & Associati, Milano 2021.

Poli Emanuela, *Forza Italia*, Il Mulino, Bologna 2001.

Polidori G. Elena, *Berlusconi e la fabbrica del popolo*, Aliberti, Roma-Reggio Emilia 2011.

Petrini Carlo, *Le corna del Diavolo. Il Milan di Berlusconi*, Kaos Edizioni, Milano 2006.

Portanova Mario, *Il partito dell'Amore*, Chiarelettere, Milano 2010.

Ricolfi Luca, *Tempo scaduto*, Il Mulino, Bologna 2006.

Rivolta Dario, Eric Jozsef, *Il vero Berlusconi*, Cavinato Editore, Brescia 2014.

Rizzo Sergio, Stella Gian Antonio, *Così parlò il Cavaliere*, RCS Libri, Milano 2011.

Rizzo Sergio, Stella Gian Antonio, *La casta*, RCS Libri, Milano 2007.

Romano Sergio, *Tra due repubbliche*, Mondadori, Milano 1995.

Ruggeri Giovanni, Guarino Mario, *Berlusconi. Inchiesta sul signor Tv*, Kaos Edizioni, Milano 1994.

Scanzi Andrea, *Renzusconi*, PaperFirst, Roma 2017.

Sceresini Andrea, Scandaliato Maria Elena, Palma Nicola, *Le case della libertà*, Aliberti, Roma-Reggio Emilia 2011.

Scurati Antonio, *Gli anni che non stiamo vivendo*, RCS Libri, Milano 2010.

Setta Monica, *Berlusconi sul sofà*, Tullio Pironti, Napoli 1994.

Solani Massimo, Luti Francesco, *Non solo coppe. Berlusconi e il Milan*, Limina, Arezzo 2010.

Statera Gianni, *Il volto seduttivo del potere*, Edizioni Seam, Roma 1994.

Sylos Labini Paolo, *Berlusconi e gli anticorpi*, Laterza, Roma-Bari 2003.

Veltri Elio, Travaglio Marco, *L'odore dei soldi*, Editori Riuniti, Roma 2009.

Verzé don Luigi, Gandola Giorgio, *Pelle per pelle*, Mondadori, Milano 2004.

Vespa Bruno, *Dieci anni che hanno sconvolto l'Italia (1989-2000)*, Rai Eri-Mondadori, Roma-Milano 1999.

Id., *Storia d'Italia da Mussolini a Berlusconi*, Rai Eri-Mondadori, Roma-Milano 2004.

Id., *L'amore e il potere*, Rai Eri-Mondadori, Roma-Milano 2007.

Id., *Nel segno del Cavaliere*, Mondadori, Milano 2010.

Vinci Anna (a cura), *La P2 nei diari segreti di Tina Anselmi*, Chiarelettere, Milano 2011.

Testa Vittorio, *B*, Diabasis, Parma 2022.

Tranfaglia Nicola, *Vent'anni con Berlusconi*, Garzanti, Milano 2009.

Travaglio Marco, *Il pollaio delle libertà*, Vallecchi, Firenze 1995.

Id., *Montanelli e il Cavaliere*, Garzanti, Milano 2004.

Id., *BerlusMonti*, Garzanti, Milano 2014.

Id., *B. come basta!*, PaperFirst, Roma 2018.

Turani Giuseppe, *L'incubo Berlusconi* in: «Uomini & Business», supplemento al n. 9.

# Indice dei nomi